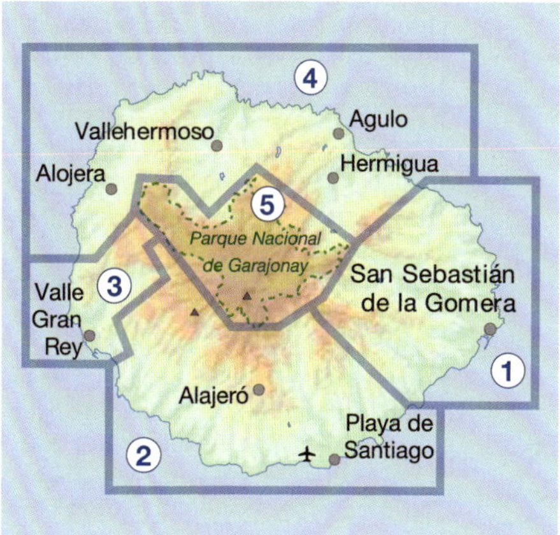
Vallehermoso
Agulo
Alojera
Hermigua
Parque Nacional de Garajonay
Valle Gran Rey
San Sebastián de la Gomera
Alajeró
Playa de Santiago
1
2
3
4
5

Unterwegs mit

Lisa Kügel

Jahrgang 1985, zu Hause in Franken und immer wieder unterwegs in den unterschiedlichsten Ecken der Welt, nun auch mit ihren beiden Kindern. Nach einem Volontariat in der Wander- und Reiseführerbranche steht für die studierte Geografin und Germanistin fest, dass sie den perfekten Job gefunden hat. Während Redaktion und Öffentlichkeitsarbeit den Broterwerb sichern, erscheint 2018 ihr erster eigener Reiseführer, La Gomera.

Aus dem Atlantik springt in perfektem Bogen ein Delfin. Für einen kurzen Moment schwebt seine schwarze Silhouette vor dem glühenden Sonnenball, der sich gerade anschickt, ins Meer einzutauchen. Dann gleitet er geschmeidig zurück ins Wasser. Was ich beschreibe, ist keine kitschige Fototapete, sondern eine Erinnerung an meinen ersten Aufenthalt auf Gomera, genauer an der Playa del Inglés. Mit etwas Abstand kommt mir das Bild unwirklich vor. Dabei ist es gar nicht so untypisch für Gomera, denn die Sonnenuntergänge im Valle Gran Rey sind wirklich bemerkenswert, und auch die Chance, seltene Meeressäuger zu beobachten, ist hier groß. Natürlich hat Gomera auch seine weniger romantischen Seiten: die trockenen Barrancos, die man als Wanderer mühevoll erklimmt, oder (viel mehr noch) die harten Lebensbedingungen der Bauern und die Landflucht. Aber wenn man dann mit den Nebelschwaden den Lorbeerwald durchstreift oder frühmorgens die Nachbarinsel Teneriffa mit dem Teide in sanftem Licht schimmert, stellen sich diese Fototapeten-Momente ein. Und ich stelle fest: Bei aller Echtheit, bei aller Natürlichkeit und Unverfälschtheit, die ich an dieser Insel sehr schätze, kann sie ganz schön kitschig sein!

In eigener Sache

Während der Arbeit an dieser Auflage waren die Auswirkungen der Corona-Krise auf Restaurants, Hotels, Museen etc. noch nicht abzusehen. Deswegen können nicht alle Informationen in diesem Buch auf dem aktuellen Stand sein. Wir danken Ihnen für Ihr Verständnis und bitten Sie, gelegentlich einen Blick auf unsere Internetseiten zu werfen, wo wir Sie über Ihr Reisegebiet auf dem Laufenden halten. Wenn Sie mögen, können Sie diesen Service mit eigenen Erfahrungen vor Ort unterstützen. Schreiben Sie uns unter info@michael-mueller-verlag.de, Stichwort „Reisebuch-Updates“. Wir sind dankbar für jeden aktuellen Hinweis.

Gomera

Lisa Kügel

2. komplett überarbeitete und aktualisierte Auflage 2022

Inhalt

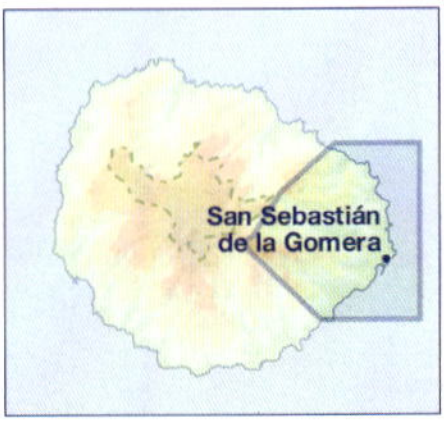

Die Hauptstadt an der Ostküste ist die größte Gemeinde Gomeras und wirkt dennoch klein und beschaulich. Trotzdem gibt es hier die größte Dichte an historischen Sehenswürdigkeiten auf Gomera, und auch die Vielfalt der Restaurants ist größer als auf der übrigen Insel.

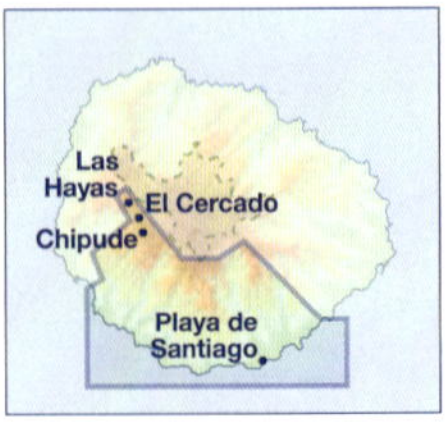

Playa de Santiago ist das sonnenverwöhnte Ferienzentrum im Süden mit Stränden, dem einzigen Golfplatz der Insel und großen Hotelanlagen. Schon am Rand des Nationalparks liegen die Bergdörfer Chipude, El Cercado und Las Hayas, allesamt gute Ausgangspunkte, um ihn zu erforschen.

Das „Tal des Großen Königs“ ist die Wiege des Tourismus auf Gomera, hier ließen sich in den 70ern die ersten Hippies nieder. Seitdem hat sich viel getan. Heute bietet das Tal zahlreiche Übernachtungs- und Einkehrmöglichkeiten, ein wenig alternatives Flair verströmt die Gegend noch immer.

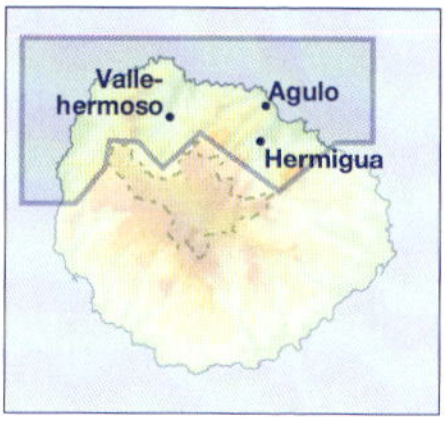

Der wasserreiche und dementsprechend grüne Norden Gomeras zieht vor allem Wanderer und Ruhesuchende an, die in den größeren Orten Hermigua, Agulo und Vallehermoso logieren und von dort den Nationalpark erkunden können. Alle drei Gemeinden haben ihre Reize.

Parque Nacional
de Garajonay

GPS-kartierte Touren sind mit dem Symbol GPS gekennzeichnet. Download der GPS-Tracks inkl. Waypoints unter http://mmv.me/50605

Verzeichnisse ■ 246

Was haben Sie entdeckt?

Haben Sie ein besonderes Restaurant, ein neues Museum oder ein nettes Hotel entdeckt? Wenn Sie Ergänzungen, Verbesserungen oder Tipps zum Buch haben, lassen Sie es uns bitte wissen!

Schreiben Sie an: Lisa Kügel, Stichwort „Gomera"
c/o Michael Müller Verlag GmbH | Gerberei 19, D – 91054 Erlangen
lisa.kuegel@michael-mueller-verlag.de

nachhaltig, ökologisch, regional

MeinTipp Die besondere Empfehlung unserer Autorin

Bei guter Sicht blickt man von Gomera auf die Nachbarinsel Teneriffa mit dem Teide

Orientiert

auf Gomera

Die Insel im Profil

Gomera ist …

Gemessen an ihrer Größe hat die kleine Insel Gomera mit einer vielseitigen Landschaft, der unaufgeregt-entspannten Stimmung und ihren bemerkenswerten maritimen Lebensräumen Besuchern jede Menge zu bieten.

Gomera in Zahlen

Gomeras Fläche umfasst 370 km². Die Insel gehört zum Kanarischen Archipel und liegt ca. 300 km vor dem afrikanischen Festland. Der höchste Berg ist der Alto de Garajonay (1487 m), die größte Stadt ist die Hauptstadt San Sebastián. Dort lebt mit knapp 9000 Einwohnern mehr als ein Drittel der Inselbevölkerung.

… die drittkleinste Kanareninsel

Nach La Graciosa, das erst 2018 als offizieller Teil des Archipels anerkannt wurde, und El Hierro ist La Gomera die drittkleinste Insel der Kanaren. Fast kreisrund und zerfurcht von vom Zentrum ausgehenden Schluchten liegt sie im Atlantik und lockte mit ihrer unberührten Natur, den Palmenhainen, Bananenplantagen und der einfachen bäuerlichen Lebensweise in den 1970er-Jahren die Hippies, die die Insel für sich entdeckten und noch immer prägen.

… grün und vielseitig

Die Highlights der Insel offenbaren sich in ihrer einzigartigen und vielseitigen Natur. Im Zentrum erstreckt sich der als Nationalpark Garajonay geschützte, geheimnisvolle Nebelwald mit seinen knorrigen Lorbeerbäumen. Er brachte der Insel den Beinamen *Isla Mágica* ein. Am Rande der zentralen Hochfläche ragen schroffe Felsnadeln aus dichtem Grün, Zeugen einstiger vulkanischer Aktivitäten, beliebte Wanderziele und Fotomotive. Im Norden erstreckt sich das satte Grün auch auf den mit Bananen, Mangos oder Avocados bepflanzten Ackerterrassen bis zu den schwarzen Steinstränden hinunter, während die trockene Küste im Süden mit den unterschiedlichsten Wolfsmilchgewächsen ein wüstenhaft-karges Bild abgibt.

… ein Wanderparadies

Die verschiedenen Vegetationszonen zwischen Küste und hochgelegenem Inselzentrum, Ziele wie der Tafelberg La Fortaleza und das abwechslungsreiche Relief der Insel lassen passionierte Wanderer sogleich ihre Stiefel schnüren. Die Kanaren sind zudem bekannt für ihr mildes Klima. Und wenn es in den Sommermonaten doch zu heiß wird an den Küsten Gomeras, lockt der schattig-kühle Nebelwald.

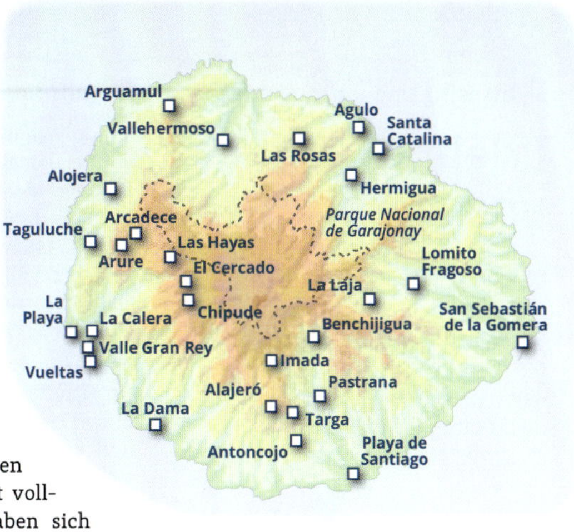

... mythisch

Die Guanchen oder Alt-Gomeros haben auf der Insel ebenso ihre Spuren hinterlassen wie die Konquistadoren und Kolumbus. Auch wenn gerade das Leben der frühen Bewohner Gomeras nicht vollständig erforscht ist, haben sich einige ihrer Geschichten und Mythen erhalten, wie die von Gara und Jonay, dem Liebespaar, nach dem der Nationalpark benannt ist.

... (wieder) traditionsbewusst

Bis heute ist das Kulturprogramm auf Gomera überschaubar, aber nicht uninteressant: Urige Orte, kleine Museen, Kunsthandwerk und Spezialitäten sorgen für Abwechslung. Dabei engagieren sich mittlerweile die Inselregierung, aber auch Vereine und Initiativen dafür, dass inseltypische Traditionen erhalten bleiben und Besuchern zugänglich sind. Die Pfeifsprache El Silbo, die fast in Vergessenheit geraten wäre, wird heute wieder an der Schule unterrichtet, und den Hirtensprung, den Salto del Pastor, bei dem sich die Ziegenhirten mithilfe eines langen Stabes durch die steilen Barrancos beweg(t)en, können Besucher sogar bei einer geführten Tour lernen.

... nicht massentauglich

Für einen klassischen Strandurlaub lohnt sich die Anreise nach Gomera nicht, zu wild und schroff sind Brandung und Küste. Dies ist wohl der Hauptgrund, warum es hier im Gegensatz zu den meisten anderen Kanareninseln weder Massenunterkünfte noch reservierte Strandliegen gibt. Die kleinen, versteckten Buchten geben dennoch gute Ausflugsziele ab, und wer mit Blick aufs Meer ungestört seinen Gedanken nachhängen möchte, ist hier genau richtig.

... ein Paradies für Meeresforscher

Bereits auf der Überfahrt mit der Fähre lohnt es sich, die Augen offen zu halten. Denn oft kann man nicht weit draußen im Atlantik eine Gruppe der gemütlich dahindümpelnden Pilotwale sehen, oder Delfine reiten auf der Bug- oder Heckwelle des Schiffes. Im Valle Gran Rey laufen vom Hafen in Vueltas mehrere Ausflugsboote zum sanften Whalewatching aus. Die Chance, Meeressäuger wie Fleckendelfine oder einen Brydewal zu sehen, ist sehr groß. Und während man nach den großen Wasserbewohnern Ausschau hält, kann man die lustigen Gelbschnabelsturmtaucher bei ihren Fischfangmanövern beobachten.

Sightseeing und mehr

Erlebnis Kultur und Natur

Die Lage mitten im Atlantik und das steile Relief sind nicht nur attraktiv für Besucher Gomeras, die natürlichen Gegebenheiten haben auch viele kulturelle Besonderheiten der Insel hervorgebracht.

Der Nebelwald im Herzen Gomeras ist einerseits der Wasserspeicher der Insel und andererseits eine Quelle für alte und neue Sagen und Geschichten über die *Isla Mágica*.

Basaltene Riesen

Roque Agando: Der König der Felsen auf La Gomera ragt mächtig über dem Barranco de Benchijigua auf. Er kann zu Fuß umrundet werden. Weniger schweißtreibend, aber nicht weniger eindrucksvoll ist ein Stopp am Mirador del Morro de Agando an der Straße GM-2. → S. 173

Roques de los Órganos: Die steinernen Orgelpfeifen im Inselnorden kann man nur auf einer Bootstour vom Meer aus und nur bei günstiger Wetterlage bestaunen. → S. 93

Roques de San Pedro: Als Wahrzeichen thronen die Zwillingsfelsen über Hermigua. Besonders nahe kommt man ihnen beim Aufstieg nach El Cedro. → Tour 18, S. 155

Museen und Monumente

Museo Arqueológico de La Gomera: Das größte Museum der Insel befindet sich in der Hauptstadt San Sebastián und hält jede Menge Infos zu den kanarischen Ureinwohnern bereit. → S. 30

Kolumbus: Von Gomera aus soll Christoph Kolumbus Amerika entdeckt haben. Dieser, nicht gänzlich belegten, historischen Begebenheit ist es zu verdanken, dass man in San Sebastián nicht nur eine Statue des großen Entdeckers findet, sondern auch den Brunnen besichtigen kann, mit dem er das neu entdeckte Land „taufte". → S. 29

Hautacuperche-Statue: Mit wachem Blick sieht der bronzene Guanchen-Krieger von der Playa im Valle Gran Rey ins Landesinnere. Er erinnert an die Rebellion der Ureinwohner gegen die spanischen Eroberer im 15. Jh. → S. 93

Palmen über Palmen

Casa de la Miel de Palma: Das kleine, aber besuchenswerte Museum widmet sich der Kanarischen Dattelpalme und den daraus gewonnenen Produkten, besonders dem sogenannten Palmhonig. → S. 144

Palmentäler: Die Barrancos von Taguluche und Alojera im Westen Gomeras sind geprägt von zahllosen Palmen. Am besten erfährt man ihre Schönheit bei einer Wanderung oder einem Spaziergang. → S. 145 und 144

Gelebte Tradition

Salto del Pastor: Um sich in den steilen Tälern Gomeras fortbewegen zu können, nutzten die Ziegenhirten früher einen langen Stab, mit dessen Hilfe sie auch größere Höhenunterschiede oder Spalten überwinden konnten. Heute können Besucher die Fortbewegungsart auf einer geführten Tour erlernen. → S. 238

El Silbo: Die inseltypische Pfeifsprache ist ebenfalls aufgrund des zerklüfteten Reliefs entstanden. Mit lautmalerischen Pfiffen konnten sich die Inselbewohner über größere Distanzen unterhalten. In einigen touristischen Restaurants, beispielsweise in der Laguna Grande oder am Mirador de Abrante, geben die geschulten Kellner gerne eine Kostprobe. → S. 204

Gofio: Der nahrhafte Brei aus fein gemahlenem Mais, Weizen oder Gerste ist eine echte Inselspezialität. Als die Bevölkerung Gomeras noch hauptsächlich vom Ackerbau lebte, gab Gofio zu allen Tageszeiten neue Kraft für die mühsame Tätigkeit auf den steilen Terrassen. Immer wieder findet man das Mehl auch in der kreativen Küche, wo es häufig für Gebäck verwendet wird. → S. 224

Baile del Tambor: Den traditionellen, etwas eintönigen Trommeltanz erlebt man bei fast allen großen Festen auf La Gomera. Mit dabei sind dann auch die Chácaras, eine Art übergroße Kastagnetten. → S. 203

Kanarische Architektur

San Sebastián: Im Zentrum von Gomeras Hauptstadt finden sich einige gut erhaltene Herrenhäuser mit Holzbalkonen aus der Kolonialzeit und mit dem unter Denkmalschutz stehenden Torre del Conde auch das älteste Gebäude der Insel. → S. 24

Agulo: Das Dorf, das auch den Beinamen „Perle" oder „Bonbon" trägt, liegt herrlich erhaben über dem Meer und bietet mit dem Teide und Teneriffa im Hintergrund ein perfektes Fotomotiv. Aber auch ein genaueres Hinschauen lohnt sich, bei einem Gang durch Agulos Gassen kann man die schön hergerichteten Häuser und kunstvoll aus Holz gestalteten Fensterläden und Türen bewundern. → S. 131

Rund um die Insel

Wandern auf Gomera

Mit ihrer Kleinräumigkeit, dem abwechslungsreichen Relief und den vielen natürlichen Sehenswürdigkeiten ist Gomera die perfekte Wanderinsel. Dieser Reiseführer bietet deshalb 25 ausführlich beschriebene Touren in allen Schwierigkeitsgraden und in allen Teilen der Insel, Karten und GPS-Tracks zum Download inklusive: http://mmv.me/50605.

Wandern auf Gomera geht kaum ohne einiges Auf und Ab. Und mit den steigenden Höhenmetern steigt auch die Chance auf einen Witterungswechsel und starke Temperaturschwankungen. Ein ausreichender Wasservorrat und Verpflegung sind daher ebenso wichtig wie die richtige Kleidung!

Bei San Sebastián

Hat man erst einmal die Häuser der Hauptstadt hinter sich, werden die Wege einsam, wie die Strecke zur Playa de la Guancha (Tour 1) oder im Naturschutzgebiet von Majona. Da zieht die tolle Aussicht an der Degollada de Peraza hoch über San Sabastián schon mehr Besucher an. Von dort wandert man auf dem Weitwanderweg GR 131 mit Blick auf Gomeras bekanntesten *roque* (Tour 2).

- **Tour 1:** Am einsamen Strand von San Sebastián (→ S. 40).
- **Tour 2:** Rundtour am Fuße des Vulkanschlots Roque Agando (→ S. 42).

Im Süden

Die Täler im Süden bieten häufig auch an andernorts bewölkten Tagen ein paar Sonnenstrahlen. Für Abenteurer ist die teils weglose Tour durch den wilden Barranco de Benchijigua (Tour 3). Zu den Gomera-Klassikern gehören die Tour zum bekannten Drago (Tour 4), rund um den Roque Agando (Tour 5) und auf die Berge Fortaleza und Garajonay (Touren 6 und 7). In den Bergdörfern Chipude, El Cercado und Las Hayas findet man neben Töpfereien auch urige Einkehrmöglichkeiten (Tour 10). Von hier ist man schnell im Nationalpark (Tour 9) oder steigt ins Valle Gran Rey ab (Tour 8).

- **Tour 3:** Rundtour von El Taco nach Lo del Gato (→ S. 60).
- **Tour 4:** Rundwanderung zum Drachenbaum von Alajeró (→ S. 66).
- **Tour 5:** Rundwanderung am Roque Agando (→ S. 70).
- **Tour 6:** Von Igualero auf den Tafelberg La Fortaleza (→ S. 72).
- **Tour 7:** Von Chipude zum höchsten Berg der Insel, dem Garajonay (→ S. 79).
- **Tour 8:** Von El Cercado hinab nach La Calera im Valle Gran Rey (→ S. 81).

- Tour 9: Rundwanderung von Las Hayas über den Rastplatz Las Creces (→ S. 83).
- Tour 10: Schlemmertour nach Chipude (→ S. 85).

Valle Gran Rey

Steil hinauf geht es, möchte man das Valle Gran Rey verlassen. Das macht die Wanderungen aber auch umso aussichtsreicher (Touren 11 und 13). Ein beliebtes Ziel für die ganze Familie ist der Wasserfall von Arure (Tour 12). Von dem in den Bergen gelegenen Ort startet die Wanderung zum verwunschenen Raso de La Bruma (Tour 14).

- Tour 11: Von der Ermita de Los Reyes zum Tequergenche (→ S. 107).
- Tour 12: Zum Wasserfall im Barranco von Arure (→ S. 110).
- Tour 13: Über die Hochebene Riscos de la Mérica nach Arure (→ S. 114).
- Tour 14: Von Arure zum Raso de la Bruma im Nationalpark (→ S. 117).

Im Norden

Rund um die Orte Hermigua, Agulo und Vallehermoso fühlen Wanderer sich besonders wohl. Das liegt an dem milden Klima, aber auch an der großen Tourauswahl. Von Strand- und Küstenwanderungen (Touren 16, 19 und 21) bis zu Besteigungen der Bergrücken zwischen den Barrancos (Tour 17), Touren zu den Stauseen (Tour 20) oder an den Rand des Nationalparks (Tour 18) ist alles geboten. Tour 15 verbindet alle drei Orte.

- Tour 15: Von Hermigua bis Vallehermoso (→ S. 146).
- Tour 16: Von Hermigua zur Playa de la Caleta (→ S. 149).
- Tour 17: Von Hermigua über den Lomo del Gordo nach Agulo (→ S. 151).
- Tour 18: Von Hermigua nach El Cedro (→ S. 155).
- Tour 19: Von Vallehermoso zur Steilküste (→ S. 158).
- Tour 20: Rundtour von Vallehermoso über El Tión (→ S. 162).
- Tour 21: Von Alojera zur Playa del Trigo (→ S. 165).

Nationalpark Garajonay

Wie könnte man den Nebelwald besser erkunden als zu Fuß? Die oft einfachen Touren zwischen knorrigen Lorbeerbäumen und grün leuchtenden Farnen sind ein Traum für Naturfreunde. Ein guter Ausgangspunkt sind El Cedro oder die Parkplätze und -buchten an der GM-2 (Tour 25).

- Tour 22: Rund um El Cedro (→ S. 175).
- Tour 23: Von El Cedro nach Los Aceviños (→ S. 177).
- Tour 24: Vom Nationalpark Garajonay bis El Cedro (→ S. 179).
- Tour 25: Kurze Runde im Nationalpark Garajonay (→ S. 181).

Im Süden Sand

Baden und Strände

Gomeras Badestrände lassen sich an zwei Händen abzählen. Die starke Strömung und spitze Felsen machen einen Sprung ins Meer an einigen Stellen zu einem gefährlichen Unterfangen. Doch auch ohne Bad im Atlantik sind viele der Playas lohnende Wander- und Ausflugsziele.

Nur innerhalb der Ortschaften kann man an den Stränden mit einem Kiosk oder Ähnlichem zur Verpflegung rechnen. Die meisten Playas auf Gomera sind einsame Selbstversorger-Buchten.

83 Kilometer Steilküste, 15 Kilometer Strände

Im Inselnorden gibt es kaum Badestellen, zu heftig ist der Wellengang, zu unberechenbar der Sog. Wer auf Nummer sicher gehen möchte, begibt sich zum Baden also auf die südliche Hälfte Gomeras. In San Sebastián, Playa de Santiago und Valle Gran Rey haben die Stadtstrände das ganze Jahr Saison.

Ein Mysterium ist und bleibt auch für langjährige Gomera-Reisende der Sandstrand, der je nach Saison und Gezeiten zu kommen und zu gehen scheint, wie es ihm beliebt. Selten ist er allemal. Viel häufiger ist schwarzer Kies und Schotter. Wo das Gestein Kiesgröße übersteigt, wie an der Playa de Inglés im Valle Gran Rey, bauen die Sonnenanbeter sich große Steinnester, die sie vor neugierigen Blicken und Wind schützen.

Dieselben Gründe, die das Baden an vielen Stränden gefährlich machen, schränken auch die sonstigen Wassersportmöglichkeiten ein. In San Sebastián und Playa de Santiago gibt es Tauchschulen. Im Valle Gran Rey kann man Seekajaks und Stand-up-Paddle-Boards leihen oder bei Ebbe in den kleinen Tümpeln auf die Suche nach verschiedensten Meeresbewohnern gehen. In Vueltas starten die Bootstouren zur Wal- und Delfinbeobachtung. Egal, für welche Aktivität man sich entscheidet: Die außerordentlich vielfältigen marinen Lebensräume rund um Gomera entschädigen in jedem Fall für die vergleichsweise kleine Auswahl.

Playa de Vueltas

Der „Stadt"-Strand am Hafen von Vueltas im Valle Gran Rey eignet sich wegen des sanft ins Wasser abfallenden Sandstrandes gut für Familien mit Kindern, bietet mit einer kleinen Bar sowie Kajak- und Paddle-Board-Verleih aber auch etwas für alle anderen. Großes Plus: Die beste Eisdiele der Insel befindet sich gleich oberhalb. → S. 95

Babybeach am Charco del Conde

Der Name verrät es schon: Hier trifft man vor allem Eltern mit ihren (Klein-)Kindern. Das Wasser in der von schwarzen Steinen gesäumten Bucht im Valle Gran Rey ist flach oder zieht sich gar ganz zurück und hinterlässt kleine mit Wasser gefüllte Becken, in denen die Nachwuchs-Meeresforscher nach Krebsen und Fischchen suchen. Schatten gibt es hier kaum, dafür kühle Getränke an der nahen Promenade. → S. 92

Playa del Inglés

Auch Gomeras beliebtester Nacktbadestrand befindet sich im Valle Gran Rey. Er liegt etwas außerhalb des Ortes La Playa an der Westküste der Insel. Baden sollte man hier nicht, lieber kommt man zum Sonnen oder zum Sundowner – die Playa ist zu Recht bekannt für ihre wirklich grandiosen Sonnenuntergänge. → S. 92

Playa de Alojera

Ebenfalls an der wilden Westküste liegt Alojera. Einen richtigen Strand gibt es hier nicht, nur ein kleines Becken, das die Badenden vor der schäumenden Gischt schützt. Besonders imposant zeigt sich der Wellengang vom weit ins Meer ragenden Bootsanleger. Und wenn man schon mal da ist, sollte man unbedingt im El Prisma einkehren, einem der beliebtesten Fischrestaurants der Insel. → S. 144

Playa de la Caleta

Die Bucht östlich von Hermigua ist ein beliebtes Ausflugs- und Wanderziel. Unter schattenspendenden Bäumen (eine Seltenheit) kann man picknicken und bei ruhiger See auch einen Sprung ins Meer wagen. Hohe Felsnadeln und der Blick auf den Teide machen das Ambiente einzigartig. → S. 129

Playa de la Cueva

Die Playa de la Cueva ist der kleinere der beiden Stadtstrände von San Sebastián. Am ruhigen Kiesstrand kann man baden und genießt einen tollen Blick auf Teneriffas Teide. Es gibt Duschen, und am nahen Hafen befindet sich eine Tauchschule. → S. 30

Playa de Santiago

Playa de Santiago ist nicht nur der Ort mit den meisten Sonnenstunden auf Gomera, es gibt auch einen langen Badestrand direkt an der Promenade. Vom kleinen Hafen starten Boote nach Valle Gran Rey oder in die Hauptstadt, und beim Club Laurel findet man die örtliche Tauchschule. → S. 52

Tipps für den Familienurlaub

Gomera mit Kindern

Gomera hat schon seit den 1970er-Jahren den Ruf, ein Ziel für alleinerziehende Mütter mit ihren Kindern zu sein. Ausschlaggebend ist, dass Gomera bis heute viele alternativ denkende, aufgeschlossene Menschen anzieht und man gerade als Familie mit Kindern schnell ins Gespräch mit Gleichgesinnten kommt.

Familien profitieren vom großen Angebot an Apartments und Ferienhäusern und finden so auch mit mehreren Kindern eine bezahlbare Unterkunft. Viele Vermieter stellen auf Anfrage kostenlos ein weiteres Bett für Babys oder Kleinkinder auf. Exklusiver und ebenfalls sehr kinderfreundlich wohnt man im Hotel Jardín Tecina in Playa de Santiago. Hier gibt es eigene Kinderbereiche, Pools und Kinderbetreuung.

Küstenexkursion im Valle Gran Rey

Am beliebtesten bei Familien ist das Valle Gran Rey mit seinem flachen Baby Beach am Charco del Conde und der sandigen Playa de Vueltas. Hier können die Kinder selbstständig und relativ gefahrlos auf Entdeckungstour gehen und dabei z. B. nach den schwarzen Krebsen und kleinen Fischen suchen. Zusammen mit einem erfahrenen Guide wird die Bedeutung, die die seichten Tümpel vor La Puntilla als Lebensraum für die verschiedensten Tiere haben, deutlich. Seegurken, -sterne und -hasen, Garnelen, Kraken, Pfeile schießende Würmer – all das können kleine und große Forscher zusammen entdecken. → S. 232

Kinderbetreuung im Valle Gran Rey

Einzigartig in Gomera ist der Kindertreff Kangorooh in La Playa, wo die deutsche Erzieherin Claudia Kinder stundenweise oder auch den ganzen Tag betreut. Für Kinder ab fünf Jahren gibt es immer wieder Workshops zu inseltypischen Themen wie dem Leben der Guanchen, zur Mojoherstellung oder zu Eidechsen und Skinken auf Gomera.

Wer am Abend lange genug durchhält, kann gemeinsam mit den einheimischen Kindern über die Plaza de San Pedro flitzen, bevor es zur Feuershow und danach voller Eindrücke ab ins Bett geht.

Wale und Delfine beobachten

Das Highlight für alle seefesten Kinder ist eine Bootstour, bei der man Meeressäuger oder Schildkröten aus nächster Nähe und die lustigen Gelbschnabelsturmtaucher bei ihren gekonnten Flugmanövern beobachten kann. Die abenteuerlustigsten Fahrgäste dürfen manchmal sogar ganz vorn auf dem Bug des Schiffes sitzen. Am häufigsten starten Schiffe aus dem Hafen von Vueltas, Valle Gran Rey. → S. 234

Ausflüge in zauberhafte Landschaften

Je nach Ausdauer und Laune kann man tolle Wanderungen mit der Familie unternehmen. Eltern werden vielleicht erstaunt sein, wie sich schon kleine Kinder von der zauberhaften Stimmung des Nebelwaldes, mannshohen Wolfsmilchgewächsen und dem Anblick der mächtigen Roques verzaubern lassen. Moos, Farne und knorrige Bäume machen den Märchenwald im Nationalpark Garajonay perfekt und sind von Las Hayas oder den Parkbuchten entlang der durch den Nationalpark führenden GM-2 in kurzen Spaziergängen ohne große Steigungen erreichbar.

Andere spannende und gut erreichbare Ziele sind die sagenumwobenen Quellen Chorros de Epina (→ S. 142) und die Laguna Grande mitten im Nebelwald mit Picknick- und Spielplatz, der großen Lichtung und einem Pflanzenlehrpfad (→ S. 173).

Kultur und Natur erleben

Das Nationalpark-Besucherzentrum Juego de Bolas bei Las Rosas/Agulo (→ S. 135) ist für ältere Kinder ansprechend gestaltet. Im Casa de la Memoria erfahren sie in einem komplett eingerichteten Bauernhaus mit Natursteinmauern und lebensgroßen Puppen am Webstuhl etwas über die Lebensverhältnisse der armen Bauern auf Gomera. Ganz in der Nähe vermittelt der Glasboden des Mirador de Abrante eine Vorstellung von der Höhe der Klippen auf Gomera (→ S. 134).

Den wilden Norden erobern

In den Sommermonaten kann man an der Playa von Vallehermoso (→ S. 137) im Insel-Norden vom Freibad direkt über dem Strand auf die ehemalige Bananenverladestation und „Piratenburg" Castillo del Mar schauen und Geschichten spinnen. Auch der Botanische Garten und der modern-puristische Spielplatz in der Nähe der Plaza sind gute Adressen für einen Besuch mit Kindern.

Zu Besuch bei Gomeras Eseln

In den Bergen südöstlich von Hermigua, in der Nähe des Restaurants Roque Blanco, liegt etwas versteckt der Eselpark Burro Parque von Brigitte und Bernard. Zehn Langohren, aber auch Schafe, Ziegen, Schweine, ein Strauß, eine Kuh und Katzen haben hier ein Zuhause gefunden. Nach Voranmeldung kann man das deutsche Paar und ihre tierischen Mitbewohner besuchen und sich durch den großen Bio-Garten probieren. → S. 133

Der Weiler Benchijigua liegt am Fuße des Roque Agando

Unterwegs

auf Gomera

San Sebastián

Die bunten Häuser der Inselhauptstadt mit dem ausgedehnten Hafen sind das erste, was viele Gomera-Besucher von der Insel sehen.

Über San Sebastián wachte einst eine 7 m hohe gen Teneriffa blickende Christus-Statue. Vor Jahren wurde sie entfernt, die Rede ist von neuen Betonsockeln, einem Museum und Restaurant. Die Gelder fließen, die Bagger rollen, und die Antennen, die Jesus ersetzten, stehen noch. Es bleibt spannend!

Beim ersten Besuch in San Sebastián stellt man staunend fest, wie gemütlich-verschlafen und übersichtlich eine Hauptstadt sein kann. Passend ist der Spitzname der Einheimischen: La Villa, die Kleinstadt. Auch bei näherer Betrachtung geben die Straßen der Innenstadt ein beschauliches Bild ab. Die Hauptstadt ist dennoch administratives und politisches Zentrum der Insel und hat auch im Bereich Kultur etwas zu bieten. Die meisten der großen Museen der Insel befinden sich in San Sebastián, und alle sind einen Besuch wert. Ausstellungen oder Vorträge finden regelmäßig im Gebäude des Cabildo statt, dem Sitz der Inselverwaltung.

Man bekommt aber nicht nur Einblicke in die Kultur, sondern auch in das Leben der Einheimischen auf Gomera, denn in San Sebastián wohnt ein Großteil der Inselbevölkerung. Die beiden Stadtstrände locken mit schwarzem Sand, und dank des guten Busnetzes sind auch die umliegenden Täler oder der Nationalpark schnell erreicht. Es lohnt sich, ein paar Tage einzuplanen, um die Inselhauptstadt zu erkunden!

Was anschauen?

Torre del Conde: Der von einem belebten Park umgebene gedrungene Wehrturm, der einst Teil einer größeren Anlage war, ist das älteste erhaltene Militärgebäude der Kanaren. → **S. 28**

Iglesia de La Asunción: Die Kirche im Zentrum wurde wieder und wieder bei Piratenangriffen zerstört und anschließend wiederaufgebaut, sodass man heute Elemente verschiedener Stile entdecken kann. Die Angriffe sind sogar Inhalt eines Wandgemäldes im Seitenschiff. → **S. 27**

Museo Arqueológico de La Gomera: Wer etwas über die ersten Bewohner Gomeras, ihre Herkunft, Lebensweise und Geschichte(n) erfahren möchte, ist hier richtig. → **S. 30**

Was unternehmen?

Barranco de la Villa: Nette Lokale, Stauseen und bewirtschaftete Ackerterrassen, die kleine Dörfer einrahmen, machen das Tal nordwestlich der Hauptstadt zu einem lohnenswerten Ziel. → **S. 34**

Degollada de Peraza: Die Aussichts- und Rastpunkte, die rechts und links der GM-2 an diesem geschichtsträchtigen Pass auf 900 m ü. NN liegen, erlauben einen ersten Überblick über die spektakulären Landschaftsformen Gomeras. → **S. 35**

Faro de San Cristóbal: Der kleine rotweiße Leuchtturm ist zwar das Ziel, nicht aber der Höhepunkt dieses Ausflugs. Mit dem Auto oder zu Fuß sind es gut 2 km dorthin. Vom Faro aus hat man einen tollen Blick und Foto-Blickwinkel nach Teneriffa. → **S. 30**

Wo baden?

Playa de San Sebastián: Der Stadtstrand gehört zu den ausgedehntesten der Insel und ist auch wegen des schwarzen Sandes eine Rarität. Besonders gediegen liegt es sich auf den fest installierten Sonnenliegen auf der Hafenmole. → **S. 30**

Playa de la Cueva: Der andere, kleinere Stadtstrand, ebenfalls mit schwarzem Sand, aber ohne Blick auf den Hafen und etwas geschützter. → **S. 30**

Wo essen gehen?

La Salamandra: Wenige Tische, eine kleine Karte und kreative Küche mit lokalen Zutaten. Klingt gut? Wird noch besser! Die hauseigene Eisdiele ist gleich nebenan. → **S. 32**

Las Carabelas: Unter den schattenspendenden Ästen riesiger, knorriger Lorbeerbäume genießt man in San Sebastián eine kleine Erfrischung wie sonst nirgendwo. → **S. 33**

Was sonst noch?

Einkaufen: Die große Markthalle des Mercado Municipal bietet neben einer großen Auswahl an Obst und Gemüse auch typische Inselspezialitäten. Der größte Supermarkt der Insel ist gleich nebenan, sodass man sich hier gerade am Anfang einer Reise gut eindecken kann. → **S. 32**

Kolumbus: Durch San Sebastián kann man wunderbar auf Kolumbus' Spuren spazieren. Man stößt auf Statuen, eine an der Playa in den Boden eingelassene Karte und Gedenktafeln, die auf den Zwischenstopp des Entdeckers auf Gomera hinweisen. → **S. 29**

Reiten: Im Reitstall Cuadra La Rienda warten neun Pferde und zwei Shetlandponys auf große und kleine Reiter, die die Insel vom Pferderücken aus bei einem geführten Ausritt erkunden möchten. → **S. 233**

Orientierung/Stadtrundgang

Am **Hafen** betreten die meisten Besucher das erste Mal gomerischen Boden. Schon Christoph Kolumbus legte hier den letzten Stopp ein auf seiner Reise nach Amerika (und dient ihr bis heute zu Vermarktungszwecken). Vom Fährterminal sind es etwa 500 m in Richtung Innenstadt, vorbei am Sporthafen und dem **Rathaus,** mit schmuckem Uhrturm und hölzernen Balkonen im kanarischen Stil, zur großen Freifläche der **Plaza las Américas.** Am Abend versammeln sich hier die Einwohner zum Schwatzen, Schauen und Spielen; zur Siesta ist der Platz jedoch oft wie ausgestorben. Den schönsten Platz der Altstadt, die **Plaza de la Constitución,** erlebt man auch zur Mittagszeit belebter, wohl weil er im Schatten alter Lorbeerbäume gelegen ist. Einheimische, Wandertouristen oder Ausflügler von den Kreuzfahrtschiffen treffen sich auf einen Cortado am runden **Kiosco Los Carabelas** und lassen sich von der vorherrschenden Gelassenheit gefangen nehmen. Hier kann man in aller Ruhe

San Sebastián → Karte S. 24

Neuigkeiten austauschen, das Städtchen auf sich wirken lassen oder einfach nur ankommen.

Der Großteil der Sehenswürdigkeiten San Sebastiáns liegt in der historischen Innenstadt an der **Calle Real,** zwischen der Plaza las Américas und der Kapelle Ermita de San Sebastián. Sie wird auch **Calle del Medio** genannt. In den hübsch renovierten Häusern befinden sich Geschäfte, Restaurants und an der Ecke zum Kirchplatz die große **Tourismusinformation** im historischen **Casa Bencomo.** Die zweite Hauptschlagader der Stadt ist die parallel zur Calle Real verlaufende **Calle de Ruiz de Padrón,** wo es mehrere kleine Supermärkte und Restaurants gibt. Nur eine Häuserreihe entfernt umgibt die große Grünfläche des **Parque de la Torre del Conde** das älteste militärische Bauwerk der Kanaren.

Überquert man die Flussmündung des Barranco de la Villa auf der Avenida de los Descubridores sieht man rechter Hand das auffällige **Centro de Visitantes.** Das Besucherzentrum hebt sich aufgrund seiner modernen Architektur von der Umgebung ab. Es war, wohl aufgrund baulicher Mängel, zuletzt nicht für die breite Öffentlichkeit zugänglich. Einen Kreisverkehr weiter taleinwärts, an der Kreuzung der Straßen GM-1 und GM-2, befindet sich unterhalb des zentralen Busbahnhofs der größte Supermarkt auf La Gomera. Gleich daneben lockt die **Markthalle** mit Obst und Gemüse, Produkten von der Insel und einer hervorragenden Bäckerei.

Zwischen Hafen und Playa de la Cueva ragt eine Felsnase, die von der Hafenmole unterbrochen wird. Darauf stehen die Reste des **Castillo Del Buen Paso.** Es wurde im 17. Jh. erbaut, um den Hafen San Sebastiáns zu verteidigen. Das Kreuzfeuer mit dem Castillo de Los Remidios, das an der Stelle des heutigen Rathauses stand und in den 1960er-Jahren abgerissen wurde, war ein wirksamer Schutz gegen Piratenangriffe. Auf der äußersten Spitze der Felsen erinnert eine stilisierte olympische Fackel, zu der man hinaufsteigen kann, an die Olympischen Spiele 1968 in Mexiko, an denen ein Sportler aus Gomera teilnahm.

Für einen tollen Blick über die Bucht von San Sebastián steigt man am besten zum **Mirador La Hila** auf. Von der Plaza de la Constitution folgt man am Restaurant La Hila der Gasse nach rechts und spaziert wiederum nach rechts auf der gleichnamigen Gasse zum Aussichtspunkt. Wer weiter hinauf möchte, folgt der Straße Calle la Pista, die zwei Kehren später am staatlichen Nobel-Hotel **Parador de La Gomera** endet. Vom öffentlich zugänglichen Hotel-Garten sieht man nicht nur auf Gomeras Hauptstadt und Hafen, sondern auch auf den Nachbarn Teneriffa.

Im Abstand von fünf Jahren geht an San Sebastiáns Hafen Gomeras wichtigste Heilige an Land. Bei der **Bajada de la Virgen de Guadalupe** wird ihre Statue Anfang Oktober per Schiff, begleitet von einer blumengeschmückten Fisherboot-Flotte, von der Kapelle Ermita de Nuestra Señora de Guadalupe in die Inselhauptstadt gebracht. Im Rahmen einer prunkvollen Prozession wandert die „Jungfrau von Guadalupe" dann von Pfarrei zu Pfarrei über die Insel, bevor sie Mitte Dezember auf dem Landweg in ihre Wallfahrtskirche zurückgebracht wird. Die damit einhergehenden Veranstaltungen in San Sebastián dauern mehrere Wochen und ziehen Tausende Besucher an, darunter auch viele emigrierte Gomeros, die die Fiesta als Anlass für einen Heimatbesuch nutzen. Zuletzt fanden die auch Fiestas lustrales genannten Feierlichkeiten 2018 statt.

Die Hauptstadt ist der Verkehrsknotenpunkt der Insel. Vom zentralen **Busbahnhof Estación de Guaguas,** gleich neben Supermarkt und Markthalle, gelangt man mit den grünen Inselbussen zu allen größeren Orten und den Wanderparkplätzen im Nationalpark. Vom

Hafen gibt es **Fährverbindungen** nach Teneriffa, La Palma und El Hierro sowie ins Valle Gran Rey. Außerdem legen Kreuzfahrtschiffe an, deren Passagiere die Insel als Tagestouristen erkunden (→ Kasten).

Der Weg in die anderen Inselgemeinden führt entweder über die Straße GM-1 nach Norden in Richtung Hermigua oder über die GM-2 und den Nationalpark nach Westen bis ins Valle Gran Rey.

Invasion für einen halben Tag

„Seit die Kreuzfahrtschiffe die Insel anlaufen, herrscht auch hier der Massentourismus", verkündete der WDR in einer Reportage mit dem Titel „Die Kanaren – Inseln der Arbeitslosen" (2018). Ganz so drastisch sind die Auswirkungen der Kreuzfahrtschiffe, von denen circa 80 im Jahr im Hafen von San Sebastián anlegen, nicht. Problematisch sind die schwimmenden Bettenburgen dennoch. Denn das Programm eines Kreuzfahrers sieht einen meist gleichbleibenden Tagesablauf vor: Nach dem Frühstück auf dem Schiff geht es zum Stadtrundgang, darauf folgt das Mittagessen auf dem Schiff, die Inselrundfahrt, ein schneller Rundumschlag mit deutschem Reiseleiter, und dann das Abendessen – auf dem Schiff. Noch am selben Abend verlassen die Tagesgäste den Hafen. Allenfalls einige lokale Busunternehmen und Autovermieter können sich über die plötzlich einfallende Kundschaft freuen. Manchmal wird eigens ein Kunsthandwerksmarkt in Hafennähe organisiert, um das Geschäft auf der Insel wenigstens ein bisschen anzukurbeln. Insgesamt aber bleibt nur wenig Geld auf La Gomera bei den Insel-Bewohnern zurück. Schließlich ist auf dem Schiff schon alles bezahlt. Nachhaltiger Qualitätstourismus, der der Insel sichere Arbeitsplätze und Einkommen bringt, sieht anders aus.

Stadtgeschichte

Als die Spanier Anfang des 15. Jh. mit dem Eroberer Jean de Béthencourt, der durch diplomatische Finten, Missionierung der Ureinwohner und militärische Gewalt bereits die Herrschaft über Lanzerote und Fuerteventura übernommen hatte, in der Bucht von San Sebastián landeten, siedelten dort die Guanchen, die Ureinwohner Gomeras. Béthencourts erster Versuch, die Insel einzunehmen misslang, er schaffte es jedoch, zu zweien der vier Stämme, den Agana und den Hipalán, Beziehungen aufzunehmen und ihre Königreiche letztendlich zu unterwerfen. Die beiden anderen Stämme, Mulaqua und Orone, leisteten erbittert Widerstand und verschanzten sich in den entlegenen Bergen und Schluchten, sodass von einer Eroberung ganz Gomeras nicht die Rede sein konnte.

Trotz des Widerstandes durch die Ureinwohner nahm Hernán Peraza der Ältere die Bucht an der Mündung des heutigen Barranco de la Villa ein und stellte die heutige Hauptstadt um 1440 unter den Schutz des bei der spanischen Bevölkerung beliebten heiligen

Für viele der erste Eindruck von Gomera: die Insel-Hauptstadt

Sebastian. Noch bevor die letzten Alt-Gomerer unterworfen, versklavt oder gar getötet worden waren – die völlige Unterwerfung erfolgte erst nach dem Tod von Hernán Peraza dem Jüngeren –, errichtete Peraza erste Gebäude, wie eine kleine Kapelle, seinen eigenen Wohnsitz und den del Conde, der der Grafenfamilie bei feindlichen Angriffen durch die Ureinwohner, aber auch von Piraten Schutz bieten sollte. Eine erste Straße, die heutige Calle Real, verband die Gebäude und bildete den Ausgangspunkt für alle Inselverbindungen.

Rund um den Kirchplatz entwickelten sich öffentliche Gebäude und Wohnhäuser der Adeligen. Ihr Reichtum lockte Piraten, Korsaren und Brandschatzer. Trotz Bränden und Plünderungen sind einige Bauwerke erhalten, wie das Casa del Conde, einst Zweitwohnsitz des ab 1496 auf Teneriffa residierenden Grafen von Gomera, oder das Casa Bencomo aus dem frühen 19. Jh., das heute die Tourismusinformation beherbergt.

Bekannt ist San Sebastián auch als Kolumbus-Stadt. Von hier brach Christoph Kolumbus, der italienische Seefahrer, der auf Spanisch Cristóbal Colón heißt, im September 1492 auf, um Indien zu entdecken. Zwar segelte er stattdessen nach Amerika, die Bedeutung des Entdeckers für Gomeras Hauptstadt schmälert das aber nicht, sie lässt sich auch damit ganz passabel vermarkten.

Sehenswertes

Iglesia de La Asunción (Kirche Mariä Himmelfahrt): Bereits im 15. Jh. ließ Hernán Peraza der Ältere auf dem heutigen Kirchplatz eine Kapelle aus Ziegel- und Bruchsteinen errichten. Diese und weitere Nachfolger wurden bei Piratenangriffen immer wieder beschädigt und (wieder)aufgebaut. Das bis heute erhaltene Mittelschiff stammt aus dem späten 15. Jh., im 18. Jh. erweiterte man es durch die beiden Seitenschiffe. Besonders hervorzuheben ist der Spitzbogen des Mittelschiffes, der mit seinen verflochtenem Tauwerk nachempfundenen Verzierungen Elemente des Manuelinischen Stils aufweist. Eingang und Decke schmücken kunstvoll verzierte Holzvertäfelungen. Sehenswert ist auch das Wandgemälde in der Pilar-Kapelle im linken Seitenschiff, das auf den erfolgreich abgewehrten Angriff des englischen Piraten Charles Windham im Jahr 1753 anspielt. In dieser Kirche soll übrigens Christoph Kolumbus gebetet haben, bevor er zu seiner Entdeckungsreise aufbrach.

Ermita de San Sebastián: Die schlichte Kapelle wurde um 1535 im Auftrag des Conde Don Guillen errichtet und gilt als älteste Kirche Gomeras. Vom ursprünglichen Bau ist der Seiteneingang mit einem Spitzbogen erhalten. An den verzierten Kapitellen (obere Abschlüsse) der Säulen des heutigen Haupteingangsbogens zeigen sich Einflüsse aus der portugiesischen Architektur. Im Inneren befindet sich eine Holzskulptur des Stadtheiligen aus dem 18. Jh.

Torre del Conde: Der „Turm des Grafen" aus dem Jahr 1450 ist die älteste erhaltene militärische Anlage der Kanaren und das älteste Bauwerk La Gomeras. Erbaut wurde der 15 m hohe dreigeschossige Wehrturm von Graf Hernán Peraza dem Älteren als Zufluchtsort für die Adligen und ihre Schätze bei Angriffen durch die aufständischen Guanchen. Er war Teil der Stadtbefestigung, die ab 1447 entstand und wirkt als alleinstehendes Überbleibsel weiterer Militäranlagen und Kasernen heute fast einsam. In den 2 m dicken Mauern gibt es kleine Fenster. Sie dienten als Schießscharten, aus denen heraus die Angreifer mit Flinten und Pfeilen auf Abstand gehalten wurden. Den wuchtigen, quadratischen Torre im gotischen Stil umgibt heute die ebenso rechteckige Rasenfläche des kleinen, von hohen Palmen und blühenden Büschen gesäumten Stadtparks, wo am Morgen die Jogger Runde um Runde drehen. Hinter den dicken Mauern des Torre befindet sich eine überschaubare, aber sehenswerte Ausstellung mit historischen (See-)Karten, unter anderem von Martin Behaim.

▪ Geöffnet Mo–Fr 9–13 und 16–18 Uhr, Eintritt gratis.

Torre del Conde

Museum Casa de Colón: Dass Kolumbus wirklich in diesem Haus aus dem 17. Jh. übernachtet hat, ist ausgeschlossen. Ob er in dem Vorgängerbau übernachtete, der 1618 einem Feuer zum Opfer fiel, ist nicht nachgewiesen. Nichtsdestotrotz trägt es seinen Namen und beherbergt eine kleine Ausstellung zu der vorkolumbianischen Chimú-Kultur, die von Mitte des 13. bis Mitte des 15. Jh. einen Teil der Westküste Südamerikas bevölkerte. Ein Besuch lohnt sich auch wegen der Architektur des schönen kanarischen Hauses mit Holzfenstern und schattigem Patio.

▪ Geöffnet Mo–Fr 10–16 Uhr. Eintritt gratis. Calle Real, 56, 38800 San Sebastián de La Gomera.

Kolumbusbrunnen/Casa de la Aduana: Im Innenhof des einstöckigen ehemaligen Zollhauses an der Ecke Calle Real und Plaza de la Constitución befindet sich der „Kolumbusbrunnen". Hier soll

Kolumbus' Spuren in San Sebastián

Auf seinem Weg nach Indien – Pardon, Amerika – hat Kolumbus, der in Spanien Cristóbal Colón genannt wird, auch in der gomerischen Hauptstadt San Sebastián halt gemacht. Hier hat er angeblich das letzte Mal Wasser an Bord genommen, bevor sich seine kleine Flotte in Richtung Neue Welt auf den Weg machte. Der Kolumbusbrunnen am Zollhaus ist zwar ziemlich unscheinbar, aber trotzdem der Stolz der Stadtbewohner. Selbstbewusst haben sie dort die Inschrift anbringen lassen: „Con este agua se bautizó América" („Mit diesem Wasser wurde Amerika getauft"). Sogar gomerische Matrosen soll Kolumbus angeworben haben, und deswegen glaubt man auf der Insel, dass unter den Entdeckern Amerikas einige der ihren waren.

Kolumbus-Statue

Auch ein Haus, in dem Kolumbus übernachtet haben soll, kann man besichtigen. Doch bei der „Casa de Colón" haben Historiker eindeutig nachgewiesen, dass sie erst im 17. Jh. und damit lange nach Kolumbus' Amerikareise erbaut wurde. Trotzdem erinnert in dem Haus ein kleines Museum an den großen Seefahrer. Auch die Ortskirche Iglesia de la Virgen de la Asunción aus dem 15. Jh. wird als Kolumbuskirche beworben. Hier soll Kolumbus vor der Abfahrt für göttlichen Beistand gebetet haben. So kann es, muss es aber nicht gewesen sein. Aus neuer Zeit stammen die Statue an der Calle de Ruiz de Padrón und das Fußbodenmosaik in der Avenida de los Descubridores, das eine Karte mit Kolumbus' Schiffsroute zeigt.

Immerhin: Sicher ist, dass Kolumbus auf Gomera war. Dass er während seines Aufenthalts eine Affäre mit der schönen Beatriz de Bobadilla, der Witwe des Grafen Hérnan Peraza, hatte, ist dagegen nicht mehr (aber auch nicht weniger) als ein Gerücht.

der Seefahrer vor der großen Überfahrt seine Wasservorräte aufgefüllt haben, wie die Inschrift stolz verkündet. Bewiesen ist natürlich nichts. Leider war die Casa zuletzt wegen Renovierungsarbeiten dauerhaft geschlossen.

▪ Plaza de la Constitución 1, 38800 San Sebastián de La Gomera.

San Sebastián → Karte S. 24

Museo Arqueológico de La Gomera: Das Archäologische Museum von La Gomera ist in einem typisch kanarischen Haus direkt am Kirchplatz untergebracht. Vom Innenhof mit der Nachbildung einer archäologischen Grabungsstätte geht es in den ersten Stock, der der Besiedelung, dem Handwerk und dem sozialen Leben auf der Insel zur Zeit der Guanchen gewidmet ist. Im zweiten Stock findet man Informationen zu Mystik und Legenden der kanarischen Ureinwohner. Dank einer Infomappe auf Deutsch, der gut präsentierten Fundstücke und anschaulicher Tafeln wird die Inselvergangenheit auch für Geschichtsmuffel verständlich.

▪ Geöffnet Mo–Fr 10–14 und 15–17 Uhr. Eintritt 2,50 €, Kinder unter 8 J. gratis. Calle Torres Padilla 6, 38800 San Sebastián de La Gomera, ✆ 922-141586, https://museos.lagomera.es.

Casa Bencomo/Ausstellung La Memoria de las Piedras: Das imposante Haus aus dem 19. Jh. beherbergt nicht nur die Touristeninformation, sondern auch die Ausstellung „La Memoria de las Piedras", eine 1-Raum-Ausstellung rund um das Thema Steine: Informatives zu ihrer Bedeutung für und ihrer Gestaltung durch den Menschen, zur Geologie sowie zur Anpassung der Pflanzen und Tiere an diesen kargen Lebensraum. Zukünftig soll auch die Insel-Bibliothek hier einziehen.

▪ Geöffnet Mo–Sa 9–13 und 15.30–17.30 Uhr, Eintritt gratis. Eingang neben der Touristinformation, Calle Real 32, 38800 San Sebastián de La Gomera.

Baden

Playa de San Sebastián und Playa de La Cueva: Die beiden Stadtstrände liegen rechts und links der Hafenanlage. Der schwarze Sand der breiten Playa de San Sebastián bedeckt den Ausgang des Barranco de la Villa vom Sporthafen bis zum Bergrücken der Punta Canarios. Im Schutz der langen Hafenmole kann man gefahrlos baden, auf der Mole gibt es gediegene Liege- und Sitzgelegenheiten für Sonnenanbeter. Die Kioscos entlang der breiten Promenade sorgen für die Verpflegung beim Sehen und Gesehen werden, das aber, wie alles in La Villa, eher unaufgeregt stattfindet. In Anschluss an den Fährhafen beim Club Náutico liegt man an der kleineren Playa de La Cueva weniger auf dem Präsentierteller, aber auf schwarzem Kies und Sand und außerdem mit grandiosem Blick auf den Teide.

Playa Avalo: Nördlich von San Sebastián, vorbei am Hotel Parador und dem Leuchtturm Faro de San Cristóbal, von dem man einen grandiosen Blick nach Teneriffa hat, in Richtung Puntallana, liegt die Playa de Avalo (manchmal auch Abalo geschrieben). Noch in den 90er-Jahren galt der breite Kiesstrand in einer geschützten Bucht als einer der schönsten Gomeras. Die idyllische Lage lockte die Investoren, denen ging das Geld aus und so ziert eine (weitere) Investitionsruine einer Ferienanlage den Talboden. Dennoch ist der Strand gerade an den Wochenenden ein beliebtes Ausflugsziel der Einheimischen. Bei sanfter Brandung kommt sogar ein schmaler Streifen schwarzer Sand zum Vorschein, dank der geschützten Lage kann man angeln und schnorcheln.

▪ Die Stadt San Sebastián unternahm Versuche, im Bereich hinter dem Strand während der Sommermonate einen Campingplatz für Wohnmobile zu betreiben – auch wenn das Camping-verboten-Schild etwas anderes sagt. Aktuelle Informationen gibt es im Rathaus.

Playa de la Guancha: In einer guten Stunde Fußmarsch erreicht man die ca. 500 m breite, einsame Bucht südwestlich der Hauptstadt. Baden ist nur bei wenig Brandung möglich.

▪ Wegbeschreibung → Wanderung 1.

Von der Playa Cueva führt ein Weg über Felsen zur olympischen Fackel

Praktische Infos

→ Karte S. 33

Information **Tourismusinformation,** zentral in der Calle Real gelegen und die größte Infostelle der Insel. Kartenmaterial, Busfahrpläne und Informationsbroschüren auch auf Deutsch. Nettes, hilfsbereites Personal. Geöffnet Mo–Fr 9–15 Uhr. Calle Real 32 (Casa Bencomo), 38800 San Sebastián de La Gomera, ✆ 922-141512, www.lagomera.travel.

Cabildo Insular, Sitz der Inselverwaltung in einem modernen, mit braunen Platten verkleideten Gebäude. Regelmäßig Ausstellungen oder Workshops mit Inselbezug. Geöffnet Mo–Fr 7.45–15.15 Uhr, Sa 9–12. Uhr. Calle de Prof. Armas Fernández 2, 38800 San Sebastián de La Gomera, ✆ 922-140106, www.lagomera.es.

Stadtführung im historischen Ortskern von San Sebastián. Mit Guide Melanie Ebock, auf Anfrage unter ✆ 636-681086 oder www.gomeraguide.com.

Verbindungen **Bus:** Vom zentralen Busbahnhof in San Sebastián starten die Busse in alle größeren Ortschaften. Estación de Guaguas am Rand der Innenstadt, beim Supermarkt Hiper Trebol. Avenida de Ronda s/n, 38800 San Sebastián de La Gomera.

Linie 1 über Chipude nach Valle Gran Rey (5 €), Mo–Sa 5x, So 2x, Linie 2 über Agulo und Hermigua nach Vallehermoso (4,50 €), Mo–Sa 5x tägl., So 2x, Linie 3 nach Alajeró (4 €), Mo–Sa 5x tägl., So 2x und Linie 7 zum Flughafen, 2x tägl. je 1.45 Std. vor Abflug (4 €).

Interinsuläre Fähre: In Pandemie-Zeiten wurden die Verbindungen mit Fred. Olsens Schnellfähre *Benchi Express* zwischen San Sebastián, dem Valle Gran Rey (70 Min.) und Playa Santiago (40 Min.) ausgesetzt. Aktuelle Infos unter www.fredolsen.es.

Fähre nach Teneriffa: Die Fähren von Olsen und Naviera Armas verkehren tägl. zwischen San Sebastián und Los Cristianos auf Teneriffa (→ Anreise S. 212).

Weitere Fähren von Olsen und Naviera Armas verbinden San Sebastián mit El Hierro (Valverde), Gran Canaria (Las Palmas), La Palma (Santa Cruz).

Taxi: zentraler Taxistand an der Strandpromenade Avenida de los Descubridores, ✆ 922-870524; Taxi Antonio ✆ 699-582779.

Parken Entlang der gemauerten Barranco-Mündung oder in den Nebenstraßen des Stadtzentrums.

Gesundheit Das einzige große Krankenhaus **Hospital General Nuestra Senora de Guadalupe** der Insel befindet sich etwas außerhalb am Flussbett des Barranco de la Villa, Calle Langrero s/n, 38801 El Molinito, ✆ 922-140219. Zum Centro de Salud folgt man ebenfalls der Straße in Richtung Chejelipes; Av. José Aguiar 19, 38800 San Sebastián de La Gomera, ✆ 822-171219.

Wäscherei **Lavandería Hecu 2**, Calle del Medio 76, 38800 San Sebastián de La Gomera, ✆ 922-141180.

Einkaufen & Märkte

Supermarkt Hiper Trebol, größter Supermarkt der Insel und daher perfekt, um sich mit Grundnahrungsmitteln auszustatten, bevor man die Ferienwohnung bezieht. Mo–Sa 9–21 Uhr, So 9–14 Uhr. Av. de Colón 28, 38800 San Sebastián de La Gomera.

Mercado Municipal 6, in der 2017 renovierten Halle neben dem Supermarkt. Fleisch, Fisch, Obst, Gemüse sowie Wein, Käse und andere Spezialitäten von der Insel. In der hinteren Ecke tolle **Bäckerei** mit einer riesigen Auswahl an Süßem und Salzigem. Av. de Colón 19 A, 38800 San Sebastián de La Gomera.

Nur unregelmäßig findet ein **Kunsthandwerksmarkt** auf der Plaza statt.

Galeria de Arte Luna 5, hübsche Kunstgalerie mit Gemälden, Fotomontagen, Skulpturen, bemalten Steinen und Töpferwaren, Preise zwischen 30 und 1300 €. Calle Real 30, 38800 San Sebastián de La Gomera.

Quesería Artesenal La Cabezada, preisgekrönte Käserei an der Straße nach Chejelipes, etwa 3 km vom Zentrum entfernt. Käser Manuel Padrón widmet sich schon seit Jahrzehnten der Herstellung von *queso blanco*. Auf seinem Bauernhof züchtet er Ziegen und produziert aus deren Milch Käse, der in der Variante *semicurado* (mittelalt) bei den World Cheese Awards als drittbester weltweit abgeschnitten hat. Die Käserei kann nach Terminabsprache besichtigt werden. Calle Langrero 16, 38800 San Sebastián de la Gomera, ✆ 652-830020.

Healthy Spot 16, Bio-Laden in einer Seitenstraße im Zentrum. Sortiment an biologischen Lebensmitteln, Süßigkeiten und Nahrungsergänzungsmitteln, außerdem kleine Auswahl an Bio-Kosmetika und ätherischen Ölen. Nach Absprache auch Massagen und kosmetische Behandlungen. Calle Ruiz de Padrón 3, 38800 San Sebastián de la Gomera, ✆ 922-141556, www.healthyspotgomera.com.

Sport & Aktivitäten

Radverleih- und Touren **Marina La Gomera 17**, für diejenigen, die die kleine Hauptstadt gemütlich mit dem Stadtrad erkunden wollen, gibt es einen Verleih im Verwaltungsgebäude der Marina. Stadtrad/Cruiser 5–7 €. Av. Fred Olsen s/n, 38800 San Sebastián de La Gomera, ✆ 922-141769, www.marinalagomera.es.

Extrem Moto & Bikes 1, gut ausgestatteter Fahrrad- und Motorradladen. 9–13 und 16–19 Uhr. Calle Real 95, 38800 San Sebastián de La Gomera, ✆ 922-141781.

Reiten Reitstall etwas außerhalb, → Sport und Aktivitäten, S. 233.

Seekajak und SUP **dive art 18**, Container am Hafen in San Sebastián. Geführte Kajaktouren, 3–4 Std. 35 €, ganzer Tag 75 €. Marina Deportivo, Avd. Fred Olsen, 38800 San Sebastian de La Gomera, ✆ 660-659098, www.dive-art.com.

Tauchen **dive art 18**, Container am Hafen in San Sebastián. Einzeltauchgang inkl. Flasche und Blei 35 €, Schnuppertauchgang 69 €, großes Angebot an Tauchkursen von Einführung bis zur Ausbildung zum Rettungstaucher. Marina Deportivo, Avd. Fred Olsen, 38800 San Sebastian de La Gomera, ✆ 660 659098, www.dive-art.com.

Essen & Trinken

mein Tipp **La Salamandra 8**, leicht gehobene zeitgenössische Kanaren-Küche, Vorspeisen, Fisch und Fleisch von hoher Qualität, das Preis-Leistungs-Verhältnis stimmt. Gute Auswahl an Weinen, am besten der Empfehlung des Kellners folgen! Sehr kleiner Gastraum mit nur wenigen Tischen, nur abgetrennt durch einen Raumteiler befindet sich die zum Restaurant gehörige Eisdiele. Das Dessert ist also auch gesichert. Plaza de la Constitución 14, 38800 San Sebastián de La Gomera, ✆ 626-223301.

Ágape Bistro 9, die Schweizerin Fabiana kocht und serviert im Ein-Frau-Bistro Fusionsküche mit französischer Note und auf Vorbestellung leckere Fondue-Menüs. Alles ist liebevoll angerichtet, und viele Gerichte haben Tapas-Charakter, sodass man mehrere auf einmal bestellen und teilen kann. Dafür sollte man allerdings genügend (Warte-)Zeit mitbringen und noch nicht allzu hungrig aufschlagen. Wechselnde Tageskarte. Nur wenige Plätze, alle im Außenbereich auf der Fußgängerzone, Reservierung notwendig. Mo–Sa 12.30–23 Uhr. Calle Real 15, 38800 San Sebastián de La Gomera, ✆ 642-800695, www.agapebistro.com.

Breñusca 13, schmucklose, aber gute und typisch gomerische Küche. Familiäre Atmosphä-

re, man kommt schnell ins Plaudern mit der Tochter des Wirts, die für den schnellen, freundlichen Service im Restaurant verantwortlich ist. Empfehlenswerter Hauswein. Tägl. 9–24 Uhr. Calle Real 11, 38800 San Sebastián de La Gomera, ✆ 922-870920.

Pension Víctor 7, zusammen mit anderen Reisenden sitzt man auf der Calle Real, im typisch kanarischen Innenhof oder im Innenraum, direkt vor der Holztheke. Gemütlich ist es überall, die Atmosphäre familiär, der Service sehr freundlich. Kanarische Küche, Tapas und Getränke für jede Tageszeit. Calle Real 23, 38800 San Sebastián de La Gomera, ✆ 922-871335.

Heladeria Perita 10, erfrischend-fruchtiges hausgemachtes Eis, die fröhliche Besitzerin weist gern auf Sorten mit Obst von der Insel hin. Im Winter 12–19, im Sommer 12–21 Uhr geöffnet. An der Plaza de la Constitutión, Calle la Hila 1, 38800 San Sebastián de La Gomera.

Las Carabelas 11, Traditionstreffpunkt unter den alten indischen Lorbeerbäumen an der Plaza de la Constuitución. Das in den 1960er-Jahren erbaute *kiosco* ist für viele die erste Anlaufstelle in der Hauptstadt, um gemütlich einen Kaffee oder eine *cerveza* zu trinken. Auch die frischen Säfte, die Tapas und die *bocadillos* sind empfehlenswert. Tägl. 7–23.30 Uhr. Plaza de la Constitución 132, 38800 San Sebastián de La Gomera, ✆ 922-870700.

Breads & Sweets 12, moderner Coffeeshop mit Sandwiches, Kuchen, frisch gepressten Säften und verschiedenen Kaffee-Spezialitäten aus der großen Siebträger-Maschine, die man mit Blick auf den Torre del Conde genießen kann. Mo–Sa 8–15 und 17–2.30 Uhr. Callejon Torre Conde 2, 38800 San Sebastián de La Gomera, ✆ 922-023980.

Ambigú 15, beliebte Café-Bar mit loungiger Sitzgelegenheit im schattigen Pavillon auf der Plaza de las Américas. Mit Blick auf den nahen Hafen trinkt man noch einen letzten *cortado* oder eine *dorada*, bevor es auf die Fähre oder zurück aufs Kreuzfahrtschiff geht. Abends beliebte Cocktailbar. Mo–Sa ab 9 Uhr geöffnet. Plaza de las Américas 10, 38800 San Sebastián de La Gomera.

Fußweg zur Ermita de Guadalupe

Ausflüge von San Sebastián

Kap Puntallana und Ermita de Guadalupe

Am Ende der Straße, die von der Hauptstadt entlang der Küste nach Norden führt, liegt auf dem flach ins Meer auslaufenden Kap Puntallana die Ermita de Nostra Señora de Guadalupe aus dem Jahr 1542. Ihre Namenspatronin, die Jungfrau von Guadalupe, ist die Schutzheilige der Fischer und ganz Gomeras. Die zierliche Heiligenstatue wurde um 1530 gefertigt. Alle fünf Jahre (zuletzt 2018) wird ihr zu Ehren eine große Fiesta mit Prozession veranstaltet. In den Jahren zwischen diesen Bajadas wird am Montag nach dem ersten Sonntag im Oktober die Fiesta de Puntallana gefeiert. Abgesehen von den Feierlichkeiten ist es am Kap ruhig, rau und verlassen. Nähert man sich auf dem Wanderweg über den Weiler Aluce, durchquert man dabei das Naturreservat Puntallana, das zum größten Teil im Privatbesitz des Bistums von Teneriffa ist. Die Gomeros besuchen ihre Heilige auch auf dem Seeweg und legen dann am Steg der Playa de Cangrejo an, von wo ein kurzer Weg zur Ermita führt.

■ Bei der Anfahrt von San Sebastián parkt man am Wendehammer und geht von dort zu Fuß weiter. Das letzte Stück Straße zur Kirche hinunter ist stark steinschlaggefährdet und kann nur auf eigene Gefahr begangen werden.

Barranco de la Villa

Hinter San Sebastián verjüngt sich das fruchtbare Barranco de la Villa, das auch den Stadtbewohnern immer einen Ausflug wert ist. Eine kleine Straße führt über El Langrero mit seinem beliebten Ausflugslokal nach Chejelipes, wo in mehreren Stauseen (Embalses) die Bewässerungsvorräte für das ganze Tal gesammelt werden. Am Ende der Straße liegt auf etwa 500 m Höhe das idyllische Dörfchen **La Laja** (→ Wanderung 2), eindrucksvoll gerahmt von steilen, grünen Hängen. Auf den bewirtschafteten Terrassen gedeihen

Wein, Avocados und Orangen, der Nationalpark ist nicht weit und so ist das abgelegene Dorf ein herrlicher Ausgangspunkt für Wanderungen.

Essen & Trinken **Restaurante Cabaña,** am Wochenende beliebtes Ziel der Hauptstadt-Bewohner in El Langrero. Fleischlastige gomerische Hausmannskost, die Spezialität ist Kaninchen. Fr–Mi 12.30–16 und 20–22.30 Uhr geöffnet, Do geschlossen. Calle Langrero, 23, 38801 San Sebastián de La Gomera, ✆ 922-870259.

Auf der GM-2 in Richtung Roques

Die Fahrt auf der Carretera General del Sur (GM-2) von San Sebastián in Richtung Inselmitte bietet immer wieder interessante Stopps. Gut 200 m über der Hauptstadt liegt der **Mirador del Cristo,** zu dem zwischen km 3 und 4 ein Sträßchen abzweigt. Auf dem Plateau, das man nach 700 m erreicht, hält normalerweise eine große weiße Jesus-Statue schützend ihre Hand über Gomeras Hauptstadt. 2014 beschloss das Cabildo aber die Umgestaltung des Aussichtspunktes. Ein Panorama-Café und Silbo-Museum sollte entstehen, das **Monumento al Sagrado Corazón de Jesús** musste bei Beginn der Bauarbeiten weichen – und ist bis Redaktionsschluss dieses Buches nicht wieder zurückgekehrt. Böse Zungen äußern Zweifel am Sinn der knapp 3 Millionen Euro teuren Investition und an der Fertigstellung des Projekts, das Tourismusamt hält sich mit Prognosen bedeckt …

Bereits fertiggestellt ist der **Mirador Lomada del Camello,** wo sich ein Stopp vor allem bei klarer Sicht lohnt. Dann nämlich taucht hinter der Hauptstadt Gomeras der mächtige Teide aus dem Atlantik auf.

Die **Degollada de Peraza** ist ein auf etwa 900 m ü. NN gelegener Pass an der Straße GM-2, ca. 15 km entfernt von San Sebastián. Ganz in der Nähe soll Hernán Peraza der Jüngere, Graf von La Gomera, 1488 bei einem Treffen mit seiner Geliebten Iballa, einer Prinzessin der Ureinwohner, in den Höhlen von Guahedun bei einem Attentat umgekommen sein. Geplant hatten den Anschlag die Häuptlinge der Insel, deren Volk der despotische Graf entgegen anders lautenden Verträgen brutal unterdrückt und versklavt hatte. Ausgeführt wurde er von dem Krieger Pedro Hautacuperche, der dem Grafen auflauerte und ihn und seine Begleiter mit einer Lanze tötete. Die Tat war der Auftakt für einen großen Aufstand, dessen blutige Niederschlagung schließlich die endgültige Unterordnung der Alt-Gomeros unter die spanischen Eroberer einläutete (→ Kasten S. 93).

Von den Höhlen, die Peraza und Iballa als Treffpunkt dienten, ist nichts zu sehen. Dennoch lohnt sich ein Stopp an den beiden Aussichtspunkten beim Restaurante Degollada de Peraza und dem Mirador de La Laja. Von Ersterem blickt man in das Tal von El Cabrito, von Zweiterem in den weiten **Barranco de la Laja,** der ein Bild von der typischen Form der Täler auf Gomera gibt.

Kurz nach dem Pass Degollada de Peraza weist ein braunes Hinweisschild auf die *Zona Recreativa Las Nieves* hin. Die breite Straße führt zur **Ermita de Las Nieves,** einer Kirche aus dem 16. Jh. Die flämische Schnitzarbeit der Jungfrau des Lichts von 1530 sieht man nur bei der seltenen Öffnung der Kirche. Wie der Ausbau des Parkplatzes, die öffentlichen Grills und das Picknickareal rund um die Ermita zeigen, ist die Kirche auch bei den Einheimischen ohnehin vor allem als Grillplatz, für Picknicks und bei den Touristen als Ausgangspunkt für Wanderungen beliebt (→ Wanderung 2). Auf über 1100 m Höhe genießt man im Schatten großer Pinien je nach Wetterlage die Sicht auf den Teide, der ganz nah wirkt, oder ein Schauspiel aus vorbeiziehenden Wolken und ständig wechselnden Perspektiven.

San Sebastián → Karte S. 24

El Cabrito

El Cabrito (das Geißlein) ist eine Finca mit Geschichte. Sie liegt im **Barranco del Cabrito**, dessen mittlerer und unterer Teil als *Monumente Natural* geschützt sind. Geomorphologisch – also aufgrund ihrer Formen – interessant sind die auffälligen Felsformationen El Sombrero (662 m) und der nur ein Stück weiter nördlich gelegene Roque

Otto Muehl: Kunst-Guru und Kommunen-Diktator

Otto Muehl war ein Aktionskünstler und Mitbegründer des Wiener Aktionismus, der ab 1970 durch die Gründung der Aktionsanalytischen Organisation von sich reden machte.

1925 geboren, war Muehl als 19-jähriger Wehrmachtssoldat an den Schlachten der Ardennenoffensive von 1944 beteiligt. Nach dem Krieg wurde er Lehrer für Deutsch, Geschichte und Kunstpädagogik und arbeitete als Maltherapeut. Seine in den 1960er-Jahren organisierten provokanten „Materialaktionen" – Performances, bei denen, wie er es in einem Zeitungsinterview mit der Zeitung Pardon formulierte, es „nicht allein um Lust und auch nicht um Kot und Urin gehe", sondern er „beides als bewußtes Mittel einsetze, um diese Gesellschaft bei Tabus zu packen" – führten regelmäßig zu Skandalen und Verhaftungen. Gemäß seinem Leitmotiv „Kunst, um die Kunst zu verlassen" waren sie später auch Teil des Konzeptes seiner berühmt-berüchtigten AAO-Kommune („**A**ktions-**A**nalytische **O**rganisation bewußter Lebenspraxis") auf dem Friedrichshof, die aus einer Wohngemeinschaft in der Wiener Praterstraße 32, einem Auffanglager für junge Künstler und Studenten, hervorgegangen war.

Zwar sollte die Gemeinschaft als Gegenentwurf zur autoritären Kleinfamilie gelten, als sozialsexuelles utopisches Projekt der freien Liebe, über die Jahre jedoch etablierte sich Muehl mehr und mehr als Oberhaupt der Kommune, der die Regeln bestimmte, die Mitglieder kontrollierte, bevormundete und manipulierte. Statt geistiger und körperlicher Befreiung herrschten autoritäre Strukturen, Missbrauch, Demütigung und Gewalt. Geschorene Köpfe und Latzhosen waren zeitweise die äußerlichen Merkmale der Kommunarden, über deren Auf- und Abstieg in der strengen Kommunenhierarchie ihre kreative Fähigkeiten während der „Aktionsanalyse" sowie ihre sexuellen Leistungen bestimmten. Die Kinder wuchsen, da „Zweierbeziehungen" auch zwischen Mutter und Kind verpönt waren, im Kollektiv auf.

Während der Friedrichshof weiter bestand, zog ein Teil der Gruppe 1986 nach Gomera, wo die Kommune das 320 Hektar große Gelände der Finca El Cabrito gekauft hatte und Otto Muehl nicht nur als Kunst-Guru, sondern auch als unumstrittener Sektenchef regierte. In dieser Zeit sollen Mädchen, teilweise mit Wissen ihrer wirtschaftlich von der Kommune abhängigen Eltern, sexuell missbraucht worden sein und Muehl Anspruch auf das Recht der ersten Nacht erhoben haben. Nach zunehmenden Unstimmigkeiten innerhalb der Gemeinschaft konnten sich im Herbst 1989 unzufriedene Kommunarden gegen ihn durchsetzen, das Gemeinschaftseigentum der Kommune wurde in Genossenschaften eingebracht und verteilt, die alte Führung abgewählt, die Kommune aufgelöst. Muehl lebte

Magro (692 m), die man besonders gut von der GM-2 von San Sebastián kommend oder auf dem Aufstieg vom Weitwanderweg GR 131 (Strecke San Sebastián – Degollada de Peraza) sieht. Der Abstiegsweg von den Casas del Magro hinunter an die Playa del Cabrito führt genau an den Felsen vorbei. Im Barranco herrscht die trockenheitsliebende Vegetation mit Wolfsmilchgewächsen vor, die typisch für die südlichen Täler auf La Gomera ist.

noch ein Jahr innerhalb einer kleineren Gruppe auf dem Friedrichshof. 1991 wurde er in Untersuchungshaft genommen und wegen Sittlichkeitsdelikten, Missbrauchs Minderjähriger, Verstößen gegen das Suchtgiftgesetz und Zeugenbeeinflussung zu sieben Jahren Haft verurteilt. Im Prozess sagten Zeugen aus, Muehl und seine „Führungsgruppe" hätten mit psychischer und körperlicher Gewalt geherrscht. „Sodom und Gomera" titelte der Stern damals. Otto Muehl zeigte wenig Verständnis, es sei doch schließlich „alles nur Kunst".

Nach seiner Freilassung zog Muehl 1998 mit einer Gruppe alter und neuer Anhänger nach Faro. Trotz jahrelanger Parkinson-Erkrankung war er, wie bereits in den Jahren seiner Haft, weiterhin als Künstler aktiv. 2013 verstarb er im Alter von 87 Jahren in Portugal, nachdem er sich zwei Jahre zuvor zur Überraschung der Öffentlichkeit und Erleichterung der Kunstwelt, der er damit seine Rehabilitation erleichterte, doch noch bei den Opfern für seine Taten entschuldigt hatte.

Auf El Cabrito, der abgelegenen Finca westlich von San Sebastián, ist der Kommunen-Gründer von damals auch heute noch präsent. Seine Gemälde hängen in Gemeinschaftsräumen und Gästehäusern. „Die Finca El Cabrito hat eine bewegte Geschichte und eine hinreißende Gegenwart", viel mehr kann man auf der Website dazu nicht lesen. Der Umgang mit dem Thema Otto Muehl scheint, ebenso wie in seiner österreichischen Heimat, wo Ausstellungen mit seinen Bildern nahezu ohne Erwähnung der Missbrauchsvorwürfe und der Verhaftung auskommen, nicht gerade in Richtung Aufarbeitung zu gehen. Man hat das Gefühl, der Mensch Muehl soll in Vergessenheit geraten, während man sich mit seiner Kunst schmückt.

Es gibt jedoch auch Beispiele für eine differenzierte, kritische Aufarbeitung der Geschehnisse, wie etwa die 2003 gegründete Gruppe „re-port". Sie besteht aus ehemaligen Mitgliedern der Muehl-Kommune, die im Namen der Opfer regelmäßig gegen Ausstellungen des verstorbenen Künstlers protestieren und auf sein „menschenverachtendes System" verweisen (www.re-port.de).

Der Film „Meine keine Familie", ein österreichischer Dokumentarfilm von 2012, thematisiert das Leben in der Kommune Friedrichshof aus Sicht des Regisseurs Paul-Julien Robert, der 1979 dort geboren wurde. Für den Film wurde seit 20 Jahren gesperrtes Archivmaterial erstmals zur Verwendung freigegeben.

Auch im Interview-Film „My Talk with Florence", der 2015 erschien, erzählt eine ehemalige Kommunardin aus ihrem dramatischen Leben und den (Missbrauchs-)Erfahrungen in der Kommune Friedrichshof.

Am Ende der Schlucht öffnet sich ein weites fruchtbares Tal mit der inmitten einer großen ökologischen Obst- und Gemüseplantage direkt am Strand gelegenen **Ferienanlage und Bio-Finca El Cabrito,** die aus einer ehemaligen Bananenplantage hervorgegangen ist. Zu dem Ressort führt keine befahrbare Straße, die Versorgung erfolgt durch Boote, die auch die Besucher vom Hafen in San Sebastián in die einsame Bucht bringen. Viele deutschsprachige Gäste machen hier Urlaub, aber auch Norweger und Schweden. Sie kommen als Gruppen bzw. als Familie oder Paar zu Workshops und Seminaren, zum Malen und zum Yoga. Als Unterkünfte dienen das renovierte Herrenhaus und die ehemaligen Landarbeiterunterkünfte, die sich in ihrer traditionellen Bauweise harmonisch in das Grün der Anlage einfügen.

Die Geschichte des ehemaligen Landgutes reicht bis in die Anfänge des 20. Jh. hinein, als eine reiche Gutsfamilie die Gegend um die heutige Finca erwarb und in den folgenden Jahrzehnten Brunnen, Stauseen, Wege sowie die Häuser errichtete, die noch heute das Erste sind, was die über das Meer ankommenden Gäste von El Cabrito sehen. Bis zu hundert Menschen wohnten und arbeiteten seinerzeit auf der Finca, zuerst wurden Tomaten, ab den 1950er-Jahren Bananen angebaut. Mit dem Tod des damaligen Besitzers wurde El Cabrito 1970 aufgegeben, die Häuser verfielen.

In den 1980er-Jahren wurde der Ort von Anhängern des Österreichers Otto Muehl (→ Kasten) entdeckt, Begründer einer „experimentellen Lebensgemeinschaft", die das Landgut erwarb und restaurierte. Von 1987 bis 1990 „herrschte" hier der Kommunenführer. Nach der Auflösung der Gemeinschaft wurde die Finca in eine Genossenschaft eingebracht, die 1991 den Hotelbetrieb aufnahm. Heute betreibt eine Aktiengesellschaft aus Mitarbeitern und Gästen das Hotel. Ihr Konzept: Statt einer künstlichen Parkanlage bildet die aktiv bewirtschaftete Finca mit ihrem Obst- und Gemüseanbau die Clublandschaft.

Auf El Cabrito logieren Gäste heute im ländlichen Idyll

60 Prozent des Bedarfs an Früchten und Gemüse werden aus eigenem Anbau gedeckt, was darüber hinausgeht, wird, bevorzugt von der Insel, dazugekauft. Ein eigener Brunnen, eine Kläranlage, ein Generator und eine Fotovoltaik-Anlage sowie Sonnenkollektoren für Warmwasser sorgen ebenfalls für mehr Autarkie und Nachhaltigkeit. Das Wasser für die Bewässerung der Felder kommt aus drei Stauseen weiter oben im Barranco.

▪ **Hinweis:** Das Boot von und nach El Cabrito ist nicht für den Transport von Wanderern gedacht. Durstige Wanderer finden an der Rezeption aber einen Wasserhahn, aus dem sie ihre Trinkwasservorräte nachfüllen können. Weitere Information und Buchung unter ✆ 922-145005, www.elcabrito.es.

Naturpark Majona und Cuevas Blancas

Der Parque natural de Majona nordwestlich von San Sebastián ist eine der wildesten Gegenden der Insel. Auf den ehemaligen Gemeindeweiden kann man manchmal Hirten mit ihren Herden und Hunden antreffen. Abgesehen von diesen Begegnungen ist die Gegend menschenleer, die wenigen Häuser, die man sieht, sind meist verlassen. Die Erosion hat in Majona ein besonders eindrucksvolles Relief mit tiefen Barrancos und hohen Klippen geschaffen.

Wandern: Nur wenige Wanderer verirren sich hierher und durchqueren den Naturpark beispielsweise auf dem Weg von Norden nach Süden. Schwindelfreien vorbehalten ist der sogenannte *Stangenpfad* zu den *Cuevas Blancas*, die östlich des Schutzgebietes am Rande der Hochebene liegen. Es sind von Wind, Wetter und Menschenhand geformte Höhlen in einem auffallend hellen Gesteinsband. Das Erkunden der verlassenen Höhlen und *Casas de Cuevas Blancas* ist spannend, mit Blick auf den Atlantik lässt man die Gedanken schweifen zu den Menschen, die hier gelebt haben.

El Cabrito vom Meer aus gesehen

▪ **Kurze Wegbeschreibung:** Start an der GM-1, von San Sebastián kommend kurz vor dem Tunnel. Parkmöglichkeiten direkt an der Straße. Der Schotterstraße nach Enchereda folgen (alternativ dem alten Wanderweg 31) und sie an der Degollada de Laguerode (603 m) verlassen. Weiter in Richtung Nordosten zum ausgesetzten, teils mit Holzgeländern gesicherten Stangenpfad und weiter zu den Höhlen. Reine Laufzeit hin und zurück ca. 4:30 Std. Weg nicht durchgehend markiert! Schwindelfreiheit und Trittsicherheit sind Voraussetzung, ausreichend Verpflegung und Wanderkarte erforderlich!

Wanderungen bei San Sebastián

GPS-Tour 1

Am einsamen Strand von San Sebastián

Charakter: Ein Tag am Meer für die ganze Familie! Einfache, aber völlig schattenlose Streckenwanderung zur Playa de la Guancha. **Länge/Dauer:** einfach 3,6 km, hin und zurück jeweils 1:20 Std. **Markierung:** weiß-rote Auszeichnung und Steinmännchen. **Ausrüstung:** feste Schuhe, unbedingt Sonnenschutz, auch für den Strand. **Verpflegung:** Wasser und Proviant mitnehmen, vor allem wenn Sie länger am Strand bleiben wollen. Keinerlei Einkehrmöglichkeiten. **Weiter in Richtung Playa de Santiago:** Wanderer, die ihren Weg auf dem GR 132 in Richtung Playa de Santiago fortsetzen wollen, gehen bis zum Ende der Playa de la Guancha weiter und steigen dort im ausgetrockneten Barranco de la Guancha langsam bergauf. **Hin & zurück:** Zum Ausgangspunkt fährt man in San Sebastián ortsauswärts Richtung Valle Gran Rey, nach einer Brücke biegt man in der nächsten Kurve nach rechts in ein Industriegebiet ab (parken in der Nähe des Dieselkraftwerks). San Sebastián erreicht man tägl. mit Bussen der Linie 1 von Valle Gran Rey, der 2 von Vallehermoso, der 3 von Alajeró und der 7 vom Flughafen; Fahrplan → www.guaguagomera.com.

Wegbeschreibung: Schräg gegenüber einer gelb-grünen Fabrikhalle beim Kraftwerk **1** am Ortsrand führt der Weg, zunächst wenig einladend, an einem grünen Maschendrahtzaun bergan. Je nach Windrichtung begleiten uns zu Beginn der Wanderung der Lärm des geschäftigen Ortes und vor allem der Gestank des Dieselkraftwerks, das die Insel mit Strom versorgt. Nach 0:15 Std. erreichen wir ein Kreuz **2** an einer Landspitze, von dem wir einen herrlichen Blick zurück auf die Stadt und – gutes Wetter vorausgesetzt – hinüber zum Teide auf Teneriffa haben. Den Lärm der Stadt lassen wir nun hinter

Die felsige Playa de la Guancha

uns. Wenige Meter von der Abbruchkante entfernt, führt der Weg ohne nennenswerte Höhenveränderung über eine baumlose Hochfläche weiter. Rechts über uns auf einem Hügel steht normalerweise das **Monumento al Sagrado Corazón de Jesús,** eine riesige Jesus-Statue. Bereits seit Jahren wird die Rückkehr der Figur versprochen, die zu Renovierungszwecken abgebaut wurde, zuletzt war hier jedoch noch immer eine große Baustelle. 0:30 Std. nach dem Start erreichen wir eine Stelle **3**, an der wir hinab in den **Barranco del Revolcadero** blicken, zu dem sich unser Weg nun sanft hinabschlängelt. Nach weiteren 10 Min. haben wir den Talgrund **4** erreicht. Nun geht es 5 Min. den gegenüberliegenden Hang hinauf, bis ein unmarkierter Pfad **5** zur Mündung des Barranco abzweigt. Wir halten uns hier rechts und steigen weiter bergan. Nach insgesamt gut 0:50 Std. haben wir den Anstieg hinter uns gebracht und mit 160 m gleichzeitig den höchsten Punkt **6** der Kurzwanderung erreicht.

Auf der meist windigen Hochebene geht es nun weiter, bis wir nach 0:15 Std. erstmals das Ziel der heutigen Wanderung unter uns sehen, die Playa de la Guancha. Der sichelförmige Strand und das tiefblaue Wasser locken, doch obwohl alles zum Greifen nahe scheint, benötigen wir für den Abstieg noch einmal 0:15 Std., bis wir die **Playa de la Guancha** **7** endlich erreicht haben. Der malerische Strand ist voller großer Steine, zwischen denen man immer wieder ein Plätzchen mit feinem Vulkansand findet, auf dem man sein Badetuch ausbreiten kann. Baden ist allerdings wegen der Steine im Wasser und des oft starken Wellengangs nicht immer empfehlenswert. Dafür kann man sich wie Robinson fühlen, denn meist hat man die Playa de la Guancha für sich allein. Für den Rückweg wählen wir den gleichen Pfad, auf dem wir auch gekommen sind.

GPS-Tour 2

Rundtour am Fuße des Vulkanschlots Roque Agando

Charakter: Alte Saumpfade führen uns auf dieser überwiegend leichten Rundwanderung durch Lorbeer- und Kiefernwald mit Blick auf die Schlote erloschener und längst abgetragener Vulkane. An einen gemütlichen Abstieg durch die Wälder schließt sich ein anstrengender und schattenloser Aufstieg durch baumloses Gelände an, der schon etwas Kondition erfordert. **Länge/ Dauer:** 7,9 km, ca. 3:25 Std. **Markierung:** zahlreiche Hinweisschilder sowie weiß-rot-gelbe Balken der Wanderwege PR LG 17 und GR 131 von der Degollada de Peraza bis zum Roque Agando, danach nur noch weiß-gelbe Zeichen des PR LG 17. **Ausrüstung:** feste Bergschuhe mit guter Sohle, Stöcke empfehlenswert. Unbedingt an Sonnenschutz denken! **Hin & zurück:** Start und Ziel ist der Aussichtspunkt Degollada de Peraza an der Carretera del Sur; zahlreiche Parkplätze am Restaurant und beim Aussichtspunkt. Alternativ kann man die Tour an der Ermita Virgen de las Nieves beginnen (Parkplätze und Picknickplatz). An der Degollada de Peraza Bushaltestelle der Linie 1 (San Sebastián – Valle Gran Rey, Mo–Sa 5x, So 2x), Linie 3 (San Sebastián – Alajeró, Mo–Sa 5x, So 2x) und Linie 7 (Flughafen – San Sebastián, tägl. 2x); Fahrplan → www.guaguagomera.com. Taxi in San Sebastián (Antonio) ✆ 699-582779.

Wegbeschreibung: Nach einem Blick über die dramatische und karge Schluchtenlandschaft östlich des Passes Degollada de Peraza starten wir die Wanderung vor dem gleichnamigen Bar-Restaurante **1**. Wir gehen auf der Hauptstraße 200 m nach links weiter, vorbei am Aussichtspunkt von Peraza **2**. Eines unserer Ziele, das Dorf La Laja, können wir von diesem Mirador aus in der Tiefe des gleichnamigen Barrancos erkennen. Am Abzweig der Straße nach Playa de Santiago halten wir uns noch rund 50 m geradeaus in Richtung Valle Gran Rey (beschildert). Dann führt eine Treppe **3** mit weiß-rot-gelber Markierung rechts steil nach oben. Über sie erreichen wir einen holprigen Steinweg, der uns auf einer kargen Hochebene in Richtung Westen führt – den Sendemast auf dem Gipfel des **Tagamiche** (981 m) haben wir dabei im Rücken.

Wallfahrtskirchlein mit Picknickplatz

Nach insgesamt 0:20 Std. Gehzeit gabelt sich der Weg **4** unterhalb eines kleinen Hauses. Wir halten uns hier rechts und gelangen nach gut 200 m zu einer kleinen Asphaltstraße. Dort biegen wir nach rechts ab und gelangen über diese von Baumheide gesäumte Zufahrtsstraße nach 10 Min. zur **Wallfahrtskirche Ermita Virgen de las Nieves** **5**. An der Kirche treffen sich die Gomeros an den Wochenenden zum Picknick. Auf dem angeschlossenen Festplatz finden regelmäßig Veranstaltungen statt.

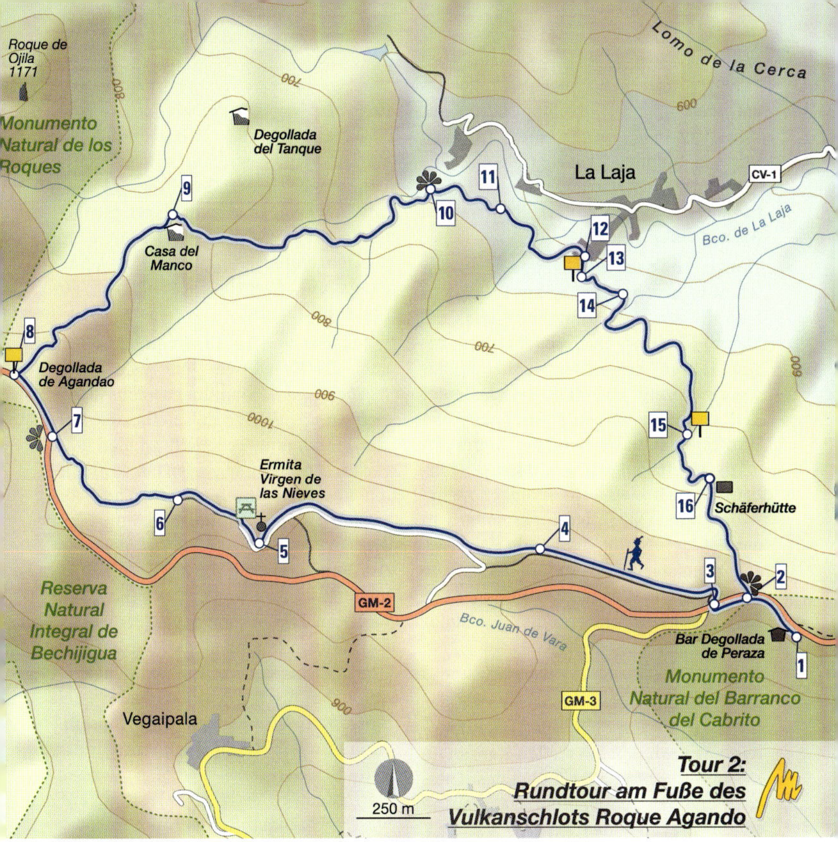

Mirador Roque de Ojila

Nahe der Wallfahrtskirche **5** am Fuß des Roque Agando kann man der Straße wenige Minuten weiter aufwärts bis zum Aussichtspunkt Mirador Roque de Ojila folgen, von dem sich ein schöner Blick auf die umliegenden Berge bietet.

Der Weg setzt sich hinter dem Kirchlein zunächst als breite Piste fort und führt schnell in den Wald mit hohen Baumheide- und Wacholderbüschen. Bei einem Abzweig **6** nach 5 Min. halten wir uns rechts und befinden uns kurz darauf in einem verwunschenen Hohlweg unter dichtem Blätterdach. Über eine Kuppe hinweg geht es abwärts in Richtung des spitzen Vulkanschlots **Roque Agando,** der sich auf diesem Teil der Strecke von seiner besten Seite zeigt, ebenso wie der kaum weniger beeindruckende, etwas runder geformte **Roque de Ojila.** Über einen kurzen steilen Abschnitt steigen wir schließlich bis zur Hauptstraße **7** ab.

Wir biegen nach rechts und verlassen die Straße nach rund 250 m erneut nach rechts (Schild „La Laja“) über einer Steintreppe **8** abwärts. Am Fuße der Stufen schließt sich ein Waldpfad an, der im Wechsel mit Treppen an einem Grat entlang abwärts führt. Langsam entfaltet sich das atemberaubende Panorama der Felsengruppe des **Roque Agando** (1.251 m) über den **Roque de la Zarcita** (1.233 m) bis zum **Roque de Ojila** (1.171 m). Schon bald befinden wir uns in einem Wald mit Kanarischen Kiefern – einem seltenen Bild auf Gomera. Zwischen den gesunden Bäumen strecken die kahlen Stämme abgestorbener Kiefern ihre weißen Äste in den Himmel.

0:20 Std. nach der Treppe passieren wir auf unserem Abstieg ins Tal von La Laja die einstige Schutzhütte Casa del Manco **9**, deren Dach jedoch vor einigen Jahren eingestürzt ist. Schilder weisen darauf hin, dass dieses Gebiet Teil des Nationalparks Garajonay ist. Wir folgen den Steintreppen weiter abwärts in einen Barranco, dessen Bachbett wir über kleine Holzbrücken mehrfach queren. Mächtige Steinmauern in der Schlucht sollen die Wucht des Wassers nach starken Regenfällen bremsen. An einzelnen Kiefern sieht man noch die verkohlten Spuren einstiger Waldbrände.

0:15 Std. nach der verfallenen Schutzhütte kommen die ersten Häuser des Dorfes La Laja in Sicht. Bald darauf stehen wir nach einigen steilen Kehren an einem Aussichtspunkt **10** über dem Ortsrand und den gepflegten Terrassen. Die schöne Stelle ist ideal für ein Picknick.

Das dörfliche Leben und die Menschen bei der Feldarbeit erleben wir im folgenden Wegabschnitt, der uns am Hang gegenüber dem lang gestreckten Ort **La Laja** entlangführt. Kleine weiße Häuser ziehen sich oberhalb des Baches durchs Tal, darunter die grünen Felder und Palmenhaine und die zur Bewässerung notwendigen Wasserbecken.

Wir lassen einen nach links zum Ort abzweigenden Pfad **11** unbeachtet und folgen weiter dem eben verlaufenden Hauptweg, der hier deutlich weiß-gelb markiert und mit „Degollada de Peraza" beschildert ist. Rund 50 m nachdem wir zwischen zwei eng beieinanderstehenden Häusern durchgelaufen sind, biegen wir in einen steilen Steinweg nach rechts aufwärts ab. Ein Schild **12** weist uns hier zur „Degollada de Peraza". Nach 100 m durch Palmenhaine und Gärten wenden wir uns an den letzten Bäumen bei einer Gabelung **13** nach links. Wir folgen ab hier einem gepflasterten Steinweg, der uns in gut 1 Std. anstrengenden Aufstiegs zum Ausgangspunkt Degollada de Peraza zurückbringen wird.

Jenseits von La Laja verändert sich auch die Vegetation: Auf Wald folgen Agaven und Wolfsmilchgewächsen, die sich an die Wände der steilen Barrancos klammern. Lediglich in den ausgewaschenen Wasserläufen der Schluchten gedeihen durch sporadischen Regenfall Palmen, Trompetenbäume und dichtes Buschwerk. Bald hinter dem Ort überqueren wir die Kuppe **14** zu einem dunklen, steilen Barranco und verlieren La Laja dabei aus dem Blick. Nach 100 m bergab stehen wir auf dem Grund dieser von Palmen bewachsenen Schlucht, durch die ein schmaler Bach plätschert. Wir steigen über ihn und wandern auf der gegenüberliegenden Seite des Barrancos wieder nach oben. Der Steinweg setzt sich jetzt in aufwärts führenden Serpentinen fort, wobei mehrere Seitenbarrancos durchquert werden.

Ein gemauerter Wegweiser **15** bestätigt nach ungefähr der Hälfte des zu bewältigenden Aufstiegs noch einmal die korrekte Richtung: „Degollada de Peraza". Wenige Meter weiter lädt die schattige Vegetation eines kleinen Seitenbarrancos zu einer letzten Pause ein. 10 Min. später passieren wir eine alte Schäferhütte **16**. Nach weiteren 10 Min. stehen wir am Fuße der Felswand, über der sich links der Gipfel des Tagamiche befindet. Nur wenige Stufen trennen uns hier noch vom Aussichtspunkt von Peraza **2**. Wir biegen an der vorbeiführenden Hauptstraße nach links und erreichen nach 200 m wieder unseren Ausgangspunkt am Bar-Restaurante Degollada de Peraza **1**.

Das Dorf La Laja

Der Süden und die Bergdörfer

Die Küste im regenarmen Süden ist wüstenhaft karg, und in den Barrancos kann man lange aufsteigen, ohne viel mehr als Wolfsmilchgewächse und Opuntien zu sehen. Das touristische Zentrum ist das fast mondän wirkende Playa de Santiago.

Wenn es im Inselnorden regnet, lohnt sich ein Blick auf den Wetterbericht im Süden. Playa Santiago hat die meisten Sonnenstunden der Insel und den dazu passenden Beachclub Laurel direkt am Strand gleich dazu.

Playa de Santiago ist aufgrund seines Klimas beliebt bei Sonnenanbetern, die Apartmentanlagen sprießen aus dem Boden, und mit dem Jardín Tecina gibt es eine große 4-Sterne-Hotelanlage. Es gehört zur Gemeinde Alajeró. Das gleichnamige Dorf liegt im Landesinneren und hat nur etwa halb so viele Einwohner wie der bekanntere Ortsteil direkt am Strand. In Alajeró hat sich der ländliche Charakter Gomeras bewahrt, zwei Kirchen sind die einzigen Sehenswürdigkeiten im Ort. Ein größerer Besuchermagnet im Umland ist der archaische Drachenbaum Drago de Agalán, den man auf einer kleinen Wanderung bewundern kann. Und auch sonst hat die auf den ersten Blick so karge Natur im Süden Gomeras viel zu bieten.

Da ist der Barranco de Santiago, an dessen Ende der Roque Agando wacht. Unter seinem wachsamen Auge liegen hübsche Weiler, die auf Wanderungen oder Schotterpisten-Farten entdeckt werden können. Zum Ende des Winters blühen rund um Alajeró die Mandelbäume, und in den höheren Lagen wird immer noch ein Großteil der Ackerterrassen bestellt und gepflegt. Die Bergdörfer Igualero, Chipude, El Cercado und Las Haya, durch die man auf dem Weg ins Valle Gran Rey kommt, sind alle einen Stopp wert und hervorragende Ausgangspunkte für Wanderungen in den Nationalpark und auf den mythischen Tafelberg La Fortaleza.

Im Umland Alajerós wird aber auch immer wieder die Landflucht deutlich, die das Ende der Monokulturen auf

Gomera mit sich brachte. Die Ruine des alten Flughafens, die verlassene, teils abgerissene Konservenfabrik von La Rajita, stillgelegte Wasserleitungen und verlassene Dörfer erzählen von diesem Stück Inselgeschichte, das man auf einsamen Wanderungen erfahren kann. Einzig in La Dama ist die Landwirtschaft noch ein echter Wirtschaftsfaktor. Mithilfe von Gewächshäusern und planenbedeckten Plantagen zeigt sie sich hier nicht von ihrer schönen, aber von ihrer rentablen Seite.

Was anschauen?

Töpfereimuseum: Im Centro de Interpretación Las Loceras in El Cercado bringen die getöpferten Ausstellungsstücke aus verschiedenen Zeitaltern, Fotos und anderen Darstellungen dem Besucher die Geschichte La Gomeras näher. **→ S. 63**

Drago de Agalán: Der uralte Drachenbaum ziert nicht umsonst das Wappen von Alajeró – er ist eine Seltenheit auf La Gomera. **→ S. 58**

Was unternehmen?

La Fortaleza: Kein Gomera-Besuch ohne Fortaleza-Besteigung. Der markante Tafelberg zog nicht nur schon die Altkanarier magisch an, sondern wirkt noch heute höchst anziehend auf viele Wanderer. Schwindelfreiheit vorausgesetzt! **→ S. 61**

Alter Flughafen: Der alte Flughafen bei Playa de Santiago ist ein beliebter „Lost Place", zu dem stilecht eine teils weglose und anstrengende Wanderung führt. Abenteuer garantiert. **→ S. 53**

Wo baden?

Playa Santiago: Schwarzer Sand ist nicht selbstverständlich auf La Gomera, genauso wenig die frisch renovierte Strandpromenade dazu. **→ S. 52**

Playa de Chinguarime: Wer es weniger konventionell mag, erwandert sich diesen Strand, an dem man noch echte Höhlenbewohner antreffen kann (höchstwahrscheinlich im Adamskostüm!). **→ S. 52**

Was sonst noch?

Chipude: Im Töpferdorf kann man den alten Damen und Herren beim Töpfern ohne Drehscheibe über die Schulter schauen und gleich eine der landestypischen Tonschalen für zu Hause mitnehmen. **→ S. 62**

Essen bei Efigenia: Ein Gomera-Klassiker ist das vegetarische Menü bei der alten Doña Efigenia bzw. in ihrem familiengeführten Restaurant. **→ S. 64**

Neuer Flughafen: Der neue Inselflughafen ist mittlerweile ganz gut besucht, und das nicht nur von den wenigen Fluggästen – er wird auch wegen seiner Architektur hochgelobt. **→ S. 53**

Playa de Santiago

Das außergewöhnlich warme und trockene Klima lockt viele Besucher in den Ort an der Felsküste im Süden Gomeras. Playa de Santiago bietet zwar wenig kulturelle Sehenswürdigkeiten, hat sich jedoch nach dem Valle Gran Rey zum zweitgrößten Ferienzentrum der Insel entwickelt.

Gegründet wurde die Ortschaft im 19. Jh. von Fischern, die dort aufgrund der guten Fischfangmöglichkeiten siedelten. Im Jahr 1917 ließ sich die norwegische Reederei Nowga in Playa de Santiago nieder, ein Vorgänger der heute omnipräsenten Grupo Fred. Olsen (→ Kasten S. 198), ein Jahrzehnt später wurde die landwirtschaftliche Genossenschaft Rodríguez López (→ S. 54) gegründet. Mit den finanziellen Mitteln der beiden Unternehmen und dank des

unternehmerischen Geschicks der Investoren entstanden zwei Fischkonservenfabriken, Arbeiterwohnungen und eine Werft. Die Bewässerungssysteme wurden verbessert und Brunnen ausgebaut, sodass nun der Anbau von Bananen und Tomaten möglich war. Das Fischerdorf, das teils zur Gemeinde Alajeró, teils zu San Sabastián gehört, entwickelte sich Anfang des 20. Jh. dank der Einkünfte aus dem Nahrungsmittel-Export sowie der Einkünfte aus den Konservenfabriken und der Werft zu einem der wirtschaftlichen Zentren der Insel. Die Einwohnerzahl, die 1900 noch bei 14 gelegen hatte, stieg bis 1950 auf fast 900 Personen. In den 1970er-Jahren jedoch geriet die Wirtschaft in die Krise. Die Konservenfabriken wurden geschlossen, die Einheimischen sahen sich gezwungenermaßen nach anderen Einkunftsquellen um oder wanderten ab.

Ab den 1990er-Jahren entwickelte sich, dank des um den Club Laurel erweiterten Hotels Jardín Tecina und der Nähe zum 1999 eröffneten Inselflughafen, der Tourismus in Playa de Santiago und brachte neuen Wohlstand in die sonnenverwöhnte Bucht. Der Ort wuchs um zahlreiche Ferienanlagen und entlang des schwarzen Kiesstrandes entwickelte sich im **Ortsteil Playa** die für gomerische Verhältnisse geradezu mondäne, seit der Umgestaltung 2020 auch autofreie Promenade Avenida Marítima mit Ladenzeile, Tourismusinfo, Mietwagenfirma und Restaurants.

Sehenswertes

Plaza del Carmen: Vom Hafenbecken führt die kunstrasenbegrünte, aber trotzdem attraktive Fußgängerzone in Richtung Zentrum. Auf halbem Weg befindet sich die große Plaza del Carmen mit überdachter Festbühne. An manchen heißen Tagen wirkt sie wie ausgestorben und reichlich überdimensioniert. Die Cafés und Bars, Supermärkte und der Kiosk rund um den Platz werden zu dieser Zeit nur kurz von einigen wenigen Einwohnern aufgesucht, die ihrem Tagesgeschäft nachgehen. Im Schatten des großen Lorbeerbaums, dessen akurat beschnittene Blätterdecke ein interessantes Fotomotiv abgibt, sitzen dann alte Männer beim Karten- oder Dominospiel. Am frühen Abend jedoch füllt sich der Platz mit spielenden Kindern und plaudernden Erwachsenen und es kommt Leben in das Herz des Ortes. Auf dem großen, mit Steinquadern gesäumten Fußgängersteg spazieren Fußgänger aufs Meer hinaus und können beim Rückweg auf den Ort und die umliegenden Klippen blicken. Östlich des Steges schließt sich der breite Kiesstrand und eine Reihe von Geschäften an. Kurz vor dem Kiesbett, das die Mündung des Barranco de Santiago in den Atlantik markiert, befindet sich die Tourismusinformation. Gleich hinter dem oft trockenen Flussbett lockt die toll gelegene Strandbar La Chalana, das Kunsthandwerks-Atelier Gomera Jewels und natürlich der Strandclub Laurel (siehe unten).

Plaza mit imposantem Schattenspender

Hafen: Spaziert man von der Plaza auf der Flaniermeile in Richtung Hafenbecken, kommt man hinter dem Restaurant La Cuevita zur kleinen Kapelle für Señora Carmen, die Schutzheilige der Fischer, deren Statue geschützt in einer in den schwarzen Fels gehauenen Höhle steht. Den Hafen fuhr vor Stillegung der Linie aufgrund der Corona-Pandemie die Personenfähre der Reederei Fred. Olsen an, die Playa de Santiago dreimal täglich mit dem Valle Gran Rey und der Hauptstadt San Sebastián verband.

Las Trinchereas: Auf den Klippen über dem Hafen liegt Las Trinchereas. Wer in einem der Apartments hier oben nächtigt, muss sich die grandiose Aussicht mit dem steilen Marsch hinunter ins Hafenviertel und wieder zurück hart erarbeiten – oder mit dem Auto fahren. Ein schmaler, von einer Mauer gesäumter Weg führt hinter den (nach Überwindung der Baukrise wieder stetig wachsenden) Apartmentanlagen hoch über dem Meer an der Steilküste entlang zu einem Friedhof: bis auf den Aufstieg ein einfacher Abendspaziergang, bei dem man von einem der Aussichtspunkte den Sonnenuntergang bewundern, die Flugzeuge beim Landen oder Starten auf dem nahen *aeropuerto* beobachten oder den in den Felsen nistenden Vögeln beim Brüten zusehen kann. Ausgebaut wurde der hübsche Weg übrigens vom Unternehmer Petter Olsen (→ Kasten S. 198), der

Wie geleckt dank Kunstrasen – die Promenade in Playa de Santiago

südlich des Flughafens noch diverse Bauvorhaben auf der Agenda hat.

Laguna: Links und rechts der steilen Straße, die in Kehren durch den Ortsteil Laguna östlich oberhalb des Zentrums führt, stehen zweigeschossige Herrenhäuser. Sie sind ein Relikt aus den goldenen 1920er-Jahren, als in Santiago die Fischkonservenfabriken und der Bananenanbau viel Geld einbrachten. Auf halbem Wege kann man sich unter den schattigen Bäumen auf dem Vorplatz der Iglesia de Santiago Apóstol ausruhen, die leider nur samstags zur Messe öffnet.

Lomada de Tecina: Das größte Hotel am Ort, das Jardín Tecina im Ortsteil Lomada de Tecina oberhalb der steilen Klippen am westlichen Ortsrand, gehört zum Großunternehmen Olsen. Auch hier wurde, wie in Las Trincheras, ein von Mauern gesäumter und beleuchteter Weg angelegt, der hinunter zur Playa de Tapahuga führt. Dem Urlaubskomplex mit Restaurants, Pools und Sportplätzen ist der einzige Golfplatz der Insel angeschlossen (→ Sport und Aktivitäten, S. 232). Letzterer wird ausschließlich mit Wasser aus der eigens eingerichteten Meerwasserentsalzungsanlage bewässert. Auch die flachen weißen Häuser der Hotelanlage sind von üppigem Grün umgeben und fügen sich unauffällig in die Landschaft ein. Wer das Hotelgelände besichtigen will, kann an der Rezeption einen Tagespass erwerben und damit alle Einrichtungen nutzen (→ Übernachten, S. 220). An der Straße nach San Sebastián fällt nördlich des langgestreckten Golfplatzes das Pueblo Don Thomas auf, eine riesige, exklusive Apartment- und Ferienhaus-Anlage und weitere Olsen-Investition.

Parque las Eras: Ebenfalls im Ortsteil Tecina sollte man beim Parcue las Eras, gleich an der Durchgangsstraße in Richtung San Sebastián, einen Stopp einlegen. Hier erfährt man etwas über eine regionale Besonderheit, die *eras*. Auf diesen mit Steinen gepflasterten runden Plätzen wurde früher das Getreide aller umliegenden Bauern mithilfe von im Kreis gehenden Tieren gedroschen. Manchmal trifft man auch beim Wandern in den Terrassenfeldern der Insel ganz unverhofft auf solche Steinkreise. Bei den *eras* in dem mit Aloe, Agaven, Wolfsmilchgewächsen und Palmen begrünten Park handelt es sich um besonders große, auf denen mehrere Tiere nebeneinander im Kreis geführt werden konnten. Neben dem Park befindet sich ein kleiner Spielplatz.

Baden in und um Playa de Santiago

Der fast einen Kilometer lange **Stadtstrand** von Playa de Santiago besteht hauptsächlich aus mit etwas schwarzem Sand durchmischten Kies. Baden ist hier fast immer möglich, am ruhigsten und auch für Kinder geeignet ist der durch die Mole und den massiven Fußgängersteg geschützte Teil des Strandes in Hafennähe. Kleine Strohschirme spenden etwas Schatten und es gibt sogar eine Süßwasserdusche.

Exklusiver als das Handtuch am Strand und einzigartig auf der Insel ist der **Strandclub Laurel** unterhalb der Anlage, zu dem Gäste des Jardín Tecina mit einem in den Stein gehauenen Lift gelangen. Auch wer keine Chipkarte des Hotels besitzt, kann den Club gegen eine Gebühr besuchen, der am östlichen Ende der Playa liegt. Restaurant, Bar, Meerwasserpool und Minigolf-Anlage liegen direkt hinter dem Kiesstrand. Hier hat sich auch die örtliche Tauchschule niedergelassen.

Einsamer als der Stadtstrand von Playa de Santiago sind die in der Umgebung liegenden Strände, an denen dank des weniger starken Wellengangs meist auch gebadet werden kann. Alle lohnen sich für einen Tagesausflug.

Drei der Strände liegen in aufeinanderfolgenden kleinen Buchten nordöstlich von Playa de Santiago. Zuerst kommt man zur etwa 250 m langen **Playa de Tapahuga** (etwa 30 Minuten zu Fuß vom Zentrum) mit ihrem schwarzen Kies und einer mäßigen Strömung. Seit 2018 führt ein bequemer, aber nicht immer geöffneter Gehweg direkt über dem Meer in 15 Minuten vom Hotel Tecina bis zum Strand. Nacktbaden wird geduldet. Dasselbe gilt für die **Playa del Medio,** die in der nächsten Bucht liegt. Um ihn zu erreichen, folgt man der Straße, die am Hotel Jardín Tecina von der Hauptstraße nach San Sebastian abzweigt. Zur Playa führt eine Piste, zu Fuß braucht man von Playa de Santiago etwa eine Stunde. Zum dritten Strand, der **Playa de Chinguarime,** kommt man nur zu Fuß. Bei Niedrigwasser kann man durch das Felstor am Playa del Medio gehen oder schwimmen und den Weg so erheblich abkürzen. Allerdings ist dieser Weg eher etwas für Abenteuerlustige und wer auf Nummer sicher gehen will, folgt dem Wanderweg, der in ca. 20 m Höhe über die Punta del Joradillo führt (festes Schuhwerk ist empfehlenswert). Im Barranco de Chinguarime führt dann ein gut begehbarer Pfad hinunter zum Strand.

Die Playa de Chinguarime war über Jahre beliebt bei Wildcampern, die sich in den Höhlen einfache Behausungen einrichteten und lange Zeit recht unbehelligt ihrer Idee vom freien Leben nachgingen. Als die Probleme mit Aussteigern an der Playa del Inglés in Valle Gran Rey eskalierten, wurden auch die Behausungen an den Stränden del Medio und Chinguarime geräumt. Wie sich die Situation entwickeln und wie konsequent die Guardia Civil ihre Kontrollen in den kommenden Jahren halten wird, ist unklar, „Tagesgäste" können es sich aber nach wie vor am Strand gemütlich machen, so viel ist sicher.

Auch westlich von Playa de Santiago findet man einen einsamen und wunderschönen Strand, den man aber nur mit dem Boot erreicht. Die Bucht der **Playa de Erese,** wo das Wasser besonders still und klar ist, liegt zwischen stark erodierten, steil aufragenden Klippen südlich von Alajeró.

Flughafen Aeropuerto de la Gomera

Auf einer öden Hochebene im Westen von Playa de Santiago eröffnete 1999 der kleine Inselflughafen von La Gomera. Er ist der modernste des Kanarischen Archipels und manche sagen, auch der schönste. Mit Sicherheit ist er der am seltensten angeflogene, denn er ist lediglich für Inlandsflüge innerhalb der Kanaren zugelassen, für internationale Flüge ist die Start- und Landebahn zu kurz. Binter Canarias bietet aber mittlerweile täglich Verbindungen nach Teneriffa Nord und La Palma an. Die Zahl der Reisenden, die Gomera per Flugzeug erreichen und verlassen, lag 2007 noch bei nur 10.720 Passagieren, 2019 waren es immerhin 77.584 Passagiere. Im Pandemiejahr 2020 sank die Zahl um knapp 30 % auf 54.388.

Auch wer nicht per Flugzeug auf Gomera ankommt, ist vielleicht neugierig, einen Blick auf das gemäß dem Flugplan wenig belebte und nicht sehr zweckmäßige, aber wegen seiner baulichen Gestaltung gerühmte zweigeschossige Flughafenterminal zu werfen. Es weist typische Merkmale der kanarischen Architektur sowie Jugendstil-Elemente auf und wurde, wie so viele Großprojekte auf der Insel, mithilfe von EU-Subventionen erbaut. Der Eingang ist dem Hauptportal der Iglesia de Nuestra Señora de la Asunción in San Sebastián nachempfunden. In der hohen Haupthalle schaffen die dunkle Holzdecke, geschnitzte Holzbalkone und der helle Marmorboden einen hübschen Kontrast. Bei einem Cortado an der Bar schweift der Blick über die wenigen wartenden Reisenden, die auf Bänken sitzen und in das mit leuchtend blauen Mosaiksteinen geflieste Wasserbecken starren, eingelullt vom Plätschern eines kleinen Brunnens. Einen Abstecher zum Flughafen macht man am besten vormittags oder spätnachmittags, dann kann man die Flugzeuge bei ihren Start- und Landemanövern auf der kurzen Landebahn beobachten und die wenigen Geschäfte mit ihren eher amüsanten als kaufenswerten Gomera-Souvenirs haben geöffnet

Vollendete Architektur, wenig Fluggäste: der Aeropuerto

- **Aeropuerto de La Gomera (GMZ),** Carretera Playa de Santiago, s/n, 38812 Alajeró, La Gomera. ✆ +34 922 873 000, www.aena.es/de/flughafen-la-gomera/index.html.

Der alte Flughafen

Nur zwei Kilometer vom neuen *aeropuerto* entfernt gab es bereits ab den 1950er-Jahren den Privatflugplatz **El Revolcadero.** Besitzer und Erbauer war der Großgrundbesitzers Álvaro Rodríguez López (1885–1958), der ihn für seinen privaten Luftverkehr nutzte. Seine Geschichte ist eng verknüpft mit der des Norwegers Thomas Olsen. Der aus Teneriffa stammende und von seiner Unternehmerfamilie bestens auf die Geschäfte vorbereitete Rodríguez López trat mit 23 Jahren den Dienst bei der norwegischen Reederei Thorensen an und übernahm sieben Jahre später deren Dependance auf den Kanarischen Inseln. La Gomera besuchte er zum ersten Mal 1906, zusammen mit Thomas Olsen, einem Verwandten des Reeders Otto Thorensen, mit dem der Reeder, Besitzer einer Fischfabrik und Unternehmer in der Landwirtschaft drei Jahre später die Sociedad Lomada de Tecina gründete. Die Partnerschaft markierte den Start einer der erfolgreichsten Geschäftskarrieren auf den Kanarischen Inseln. Dank des Besitzes großer Ländereien samt den dazugehörigen Wasserrechten und gut verteilter Geschäftsanteile sowie Joint Ventures dominierten die beiden bald den Süden La Gomeras und kontrollierten die gesamte Wertschöpfungskette der von der Insel exportierten Tomaten und Bananen – vom Anbau bis zur Lieferung zum Zielhafen. Die landwirtschaftliche Krise, die in den 60er-und 70er-Jahren die Erfolgsgeschichte der Firma López beendete, bekam der Firmengründer nicht mehr mit. 1958 starb er im Alter von 73 Jahren in Santa Cruz de Tenerife.

Álvaro Rodríguez ist heute also nicht mehr, wie die Firma Olsen, allgegenwärtig auf Gomera. Wer dennoch auf seinen Spuren wandeln will, macht sich auf den abenteuerlichen und beschwerlichen Weg zu seinem Flughafen. Die Start- und Landebahn, ein Hangar und ein kleines Häuschen sind heute verfallen und verlassen, die Strukturen aber noch gut erkennbar und Fans von verlassenen Anlagen haben hier im einsamen Niemandsland des Südens ihre wahre Freude. Gute Kondition und Orientierungssinn sind allerdings notwendig, um von La Roseta – ehemals Tomatenpackstation und Kulturzentrum mit kleinem Amphitheater südlich von Antoncojo – auf der alten, heute teils verblockten Zufahrtsstraße zum alten Flughafen zu wandern (Gehzeit hin und zurück etwa 5 Std., kein Schatten!).

Praktische Infos

Information **Oficina de Turismo de Playa de Santiago,** das kleine Tourismusbüro befindet sich am dem Hafen entgegengesetzten Ende der Strandpromenade. Öffnungszeiten abhängig von der Saison, normalerweise aber Mo–Fr 9–15 Uhr, Sa 9–13 Uhr. Neben einem Stand mit touristischem Infomaterial findet sich auch ein Büchertauschtisch, allerdings mit sehr viel englischsprachiger Literatur. Edificio Las Vistas, local 8, Avda. Marítima 4, 38812 Alajeró/Playa de Santiago, ✆ 922-895650.

Verbindungen **Bus:** zentrale Bushaltestelle an der Plaza del Carmen. Linie 3 nach San Sebastián (3,50 €) und Alajeró (2 €) Mo–Sa 5x, So 2x und Linie 7 zum Flughafen (2 €), 2x tägl., Zeiten abhängig vom Flugplan. www.guaguagomera.com.

Taxi: Stand an der Plaza del Carmen, direkt an der Playa, ✆ 922-895228, und beim Hotel Jardín Tecina, ✆ 629-234900.

Interinsuläre Fähre: in Pandemie-Zeiten ausgesetzt, zuvor fuhr 3x tägl. Fred. Olsens Schnellfähre *Benchi Express* von Playa de Santiago zur Hauptstadt (8 €, 30 Min.) und ins Valle Gran Rey (8 €, 40 Min.), www.fredolsen.es.

Gesundheit Das **Centro de Salud** liegt zentrumsnah in der Travesía Santiago Apóstol Prime 1, 38810 Alajeró/Playa de Santiago, ✆ 922-171196.

Golf Einziger **Golfplatz** der Insel beim Hotel Jardín Tecina → Sport und Aktivitäten, S. 232.

Radverleih und -Touren **Gomera Cycling 6,** geführte Tour inkl. Shuttle ab 55 €. Im Verleih Hardtail, Fully oder E-Bike zwischen 20 und 35 €/Tag. Avenida Marítima de Playa Santiago 2A, 38811 Alajero, ✆ 922-895145, www.gomeracycling.com.

Tauchen, Seekajak und SUP **Splash Gomera 2,** angeschlossen an das Hotel Tecina im Club Laurel am östlichen Ende der Playa Santiago. Einzeltauchgang inkl. Flasche

und Blei 49 €. Verleih von Kajaks (Einer 15 €/Std., 45 €/Tag, Zweier (20 €/Std., 60 €/Tag) und Paddle-Boards (15 €/Std., 45 €/Tag). Auch Verleih von Schnorchelausrüstungen. Avenida del Almirante Colón 2, 38811 Playa de Santiago, ✆ 922-7145887 (Shop), 626-658901 (Büro), www.splashgomera.com.

Einkaufen Im Ortskern rund um die Plaza gibt es mehrere kleine **Supermärkte,** die Post sowie einen Kiosk. An der Straße, die hinter der überdachten Bühne ortsauswärts führt (Travesía Santiago Apóstol Prime), findet man die **Bäckerei Pasteleria Lelo** **4** (geöffnet Mi–So 7–15 Uhr), wo schon ab 7 Uhr morgens eine große Auswahl an herrlichem süßem und deftigem Gebäck die Auslage füllt. Probieren Sie die herzhaften Empanadas! Guten Kaffee gibt es auch dazu.

Gomera Jewels **5**, auf dem Weg zum Club Laurel findet man das Schmuckgeschäft, in dem neben hochwertigen, vor den Augen der Besucher handgefertigten Schmuckstücken wie Ketten aus Halbedelsteinen, Armbändern und Ringen auch Bilder, Fotografien und viele andere schöne Dinge angeboten werden. Die Künstler kommen „von Gomera, Teneriffa und aus der ganzen Welt". Die Preise sind vergleichsweise hoch, aber hier macht schon das Ansehen und Bummeln bei entspannter Musik und tollem Ambiente Freude – und vielleicht findet sich dann ja doch eine Kleinigkeit. Geöffnet So–Fr 10–19 Uhr. La Banda 28, 38810 Alajeró/Playa de Santiago, ✆ 606-753614, www.gomerajewels.com.

Tameday Esencia Gomera **8**, Souvenirshop, Bio-Laden und Internetcafé. Avenida Marítima 4, 38810 Alajeró/Playa de Santiago.

Essen & Trinken **Junonia** **11**, Lokal mit dreißigjähriger Tradition, berühmt für seinen Thunfischtartar. Aber auch die anderen Fisch- und Pastagerichte sind optisch und geschmacklich ein Genuss. Dazu gibt es eine gute Weinauswahl und natürlich die herrliche Lage am Meer. Eines der besten Lokale der Insel, Reservierung unbedingt empfohlen! Avenida Marítima 58, 38812 Alajeró/Playa de Santiago, ✆ 922-895761, www.junonia.es.

Restaurante La Cuevita **12**, Eine einzigartige Atmosphäre herrscht in dem Restaurant mit Hafenblick, das in eine Höhle unter den Klippen gebaut wurde. Unter den von der Decke hängenden Farnen genießt man am besten frischen Fisch, wie den herzhaften Atún en Mojo oder einfach den Pescado de diá (10–15 €). Dazu schmeckt ein Weißwein aus La Gomera. Auch die etwas teureren Fleischgerichte (ab 15 €) sind zu empfehlen. Avenida Marítima, s/n, 38812 Alajeró/Playa de Santiago, ✆ 922 895568.

Bar Teraza La Chalana 7, eine der schönsten Strandbars auf La Gomera! An der Mündung des Barranco de Santigo und direkt am Steinstrand sitzt man bei ruhiger Musik im Schatten der überdachten Terrasse oder unter Sonnensegeln. Aus der winzigen Küche wandern erstaunlich große Portionen auf die Tische. Die kleine Karte bietet Fischgerichte, Tapas, köstlich angerichtete Salate, leckere Kuchen und eine gute Weinauswahl! Für die tolle Location sind vor allem die Getränkepreise überraschend niedrig. Warme Küche 12–16 Uhr, Bar 11.30–22 Uhr, Di/Mi geschlossen. Avenida del Almirante Colón, 38812 Alajeró/Playa de Santiago, ✆ 922-895969.

Club Laurel 8, der Beach-Club des Hotels Jardín Tecina steht auch Hotel-externen Gästen offen. In den beiden Restaurants mit Bar herrscht eine gediegene Atmosphäre, und das, obwohl der Meerwasser-Pool gleich nebenan ist. Auch der Atlantik ist nicht weit und so begleitet das Wellenrauschen jedes Menü. Das Restaurante Laurel serviert von 19 bis 22 Uhr Fleisch und Fisch vom Grill, 6-Gänge-Menü für externe Gäste etwa 40 €. In der Trattoria gibt es Holzofen-Pizzen und Pasta. Abends gilt der Dresscode lange Hose und Hemd, geschlossene Schuhe. Ganz besonders ist das **Dinner in der Höhle:** Wer tags zuvor reserviert, kann in einer lauschig-elegant eingerichteten Natursteinhöhle mit Blick auf das Meer speisen. Man wählt aus drei verschiedenen Menüs, ab 33 € pro Person, Reservierung unter ✆ 922-145850 oder publicrelationstecina@fredolsen.es. Am östlichen Ende der Playa de Santiago, unterhalb der Hotelanlage.

Restaurante Pizzeria La Marea 9, schnuckeliges, freundliches Lokal; nicht ganz an der Strandpromenade, dennoch köstliche, üppig portionierte Fischgerichte und Pizzen. Auf der Karte findet man wenig Vegetarisches, auf Nachfrage wird aber gerne etwas frisch gezaubert, sogar vegane Pizza! Bekannt für die hausgemachte *sangría*. Nur abends geöffnet, Reservierung empfohlen. Mo–Sa 19–23 Uhr. Calle Santiago Apóstol 38H, 38810 Alajeró/Playa de Santiago, ✆ 620-107712.

Barranco de Benchijigua

Die Dörfer und die abwechslungsreiche Natur im Barranco de Benchijigua kann man am besten zu Fuß erkunden. Ein Wanderweg führt in das Tal hinein und bietet immer wieder herrliche Blicke auf den Roque Agando, Gomeras meistfotografierten Härtling, der hoch über dem Tal thront (→ Wanderung 3).

Bis zu den Häusern von Pastrana kann man auch mit dem Auto fahren. Dazu folgt man der Straße GM-3, die von Alajeró kommend nach der Ortszufahrt nach Playa de Santiago und dem Tunnel nach links abzweigt (CV-20). Sie führt im kargen Barranco de Santiago hinauf und endet in **Pastrana** (300 m ü. NN). Rund um das Dorf, vor allem hin zum Talgrund, zeigen Obstgärten, Palmenhaine und Ackerterrassen die ganze Bandbreite des Anbaus auf La Gomera. Die weißen Häuser sind blumengeschmückt und auch die kleine Kirche ist sehenswert. In Pastrana gibt es eine stillgelegte Wassermühle, die zwar verschlossen, aber gut erhalten ist. Durch die Fenster erhascht man einen Blick auf die noch vorhandene Einrichtung, unter dem Gebäude erkennt man das Schaufelrad (von der Straße in etwa 20 Minuten Fußweg erreichbar).

Auch im weiter oben im Tal (ab)gelegenen Weiler **Lo del Gato,** den man mit dem Auto nur über eine Schotterpiste von der Lomada de Tecina erreicht, grünt und blüht es, zumindest in den bewirtschafteten Gärten. Hier leben hauptsächlich Aussteiger aus verschiedenen Nationen, etwa die Hälfte der Häuser steht leer. Folgt man auf der erwähnten Schotterpiste an der Gabelung dem Abzweig nach rechts, kommt man in das Dorf **Benchijigua** (600 m ü. NN), das eines der ältesten von La Gomera sein soll. Die Häuser sind in Besitz der Unternehmer-Familie Olsen, die der einsame Weiler an die Fjorde in ihrer norwegischen Heimat erinnert haben soll bzw. deren findiger Vorfahre nach langer Suche feststellte, dass hier oben die Quellen liegen, die bis heute die Hotelanlagen des Unternehmens versorgen. Mithilfe von EU-Geldern ließen sie die Gebäude Benchijiguas renovieren, nur um dann festzustellen, dass diese Abgeschiedenheit auch für noch so sehr nach Ruhe suchende Touristen zu viel ist. Viele Häuser stehen leer, und ihre landwirtschaftlichen Nutzflächen liegen teils brach. Andere Gärten sind aber üppig bepflanzt, und der ganze Weiler wirkt aufgeräumt und idyllisch. Was noch bleibt, ist der Name der Schnellfähre, die zwischen Gomera und Teneriffa verkehrt, der *Benchijigua Express*.

Im Barranco von Benchijigua ist es einsam

Alajeró

Typisch kanarische Häuser, Trockenkulturen und Mandelbäume prägen die Weiler und Dörfer in der ländlichen Umgebung von Alajeró, dem Sitz der gleichnamigen Gemeinde. Der Ort selbst ist bekannt für die Wallfahrt zur Ermita del Buen Paso.

An der Straße GM-3 von Igualero hinunter nach Playa de Santiago liegt auf halbem Wege das Dorf Alajeró auf etwa 800 m über dem Meeresspiegel. Die gleichnamige Gemeinde erstreckt sich vom Barranco de La Rajita bis zur westlichen Flanke des Barranco de Santiago. Mit ca. 300 Personen leben im ruhig-verschlafenen Alajeró wesentlich weniger Menschen als in dem Gemeindeteil Playa de Santiago unten an der Küste.

Früher verdienten die Einwohner Alajerós ihren Lebensunterhalt fast ausschließlich mit der Landwirtschaft, vor allem mit dem Tomaten- und Bananenanbau. Der Einbruch im Bananen-Export traf den Ort schwer, die Einwohner zogen nach Teneriffa oder Südamerika und viele kleinere Weiler liegen noch heute leer und verlassen da. Bei Wanderungen in der kargen, trockenen, aber aufgrund des Formenreichtums beeindruckenden Landschaft trifft man immer wieder auf Relikte aus der Zeit der goldenen 1920er-Jahre, als die Wirtschaft hier noch boomte. Ähnlich wie im Norden der Insel werden mittlerweile Häuser renoviert und als *casas rurales* an Touristen vermietet, die die Ruhe und das ländlich-kanarische Flair zu schätzen wissen. Ein Beispiel für ein verlassenes Dorf, das komplett saniert wurde, ist **La Manteca.** Der kleine Ort liegt malerisch an der Abbruchkante zum Barranco de La Negra westlich von Alajeró und direkt am Weitwanderweg GR 132 in Richtung La Dama (von Alajeró 6,2 km einfach, ca. 2:30 Std. Gehzeit; von Arguayoda gut 2 km, knapp 1 Std. einfach). Die Häuser wurden herausgeputzt, die Wege neu gepflastert und mit Straßenbeleuchtung und Geländern versehen.

Sehenswertes in und um Alajeró

Iglesia San Salvador del Mundo: Im Zentrum von Alajeró macht man einen Stopp an der langgezogenen Plaza mit der Kirche aus dem Jahr 1512. Das einschiffige Gotteshaus unterhalb des Rathauses wurde hervorragend renoviert. Die Fassade rund um das Eingangsportal ist mit dunklen und hellen Natursteinen gestaltet. Beeindruckend ist auch die kanarische Holzbalkendecke im Inneren.

Der Calvario von Alajeró

Ermita del Buen Paso: Die kleine Kapelle, zu der eine schön gepflasterte Stichstraße von der Carretera del sur (GM-3) ca. 3 km nördlich von Alajeró hinaufführt, ist die berühmteste Kirche der Gemeinde. Alljährlich um den 11. September, dem Namenstag der Schutzheiligen Señora del Buen Paso, ist sie Ziel der größten Wallfahrt der Insel. An schönen Tagen lädt ein Picknickplatz davor ein, die Aussicht bei einer längeren Rast zu genießen.

Roque Calvario: Deutlich ragt die Kuppe des 807 m über dem Meeresspiegel liegenden Roque Calvario, dem Kalvarienberg südlich von Alajeró, auf. Vom Dorf aus erkennt man den schmalen Weg, der sich den Berg hinaufzieht und an der leuchtend weißen Kapelle *Ermita San Isidro* endet. Mitte Mai steigt hier oben die Fiesta zu Ehren des Schutzheiligen mit Picknick, Prozession und lauter Musik, die über das ganze Tal schallt. Der kurze Anstieg lohnt sich aber auch ohne Fiesta! Vom Mirador de Tagaragunche blickt man wie von einer Aussichtsplattform auf die Häuser von Alajeró im Norden und die Küste Teneriffas mit dem Teide im Süden. Bereits die Altkanarier hatten die Magie dieses Ortes für sich entdeckt, wie Grabfunde auf dem Hügel und seiner Umgebung belegen.

Drago de Agalán (Drachenbaum): 2 km nördlich von Alajeró liegt Agalán. Ein gepflasterter Wanderweg führt im Barranco de Tajonaje zum nahe dem Ort gelegenen Drago de Agalán (→ Wanderung 4). Der Drachenbaum ist je nach Quelle, der letzte verbliebene, der einzige wild gewachsene oder der älteste Drachenbaum der Insel, wobei die Altersangaben zwischen 150 und 400 Jahren schwanken. Tatsächlich ist die Bestimmung des Alters von Drachenbäumen nur durch langjährige Beobachtung und umfangreiche Messungen zu bewerkstelligen – Jahresringe, wie echte Bäume, haben sie nämlich nicht.

Ein Traum in Rosa

Ende Januar, Anfang Februar leitet die Mandelblüte eindrucksvoll den Frühling auf La Gomera ein. In den Weilern und Mandelhainen rund um Alajeró, wie zum Beispiel Erquito oder Imada, kann man das faszinierende Naturschauspiel in Zartrosa und Weiß bewundern!

So oder so ist *el drago*, wie er von den Gomeros nur genannt wird, der bekannteste Drachenbaum Gomeras und ziert sogar das Gemeindewappen von Alajeró. Die archaisch aussehenden Drachenbäume (Dracaena draco) sind eng mit Lilien und Agaven verwandt und wurden schon von den kanarischen Ureinwohnern wegen ihrer positiven medizinischen Eigenschaften geschätzt. Sie kommen aber nicht auf allen Kanareninseln natürlich vor. Dass es auf Gomera jemals natürliche Vorkommen dieser Art gab, ist nicht nachgewiesen.

Imada: Die Häuser von Imada reihen sich am Ende der von der GM-3 abgehenden Stichstraße nördlich von Alajeró. Touristen kommen aber meist per pedes hierher, denn in dem Dörfchen kreuzen sich mehrere Wander- und Königswege aus allen Himmelsrichtungen (→ Wanderung 5). Nach dem Aufstieg genießt man das angenehme Klima, des nach Norden durch die Berge geschützten und nach Süden ausgerichteten Ortes. Dass der Durch„gangs"verkehr zunimmt, merkt man dem Dörflein an: Die kleine Bar etwa 800 m oberhalb der Bushaltestelle wird immer beliebter und bietet auf Nachfrage sogar Übernachtungsmöglichkeiten für müde Wanderer. Der Plan, aus der renovierten Dorfschule ein *hotel rural* zu machen, scheiterte allerdings (noch?) mangels Interesse eines Pächters. Vom Parkplatz am Ende der Dorfstraße blickt man auf das obere Barranco de Guarimiar und den spitzen Roque de Imada (1079 m) an der Straße nach Alajeró.

▪ **Bar Cafetería Arcilla Guarimar,** kleine, typisch gomerische Bar, perfekt für Wanderer, die sich mittags stärken und ausruhen wollen. Besonders empfehlenswert sind das Ziegenfleisch, der Gemüseeintopf und der frische *queso blanco*. Die herzliche Besitzerin und eine kuschelwillige Katze machen das Päuschen perfekt. Sa–Do 10–19 Uhr geöffnet. 38812 Barranco de Santiago O Guarimiar, ✆ 922-895395.

Praktische Infos

Verbindungen **Bus:** Linie 3 von Imada über Alajeró, zum Flughafen, nach Playa de Santiago (2 €) und San Sebastián (4 €) Mo–Sa 5x, So 2x; Linie 6 vom (und zum) Flughafen (2 €) über/nach Alajeró, die Bergdörfer und Arure ins Valle Gran Rey (5 €), 2x tägl. abhängig vom Flugplan. www.guaguagomera.com.

Einkaufen **El Molino de Gofio Ramón Trujillo Cordero,** aktive Gofiomühle mit über 60 Jahren Tradition. In einem Röstofen aus dem Jahr 1958 wird Gofiomehl nach alten Rezepten aus Mais und Weizen hergestellt. Wer das Glück hat, jemanden anzutreffen, kann das noch warme Mehl gleich vor Ort kaufen, ansonsten gibt es den Gofio von Ramón Trujillo auch im nächsten Supermarkt. An der Durchfahrtsstraße, Calle Columba 99, 38812 Alajeró.

Essen & Trinken **El Meson de Clemente,** familiengeführtes Ausflugslokal, bekannt für Grillhähnchen, Spanferkel und andere üppige Fleischgerichte vom Grill. Es gibt aber auch Tapas und sehr guten Kaffee mit Kuchen. Von den Tischen auf der Terrasse Blick über das karge Land zum Meer. Die geflieste Bar im Inneren ist üppig und mit getrockneten Maiskolben, Paprikas und Knoblauchknollen dekoriert. Do–Di 10–23 Uhr geöffnet. An der GM-3 unterhalb der Zufahrten zum Zentrum, Calle las Cruces 6, 38812 Alajeró, ✆ 922-895721, www.elmesondeclemente.com.

Der Süden und die Bergdörfer → Karte S. 48/49

Die Bergdörfer

Entlang der südlichen Nationalpark-Grenze reihen sich von Osten nach Westen die Dörfer Igualero, Chipude, El Cercado und Las Hayas an einer Nebenstraße der GM-2. Die Strecke ist nicht nur landschaftlich reizvoll, hier trifft man auch auf einige der bekanntesten Highlights der Insel.

Natürlich lassen sich die Bergdörfer im Süden Gomeras auch wunderbar erwandern (→Wanderungen 6, 7 und →Wanderung 10). Die Landschaft ist hier nicht schroff, wie in den Tälern, sondern eher hügelig und grün. Zahlreiche Wanderwege kreuzen sich und verbinden die Dörfer, die meisten sind sehr gut gepflegt und, wenn man nicht gerade aus dem Tal startet, auch leicht zu begehen. Obwohl die Orte so klein sind, gibt es viele Einkehrmöglichkeiten, zudem bietet sich von hier die Gelegenheit für einen Abstecher zum Alto de Garajonay oder zur Fortaleza, zwei der natürlichen Highlights der Insel. Wer sich in einem der Dörfer eine Unterkunft sucht, hat immer den perfekten Ausgangspunkt für Wanderungen in den Nationalpark Garajonay, dessen Grenze nur ein paar Hundert Meter entfernt liegt.

Mirador de Igualero

Die vier beschriebenen Hauptorte gehören zu den Gemeinden Vallehermoso und Valle Gran Rey. Was sie eint, ist die Lage an den sanft bis steil abfallenden Hängen südlich des Nationalparks, die dank ihrer Nähe zum „Wolkenmelker" Nationalpark das ganze Jahr von grünen Ackerterrassen umgeben sind. Auf den Feldern wird neben den allseits beliebten Kartoffeln auch Wein angebaut, dazwischen stehen Palmen und direkt an der Straße in El Cercado sogar ein Feigenbaum. Aus El Cercado kommt so mancher Besucher mit etwas mehr Gewicht im Rucksack. Das Dorf ist bekannt für seine traditionellen Töpferwaren. Die Highlights der anderen Dörfer sind, kurz aufgezählt: das bekannte Restaurant der Doña Efigenia in Las Hayas, der Dorfplatz von Chipude als Ausgangspunkt vieler Wanderungen und Location für eine der größten Fiestas der Insel und der Wahnsinnsausblick vom Mirador in Igualero.

▪ **Bus:** Die Dörfer Igualero, Chipude, El Cercado und Las Hayas liegen an der Linie 1 San Sebastián – Valle Gran Rey, Mo–Sa 5x tägl., So 2x, an der Linie 4 Vallehermoso – La Dama, Mo–Fr 2x tägl. und an der Linie 6 Valle Gran Rey – Flughafen, 2x tägl., Zeiten abhängig vom Flugplan. www.guaguagomera.com.

Igualero

Mit der Lage auf 1320 m über dem Meeresspiegel ist Igualero das höchstgelegene Dorf auf La Gomera. Es liegt am Fuße des Alto de Garajonay und gehört verwaltungstechnisch zur Gemeinde Vallehermoso. Die vereinzelten Häuser der Siedlung liegen im Schutzgebiet *Paisaje Protegide de Orone* an der Straße nach Chipude. Sie wurden früher hauptsächlich von Hirten bewohnt und zur Herstellung des geräucherten Käses genutzt, für den Igualero bekannt ist. Den Aktivitäten der Hirten ist es zu verdanken, dass die steinigen Pfade rund um das Dorf noch immer gut erhalten sind.

Den grandiosen **Aussichtspunkt Mirador de Igualero** sieht man bereits von der Hauptstraße. Ein großer Parkplatz bietet genügend Platz für Besucheranstürme, die man aber nur selten erlebt. Hinter der Kirche **Ermita de San Francisco** führen einige Stufen hinauf zur Aussichtsplattform mit der markanten Silbo-Skulptur, einer Hommage an die gomerische Pfeifsprache (→ S. 204). Von hier oben hat man eine perfekte Sicht auf die markante Basaltformation La Fortaleza, Schilder liefern die passenden Informationen zu ihrer Entstehung und der kulturellen Bedeutung. Bei passender Sicht tauchen links hinter der Fortaleza die Insel El Hierro und rechts La Palma aus dem Atlantik.

La Fortaleza

La Fortaleza (1232 m ü. NN) sieht man schon von Weitem. Auf der Wanderung, aus dem Auto oder vom Flugzeug, ja sogar von der Nachbarinsel La Palma aus kann man den Berg deutlich ausmachen. Mit seinen 500 m hohen, fast senkrecht abfallenden Wänden und dem flachen Felsplateau mit 300 m Durchmesser ist er ein echter Eyecatcher und sorgt bei vielen Wanderern für akute Besteigungsfantasien. Ein wenig Trittsicherheit und Schwindelfreiheit sind bei der Erklimmung vonnöten, denn der einzige Weg führt teils auf Felsstufen und über einen schmalen Felsgrat hinauf und verlangt leichte Kletterei. Man erreicht den Stichweg von dem Verbindungsweg zwischen Pavón (bei Chipude) und Igualero (→ Wanderung 6).

Fortaleza und Blumenmeer im April

Die magische Anziehungskraft des Tafelberges wirkte bereits auf die Altkanarier, die La Fortaleza unter dem Namen Argoday, der Mächtige, als Kultberg und geheiligten Platz für verschiedene Rituale nutzten. Bei der Ankunft der Spanier auf La Gomera nutzten die Ureinwohner das Gipfelplateau als Rückzugsgebiet.

La Fortaleza entstand, wie auch die Roques der Insel, aus dem in den Vulkanschloten abkühlenden Magma, das zu hartem Gestein erstarrte. Das aus weicherem Material bestehende Umgebungsgestein verwitterte mit der Zeit und die Schlotfüllung trat zutage.

Chipude (Temocodá)

Chipude, das genau genommen eigentlich Temocodá heißt (Chipude ist offiziell die Bezeichnung für die ganze Gemeinde inklusive weiterer Dörfer der Umgebung), ist ein Ort mit langer Geschichte. Manche Quellen sprechen sogar von der ältesten Siedlung der Insel. Sicher ist, dass Chipude noch vor 200 Jahren eine der größten Ortschaften auf La Gomera war. Mitte des 19. Jh. boomte die Landwirtschaft und da in den Tälern die Felder voll mit Zuckerrohr für den Export standen, wurde in den fruchtbaren höheren Lagen bei Chipude das Getreide zur Versorgung der Bevölkerung angebaut. Mit dem Einbruch der landwirtschaftlichen Produktion in der ersten Hälfte des 20. Jh. kam es auch hier zu einer großen Landflucht. Seit 2017 hat sich die Bevölkerungszahl für Chipude und das Umland bis La Dama bei knapp 180 Einwohnern eingependelt, im Jahr 2000 waren es allerdings noch 650 und zu Hochzeiten sollen es 2000 gewesen sein. Heute ist der Ort beliebt bei Wanderern, die von hier den Nationalpark und den Inselsüden erkunden können. Dank der Bushaltestelle sind auch Streckenwanderungen mit Bustransfer möglich, außerdem gibt es einen kleinen Supermarkt und direkt an der Plaza de Chipude, gegenüber dem Busstopp, das Restaurant und Hotel Sonja. Auf dem Platz befindet sich auch die leuchtend weiße **Iglesia Virgen de la Candelaria** (Mariä Lichtmess) aus dem 16. Jh. In der Kirche steht die gekrönte Marienstatue der Schutzpatronin Nuestra Señora de Candelaria, die von den Gomeros sehr verehrt wird. Am 15. August findet ihr zu Ehren eine der größten Fiestas der Insel mit Prozession und Tanz bis in die Morgenstunden statt.

Einkaufen Chipude verfügt unter den Bergdörfern des Südens über die beste Infrastruktur. Es gibt eine **Apotheke,** einen kleinen **Supermarkt** und eine **Tankstelle.**

Übernachten/Essen & Trinken **Hotel Bar Sonia,** an der Plaza de Chipude, die Wirtin bereitet die traditionell gomerischen Gerichte, aber zum Beispiel auch Lammcouscous frisch zu. Beliebt bei Wanderern, die sich hier stärken, aber auch übernachten können. Plaza de Chipude 70, 38840 Chipude/Vallehermoso, ✆ 922-804158, www.chipude.es.

Permakultur-Kurse Etwas westlich von Chipude liegt die **Finka Alexandria,** ein noch relativ junges Permakultur-Projekt um den Österreicher Alex. Das Team bietet Besichtigungen (ab 10 Pers.) sowie Permakultur-Kurse und -Workshops rund um die Themen Selbstversorgung, Biokonstruktion und Garten an. Für Kursteilnehmer stehen drei Holzhäuschen (je 2 Pers.) und das Falkennest (Schlafen im Stroh, 6–8 Pers.) als Übernachtungsmöglichkeit zur Verfügung. Größere Gruppen können sich hier für einen Aufenthalt und eigene Kurse einmieten (Mind. 1 Woche), auch Wwoofer und andere ehrenamtliche Helfer sind hier willkommen. Produkte von der Finka, wie getrocknete Kräuter und Chilis, findet man beispielsweise in der Noah's-Arch-Bäckerei im Valle Gran Rey. Weitere Infos und Anmeldung unter mail@finkaalexandria.org und auf www.finkaalexandria.org. Calle Guarchico s/n, 38869 Chipude.

Abstecher nach Gerián

Von Chipude führt eine kleine Straße unterhalb der Dorfkirche in Richtung Südosten an den Rand des Barranco de Gerián (Jerián). Nach gut 3 km zweigt eine Piste nach rechts zur **Ermita de Guará** ab. Die Kapelle liegt spektakulär am Abgrund und der winzige Kirchenplatz lädt zum Verweilen ein. Der Legende nach hatte ein Hirte sie als Dank für eine verlorene und später wiedergefundene Kuh im Alleingang errichtet. Jedes Jahr findet Anfang Oktober eine Fiesta an der Ermita statt. Folgt man der Straße aus Chipude noch ein Stück nach Süden, kommt man an ihrem Ende in den Weiler *(caserio)* **Gerián,** von dem man bis nach El Hierro schauen kann. Die kleine Ortschaft, wo sich verfallene Natursteinhäuser mit hübsch renovierten abwechseln, kann man bei einem Spaziergang erkunden. Gerián ist bekannt für seine Höhlenhäuser. Da diese heute verfallen sind, übernachtet man besser in einem der Ferienhäuser.

El Cercado

El Cercado auf etwa 1030 m ü. NN ist eines der Handwerkszentren der Insel, bekannt für sein handgefertigtes Steingut, das ohne Drehscheibe hergestellt wird. Die Töpfer-Technik stammt aus der Zeit der Altkanarier, die einfache Gefäße als Gebrauchsgegenstände formten. Obwohl heute nur noch in El Cercado auf die traditionelle Weise getöpfert wird, gilt es als sicher, dass es im 18. Jh. auch in Agulo, Alajeró und Vallehermoso Töpferwerkstätten gab. Noch heute werden in den drei **Töpferläden** in El Cercado traditionelle Schalen für die Verarbeitung von Gofio oder das Maronenrösten gefertigt, meist von Frauen. Etwas abseits der Durchgangsstraße steht der mit Holz befeuerte Steinofen, den die Töpferinnen gemeinsam nutzen. Die Objekte, die in den offenen Werkstätten mit angeschlossenen Läden hergestellt werden, sind rustikal und dickwandig. Die *loceras* stellen den Ton aus *masapé* (Lehm), Sand und Wasser her. Dafür benötigen sie nur wenig Werkzeug: geformt wird mit der Hand, wenn der Ton etwas getrocknet ist, wird er mithilfe eines Steines oder eines Messingstücks geglättet. Nach einer Trocknungszeit von mehreren Tagen wird das Steingut im offenen Feuer gebrannt. Das meistgetöpferte Stück ist der *carabucho*, ein Gefäß zum Ziegenmelken mit zwei Griffen. Die überschaubare, aber informative und modern gestaltete Ausstellung im **Töpfereimuseum Centro interpretation Las Loceras** bietet viele Informationen zur Herstellung und Geschichte der Keramiken auf Gomera (auf Spanisch und Englisch, geöffnet Di–So 11–15 Uhr, ✆ 922-804104).

Keramik-Shopping in El Cercado

Einkaufen Die drei **Töpfereien** befinden sich direkt an der Hauptstraße. Sofern man sie nicht mit einer Horde Bus-Touristen teilen muss und nur wenig Verkehr ist, kann man gemütlich zwischen den Geschäften hin und her schlendern, bis man sich entschieden hat. Neben Töpferwaren kann man auch Honig oder Mojos aus der Umgebung kaufen.

Essen & Trinken In El Cercado hat man mit den beiden sich ähnelnden Bar-Restaurants an der Durchgangsstraße die Qual der Wahl. Beide servieren hausgemachte, traditionell gomerische Gerichte und Snacks und werden von

(Wander-)Touristen ebenso aufgesucht wie von Einheimischen; eins davon ist immer geöffnet.

Bar Restaurante Victoria, lange Bar an der die durchfahrenden Gomeros ihr Bierchen zischen, rustikale Einrichtung. Eine Spezialität ist *Higado de Cabra* (Ziegenleber). Die Gerichte sind schlicht und schmackhaft. Do–Di 10–23 Uhr. Carretera General de El Cercado, 38869 Vallehermoso/Chipude, ✆ 922-804146.

Bar Restaurante María, gomerische Kost, deftig, gut und üppig. Guter Hauswein! Der Gastraum wie das Haus sind lila gestrichen und Ersterer mit allerlei Devotionalien geschmückt. So–Fr 7–23 Uhr. General de El Cercado, 38869 Vallehermoso/Chipude, ✆ 922-804034.

Las Hayas

Bekannt ist Las Hayas vor allem für zwei Dinge: als Ausgangspunkt für Wanderungen und für das Restaurant La Montaña von **Doña Efigenia** (→ Kasten), wo seit Jahr und Tag immer das gleiche vegetarische Menü auf der Karte steht. Von dem Parkplatz beim Restaurant wandert man nur ein paar Hundert Meter zur schlichten **Ermita de las Hayas,** hinter der schon die Nationalparkgrenze liegt.

Doña Efigenias vegetarisches Menü

Efigenia Borges Hernandez, bekannt als Donã Efigenia, serviert seit über 60 Jahren täglich das gleiche vegetarische Menü und ist damit, seit sie Anfang der 80er-Jahre ihr erstes von zahlreichen folgenden Interviews gab, beständig in den Medien und in jedem Reiseführer zu finden, wie die Sammlung von Artikeln an den Wänden des Restaurants zeigt. Wem der Hype um die rüstige Dame des Hauses etwas spanisch vorkommt, der bildet sich am besten seine eigene Meinung und probiert das üppig bemessene vegetarische Menü (für 10 €) aus angedicktem Gofio, Almogrote, einem großen, mit Früchten verfeinerten Salat und einem reichhaltigen Gemüseeintopf sowie als Nachspeise hausgemachtem Kuchen oder Leche asada. Eine Variation ist nur durch teils harte Verhandlungen zu erreichen, also lieber gleich bleiben lassen. Ob nun wirklich alle Zutaten aus Efigenias Garten kommen, sei dahingestellt, auf jeden Fall aber schmeckt es so! Speisen, Flair und die resolute Wirtin, die sich noch manchmal zeigt, wirken absolut authentisch, die Terrasse ist sonnig. Wenn das der Geschmack des ländlichen Gomeras von vor 60 Jahren ist, was will man mehr? Tägl. 8–22 Uhr geöffnet. Die geschäftstüchtige Efigenia und ihre Familie (angeleitet vom Sohn mit Oxford-Studium) vermieten gleich nebenan auch Apartments. Plaza de los Eucaliptos s/n, 38892 Las Hayas, ✆ 922-804077, www.efigenianatural.com.

La Dama und La Rajita

Aus den Bergen bei Chipude (Temocodá) folgt man der Straße, die sich durch karges Land zur Küste nach Süden windet, bis man die auffälligen Gewächshäuser und Plantagenanlagen von **La Dama** erblickt, das administrativ zur Gemeinde Vallehermoso gehört. Das ruhige Dorf liegt am Rande der

Bucht von La Rajita

Steilküste, umgeben von landwirtschaftlichen Flächen. Dank eines ausgeklügelten Bewässerungssystems werden Avocados, Ananas und Bananen angebaut. La Dama ist das wichtigste Anbaugebiet für Lebensmittel auf La Gomera. Über das Restaurante Roque Iguala und die Ermita de Nuestra Señora de Las Nieves hinaus, von deren Vorplatz man auf Gewächshäuser bzw. große Planen und die Küste schaut, gibt es für den Touristen nicht allzu viel zu entdecken.

Folgt man der Straße am Ortsende vorbei an der Ermita, gelangt man schnell hinunter nach **La Rajita** an der Mündung des gleichnamigen Barrancos (Achtung, nach Unwettern ist die Straße manchmal verschüttet!). Der Ausbau der Straße im Jahr 2009 geschah mit dem Ziel, eine Zufahrt zu einem geplanten Feriendorf zu schaffen. Noch fehlt von der touristischen Anlage aber jede Spur. Über das Flussbett führt eine Brücke zu einer ehemaligen Fischfabrik, die 1928 von der Firma Lloret y Llinares errichtet wurde. Zunächst wurden dort Fische nur eingesalzen, bald aber entstanden große Hallen, wo sie in Konservendosen verpackt und direkt von der Mole verschifft werden konnten. Zahlreiche Menschen fanden Arbeit und es gab eine Kirche, eine Schule, eine Gofio-Mühle, Läden und einen Fußballplatz. Eine richtige Zufahrt gab es damals nicht, alle Erledigungen außerhalb des Ortes wurden mit dem Boot getätigt. 1984 wurde die Fabrik geschlossen, Jahrzehnte später die meisten Gebäude abgerissen. Von den erhalten gebliebenen steht der Großteil leer. Rajita ist wegen seines Strandes, der im Winter fast ganz im Meer verschwindet, und der alten Mole bei den Einheimischen als Bade- und Angelplatz beliebt. Mit der touristischen Erschließung dauert es hoffentlich noch eine Weile …

Verbindungen **Bus:** Linie 4 La Dama – Vallehermoso (5 €) über Chipude, El Cercado, Las Hayas, Epina, La Quilla und Macayo, Mo–Fr 2x tägl. www.guaguagomera.com.

Essen & Trinken **Restaurante Roque Iguala,** mit unauffälligem Holzschild, direkt an der Durchgangsstraße in La Dama. Guter Kaffee und kleine Auswahl an Speisen. Calle Damas 13, 38860 La Dama.

Der Süden und die Bergdörfer → Karte S. 48/49

Wanderungen im Süden

GPS-Tour 3

Rundtour von El Taco nach Lo del Gato

Charakter: Trotz der Kargheit des Inselsüdens erlebt man auf dieser abwechslungsreichen, aber schattenlosen Rundwanderung auch üppige Gärten und Terrassen. Der markante Fels Roque Agando dominiert als Hintergrundmotiv weite Teile der Strecke. Die Tour ist aufgrund der häufig zugewachsenen Wege nur für erfahrene Wanderer zu empfehlen, der zweite Teil führt durch steiles, teilweise wegloses Gelände. **Länge/Dauer:** 8,1 km, ca. 3 Std. **Variante für Familien:** Wandert man von Lo del Gato aus die gleiche Strecke zurück, so wird daraus eine einfache Tour (knapp 2 Std.), auch für Kinder geeignet. **Verpflegung:** Trinkwasser mitnehmen. Es gibt weder in El Taco noch in Lo del Gato Einkehrmöglichkeiten. **Ausrüstung:** Knöchelhohe Bergstiefel sind ratsam. Für den Hin- und Rückweg nach Lo del Gato reichen auch Turnschuhe aus. **Markierung:** weiß-gelbe Balken des PR LG 16 im ersten Abschnitt zwischen Pastrana und Lo del Gato, im weiteren Wegverlauf ab Lo del Gato lediglich ab und zu Steinmännchen. **Hin & zurück:** mit dem Auto bis Playa de Santiago. Der Abzweig nach El Taco befindet sich im Ortsteil Laguna de Santiago östlich des Straßentunnels. Nach gut 3 km bestehen am Ortsschild von El Taco Parkmöglichkeiten für max. 4 Autos, weitere Parkplätze im Ort. Die Buslinie 3 verbindet Laguna de Santiago mit San Sebastián (Mo–Sa 5x, So 2x); Fahrplan → www.guaguagomera.com; es gibt aber keinen Anschluss in den Barranco. Taxi in Playa de Santiago ✆ 922-895228 oder ✆ 629-234900.

Tipp: Es empfiehlt sich, wegen der teils zugewachsenen Wege zum Schutz der Beine eine lange Hose zu tragen.

Wegbeschreibung: Die Straße von Playa de Santiago gabelt sich kurz vor den ersten Häusern des Weilers **El Taco** und markiert damit den Startpunkt der Wanderung **1**. Wir folgen der rechts abzweigenden Asphaltstraße, die mit „Pastrana" beschildert ist. Sie schlängelt sich an der rechten Hangseite des **Barranco de Benchijigua** aufwärts. Bald befinden wir uns hoch über dem grünen Barranco, in dem Palmenhaine, als Lagerräume genutzte Höhlen und bewirtschaftete Terrassen zu sehen sind. Über einen Felssporn gegenüber, der wie ein Keil südlich in den Barranco ragt, erstrecken sich die Häuser von **El Cabezo.**

Nach 0:15 Std. erreichen wir den Ortsrand von Pastrana **2**. Wir durchqueren Pastrana mit seinen weißen, blumengeschmückten Häusern auf der Asphaltstraße bis zu einem Wendeplatz **3**, von dem wir links über ein paar Stufen (Schild „Benchijigua – Roque Agando") hinunter zu einem Betonweg gelangen. Dieser führt uns geradeaus weiter in den enger werdenden Barranco de Benchijigua. Ab hier begleitet uns die weiß-grüne Markierung bis kurz vor das Dorf Lo del Gato.

Nach den letzten Häusern von Pastrana geht der Betonweg in einen steinigen Pfad über, der durch Terrassen oberhalb des eigentlichen Bachbetts verläuft. 80 m nach einem einzeln stehenden Haus **4** steigen wir schließlich über einen gepflasterten Steinweg hinunter ins Bachbett. Wir gehen wenige Minuten auf der linken Seite des Bachbetts talaufwärts, bis rechts des Baches ein markanter dunkler Felsen in Sicht kommt. An seinem Fuß findet die Tour in einem gepflasterten Weg ihre Fortsetzung. Wir passieren eine große runde **Wasserzisterne** **5** und steigen an der rechten Talseite bergauf.

Nach wenigen Minuten öffnet sich der Blick nach Norden durch den gesamten Barranco de Benchijigua bis zum **Roque Agando,** der über dem Ende aufragt. Nach einer Biegung kommt dann auch unser Ziel in Sicht, das Dorf Lo del Gato. Es geht nun sanft aufwärts geradeaus, bis wir knapp 0:30 Std. nach Verlassen des Bachbettes eine Gabelung **6** erreichen. An ihr halten wir uns links in Richtung der Häuser von Lo del Gato, ebenso an einer zweiten Gabelung **7** nach weiteren 5 Min. Über eine von Feigenkakteen und hohen Gräsern überwucherte alte Terrasse gelangen wir wieder hinab ins schmale Bachbett **8**.

Wir überqueren das geröllige Bachbett und steigen dann einen steilen Treppenweg aufwärts. Er führt durch die übereinanderliegenden Terrassen, die zum **unteren Ortsteil von Lo del Gato** gehören. Man sieht darauf Bauerngärten mit Zwiebeln, Tomaten, Kartoffeln, Bananen und Papayas, aber auch Schafe, die unter Palmen, Mispel- und Mandelbäumen weiden. Auf anderen Terrassen wiederum blühen bunte Blumenteppiche. Vor einem roten Haus mit einer an der Ecke angebrachten Laterne **9** halten wir uns rechts, biegen an der nächsten Ecke links und verlassen die Häusergruppe anschließend wieder nach rechts. Dabei können wir uns an den entgegen unserer Laufrichtung weisenden Schildern nach Playa de Santiago orientieren.

Nach 10 m biegen wir an einer Gabelung nach links, ignorieren dabei die nach rechts führende Asphaltstraße **10** und steigen in den **oberen Ortsteil von Lo del Gato** auf. Wir marschieren auf dem gepflasterten Pfad vorbei an den letzten Häusern von Lo del Gato. Am Ortsende biegen wir an einer Straßenlaterne unterhalb eines Wasserbeckens nach rechts auf einen Pfad. Es geht flach in Richtung eines Seitenbarrancos bis zu einem weiteren Wasser-

Lo del Gato, der „Wendepunkt" von Tour 3

becken **11**. An der unteren Mauer dieses zweiten Wasserreservoirs folgen wir dem rechten Pfad, der schwer zugänglich erscheint, entlang der Mauer, bis wir unterhalb eines dichten Erlengebüschs das trockene Bachbett zur linken Talseite hin überschreiten, wo wieder ein schmaler Pfad erkennbar ist.

Durch dichtes Gras, Kanarische Palmen und Wolfsmilchgewächse schraubt sich der Weg nach oben. Nun folgt der anspruchsvollste Teil der Tour, wobei Steinmännchen die Orientierung erleichtern. Wir folgen den zunehmend felsigen und steilen Serpentinen, die oberhalb der Häuser von Lo del Gato hangaufwärts in Richtung Süden führen.

Rund 0:45 Std. nach Verlassen des Dorfes überschreiten wir eine Felskante **12**, von der sich ein Blick tief in den Barranco von Benchijigua bietet. 5 Min. später führt der Weg nach rechts zu einer Felswand **13**. Vor dieser geht man rechts und wandert höhenlinienparallel entlang des Hangs über Felsen zu einem Band aus rötlichem Gestein. Unmittelbar danach gabelt sich der Pfad, und wir folgen dem rechten, weniger deutlichen Abzweig. Einzelne Steinmännchen weisen auch hier den Weg. Kurz darauf laufen wir zwischen einer dunklen Felswand und einer einzeln stehenden Palme hindurch. Geradeaus erkennen wir im oberen Teil des weit ausgeschnittenen Seitenbarrancos eine dichte Palmengruppe sowie ein schwarzes Felsband, die wir – ohne eindeutigen Pfad – aufwärts steigend als nächsten Orientierungspunkt anpeilen. Unterhalb der Felsen treffen wir schließlich wieder auf einen deutlich sichtbaren Pfad, der uns nach links zu einer schwarzen, senkrecht abfallenden Felsformation führt. Auf dem Felsabbruch erreichen wir an einer auffälligen, einzeln stehenden Palme eine große, aufgegebene Terrasse **14**: ein toller Picknickplatz mit Blick zurück über die Palmengruppe bis zum Roque Agando.

Den Roque Agando immer im Blick

Es geht nun am Hang entlang weiter in Richtung Süden, bis wir nach einem kurzen Aufstieg am Fuße einer Felswand auf einen breiteren Pfad **15** stoßen. Diesem folgen wir nach links sanft abwärts. Die Orientierung fällt hier leicht: Es geht immer links von der dunklen Felswand talauswärts, wobei der Weg mehrere Bänder aus hellem Gestein quert. An einer großen Fläche mit hellem Tuff treffen wir wieder auf die grün-weiße Markierung. Bald macht der Weg einen Knick **16**, steil geht es hier nach links unten. Auf dem mit Steinen markierten Weg wandert man wenige Minuten in gerölligen Kehren abwärts, danach wieder sanft unterhalb der Felswand weiter in Richtung Süden.

Knapp 0:30 Std. nach dem Picknickplatz **14** bricht die Felswand, an der wir uns entlangbewegt haben, nach rechts zum Barranco de Guarimiar hin ab. Hier folgen wir dem felsigen Pfad

abwärts bis zum Kamm **17**, der die Barrancos von Guarimiar und Benchijigua trennt. Wir gehen von diesem kleinen Grat weiter bergab und biegen an einer kurz darauf folgenden Gabelung **18** nach links.

Wir befinden uns nun im **Barranco de Guarimiar,** wo der Pfad teilweise steil und insgesamt wenig kniefreundlich weiter in Richtung Straße abfällt. Geröllige Abschnitte wechseln sich ab mit Resten der einstigen Pflasterung.

0:15 Std. nach der Gabelung stoßen wir am ersten Haus **19** des Weilers **El Cabezo** auf eine Asphaltstraße. Wir biegen nach rechts und erreichen nach 2 Min. die Dorfstraße **20**, der wir nach links talabwärts in den **Barranco de Benchijigua** folgen. Auf einer Brücke **21** überqueren wir schließlich das Bachbett und biegen dann rechts auf eine wenig befahrene Straße, der wir wenige Minuten durch **El Taco** bis zum Ausgangspunkt **1** folgen.

GPS-Tour 4

Rundwanderung zum Drachenbaum von Alajeró

Charakter: Diese einfache, allerdings nahezu schattenlose Wanderung ist nicht mehr als ein kurzer, aber sehr lohnender Spaziergang zum ältesten Drachenbaum der Insel in der Nähe der Gemeinde Alajeró. Auf dem Weg dorthin schöne Aussicht in den Barranco Charc. **Länge/Dauer:** 2,1 km, ca. 0:50 Std. **Verpflegung:** keine Einkehrmöglichkeiten. Im Sommer kann es sehr heiß werden, deswegen auch auf dieser kurzen Wanderung unbedingt Trinkwasser mitnehmen. **Markierung:** deutlich beschildert. **Ausrüstung:** Feste Schuhe sind ausreichend. Unbedingt Sonnenschutz mitnehmen. **Hin & zurück:** Nach Alajeró mit den beiden „Flughafenbuslinien", der Linie 6 aus dem Valle Gran Rey (tägl. 2x) und der Linie 3 von San Sebastián (Mo–Sa 5x, So 2x); Fahrplan → www.guaguagomera.com. Der Bus hält auf Wunsch am Ausgangspunkt der Wanderung (span. „Al Drago de Alajeró"). Für die Rückfahrt kann man sich in Playa de Santiago auch ein Taxi bestellen, ✆ 922-895228 oder ✆ 629-234900. Mit dem Auto bis zum Parkplatz am Anfang des Wanderwegs, etwa 200 m oberhalb der Abzweigung nach Imada. Dort ist allerdings nur Platz für wenige Autos, ein zweiter Parkplatz ist direkt am Abzweig nach Imada (weiter unten).

Wegbeschreibung: Start ist der El-Drago-Parkplatz **1** auf etwa 980 m Höhe. Wir folgen von hier aus der Beschilderung „Drago Centuario" in östliche Richtung und gehen den Pflasterweg bergab. Unser Weg führt durch eine schattenlose Buschlandschaft. Verlaufen können wir uns nicht, denn der Weg ist auf der gesamten Strecke deutlich erkennbar. Hin und wieder stehen am Wegesrand ein paar Opuntien, an den Berghängen erkennen wir Palmen.

Tour 4: Rundwanderung zum Drachenbaum von Alajeró

Nach gut 10 Min. zweigt rechts ein etwa 30 m langer **Stichpfad** ab. Er führt zu einem Aussichtspunkt **2**, von dem aus wir 100 m unter uns bereits einen Blick auf den ältesten Drachenbaum Gomeras werfen können. Außerdem hat man von hier eine sehr schöne Aussicht über Teile des **Barranco Charc.** Es geht nach dem Abstecher weiter bergab, schließlich durchqueren wir einen kleinen Palmenhain. Das ist die einzige Stelle der Wanderung, an der man Schatten findet – ein idealer Pausenplatz.

Kurz darauf erreichen wir den **Drachenbaum** **3**. Der 400 Jahre alte Drago steht auf einer Höhe von ca. 820 m. Wir haben also in kürzester Zeit über 150 Höhenmeter überwunden – das nur zur

Warnung, denn die kurze Wanderung zum Drago sollte in der Sommerhitze nicht unterschätzt werden. Der Drago ist seit einigen Jahren eingezäunt. Dadurch soll er vor Touristen geschützt werden, die ihren Besuch in der Rinde des Baumes verewigen wollen.

Zurück geht es zunächst auf demselben Weg, den wir gekommen sind. Knapp 0:15 Std. nach dem Drago biegt rechts ein Pfad **4** ab, dem wir an einem Zaun und an Steinmauern entlang 5 Min. lang leicht bergan folgen, bis wir einige Häuser erreichen. Wir passieren diese und stoßen auf eine Teerstraße **5**, in die wir links einbiegen.

Nach weiteren 5 Min. biegen wir von der Straße wieder ab und folgen dem Schild **6** mit der Aufschrift „Igualero" auf einem gepflasterten Weg bergauf. Nochmals 5 Min. später passieren wir den unteren Parkplatz **7** an der Kreuzung nach Imada. Von hier aus sind es 200 m bis zum Ausgangspunkt unserer Wanderung, dem El-Drago-Parkplatz **1**. Nach insgesamt 0:50 Std. beenden wir dort unsere Rundwanderung.

Tipp für Autofahrer

Mietwagenfahrer sollten die Chance nutzen und noch einen weiteren kurzen Spaziergang in der Nähe anschließen – nämlich hinauf zur **Ermita San Isidro** in Alajeró. Vom Parkplatz am Fuß des Berges ist man etwa 10 Min. bis zur Kapelle unterwegs. Von hier hat man einen hervorragenden Blick hinab auf Playa de Santiago.

Wäre ohne seinen Zaun fast unscheinbar: Gomeras Drago

Der Süden und die Bergdörfer → Karte S. 48/49

GPS-Tour 5

Rundwanderung am Roque Agando

Charakter: Die anstrengende Rundtour am Roque Agando ist eine der schönsten Wanderungen auf der Insel. Immer wieder bietet sie herrliche Fernsichten und zeigt die Felsnadel des Roque Agando von ihren schönsten Seiten. Außerdem durchwandert man auch noch ein echtes Geisterdorf! **Länge/Dauer:** 13,5 km, ca. 5:35 Std. **Markierung:** im Nationalpark Hinweisschilder, danach gelb-weiße Streifen. **Ausrüstung:** Wanderschuhe, Sonnenschutz, für den Abstieg evtl. Stöcke. **Verpflegung:** Wasser mitnehmen. Einkehrmöglichkeit in Imada: Bar Arcila **7** mit Minimarkt, ✆ 922-895395. Hier bekommt man nur kleine Gerichte (Tortillas, Sandwiches u. Ä.) und Getränke. **Hin & zurück:** Man beginnt die Wanderung entweder am Parkplatz Pajarito im Nationalpark Garajonay oder an der Casa Olsen **1**. Beide Punkte liegen direkt an der Hauptstraße zwischen Valle Gran Rey und San Sebastián. Die Casa Olsen befindet sich gut 1 km östlich von Pajarito. Wer von Pajarito loswandert, für den verlängert sich die Wanderzeit um ca. 0:15 Std. (einfach). In Pajarito gibt es ausreichend Parkplätze, an der Casa Olsen ist nur Platz für wenige Autos. Der Parkplatz Pajarito ist mit dem Bus der Linie 1 sowohl vom Valle Gran Rey als auch aus San Sebastián zu erreichen (Mo–Sa 5x, So 2x); Fahrplan → www.guaguagomera.com. Taxi Valle Gran Rey ✆ 922-805058.

Variante in Gegenrichtung

Wer die Wanderung am Roque Agando in Gegenrichtung bergab beginnt, geht durch die Lücke in der Absperrung der Parkbucht **14** und folgt dort dem Schild in Richtung Benchijigua.

Wegbeschreibung: Die Wanderung beginnt an der Casa Olsen **1**, nur wenige Schritte von der Hauptstraße entfernt, auf einer Höhe von gut 1.300 m. Die Casa Olsen ist, anders als der Name vermuten ließe, kein romantisches Waldhüttchen, sondern ein Betonklotz, auf dem eine Sendeantenne steht. Von hier aus folgen wir dem Schild mit der Aufschrift „Los Roques" in südliche Richtung und beginnen die Wanderung auf einem breiten Fahrweg ohne größere Höhenveränderung. Die erste halbe Stunde der Wanderung bewegen wir uns im **Nebelwald des Garajonay-Nationalparks.**

Bald schon sehen wir linker Hand den Teide auf Teneriffa und die Felsspitze Roque Agando, die Hauptsehenswürdigkeit unserer Wanderung. Wir werden sie aus ganz unterschiedlichen, immer aber faszinierenden Blickwinkeln bewundern können. Nach insgesamt 0:20 Std. macht die Fahrpiste einen scharfen Rechtsknick **2**. Achtung: Wir gehen hier auf dem etwas kleineren Weg geradeaus weiter!

10 Min. später passieren wir zwei Hinweisschilder **3**, die im Abstand von 10 m aufgestellt wurden und den Weg nach Imada anzeigen. Dorthin gibt es nur einen Weg, lassen Sie sich nicht von den Schildern mit den unterschiedlichen Kilometerangaben von 2,4 km und 1,5 km irremachen. Wir verlassen an dieser Stelle den Nationalparkwanderweg: Die durch den Nationalpark führende Ruta 16 führt hier nach rechts weiter, wir aber gehen geradeaus.

Wenige Minuten später beginnt der eigentliche Abstieg nach Imada. Die Vegetation wird mit jedem Schritt spärlicher, Opuntien und Agaven treten an die Stelle schattenspendender Bäume. Vereinzelt stehen abseits des Weges noch ein paar Palmen. Die Orientierung auf diesem Teilstück ist einfach, der Weg ist durchgehend deutlich erkennbar.

Wir sind insgesamt knapp 1 Std. unterwegs, wenn nach links ein unbeschilderter Weg **4** abzweigt. Er kürzt die Strecke zu den Ruinen von El Azadoe ab. Wer auf ihm weiterwandert, spart sich den – allerdings sehr lohnenden – Umweg über Imada. Deshalb ignorieren wir hier den Abzweig und gelangen später nach El Azadoe.

Unser Weg geht zunächst ohne weitere Höhenveränderung weiter, wir umrunden nach wenigen Minuten eine Felsnase **5** und sehen danach Imada unter uns am Hang liegen. Vor dem Ort erstreckt sich der **Barranco de Guarimiar** bis hinab zum Meer. Kurz bevor wir den Ort erreichen, durchsteigen wir noch ein kleines Seitental. 5 Min. danach gelangen wir zum ersten Haus **6** von **Imada.**

Wir gehen die geteerte Straße in Imada bergab und passieren ein Hinweisschild. Es weist in die Richtung, aus der wir kommen – nämlich nach „Isque/Pajarito". 1:30 Std. nach unserem Aufbruch erreichen wir auf einer Höhe von gut 900 m die Bar Arcila **7**. Hier können wir eine Pause einlegen und unsere Wasservorräte auffrischen – der Bar ist nämlich auch ein winziger Minimercado angeschlossen. Vor der Bar steht eine Telefonzelle, wer die Wanderung in Imada beenden will, kann sich von hier aus ein Taxi bestellen.

An der Bar biegen wir scharf links in den Pflasterweg ein, der dort zwischen Häusern hindurchführt. Wir folgen dabei der Beschilderung nach „Benchijigua – Roque Agando PR LG 16.1". Die Gasse gabelt sich bald, wir wenden uns nach einigen Metern erneut nach links. Achtung: Die gelb-weiße Markierung an der Wand, die uns den Weg zeigen soll, ist hier nicht gut erkennbar.

Das Bergdorf Imada mit seinem Roque

Über einen abwärts führenden Pfad verlassen wir nun in südöstlicher Richtung das Dorf. 10 Min. später durchqueren wir erneut das Seitental **8**, das wir bereits oberhalb des Dorfs passiert haben – diesmal in der Gegenrichtung. Der kleine Anstieg bringt uns zu einem einsam stehenden Haus oberhalb des Ortes. Von hier haben wir noch einmal einen schönen Blick zurück auf Imada und den Barranco de Guarimiar. Vor uns können wir am Hang gut den Pfad erkennen, den wir weitergehen werden. Wir durchqueren mehrmals kleine Seitentäler und passieren einige Ruinen.

Noch immer führt unser Weg durch weitgehend baumloses Gelände, nur vereinzelte Palmen stehen an den Berghängen. 0:30 Std. hinter Imada stößt von links ein kleiner Pfad **9** auf unseren Weg. Er ist durch zwei weiße Streifen markiert. Es handelt sich um die bei **4** beschriebene Abkürzung. Wir erreichen die **Ruinen von El Azadoe** nach weiteren 5 Min.; sie liegen rechts abseits des Weges unterhalb eines Kamms. Wenige Meter hinter dem Geisterdorf wechselt der Weg auf die andere Kammseite. Sofort öffnet sich der

Blick auf den Roque Agando. Majestätisch beherrscht die 1.251 m hohe Felsnadel das Tal.

Wir wandern auf der anderen Seite des Berges hinab in den **Barranco de Benchijigua.** Der Weg ist teilweise voller Geröll und erfordert an einigen Stellen Trittsicherheit. Gut 0:30 Std. nach den Ruinen von El Azadoe passieren wir das erste Haus **10** am Abstieg. Es liegt etwas abseits vom Weg, versteckt inmitten eines Hains aus Eukalyptusbäumen.

Wir lassen das Haus auf unserer rechten Seite liegen. Große Palmenhaine bilden jetzt den malerischen Vordergrund für den Roque Agando.

Benchijigua in Sicht

Knapp 0:20 Std. nach dem besagten Haus kommen wir zu einer unbeschilderten Weggabelung **11**, rechts führt der Weg zum Stausee von Benchijigua, links geht unser Pfad weiter. **Achtung!** Hier wird man leicht in die Irre geleitet. Zur Orientierung: Der dicht von Bäumen gesäumte Stausee bleibt immer auf unserer rechten Seite.

5 Min. nach der Weggabelung durchqueren wir unterhalb eines weißen Gebäudes ein kleines Bachbett und sehen von da an bereits eine Kapelle vor uns, auf die wir nun zuhalten. Wir erreichen die **Ermita de San Juan** **12** nach weiteren 5 Min. An der Kapelle stoßen wir auf eine Fahrstraße. Dort folgen wir dem Hinweisschild mit der Aufschrift „Roque Agando" nach links. Unser Weg führt unmittelbar hinter dem langen gelben Gebäude bergan und wendet sich dort nach 20 m nach rechts. An der weiß-gelben Markierung erkennen wir sofort, dass wir richtig sind.

Unser Ziel, den **Roque Agando,** haben wir nun immer vor Augen – später werden wir an seiner linken Seite nach oben steigen. Wir marschieren im Tal entlang; 0:40 Std. nach der Ermita überqueren wir am Talende einen kleinen Bach **13**. Von jetzt an geht es steil bergauf. Innerhalb kürzester Zeit werden wir nun 300 Höhenmeter überwinden. Immerhin: Dort, wo der Anstieg beginnt, nimmt auch der Baumbewuchs zu, und wir können weite Teile der Strecke im Schatten zurücklegen. Nach 0:40 Std. schweißtreibendem Aufstieg, zum Schluss über einige steile Stufen, erreichen wir den Mirador mit Parkbucht **14** an der Hauptstraße. Vom hier aus blicken wir aus 1.060 m Höhe zurück auf unseren Anstieg und hinab in den **Barranco de Benchijigua.**

Am Waldbranddenkmal am Ende der Parkbucht folgen wir dem Pfad GR 131 in Richtung El Cedro. Er steigt parallel zur Straße nach oben zum direkt an der Straße gelegenen **Mirador Roque Agando.**

Tour 5: Rundwanderung am Roque Agando

Unser Weg wechselt im Folgenden häufig die Straßenseite, führt mitunter aber auch für kurze Strecken von der Hauptstraße weg – vornehmlich dann, wenn es gilt, weitgezogene Serpentinen abzukürzen. 300 m nach dem **Mirador de Tajaqué,** von dem man einen schönen Blick ins Benchijigua-Tal genießen kann, führt der Weg links in den Wald hinein. Die letzten 0:25 Std. unserer Wanderung steigen nochmals leicht bergan, führen aber nach gut 5:35 Std. wieder abseits der Straße zurück zur Casa Olsen **1**, dem Ausgangspunkt unserer Rundwanderung.

Tipp: Der letzte Teil der Rundtour führt zwar noch zu einigen Aussichtspunkten, aber im Wesentlichen entlang der relativ viel befahrenen Hauptstraße. Wer nicht unbedingt zur Casa Olsen zurücklaufen muss, kann bei der Parkbucht **14** die Wanderung beenden und sich privat bzw. von einem vorab bestellten Taxi abholen lassen (kein Busverkehr).

GPS-Tour 6

Von Igualero auf den Tafelberg La Fortaleza

Charakter: Einer der markantesten Gipfel Gomeras, der 1.232 m hohe Tafelberg La Fortaleza, ist das Ziel dieser Streckenwanderung. Im gesamten Verlauf bieten sich spektakuläre Blicke: auf den Canyon von Erque, die Bergwelt der Inselmitte und den Atlantik. Eine überwiegend gemütliche Tour – mit einem kleinen **Kletterabschnitt** beim Besteigen der Fortaleza von **8** bis **9**; er ist aber – **Schwindelfreiheit und Trittsicherheit vorausgesetzt** – auch ohne Klettererfahrung zu machen. Alternativ lässt man den Abstecher auf den Berg einfach aus. **Länge/Dauer:** 6,5 km, ca. 2:10 Std. **Markierung:** teilweise weiß-rote Balken des offiziellen Wegs GR 131. **Ausrüstung:** feste Wanderschuhe. Stöcke sind beim Aufstieg auf die Fortaleza eher hinderlich. **Verpflegung:** Wasser mitnehmen. Kleiner Supermarkt am Hauptplatz von Chipude **14**. Dort auch Einkehrmöglichkeit in den Bars. Besonders zu empfehlen ist das Bar-Restaurant Sonia, Spezialität sind hausgemachte Suppen und Fleischgerichte mit Papas arrugadas, Bier von der Insel, Übernachten möglich, kein Ruhetag, ✆ 922-804158. **Hin & zurück:** Am Ausgangspunkt in Igualero großer Parkplatz. Chipude und Igualero sind über die Linie 1 (San Sebastián – Valle Gran Rey, Mo–Sa 5x, So 2x), die 4 (Vallehermoso – La Dama, nur Mo–Fr 2x) und 6 (Valle Gran Rey – Flughafen, tägl. 2x) an das Busnetz angebunden; Fahrplan → www.guaguagomera.com. Die Bar Sonia (s. o.) vermittelt ein Taxi.

Wegbeschreibung: Nur wenige Meter von der Landstraße nach Arure entfernt, thront die kleine Kirche **1** des Dorfes **Igualero** über dem Barranco de Erque. Von der Aussichtsterrasse neben dem Gotteshaus genießen wir bereits einen fantastischen Blick auf den Tafelberg La Fortaleza, unser Wanderziel. Wir beginnen die Tour auf der schmalen Asphaltstraße, die links neben der Kirche talabwärts führt (Hinweisschild „Chipude 4,5 km"). Eine nach 250 m rechts abzweigende Straße lassen wir unbeachtet. Gut 100 m weiter beginnt an einer Laterne rechts ein Treppenweg **2**, markiert mit weiß-roten Querbalken. Hier verlassen wir die Straße und steigen talabwärts. Über brachliegende Terrassen geht es unterhalb der einzeln stehenden Häuser von Igualero den Hang entlang. Nach 5 Min. erreichen wir eine Weggabelung **3**, an der wir dem Hinweisschild „Chipude" nach rechts folgen.

Barranco de Erque

Der steinige Pfad führt nun durch Buschland mit Ginster, Wolfsmilchgewächsen und Salbei am Rande des **Barranco de Erque** entlang. Der Ausblick ist spektakulär: Links des Weges domi-

nieren die schroffen Felswände des breiten Kessels, auf dessen Grund die Häuser und Palmenhaine des Dorfes **Erque** zu erkennen sind. Auf der anderen Seite des Barrancos haben wir permanent die Fortaleza im Blick, die von hier aus mit ihren senkrecht abfallenden Wänden besonders eindrucksvoll wirkt. 10 Min. nach der Weggabelung **3** erreichen wir einen Wald mit Kanarischen Kiefern, die an ihren charakteristischen langen Nadeln zu erkennen sind. Wenig später überschreiten wir ein schmales Bachbett **4**. Der Pfad umrundet den Barranco de Erque weiter auf gleicher Höhe, bis die schmale Straße nach Erque in Sicht kommt.

Über einen kurzen, steinigen Abstieg erreichen wir diese Asphaltstraße **5** in einer steilen Linkskurve. Hier biegen wir rechts ab und folgen der kaum befahrenen Strecke aufwärts durch die vegetationsarme Landschaft. Nach rund 700 m zweigt in einer scharfen Rechtskurve am Ende der Leitplanke links ein Pfad **6** in Richtung Fortaleza ab (beschildert mit „Chipude"). Durch Ginster und Agaven steigen wir diesen steinigen Weg in südwestlicher Richtung ab. Die felsige Plattform des Tafelberges haben wir dabei direkt vor Augen. An seinem Fuß erkennen wir bald einzelne Häuser und die Ruinen eines einstigen Bauernhofes. Wenige Meter vor einem weißen Haus weist uns ein Schild **7** nach links in Richtung La Dama.

Der Serpentinenweg zum Gipfel ist von hier aus deutlich erkennbar. Nach 30 m gabelt sich der Pfad erneut, und wir biegen nach links in einen weiß-rot markierten Weg in Richtung La Fortaleza, der steil und steinig aufwärts führt. Nach wenigen Minuten stehen wir schließlich am Fuß **8** der mächtigen Felswand.

Die Steilwand ist gut ausgebaut mit breiten, gemauerten Stufen. Trotzdem kommen sporadisch die Hände zum Einsatz und Schwindelfreiheit ist gefordert.

Bald sehen wir einen Felssattel vor uns, von dem sich ein dramatischer Blick in die Tiefe bietet. Der Weg über den mehrere Meter breiten Sattel wirkt zunächst abschreckend. Man kommt jedoch unkompliziert zum Plateau des Tafelberges. Ein mit Steinen gefasster Weg führt in 5 Min. am rechten Rand der spärlich mit Büschen bewachsenen Ebene entlang zum Gipfelkreuz **9** und weiter über das Plateau. Die Aussicht über Schluchten, Canyons und übers

Aussicht vom Tafelberg La Fortaleza nach La Dama

Meer bis zu den Nachbarinseln El Hierro und La Palma ist atemberaubend. Am Fuße der Fortaleza sehen wir die Häuser des Dorfes Chipude. Es lohnt sich, einmal am Rand des Tafelberges entlangzulaufen, um auch den Blick in den Canyon von Erque einzufangen. Hin und wieder stößt man oben auf die Fundamente alter Steinhäuser.

Der Rückweg vom Tafelberg ist aufgrund der zahlreich gesetzten weißroten Markierungen leicht zu finden. Wir kehren auf gleichem Weg zurück bis zu dem weißen Haus am Fuße der Fortaleza und biegen hinter diesem Gebäude mit Schild **7** nach links in den ausgeschilderten Weg nach Chipude.

Durch die Häuser des Weilers **Pavón** erreichen wir nach 5 Min. die Straße **10**, die den Küstenort La Dama mit der Inselmitte verbindet. Wir queren sie und folgen den Wegweisern, die uns erst hinter der Leitplanke nach links und dann wieder nach rechts auf einem Pfad durch den kleinen Barranco de Iguala zu den Häusern von **El Apartadero** führen, einem Ortsteil von Chipude.

Rund 50 m vor einer Tankstelle biegen wir rechts in ein kleines Sträßchen **11**. Gleich nach 10 m geht es links auf einem Steinweg den Hang hinauf. Auf der anderen Seite des Kammes erreichen wir über diese Abkürzung erneut die Dorfstraße **12**. Wir folgen ihr rund 50 m nach rechts und biegen dann rechts in einen Betonweg, der eine weitere Schleife der Dorfstraße abkürzt. Am Ende des knapp 100 m langen Betonweges überqueren wir die Dorfstraße abermals. Der Weg auf der gegenüberliegenden Straßenseite führt uns nach 2 Min. zu einer weiteren Straße **13**, der wir nach rechts folgen (Schild „Chipude – Las Hayas – El Cercado“).

Nach rund 200 m erreichen wir den Dorfplatz von **Chipude** **14**. Hier warten mehrere Bars und Restaurants auf Gäste. Die Bushaltestelle mit Verbindungen nach San Sebastián und ins Valle Gran Rey befindet sich hier ebenfalls.

GPS-Tour 7

Von Chipude zum höchsten Berg der Insel, dem Garajonay

Charakter: Die Wanderung zum höchsten Punkt der Insel ist nicht mehr als ein Spaziergang auf breiten Wegen unter schattigen Bäumen. Auch Familien mit Kindern finden Spaß am „Gipfelsturm". **Länge/Dauer:** einfach 6,3 km, ca. 2:15 Std. **Markierung:** im Nationalpark Hinweisschilder in dichter Folge. **Ausrüstung:** feste Schuhe, keine besondere Ausrüstung nötig. **Verpflegung:** Trinkwasser mitnehmen, Einkehr nur am Touranfang bzw. -ende in Chipude im Restaurant Sonia, ✆ 922-804158, kein Ruhetag, dort auch Supermarkt. Spezialität des Lokals ist gomerische Gemüsesuppe mit Gofio. **Variante für Ausdauernde:** Anschluss ab **9** an Tour 24. **Hin & zurück:** Chipude liegt ebenso an der Buslinie 1 (Valle Gran Rey – San Sebastián, Mo–Sa 5x, So 2x) wie Pajarito, das etwa 1 km vom Parkplatz El Contadero **9** entfernt ist; Fahrplan → www.guaguagomera.com. Taxi in San Sebastián ✆ 922-870524, in Valle Gran Rey ✆ 922-805058.

Wegbeschreibung: Ausgangspunkt der Wanderung ist der Dorfplatz **1** von **Chipude** vor dem Bar-Restaurant Sonia. Wir biegen gegenüber dem Restaurant in den am Anfang parallel zum Dorfplatz verlaufenden Pflasterweg ein und folgen ihm 5 Min. bergauf. Dann verlassen wir ihn nach links und gehen auf einem unmarkierten Wanderweg **2** weiter. Wir passieren nach etwa 20 m eine Palme rechts des Weges. Nach insgesamt 0:20 Std. gelangen wir über einige Treppen hinauf zu dem auf 1.092 m Höhe liegenden Dörfchen **Los Manantiales.** Heute leben hier nur noch ein paar ältere Menschen, früher war Los Manantiales wegen seiner Quellen und seines fruchtbaren Bodens ein wichtiger Ort. Nach dem ersten Haus **3** des Dorfes wenden wir uns nach rechts und gehen um das Dorf herum.

Etwa 100 m nach dem Dorf stoßen wir auf eine Asphaltstraße, in die wir links einbiegen. Ihr folgen wir nur wenige Schritte bis wir einen Wendeplatz erreichen und biegen dann scharf rechts in einen bergan führenden Pfad **4**. Achtung: Der Abzweig hier ist nicht beschildert.

1:10 Std. nachdem wir losmarschiert sind, erreichen wir die Nationalparkgrenze. Unmittelbar am Nationalparkschild **5** biegen wir an einer Wegkreuzung links ab. Der Weg führt nun in den Wald hinein und bringt uns schnell zu einer weiteren Kreuzung **6**. Diejenigen, die die Wanderung als Rundweg laufen (→ „Die runde Variante …"), werden hier später auf dem nach rechts abbiegenden Pfad zurückgehen, um nach Chipude zurückzukehren. Jetzt aber gehen wir geradeaus und folgen dem Hinweisschild in Richtung „Garajonay". Laut Schild werden wir den Berggipfel in weiteren 2,3 km erreicht haben.

Die Bäume hier sind Kanarische bzw. Kanadische Kiefern. Sie sind leicht an der Nadellänge zu unterscheiden. Die einheimische Kiefernart hat lange, die eingeführte kurze Nadeln. In etwas fernerer Zukunft wird es aber im Nationalpark ohnehin nur noch Kanarische Kiefern geben. Die aus Kanada eingeführten Bäume sollen bis 2030 gefällt und durch Kanarische Kiefern ersetzt werden.

Über den breiten Fahrweg in Richtung Garajonay geht es weiter bergan, bis wir nach insgesamt 1:45 Std. auf 1.320 m Höhe erneut eine Kreuzung **7** erreichen. Scharf rechts biegt hier der Weg nach Pajarito und Igualero ab, wir aber gehen geradeaus weiter. Jetzt sind

Der Süden und die Bergdörfer → Karte S. 48/49

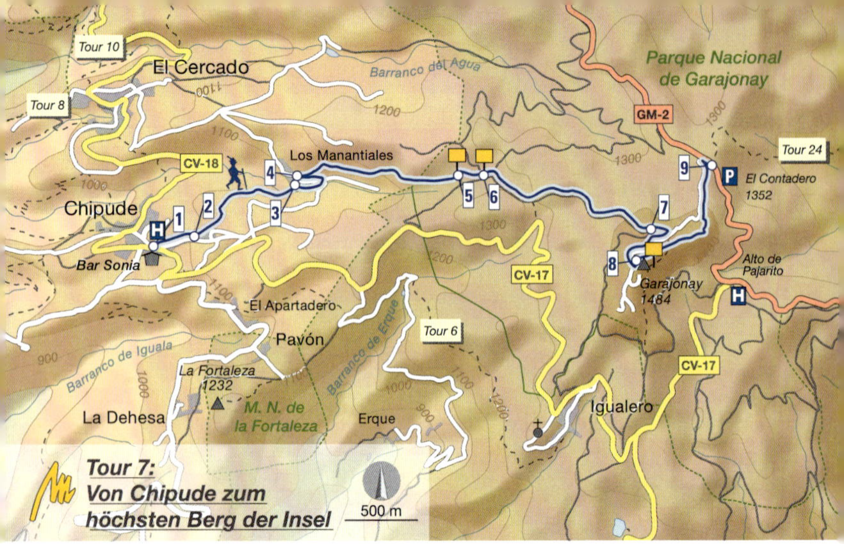

wir fast am Ziel, denn es sind nur noch 10 Min., bis wir auf dem 1.484 m hohen Gipfel des **Garajonay** **8** stehen.

Der Garajonay ist zwar die höchste Erhebung der Insel, aber kein wirklicher Berg mit Bilderbuchgipfel. Vielmehr erwarten einen an der Spitze ein Betonrondell als Gipfelmarkierung und viele Menschen: Von der anderen Seite ist der Garajonay von einem Parkplatz aus auf einfachen Wegen in Minuten zu erreichen und deswegen treffen hier Wanderer in Stiefeln und Bustouristen in Badeschlappen zusammen. An klaren Tagen hat man einen weiten Blick über die Insel und bis zu den Nachbarinseln Teneriffa, La Palma und El Hierro.

Gipfelrondell Garajonay

Die runde Variante von und nach Chipude (9,1 km, ca. 3:10 Std.)

Wer die Tour als Rundwanderung machen möchte, geht vom Gipfel des Garajonay **8** aus zunächst auf dem bekannten Hinweg zurück bis zur Wegkreuzung, auf die in der Wegbeschreibung bei **6** bereits hingewiesen wurde. Hier teilt sich der Weg. Beide Wege führen nach Chipude. Den von rechts kommenden haben wir beim Aufstieg genommen, den nach links abzweigenden nehmen wir beim Abstieg. Von hier aus sind wir noch etwa 0:30 Std. bis Chipude unterwegs. Wir folgen dem Weg, bis wir in einer Linkskurve auf einen nach rechts führenden Trampelpfad stoßen. Auf diesem erreichen wir schließlich das Ziel unserer Wanderung.

Wir verlassen das Gipfelrondell jetzt in nordöstlicher Richtung an dem Schild „Contandero/Pajarito". Ab hier brauchen wir nur dem Hauptweg folgen und erreichen – alle Abzweigungen ignorierend – 0:20 Std. nach dem Gipfel die Hauptstraße beim Parkplatz El Contadero **9** (von dort etwa 1 km zur Haltestelle der Buslinie 1 in Pajarito). Wer will, kann seine Wanderung von hier aus mit Tour 24 nach El Cedro fortsetzen (→ S. 179).

GPS-Tour 8

Von El Cercado hinab nach La Calera im Valle Gran Rey

Charakter: Diese Abstiegswanderung führt auf gut ausgebauten und viel begangenen Pfaden, allerdings weitgehend baum- und schattenlos vom Töpferdorf El Cercado hinab ins Valle Gran Rey. Bis auf wenige etwas steilere Stücke ist der Weg sehr gut begehbar und so auch für weniger geübte Wanderer geeignet. **Länge/Dauer:** einfach 6,9 km, ca. 2:50 Std. **Markierung:** gut beschildert, zusätzlich weiß-gelbe Markierungen entlang dem Weg. **Ausrüstung:** Festes Schuhwerk genügt. **Verpflegung:** Trinkwasser mitnehmen. Einkehr am Touranfang in El Cercado: Bar María (tägl., außer Sa, 10–23 Uhr), Kaninchen, üppige Tortillas, extra scharfes Mojo. Ähnliches Angebot in der benachbarten Bar Victoria (tägl., außer Mi, 10–23 Uhr). Kein Supermarkt in El Cercado, allerdings mehrere Läden sowie Restaurants im Valle Gran Rey. **Hin & zurück:** Die Buslinie 1 zwischen Valle Gran Rey und San Sebastián führt (Mo–Sa 5x, So 2x) auch durch El Cercado. Zusätzlich Mo–Fr je 2x die Linie 4 zwischen Vallehermoso und La Dama und die Linie 6 zwischen dem Flughafen und Valle Gran Rey (tägl. 2x); Fahrplan → www.guaguagomera.com. Taxi in Valle Gran Rey ✆ 922-805058.

Wegbeschreibung: Vor der Bar María in El Cercado verlassen wir die Hauptstraße. Ein Hinweisschild („La Vizcaína/Valle Gran Rey") **1** weist uns hier deutlich den Weg. Wir folgen dieser Nebenstraße für nur 500 m und biegen dann – ebenfalls markiert – nach rechts ab auf den Wanderweg PR LG 12 **2** ins Valle Gran Rey.

Der Abstieg beginnt relativ gemächlich und führt an Feldern und Wiesen entlang. Erst im weiteren Verlauf wird der Weg stellenweise abschüssiger. Im Abstieg nimmt die Vegetation ab – hie und da eine Palme und immer wieder Opuntienfelder, schattenspendende Bäume sucht man aber vergebens.

Verlaufen kann man sich nicht, denn mit einer Ausnahme gibt es keine Abzweigungen von unserem Pfad. Diesen „Ausnahme-Abzweig" passieren wir nach etwa 1 Std.: ein nach links abbiegender Trampelpfad, der in äußert steilen Kehren hinauf nach La Matanza führt – so er denn überhaupt begehbar ist: Zum Zeitpunkt der Recherche war er durch mehrere Erdrutsche zerstört und für den normalen Wanderer nicht passierbar.

Wir jedenfalls ignorieren den Abzweig, gehen weiter bergab und erreichen 1:30 Std. nach dem Start auf ca. 500 m Höhe das erste Haus **3** auf dem Abstieg. An ihm vorbei gelangen wir über Treppen zu einem Parkplatz hi-

Startpunkt in El Cercado

nab, der an einer Nebenstraße liegt. Bei der Straße wenden wir uns nach links und passieren nach knapp 5 Min. die Bar La Vizcaína **4**.

Wir gehen 0:15 Std. durch ein Wohngebiet weiter bergab, bis wir in einer Kurve die Hauptstraße verlassen, indem wir scharf links abbiegen. Zur Orientierung: In der Kurve steht ein Haus **5** mit der Hausnummer 84.

Wir folgen nun der Straße bis zu ihrem Ende und gehen dann rechts an der Casa de Chelé **6** über Treppen hinab. An diesem Punkt sind wir ziemlich genau 2 Std. unterwegs.

Nach 0:35 Std. erreichen wir die Kapelle **Ermita de los Reyes** **7**. Über eine Treppe am Ende des Kirchplatzes steigen wir hinab in den ausgetrockneten Barranco del Valle Gran Rey. Wir laufen entlang dem wasserlosen Barranco weiter und erreichen nach 0:20 Std. **La Calera,** wo wir das Flussbett verlassen und am Taxistand **8** nach einer Gesamtwanderzeit von knapp 3 Std. unsere Wanderung beenden.

Die Ermita de los Reyes im Valle Gran Rey

GPS-Tour 9

Rundwanderung von Las Hayas über den Rastplatz Las Creces

Charakter: Ein besonders abwechslungsreiches Stück Lorbeerwald im Nationalpark Garajonay macht diese gemütliche Tour zu einem Klassiker, der zu Recht auch bei Familien beliebt ist. Ohne nennenswerte Steigungen geht es durch schattigen Wald. Nach Regen ist mit rutschigen Abschnitten zu rechnen. **Länge/Dauer:** 5,2 km, ca. 1:20 Std. **Markierung:** viele Wegweiser, außerdem weiß-rote Balken des offiziellen Weges GR 131 im Abschnitt von der Ermita de las Hayas **3** bis zum Jardín de las Creces **5**. **Ausrüstung:** Im Prinzip reichen Turnschuhe, bei Nässe unbedingt Bergschuhe, Regenjacke. **Verpflegung:** Wasserstelle an der Ermita de las Hayas bei **3**. Einkehrmöglichkeiten in Las Hayas in der Casa Montaña **1**, vegetarisches Menü, Übernachtungsmöglichkeit, ✆ 922-804077, tägl. 8–20 Uhr, oder im Bar-Restaurante Amparo, günstige Fleisch- und Fischgerichte, ✆ 922-804201, tägl. (außer Mo) 8–22 Uhr. **Hin & zurück:** Anfahrt aus dem Valle Gran Rey über Arure bzw. über einen Abzweig von der Höhenstraße aus San Sebastián. Großer Parkplatz an der Casa Montaña **1**. Die Bushaltestelle befindet sich in Las Hayas, ca. 1 km östlich der Casa Montaña am Abzweig der Landstraße zum Nachbardorf El Cercado. Hier halten Busse der Linie 1 (Valle Gran Rey – San Sebastián, Mo–Sa 5x, So 2x), Linien 4 (Vallehermoso – La Dama, nur Mo–Fr 2x) und 6 (Valle Gran Rey – Flughafen, tägl. 2x); → Fahrplan www.guaguagomera.com. Taxi im Valle Gran Rey ✆ 922-805058.

Wegbeschreibung: Die **Casa Montaña** im Zentrum von Las Hayas, das Gasthaus der inselweit bekannten Köchin Doña Efigenia, ist der Ausgangspunkt für eine Wanderung tief in den Lorbeerwald. Vom Parkplatz des Restaurants **1** biegen wir rechts in die Hauptstraße. Wir ignorieren den ersten Abzweig nach wenigen Metern links. Erst beim zweiten Abzweig **2** nach insgesamt 50 m wenden wir uns links auf die asphaltierte Zufahrtsstraße zu einem Haus. Ein Schild weist uns nach „Las Creces (2,6 km)“ und zur Kammstraße „Carretera dorsal (3,3 km)“. Nach 30 m gehen wir links an diesem Haus vorbei, der Weg geradeaus führt uns bis zur Dorfkirche **Ermita de las Hayas.** Wir lassen das Gotteshaus rechts liegen und erreichen direkt dahinter den Waldrand **3**. Hier biegt der Weg an einem Wasserbecken nach links ab.

Ein Gasthof und Museum

Ein Besuch in der Casa Montaña **1** in Las Hayas ist nicht nur kulinarisch ein Erlebnis. Die Wirtin Doña Efigenia ist die Seele des Gasthofs. Aus der dunklen Stube im ehemaligen Stall hat sie ein Museum gemacht: Das Hochzeitsgeschirr der Großeltern steht neben Trockensträußen und Kunsthandwerk. Im Nebenraum ist der alte Dorfladen zu sehen, hinter dessen Tresen traditionell das Familienoberhaupt stand. An den Wänden hängen Zeitungsartikel, die schon über Doña Efigenia veröffentlicht wurden – sogar in der „New York Times“.

Schon nach wenigen Metern markiert ein Schild die Grenze des Nationalparks Garajonay. Rund 40 m nach dem Schild biegen wir an einem Abzweig rechts in den Wald.

Es geht eben weiter durch eine skurrile Märchenwelt: Fast schwarz

Der Süden und die Bergdörfer → Karte S. 48/49

Tour 9: Rundwanderung von Las Hayas über den Rastplatz Las Creces

sind die Stämme der Baumheide, die sich hier knorrig und verdreht in Richtung Tal strecken. Unter den von Moos bedeckten Stämmen wachsen hohe Farne und struppige Büsche. Knapp 10 Min. nach Betreten des Waldes gelangen wir an die Kreuzung **4** mit einer breiten Forstpiste, in die wir nach rechts abbiegen (Schild „Carretera dorsal 1,9 km"). Sanft abwärts geht es weiter über rote Erde. Wir durchqueren einen kleinen, quer laufenden Barranco, danach steigt der Weg sanft an, bis wir den Picknickplatz **Jardín de las Creces** **5** erreichen. Er liegt mitten im Wald, für die Rast stehen hier Bänke und Tische zur Verfügung.

Von der nördlichen Seite des Picknickplatzes führt die Forstpiste weiter zur Kammstraße (Schild „Carretera dorsal 0,7 km"). Wir schlagen jedoch links davon einen schmalen Pfad ein, der neben einem Nationalparkschild beginnt. Über den weichen Humusboden geht es rechts neben einem Bachbett entlang abwärts in ein tief eingeschnittenes Tal. Meterhohe Farne, umgestürzte Stämme und knorrige, ausgehöhlte Bäume machen diesen Abschnitt zu einem besonderen Erlebnis.

Nach 10 Min. quert der Pfad auf die linke Seite des Bachs **6** und erreicht etwa 5 Min. später eine Gabelung **7**, an der wir uns am Schild „Arure 2,6 km" rechts halten. (Über den linken Weg, der mit dem Piktogramm eines Wanderers markiert ist, führt eine Abkürzung zurück nach Las Hayas.) Kurz darauf treten wir aus dem dichten Lorbeerwald ins Buschland mit niedriger Baumheide und hohen Salbeibüschen. Schließlich verlässt der Pfad ganz die dichte Vegetation und mündet auf eine steinige Forstpiste **8**, auf die wir links abbiegen.

Sanft ansteigend geht es nun den Hang entlang, der links der Piste von Wald und rechts von bewirtschafteten Terrassen mit Weinstöcken bedeckt ist. Der steinige Untergrund geht kurz nach Verlassen des Waldes in Asphalt über. Nach einem kurzen Aufstieg treffen wir an einem gelben Haus auf eine weitere Asphaltstraße **9**, in die wir links abbiegen.

Wir überschreiten eine Kuppe, hinter der die ersten Häuser von Las Hayas in Sicht kommen, auch der Tafelberg La Fortaleza ist zu sehen. Wir ignorieren einen Abzweig nach rechts, danach mündet die Asphaltstraße auf die Hauptstraße von Las Hayas, die uns nach links in wenigen Minuten zurückbringt zu Doña Efigenia und ihrem Gasthof Casa Montaña **1**.

GPS-Tour 10

Schlemmertour nach Chipude

Charakter: Dramatische Ausblicke in den Barranco del Agua und auf die Bergwelt der Inselmitte bietet diese Tour durch drei Dörfer. Butterbrote und Müsliriegel kann man zu Hause lassen: In Las Hayas, El Cercado und Chipude warten mehrere Bars und Restaurants mit typischen Inselgerichten. Wenige schattige Abschnitte; überwiegend sanfte An- und Abstiege über Saumpfade, Forstwege und Dorfstraßen machen die Tour auch für Kinder ideal. **Länge/ Dauer:** einfach 3,7 km, ca. 1:30 Std. **Ausrüstung:** feste Wanderschuhe, unbedingt Sonnenschutz. **Markierung:** sporadisch weiß-gelbe Balken des offiziellen Wanderwegs GR 131. **Verpflegung:** kleine Flasche genügt, Trinkwasser ist in den Bars der drei Dörfer erhältlich. Einkehrmöglichkeiten → „Kulinarisches Trio“. **Hin & zurück:** Die Dörfer Las Hayas, El Cercado und Chipude sind alle erreichbar mit Bussen der Linie 1 (Valle Gran Rey – San Sebastian, Mo–Sa 5x, So 2x), Linie 4 (Vallehermoso – La Dama, nur Mo–Fr 2x) und Linie 6 (Valle Gran Rey – Flughafen, tägl. 2x); → Fahrplan www.guaguagomera.com. Bushaltestelle in Las Hayas ca. 1 km östlich der Casa Montaña an der Straßenkreuzung nach El Cercado, in El Cercado vor der Bar María und in Chipude am Dorfplatz. Taxi im Valle Gran Rey ✆ 922-805058.

Wegbeschreibung: Südlich des Restaurante La Montaña Casa Efigenia **1** in der Ortsmitte von **Las Hayas** zweigen zwei Asphaltstraßen von der Hauptstraße ab. Wir wählen den linken Abzweig in eine Asphaltstraße, die am Grundstück des Lokals entlangführt. Dann geht es abwärts in den Grund eines kleinen Tals mit bewirtschafteten Terrassen. An der gegenüberliegenden Talseite folgen wir der schmalen Straße wieder aufwärts. Wir überschreiten einen Kamm und erreichen kurz dahinter an einem Haus mit dem Schild „Casa de Ramón“ eine Kreuzung **2**.

Hier gehen wir geradeaus weiter. Nach 20 m verlassen wir die Straße nach links auf einen Pfad, der mit „El Cercado“ beschildert ist. Am Beginn eines Palmenhains nach weiteren 20 m gabelt **3** sich dieser Pfad. Wasserleitungen führen hier in beide Richtungen. Wir biegen wieder nach links ab und folgen der weiß-roten Markierung aufwärts. Nach einem kurzen Anstieg unter den Palmen verläuft der Pfad eben am Hang entlang. Nach wenigen Minuten gelangen wir zur Steilkante, die zum Barranco del Agua hin abbricht. Hier gabelt sich der Weg, wir folgen geradeaus dem Schild „El Cercado Chipude“ **4**.

Nun beginnt der spannendste Abschnitt dieser Wanderung, auf dem wir tief in den **Barranco del Agua** sehen können. Auf dem nächsten, südöstlich gelegenen Kamm erkennen wir schon die ersten Häuser unseres ersten Zieles El Cercado mit dem Tafelberg Fortaleza im Hintergrund. Während des zunächst

Der Süden und die Bergdörfer → Karte S. 48/49

gemächlichen Abstiegs eröffnet sich im Südwesten der Blick vom Valle Gran Rey bis zum Meer. Nach einem steinigen Abschnitt über Stufen hinunter, geht es schließlich ebenerdig weiter am Rande des Abgrunds entlang. Wir passieren eine alte Wasserzisterne und gelangen danach in einen kleinen Talausläufer mit vielen aufgegebenen Terrassen – diese verwandeln sich jedes Frühjahr in ein buntes Blütenmeer.

Im Grund des Taleinschnitts überqueren wir ein meist trockenes Bachbett **5**. Danach steigen wir den gegenüberliegenden Hang rund 0:20 Std. aufwärts. Wir erreichen die Kante des Barrancos und finden uns direkt an der Hauptstraße **6** im Dorf **El Cercado** wieder. Auf der gegenüberliegenden Straßenseite befindet sich die Bar María, die zu einem kulinarischen Stopp einlädt. Wir folgen der Hauptstraße 50 m nach rechts bis zur Bar Victoria **7**.

Noch Platz im Rucksack?

El Cercado gilt als **Zentrum der Töpferkunst:** Mehrere Töpfereien säumen die Hauptstraße unterhalb der Bar Victoria **7**. Besucher können den Töpferinnen und Töpfern bei der Arbeit zusehen und ihre Stücke in den kleinen Läden kaufen.

An der gegenüberliegenden, rechten Straßenseite führt eine Treppe nach unten. Vor uns erstrecken sich die Häuser und bewirtschafteten Terrassen von El Cercado. Wir steigen die Stufen hinab und wandern auf einem Zementweg unterhalb einer Mauer weiter, über der die Hauptstraße verläuft.

Wir treffen nach 5 Min. auf eine kleine Asphaltstraße **8**. Ihr folgen wir rechts abwärts durch den unteren Ortsteil. Kurz darauf zweigt ein weiß-rot markierter Treppenweg nach links ab. Wir steigen über diese Treppen auf und erreichen nach 5 Min. erneut die Hauptstraße. Unser Treppenweg setzt sich auf der gegenüberliegenden Straßenseite fort (Schild „Chipude – Igualor").

Über halb verfallene Stufen kommen wir wenig später auf eine Anhöhe **9**, von der die Aussicht sowohl auf das zurückliegende El Cercado als auch auf das vor uns liegende Ziel Chipude und seinen Hausberg Fortaleza fällt – ein fantastischer Anblick!

Wir ignorieren auf der Anhöhe den Weg, der nach links über den Kamm nach Norden verläuft, stattdessen folgen wir einem steinigen Pfad hinunter in Richtung Chipude. Nach 5 Min. queren wir erneut die Hauptstraße **10**.

Danach geht es auf einem alten gepflasterten Steinweg inmitten von Wiesen weiter durch den Talgrund. Auf der gegenüberliegenden Talseite steigt der Weg wieder zur Hauptstraße hin an, die hier nach einer langen Kehre weiter Richtung Chipude führt. An der Straße **11** angelangt, biegen wir nach rechts und laufen bis zu dem kleinen Wartehäuschen einer Busstation am Ortsrand von **Chipude.**

Neben dem Gebäude führen Treppen aufwärts, die uns zu einer steilen Dorfstraße bringen. Wir wandern auf ihr hinauf bis zum Hauptplatz **12**, wo wir die Qual der Wahl zwischen drei verschiedenen Lokalen haben.

Kulinarisches Trio

Mehrere Bars und Restaurants laden auf der Strecke von Las Hayas über El Cercado nach Chipude zum Genuss typisch gomerischer Spezialitäten ein. Von kleinen Tapas bis zum kompletten Menü ist alles zu haben.

Die **Casa Montaña** **1** mit ihrer betagten Chefin Doña Efigenia in Las Hayas steht in jedem Reiseführer. Das Ambiente des jahrhundertealten Berghofs gehört mit zum Erlebnis. Ab 8 Uhr kann man hier frühstücken, aber der Höhepunkt ist das vegetarische Menü, das seit Jahrzehnten serviert wird: bunter Salat, danach „Gofio" – Brei aus geröstetem Getreide und Gemüsebrühe mit scharfer Soße – und schließlich Gemüseeintopf. Alle Zutaten stammen von den eigenen Feldern. Etwas Zeit sollte man allerdings mitbringen. ✆ 922-804077, tägl. 8–21 Uhr (im Winter kürzer).

Die **Bar María** in El Cercado **6** lohnt wegen der traditionellen Küche einen Besuch: Es gibt Kaninchen, Fisch oder Ziege (ca. 9 €). Ein komplettes Menü inklusive Wein kostet ca. 12 €. Auch die Einrichtung macht den Familienbetrieb originell: Sammlerstücke von Feuerzeugen, Schlüsselanhängern, Pokalen und Schnapsfläschchen bis hin zu Schiffsfotos dienen zur Dekoration. ✆ 922-804034, tägl. (außer Sa) 10–23 Uhr.

Einheimische Rezepte stehen auch in der **Bar Sonia** in Chipude **12** auf der Speisekarte, zum Beispiel Gemüse- oder Kressesuppe mit Gofio; ✆ 922-804158, kein Ruhetag.

Valle Gran Rey

Die Blumenkinder der 1960er-Jahre erklärten das Valle Gran Rey zu ihrem bananenstaudenbegrünten Garten Eden. Sie schufen damit die Grundlage für das heute größte Tourismuszentrum auf La Gomera.

Vom Hafen in Vueltas starten die Ausflugsboote zu den basaltenen Orgelpfeifen **Los Órganos**. Die Steinformation kann allerdings nur bei wenig Wellengang angefahren werden, daher sollte man die Chance nutzen, wenn sie sich ergibt. → S. 95

Bettenburgen, wie auf der Nachbarinsel Teneriffa, gibt es bis heute nicht im „Walle", wie die deutschen Residenten und Urlauber das Tal gern nennen. Wohl aber einige große Hotels, und die Tendenz ist steigend. Von dem einst einmaligen Bananenmeer ist nach Landwirtschaftskrise und Bauboom nur noch ein Bruchteil vorhanden. Brachen reißen braune Lücken in die Ortschaften mit ihren bunten Häusern und Plantagen. Was einst eine Ansammlung von kleinen und kleinsten Weilern und Orten war, konglomeriert heute immer mehr zu einem einzigen Ort und ist administrativ zur Gemeinde Valle Gran Rey zusammengefasst, zu der auch die Weiler Arure, Las Hayas und Taguluche außerhalb des Tals gehören. Die Bewohner unterscheiden zwischen dem unteren Valle, den Orten am Strand und La Calera, und dem oberen Valle, dessen Orte an den terrassierten Hängen kleben.

Allen Bautätigkeiten zum Trotz ist das untere Tal des Großen Königs mit seinen Ortsteilen La Calera, La Playa, La Puntilla, Borbalán und Vueltas ein reizvolles Ziel. Nirgendwo sonst auf Gomera gibt es so viele Badestrände auf einem Fleck, so unterschiedliche Restaurants, gar eine kleine Shoppingmeile, ein Kneipenviertel und eine große Auswahl an Unterkünften in allen Preisklassen. Im Hafen von Vueltas verkehrt hoffentlich bald wieder die interinsuläre Fähre nach Playa Santiago, San Sebastián und am Wochenende direkt nach Teneriffa. Auch die Ausflugsboote liegen hier vor Anker. Das Sportangebot ist groß wie nirgends auf der Insel, man kann Mountainbikes leihen oder sich zu geführten Wanderungen anmelden, Stand-up-Paddling betreiben oder tauchen.

Bei aller touristischen Infrastruktur hat sich trotzdem etwas vom alternativen Flair erhalten, das die Hippies ins Tal brachten. Dafür sorgen die mittlerweile freilich gealterten, oft deutschsprachigen Aussteiger von damals, die sich irgendwann niederließen, um selbst zum Vermieter oder Ladenbesitzer zu werden. Zielgruppe sind die Normaltouristen, von irgendwas muss man ja leben. Herrlich spöttisch äußert sich Capitano Claudio, Zeitungsherausgeber und selbst Gomera-Gestrandeter, über die „Ottos" einerseits und die Aussteiger andererseits. Erstere erwandern sich die wilde Insel. Letztere kommen noch immer mit ihren Lebensträumen, aber ohne Kapital und ohne Durchhaltevermögen auf die Insel. Claudios Magazin „Der Valle-Bote" ist eines der ersten Dinge, die man bei der Ankunft im Tal erwerben sollte. Am besten beim Capitano persönlich (→ S. 100).

Folgt man der Straße im Tal zwischen den markanten Höhenzügen Tegerguenche und Las Méricas nach oben, kommt man in das obere Valle Gran Rey, zu den Ortsteilen El Guro und Los Reyes. Am von dem auf Lanzarote geborenen Künstler César Manrique gestalteten Mirador del Palmarejo wirft man einen letzten Blick ins Tal, bevor es weitergeht in Richtung Norden und man bei Arure einen weiteren grandiosen Aussichtspunkt erreicht, den Mirador del Santo.

Benannt ist das Valle Gran Rey nach dem großen König Hupalupa, der als Oberhaupt der Alt-Gomeros 1488 den Aufstand gegen die spanische Besatzung leitete. Anführer der Revolte war der Krieger Hautacuperche (→S. 93), dem man am Playa von La Puntilla eine Statue errichtet hat.

Was anschauen?

La Calera: Auch wenn es viel Auf und Ab ist, lohnt sich ein Spaziergang durch die kleinen, autofreien Gassen des Ortsteils. **→ S. 96**

Hafen von Vueltas: Ob man nun Rochen beobachtet oder das bunte Menschenvolk – im Puerto ist immer etwas los. **→ S. 94**

Was unternehmen?

Wal- und Delfinbeobachtungen: Nicht verpassen sollte man die Gelegenheit, große Meeressäuger aus nächster Nähe zu beobachten. Die Ausflugsschiffe legen am Hafen von Vueltas ab. **→ S. 234**

Wandern zum Wasserfall: Eine auch bei Kindern sehr beliebte Wanderung im Tal von Arure. **→ S. 110**

Wo baden?

Playa de Valle Gran Rey: Am langen Strand zwischen La Playa und La Puntilla treffen sich Einheimische und Touristen. **→ S. 92**

Playa del Inglés: Etwas abgelegener Strand, an dem man sich aus den großen schwarzen Steinen ein Sonnennest baut und darin (hüllenlos) den Tag mit Warten auf den spektakulären Sonnenuntergang verbringt. **→ S. 92**

Unteres Tal

Die Klippen ragen hoch auf und begrenzen das untere Valle Gran Rey. Durch den Ausbau des Hafens und die Zunahme an Hotels und Apartmentanlagen entwickelte sich der Ort in den letzten Jahrzehnten zum touristischen (und deutschen) Zentrum La Gomeras. Hier gibt es Cafés und Bars sowie mehrere Supermärkte und Restaurants, die eine für Gomera einzigartige kulinarische Vielfalt bieten. Am großen Kreisverkehr an der Brücke über das Barranco-Bett befindet sich der Busbahnhof **Estación de Guaguas,** von dem Busse zur Inselhauptstadt und zum Flughafen fahren. Gleich daneben findet an der Plaza Lomo del Riego jeden Sonntag der Kunsthandwerksmarkt im Valle und einmal im Monat ein Flohmarkt statt. **La Playa, La Puntilla** und **Vueltas** am Meer sind die belebtesten Ortsteile, alle haben Badestrände. Bei einem Bummel durch die Straßen findet man vorwiegend bunt flatternde Ethno-Klamotten und Hemden, Schmuck aus Steinen und Muscheln oder Naturkosmetik. In den Vierteln spielt sich auch das einzige nennenswerte Nachtleben im Valle (und auf der Insel) ab, und selbst das fällt oft eher gediegen aus. Manch ein Gomera-Pionier trauert den alten Zeiten hinterher, als die Nächte in Vueltas noch durchgefeiert und die Tage verschlafen wurden. Doch dem Großteil der übrig gebliebenen Hippies reicht heute ein Gläschen Wein oder Bier zum Schwelgen in den Erinnerungen, und die Jungen kommen hauptsächlich zum naturnahen Aktiv-Urlaub auf die Insel. Unabhängig vom Alter wird für Valle-Reisende der Abend traditionell mit dem Blick auf die untergehende Sonne und dem Trommeln der Alt- und Neu-Hippies am Strand von La Playa eingeleitet. Borbalán, das neuere Viertel mit Einrichtungen des täglichen Bedarfs, liegt etwas zurückversetzt linkerhand der Durchfahrtsstraße in Richtung Hafen. Am Hang heben sich die weißen Häuser **La Caleras** von der dunklen Felswand ab, an der sie über dem touristischen Treiben zu schweben scheinen.

La Playa

Am Strand von La Playa sammeln sich die Trommler, Feuerspucker und Jongleure für ihre allabendliche Show zum Sundowner. Sie spielen gegenüber der **Casa Maria** (Las Jornadas), die seinerzeit die erste Hippie-Unterkunft im Valle Gran Rey und jahrzehntelang der zentrale Treffpunkt und die erste Anlaufstelle aller Gomera-Reisenden und Residenten war. 2015 wurde das Kultlokal geschlossen, die Wirtin Maria ist inzwischen gestorben und die Erbengemeinschaft wird sich nicht einig, was aus dem Lebenswerk ihrer Mutter bzw. Großmutter werden soll. Währenddessen verfällt das renovierungsbedürftige Gebäude weiter. Das Sonnenuntergangs-Publikum trifft sich nun nur noch auf der Promenaden-Mauer, während die Aufmerksamkeit der Einheimischen ganz und gar dem Bola Canaria gilt, einer auf den Kanaren beliebten Sportart, nahe verwandt mit Boccia oder Boule. Zwischen Uferpromenade und Strand versammeln sich dazu ganze Familien an der Bola-Bahn, um bei Snacks und Wein aus dem Plastikbecher dem Spektakel beizuwohnen.

Tagsüber treffen sich nur ein paar Schritte weiter, auf dem Vorplatz der kleinen **Ermita de San Pedro,** Altaussteiger und solche die es werden wollen. Als Besucher auf Zeit kauft man vielleicht selbstgemachten Schmuck an einem ihrer Pop-up-Stände (die Qualität schwankt je nach Anbieter) und

Beliebter Treffpunkt in La Playa

schlendert weiter. Während die einen auf der Suche nach einem Platz am **Sandstrand von La Playa** sind, sind die anderen auf dem Weg zu den meerwärts gewandten Restaurants und Cafés an der Promenade. Hinter der ersten Häuserreihe kommt man zum kleinen Zentrum von La Playa, mit Supermärkten, (deutschem) Bäcker, weiteren Restaurants, Modegeschäften, zahlreichen Apartmenthäusern und der großen **Tourismusinformation.**

Folgt man der Straße, die in einiger Entfernung parallel zum Meer verläuft, versperren mehrere exklusive Ferienanlagen den Blick zum Meer. Vorbei an deren Eingangsportalen taucht hinter den bewachsenen Dünen der schwarze Strand **Playa del Inglés** auf (etwa 10 Min. Fußweg vom Zentrum La Playas). Im Winter ist ein Großteil des Sandes weggespült, große schwarze Steine bedecken den bei Nacktbadern beliebten Strand und dienen den Sonnenbadenden als Rückenstütze oder als Baumaterial für „Steinnester", die sie vor dem Wind schützen. Vor allem das Sonnenbaden und Entspannen steht hier im Mittelpunkt, denn die sich brechenden Wellen und der starke Sog machen den Sprung ins Meer zu einer gefährlichen Angelegenheit. Dennoch ist das Ambiente zauberhaft: 600 m ragen die Klippen der Riscos de la Mérica über der Playa auf. Bei Sonnenuntergang kuscheln sich Paare auf die großen Steine und beobachten andächtig, wie der rote Ball im Meer versinkt und die Umgebung für einige Minuten in ein betörendes Licht taucht. Das Gelände direkt dahinter ist geschützt, seit hier einige der letzten lebenden Exemplare der ausgestorben geglaubten Rieseneidechse *Lagarto Gigante de La Gomera (Gallotia bravoana)* entdeckt worden sind. Mit dem Centro de Recuperación wurde 2005 eine Zuchtstation für die bis zu 20 cm langen Echsen eingerichtet, die sich hinter dem Sportplatz bei der Playa del Inglés befindet.

La Puntilla

La Puntilla ist ein junger Ortsteil, der hauptsächlich aus Apartmentanlagen besteht. Die Avenida Marítima Charco del Conde, die palmengesäumte Promenade von La Puntilla, zieht sich vom großen Hotel Gran Rey und den umliegenden Restaurants und Cafés am südlichen Ende der **Playa de La Puntilla** etwa 700 m bis zum Kreisverkehr in Vueltas. Neben dem Wanderanbieter Timah Wandern, der Bike Station Gomera, einem hübschen Mode-Geschäft und einer Libreria säumen meerwärts kleinere Urlaubsanlagen den Weg. Zum Landesinneren hin erstrecken sich noch einige landwirtschaftlich genutzte Flächen, von denen jedoch auch manche brach liegen, und man fragt sich, wann auch diese Flächen dem Bauboom zum Opfer fallen. Weiter in Richtung Vueltas kommt man zur geschützten Badebucht **Charco del Conde.** Am „Teich des Grafen" watete eben dieser einst in das flache und brandungsfreie Meer. Heute ist der Strand als Babybeach bekannt, wo Kinder im flachen Wasser planschen und die Meeresbewohner zwischen den großen schwarzen Steinen beobachten können. Manchmal werden auch Wattwanderungen in dem interessanten Biotop angeboten (→ S. 232).

Gegenüber dem Hotels Gran Rey erhebt sich eine 4 m hohe Bronzestatue. Sie zeigt den Altkanarier **Hautacuperche,** den wohl berühmtesten Rebellen von La Gomera und Mörder des verhassten Grafen Peraza des Jüngeren (→ Kasten).

Vueltas

Vueltas ist der Ortsteil beim großen Fischerhafen von Valle Gran Rey. Hier übernachtet man in einem der vielen Apartmenthäuser oder in einem privat vermieteten Zimmer. Die schmalen

Hautacuperche

Die vom Bildhauer Luis Arencibia geschaffene bronzene Statue des mit einem Lendenschurz bekleideten Helden Hautacuperche – Rebell im Kampf gegen die spanischen Eroberer und Mörder von Hernán Peraza dem Jüngeren – blickt ins Landesinnere, als würde der Altkanarier noch immer über die Gomeros wachen. In seiner linken Hand hält er eine Lanze, in seiner rechten einen zerbrochenen Krug, Symbol des Verrats an den Ureinwohnern.

Der Legende nach wurden im Valle Gran Rey, genauer an der nahen Baja del Secreto, die Pläne zum Aufstand der Gomeros von 1488 geschmiedet. Auf dem Felsen, der sich im Meer vor dem Charco del Conde befindet, sollen sich demnach zuvor die wichtigsten Beteiligten dieses historischen Ereignisses, darunter der alte König Hupalupa, versammelt haben, um Rat zu halten. Hier, so heißt es, beschlossen sie, Graf Peraza ums Leben zu bringen und damit seine despotische Herrschaft über die Insel zu beenden. Ausführen sollte das Attentat der Krieger Hautacuperche, der Nachfolger des Königs Hupalupa.

Im November 1488, als Hernán Peraza mit zwei Begleitern zu einem Stelldichein mit seiner einheimischen Geliebten Iballa an die Höhle Guahedúm in der heutigen Gemeinde San Sebastián de la Gomera kam, lauerte ihm also Hautacuperche auf und tötete nicht nur den Grafen, sondern auch seine beiden Begleiter mit einer Lanze. Bei der auf das Attentat folgenden Stürmung des Torré del Conde in San Sebastián, die mehrere Tage andauerte, wurde der Held Hautacuperche selbst vom Pfeil einer Armbrust getroffen und starb.

Auch die Rebellion, bei der viele Männer getötet und Frauen und Kinder versklavt wurden, wurde schließlich von den Spaniern niedergeschlagen. Mit diesem Ereignis endete die Zeit der unabhängigen altkanarischen Stämme auf La Gomera.

Um den Rebellen zu ehren, initiierte das Amt für Kulturerbe der kanarischen Regierung (Dirección General de Cooperación y Patrimonio Cultural del Gobierno de Canarias) die Errichtung der Statue. Seit 2007 wacht Hautacuperche nun in Bronze gegossen auf dem Sockel an der Playa.

Gässchen sind zum Teil für den Autoverkehr gesperrt und geben neben dem Ortsteil La Calera das ursprünglichste Bild eines alten Ortskerns im unteren Tal ab. Das Viertel lädt zum Bummeln ein, rund um die **Calle Abisinia** findet man eine Handvoll Mode-Läden, manche mit Kleidung aus Leinen, Hanf oder Seide, Naturkosmetik, Kunsthandwerk und Ethno-Schmuck. Dank der vielen Café-Bars, Kneipen und Restaurants ist die nächste Erfrischung nie weit. Beim Bummel durch Vueltas lohnt es sich, die Augen offen zu halten, denn der Streetart-Künstler ALIAS hat seine Spuren hinterlassen. Er zeigt in seinen Stencils (Schablonengraffitis) Menschen, die sich in Krisen oder Konflikten befinden, wie einen alten Bauern, der tatenlos mit seiner Sense dasitzt.

Geteilte Meinungen ruft der erst vor einigen Jahren ausgebaute **Hafen von Vueltas** hervor, wo die Bautätigkeiten noch lange nicht abgeschlossen scheinen. Damit man für den Kreuzfahrtverkehr gerüstet ist, wurde die Hafenmole ausgebaut, die allerdings in Anbetracht der seltenen Ankunft solcher Schiffe überdimensioniert ins Meer ragt. Allenfalls die Fischer, die sich hinter der Mauer am Ende der Mole einrichten, freuen sich. Seit 2017 legen hier immerhin wieder die Fähren von Olsen und Naviera Armas an. Schöner ist der Anblick des alten Hafens, wie man ihn von der Cofradía de Pescadores, dem Vereinsheim der ortsansässigen Fischer, genießt. Vor der Kulisse der 500 m hohen Felswand von Teguerguenche liegen bunte Boote im Wasser. Frühaufsteher können die einlaufenden Fischer beobachten und der Rochenfütterung beiwohnen: Fast täglich kommen, angelockt durch die Fischreste, die die Fischer und der Besitzer der Bar ins Meer werfen, Fische und teils sogar handzahme Stachelrochen an die Treppe an der Kaimauer geschwommen. Etwas weiter vorne an der alten Mole legen die **Ausflugsschiffe** zu Wal- und Delfinbeobachtungen oder nach Los Órganos ab. Meerkajaks, Schnorchelzubehör oder Stand-up-Paddle-Boards leiht man an der Promenade, die zur

Vormittags am Hafen von Vueltas

Los Órganos – die basaltenen Orgelpfeifen

Los Órganos, die Orgelpfeifen, gehören zu den schönsten Beispielen von Basaltsäulen auf den Kanaren. Auch ihre abseitige Lage an der wilden Nordküste bei Vallehermoso macht sie zu etwas Besonderem, denn man kann sie nur vom Meer aus betrachten und die Bootsfahrt ist ausschließlich bei ruhiger See möglich.

Die Gesteinsformation ist ein Zeugnis der vulkanischen Aktivitäten auf La Gomera. Wie auch die Roques, die man immer wieder im Inselinneren bewundern kann, sind die Basaltsäulen aus erstarrten Lavamassen entstanden. Genauer handelte es sich um einen zylindrischen Lavastrom, der in einem Tunnel aufstieg und sehr schnell erkaltete. Durch die allseitige, zum Zentrum hin ausgerichtete Abkühlung entstanden prismatische Risse und so die typische Struktur der sechseckigen Säulen. Über die Jahrhunderte verwitterte das umliegende weichere Gestein unter dem Einfluss des wilden Meeres, bis der harte Basalt an der Oberfläche sichtbar wurde. 80 m hoch und 200 m breit ragen die schlanken Säulen wie die Pfeifen einer gigantischen Orgel aus dem Atlantik.

Der mehrstündige Bootsausflug zum geschützten Naturdenkmal (Monumento Natural) Los Órganos startet im Hafen von Vueltas und bietet die Gelegenheit, die wenig besiedelte West- und Nordwestküste Gomeras aus einer ganz besonderen Perspektive kennenzulernen. Kleine Orte und Buchten wechseln sich ab, und natürlich hat man immer Chancen, auf der Fahrt Delfine zu sichten.

▪ Informationen zu Bootstouren → Sport und Aktivitäten, S. 232.

Playa de Vueltas führt, aus. An dem kleinen Strand kann man das ganze Jahr über schwimmen, während der Saison gibt es sogar eine kleine Strandbar, die Liegen verleiht.

Playa und Barranco de Argaga: Eine Schotterstraße führte von der Playa de Vueltas zwischen Meer und der Steilwand Teguerguenche zur Playa de Argaga. In der Bucht mit dem groben Kies- und Steinstrand liegt am Fuße des schluchtartigen Barrancos die Finca Argayall (→ Übernachten). Lange wurde davor gewarnt, im November 2020 kam es dann tatsächlich dazu: Ein großer Bergrutsch versperrte die Piste

Valle Gran Rey → Karte S. 90

und somit auch die einzige mit dem Auto befahrbare Verbindung zwischen der Bucht und dem Hafen in Vueltas. Glücklicherweise wurde niemand verletzt, die Folgen für die Finca und den weiter oben im Barranco gelegenen Fruchtgarten ist jedoch die, dass der Versorgungsweg ins Valle Gran Rey nun vorerst mit dem Boot bestritten werden muss. Alle Angebote, die sich an externe Besucher richteten, mussten ausgesetzt werden. Die Inselregierung möchte die Straße vorerst nicht räumen.

Tropischer Fruchtgarten Argaga: Weiter oben im Barranco, genauer 333 m Fußmarsch vom Abzweig zur Finca Argayall entfernt, befindet sich der tropische Fruchtgarten von Rosita und Gerd Schrader. In langjähriger Sammelarbeit haben die beiden deutschen Auswanderer den Garten angelegt. Begonnen haben sie damit Ende der 1990er-Jahre zu Zwecken der Selbstversorgung, mittlerweile ist er auf 4000 m² mit über 160 darauf gedeihenden Obstsorten aus aller Welt gewachsen. Die Samen, Stecklinge und Ableger brachten die Schraders zuerst von ihren Reisen mit, heute kommen sie aber auch per Post oder werden persönlich abgegeben. Bei Führungen zeigt Rosita die exotischsten Schätze ihrer Sammlung, Kostprobe inbegriffen!

▪ Zuletzt wegen des versperrten Zugangs geschlossen, aktuelle Infos: ✆ 922-697004, www.fruchtgarten.info.

„Schweinebucht"/Playa de las Arenas: Von der Finca Argayall geht man am Steinstrand entlang, der in einen gerölligen Hang übergeht. Teils weglos geht man vorsichtig oberhalb des Wassers weiter und zum Schluss, je nach Gezeitenstand durchs Meer watend, um einen Felsen herum zu dem Strand, den in den 1970er-Jahren zahlreiche Aussteiger zu ihrem neuen Zuhause auserkoren. Auch heute trifft man mitunter Langzeitbewohner an, die es sich in einer der Höhlen unter den Klippen bequem gemacht haben. Junge Leute, die möglichst günstig über den Winter kommen wollen, und alte Hippies, die den Jungen von den guten alten Zeiten erzählen. Sie leben (nackt) am Strand, diskutieren, musizieren, rauchen und suchen ab und an das Meer auf, um sich zu erfrischen oder zu erleichtern – bis die Guardia Civil einmal wieder eine ihrer Räumungen durchführt. Die Hippies, beziehungsweise das Unverständnis der Gomeros über deren leicht bekleidete Lebensweise, haben der kleinen Bucht damals übrigens ihren Namen eingebracht, der von der deutschen Szene im Valle bald übernommen wurde.

Borbalán

Borbalán ist das Geschäftsviertel im Valle, mit großem Supermarkt, Apotheke, Post, Banken, Geschäften und der weiterführenden Schule. Der Ortskern der alten Siedlung hat sich vor allem in Richtung Vueltas, aber auch zum Meer hin um große Apartmentanlagen erweitert. Die landwirtschaftlich genutzten Flächen weichen zunehmend neuen Gebäuden oder liegen ihrer neuen Nutzung harrend hinter Bauzäunen brach. Trotzdem gibt es entlang der Durchgangsstraße **Avenida El Llano** ein paar schöne Ecken, tolle Restaurants und Cafés und vor allem alles für den täglichen Bedarf, von der Angel bis zur Zahnpasta.

La Calera

Die Gassen von La Calera, dem Bergdorf, das unter der Steilwand La Mérica am Hang zu kleben scheint, lassen sich nur zu Fuß erkunden. Für den Autoverkehr sind sie viel zu schmal und verwinkelt, viele Häuser erreicht man nur über kleine, steile Treppengänge. Wer sich hier einquartiert, sollte also

La Calera von La Playa gesehen

nicht erwarten, direkt bei der Unterkunft parken zu können, und gut zu Fuß sein. Dafür wohnt man aussichtsreich und fern vom gut 10 Minuten entfernten Trubel an der Playa, zum Hafen in Vueltas läuft man etwa 25 Min. Schön ist ein Spaziergang durch das an Auf- und Abstiegen reiche Treppendorf, ein empfehlenswerter Startpunkt ist die bunte „Toleranz"-Bank bzw. die dahinter liegenden und ebenfalls bunt bemalten Treppen. Von hier aus steigt man vorbei an hübsch renovierten Häusern mit leuchtend weißen, aber auch künstlerisch gestalteten Fassaden und bunt gestrichenen Fenster- und Türrahmen auf. An der Hauptstraße (GM-1) steht, gewissermaßen am Eingang ins untere Valle Gran Rey, auch das Rathaus der Gemeinde.

Praktische Infos zum unteren Tal

→ Karte S. 98/99

Information Große Tourismusinformation in La Playa, in zweiter Reihe hinter der Strandpromenade. Kompetente (deutschsprachige) Beratung sowie Info- und Kartenmaterial. Mo–Fr 8–15 Uhr. Calle La Noria 2, 38870 Valle Gran Rey/La Playa, ✆ 922-805458, https://lagomera.travel.

Info-Pavillion am Eingang ins untere Valle (an der GM-1, beim Rathaus La Calera). Nur zur Saison geöffnet, dann etwa 10–13 und 16–18 Uhr.

> Die Entfernung zwischen La Playa und dem Hafen beträgt etwa 2 km, der kürzeste Weg führt immer am Strand entlang. Ebenso weit ist es vom am Hang gelegenen La Calera.

Verbindungen **Bus:** großer Busbahnhof beim Kreisverkehr im unteren Tal (auf der anderen Seite der Brücke).

Linie 1 nach San Sebastián (5 €) über Arure und Chipude Mo–Sa 5x, So 2x; Linie 6 (mit weniger Zwischenstopps) zum Flughafen je 2 Std. vor Abflug und zurück nach Ankunft des Flugzeuges am Flughafen.

Taxi: zentraler Stand mit dem bunt bemalten Taxi-Telefon am Eingang ins untere Valle (vor dem Rathaus), ✆ 922-805058.

Fähre: In Pandemie-Zeiten wurden die Verbindungen mit Fred. Olsens Schnellfähre *Benchi Express* zwischen San Sebastián, dem Valle Gran Rey (70 Min.) und Playa Santiago (30 Min.) ausgesetzt. Aktuelle Infos unter www.fredolsen.es.

Auch die die Autofähre *Alboran* nach Los Cristianos auf Teneriffa wurde während der Corona-Pandemie ausgesetzt (nach Los Cristianos ca. 90 Min., nach San Sebastian ca. 30 Min.), aktuelle Fährzeiten unter www.navieraarmas.com.

Gesundheit Das **Centro de Salud** des Valle Gran Rey liegt oberhalb von La Calera im Ortsteil Las Orijamas. Mit dem Auto erreicht man die Krankenstation auf der parallel zur GM-1 verlaufenden Straße (Wegweise La Pista/Las Orijamas), die auf einen kleinen Hügel und zum Centro de Salud führt. 24-Stunden-Dienst. Calle la Alameda 4, 38870 Valle Gran Rey, ✆ 922-807005, 822-171187.

Wer sich von deutschen Ärzten untersuchen und behandeln lassen möchte, sucht das **Centro Medico,** eine Privat-Praxis in Borbalan neben der Apotheke auf. Mo–Fr 9–13 Uhr, Mo und Do auch 15–17 Uhr. Residencial El Llano, 38870 Valle Gran Rey/Borbalán, ✆ 922-805629.

Wäscherei **Lavandería La Playa 3**, Mo–Fr 10–13 und 17–20 Uhr, Sa 10–13 Uhr. Calle El Salado 20, 38870 Valle Gran Rey/La Playa, ✆ 922-806334.

Einkaufen In allen Ortsteilen des unteren Valle Gran Rey gibt es kleine **Supermärkte,** in Borbalán und La Playa auch je einen größeren Spar-Markt. Es gibt auch mehrere **Bio-Läden,** zum Beispiel Naturval Gran Rey (Vueltas 15, Mo–Fr 9–19 Uhr, Sa 9–14 Uhr).

Erntefrisches Bio-Obst und Gemüse von der Insel sowie ein Sortiment an Bio-Lebensmitteln findet man in der kleinen Bude der **Finca Ecologica Lomo Del Riego** **15** unterhalb des Busbahnhofes (beim ersten Kreisverkehr im unteren Valle, Mo–Sa 9–15 Uhr).

Im Tal gibt es einige Mode-Geschäfte, das Angebot richtet sich vor allem an Frauen, und die Kleidung ist farbenfroh. Bei **La Inka** **5** gibt es Schmuck, Kleidung und mehr aus Südamerika. **Kananasgul** **6** gegenüber hat bunte Kleider im Programm. Beide findet man in der Calle la Playa. Ins **Elmo** **21**, in der Avenida Marítima Charco del Conde (La Puntilla), zieht es Freundinnen italienischer Mode, die Einkäufe werden in unterschiedlich gemusterte Stoffbeutel verpackt. In Vueltas findet man in der Calle Abisinia und ihren Nebenstraßen weitere Mode-Shops wie **Holá 25**, in der Nähe des Hafens, wo Damen und Herren etwas Schickes zum Überwerfen für den nächsten Bootsausflug finden.

Algo Diferente 29, Geckos, so weit das Auge reicht, gibt es in dem Shop in Borbalan. Das Logo mit dem Gomera-Schriftzug mit der Kontur eines Geckos ist in den Köpfen vieler Besucher das Logo der ganzen Insel. Kaum zu glauben, dass die deutschen Erfinderinnen, Andrea und Antje, wegen ihrer Gomera-Gecko-T-Shirts einst eine Klage vom französischen Shirt-Giganten Lacoste erhielten. Der war nämlich der Meinung, der Gecko gleiche seinem Markenzeichen, dem Krokodil, zu sehr und müsse von den T-Shirts verschwinden. Glücklicherweise wurde dem nicht stattgegeben und so haben Andrea und Antje ihre Kollektion über die Jahre um viele kleine und große Gecko-Souvenirs erweitert. Av. El Llano 25, 38870 Valle Gran Rey/Borbalan, ✆ 922-806186, www.algo-diferente.com.

Club de Mar/Valle-Bote 22, alle Ausgaben des deutschen Kultmagazins von Claus Heinrichs, genannt Capitano Claudio, gibt es in seinem Shop in Vueltas in Hafennähe, neben dem sich auch die Redaktion der deutschen Insel-Zeitung befindet. Der Valle-Bote gehört zur Pflichtlektüre bei jedem Gomera-Urlaub, schließlich werden die Eigenheiten der „Bananeninsel" und ihrer (deutschen) Bewohner nirgendwo sonst mit so viel Schalk und Erfahrung kommentiert. Lugar Vueltas s/n, 38870 Valle Gran Rey/Vueltas, ✆ 922-805759, www.valle-bote.com.

Artesania Zapatita 13, Schuhmacherei mit Werkstatt und Verkaufsraum an der Straße von La Calera hinunter nach La Playa. Das unscheinbare Haus am Rande der Bananenplantagen erkennt man an dem Schild über dem Gehsteig. Drinnen arbeiten Domingo und Oscar, die Schuhe nach Maß, Ledergürtel und Taschen herstellen. Die Schuhe sind solide Handwerkskunst, die Herstellung dauert fünf bis sechs Tage. Es stehen aber auch einige vorgefertigte Schuhe zum Verkauf. Mo–Fr 9–14 und 16.30–19.30 Uhr, Sa 9–14 Uhr. ✆ 607-561247, Avenida La Calera 12, 38870 Valle Gran Rey.

El Fotógrafo 9, das Geschäft von Thomas Müller, bekannt als El Fotógrafo. Hochwertige Fotografien, teils aus Müllers Anfangsjahren auf Gomera, zieren die zahlreichen thematisch sortierten Postkarten. Neben Fotozubehör gibt es Gomera-gerechten Schmuck und Kleidung, Krimis und andere Literatur sowie Musik-CDs von der und über die Insel, im hinteren Bereich einen PC mit Internetzugang und Drucker. Am schwarzen Brett die typischen Valle-Aushänge zu Massagen, Workshops usw. Der Laden ist auch die beste Adresse für die aktuellsten Infos zum Stand der Dinge beim (geschlossenen) Kulturzentrum Castillo del Mar. La Playa 9, 38870 Valle Gran Rey, ✆ 922-805195, www.elfotografo.de.

Märkte **Kunsthandwerksmarkt 14**, auch bekannt als Hippiemarkt, an der Plaza Lomo del Riego am Busbahnhof. Vor allem Aussteiger bzw. gomerische Neubürger verkaufen hier Schmuck, selbstgestaltete Bilder und Postkarten, Naturkosmetik, Lederwaren und Kleidung. Dank der Kontrolle durch die Gemeinde liegt der Schwerpunkt aber auf Materialien von der

In der Schuhmacherei Artesania Zapatita

Insel und traditionellem Handwerk und es gibt wenig Plunder oder austauschbare Souvenirs. Highlights sind beispielsweise die Kettenanhänger aus geschnitzten Avocadokernen oder die Kosmetik aus Bienenprodukten von Maybeez aus Vallehermoso. So 9–15 Uhr.

Einmal monatlich wird der Kunsthandwerksmarkt um einen **Flohmarkt** erweitert, dann werden auf ausgeworfenen Decken allerhand Secondhandwaren angeboten.

Radverleih und -Touren Die Preise der Anbieter im Valle unterscheiden sich geringfügig bis gar nicht. Geführte Touren inklusive Ausrüstung und Shuttle ab 45 €. Trail-Touren für Fortgeschrittene etwas teurer. Die Leih-Räder werden günstiger, je mehr Tage man sie mietet (folgende Preise gelten pro Tag): Miete Hardtail 13–20 €, Fully 29–37 €, Cruiser/Stadtrad 5–10 €, Kinderrad 3–9 €. Zum Rad bekommt man Helm, Handschuhe, Flickset und Licht.

Bikers Inn, keine E-Bikes! An der Hauptstraße in Vueltas. Calle San Miguel 1, 38870 Valle Gran Rey/Vueltas. ✆ 922-805142, www.bikers-inn.de.

Bike Station Gomera, mit Werkstatt im Ortsteil La Puntilla, verleiht auch Rennräder und E-Mountainbikes. La Puntilla 7, 38870 Valle Gran Rey, ✆ 922-805082, www.bike-station-gomera.com.

Gomera Bikes, mitten im Ortsteil La Playa, auch Motorräder und Roller. Calle Playa del Inglés s/n, 38870 Valle Gran Rey, ✆ 922-805336, www.gomera-bikes.com.

Seekajak und SUP **Gomeraactiva,** zwischen Hafen und Playa in Vueltas. Kurse und -Verleih von Paddle-Boards und Kajaks. Calle Las Vueltas 30, 38870 Valle Gran Rey, ✆ 638-239854, www.gomeraactiva.com.

Tanzen **Tanzstudio Taller Flamenco y mas,** in der Hauptsaison bietet die „Tanzwerkstatt" der Gomera Lounge Unterricht in Flamenco, Salsa oder Tango für Urlauber an. Den aktuellen Kursplan erfährt man an der Rezeption der Gomera Lounge oder per Aushang in der Tanzschule. Paseo Las Palmeras 9, 38870 Valle Gran Rey/La Playa, ✆ 922-805195, www.gomeralounge.de.

Wandern **Wander-Guides:** Der Preis für eine geführte Wanderung liegt bei etwa 30 €.

Ökotours, hervorragende pflanzenkundliche Führungen mit dem Biologen Dieter Scriba, Agentur und Laden in Vueltas (VGR). Apartado de correos 13, 38870 Valle Gran Rey, ✆ 922 805234, www.oekotours.com.

Wandern mit Michael Müller

Der Namensvetter des Reisebuch-Verlegers Michael Müller ist Geograf und DAV-Bergführer und verbringt bereits seit Jahrzehnten die Wintermonate auf Gomera, wo er nicht nur die Begegnung mit der Natur, sondern auch die mit den Menschen schätzt. Er wirbt seine Kundschaft direkt an den Playas im Valle Gran Rey. Sollte Sie also ein großer, schlanker Mann mit Schlapphut ansprechen, wagen Sie das Abenteuer und folgen Sie ihm auf eine geführte Tour in den Nationalpark. ✆ 0491604553613, miguel demolinos@gmx.de

Timah, der Platzhirsch mit vielfältigem Wander-Angeboten, guten Guides und Shop in La Puntilla (VGR). Av. Marítima la Playa, La Puntilla, 38870 Valle Gran Rey, ✆ 22 807037, www.timah.net.

Yoga **Vikara Yoga Studio,** im VGR. Hatha-Yoga mit Renate und Volker, auch Lachyoga, Qi Gong, Mantra-Singen, Freier Tanz oder Yoga am Strand. Gemütliches Studio mit Holzboden. Je nach Kurs 12 €/15 € oder Spende. Calle la Palomera 39, 38870 Valle Gran Rey/Borbalán (Straße hinter Pan de Vueltas), ✆ 690-809170, 642-140787, www.vikara.eu.

Bootstouren Walbeobachtung und Ausfahrten zu Los Órganos → Sport und Aktivitäten, S. 234 und 232.

Umweltbildung **Alegría Educación Natural 33,** zwischen Hafen und Playa in Vueltas. Das Berliner Naturbildungsinstitut Blattwerk hat 2020 hier eine kleine Dependence eingerichtet, die sich an große und kleine Menschen richtet, die mehr über die Natur und sich selbst erfahren möchten. Vom freien Spielen über Meditation und Malen bis zu Vorträgen über die Natur Gomeras wird viel angeboten, ein Blick auf das Programm lohnt sich. Calle del Carmen 2, 38870 Valle Gran Rey, ✆ 0634-303077, https://blattwerk-natur.de/alegria.

Kultur/Film Im Saal des Hotel Gran Rey finden regelmäßig **Filmvorführungen** mit Gomera-Bezug statt. Informationen an der Rezeption oder per Aushang.

Informationen zu nachhaltigem Whalewatching und zur **Lebensweise der Meeressäuger** bietet der Verein M.E.E.R. e. V. Es gibt einen Infoabend am Montagabend (Sommerzeit 21 Uhr,

Valle Gran Rey → Karte S. 90

Winterzeit 19.30 Uhr) und wechselnde Themenabende am Donnerstagabend (Erw. 4 €, Familien 10 €) in den Räumen von OCEANO Gomera. Hier befindet sich auch eine öffentliche **Ausstellung** zu den verschiedenen Walen und Delfinen (Edificio Amaya, Calle Quema 7, Vueltas).

Essen & Trinken/Nachtleben Das Preisniveau ist, wenn nicht anders angegeben, in allen Restaurants des Valle gemäßigt. Die meisten haben eine Terrasse, oft mit den unvermeidlichen Plastikstühlen.

Mirador La Calera 4, kreativ interpretierte und angerichtete kanarische Küche konkurriert mit der tollen Aussicht von der Terrasse. Im Vergleich zum restlichen Valle leicht gehobene Preise, die Gerichte aber auch überdurchschnittlich gut zubereitet, der Fisch immer auf den Punkt. Für Vegetarier gibt es eine wechselnde Empfehlung des Küchenchefs. Große Auswahl an Desserts, guter Kaffee und frisch gepresste Säfte. Fr–Mi 13–22 Uhr. ✆ 922-805086, Lugar Las Palmitas, La Calera 13, 38870 Valle Gran Rey.

La Salsa 27, in dem unscheinbaren Restaurant fühlen sich auch Vegetarier und Veganer gut aufgehoben. Kreative, leicht gehobene Fusions-Küche, serviert von sehr freundlichem Personal. Die kleine Karte lässt dennoch genug Auswahl und bietet etwas für jeden Geschmack. Das Ambiente ist schmucklos, aber gemütlich. Mit Sicherheit eines der besten Restaurants im Valle. Beim Parkplatz an der Plaza del Carmen in Vueltas, Reservierung empfohlen. Mo–Sa 18.30–22.30 Uhr. ✆ 922-805232, Calle Telémaco 11, Vueltas-Valle Gran Rey.

Tasca El Puerto 30, tolles Fischlokal in Hafennähe mit großem Außenbereich. Toll sind die Fischkroketten, die gegrillten Tintenfische und auch der Tintenfischsalat. Abends auch als Bar beliebt, dann kann es auch mal laut werden. Tägl. 13–22 Uhr. Calle Vueltas, 38870 Valle Gran Rey/Vueltas, ✆ 922-805530.

Cofradia de los Pescadores 34, rustikales Vereinslokal der ortsansässigen Fischer und Hafenarbeiter. Von hier hat man den besten Blick aufs Hafenbecken mit den an- und ablegenden Booten, den Fang des Tages und die Rochen-Fütterung. Das Essen ist einfach und, logisch, fischlastig. Auch Tapas wie *Queso asado con miel de palma*, Sandwiches und guter Kaffee. Tägl. 5.30–23 Uhr. Lugar Vueltas, 38870 Vueltas, ✆ 922-805681.

Abisinia 23, Restaurant und Bar im „Kneipeneck“ von Vuletas. Beliebt auch bei den Einheimischen, abends wird es laut und belebt. Einige Plätze auf der Straße, ansonsten sitzt man im urigen Innenraum an dunklen Holztischen. Kanarische Küche mit Fisch- und Fleisch-Gerichten, die gut zubereitet und liebevoll angerichtet sind. Die Cocktails mit saurem Zuckerrand sind nicht jedermanns Geschmack. Mo–Sa 18–23 Uhr. Calle Cuesta de Abisinia, 38870 Valle Gran Rey/Vueltas. ✆ 922-805893.

Orinoco 8, Bar-Restaurant mit Imbiss-Charakter in der zweiten Reihe hinter der Strandpromenade. Mal was anderes: venezolanisches und kanarisches Fast Food, das heißt Tapas, Tequeños (fritierte Käserolle), auch Burger und Sandwiches. Sehr leckere Mojo! Gut für einen preiswerten Snack unter den mit dem TV konkurrierenden, lautstark plaudernden Gomeros. Vormittags nur Barbetrieb, warme Küche ab 13 Uhr. Mi–Mo 8–23 Uhr. Calle La Noria 25, 38870 Valle Gran Rey/La Playa, ✆ 922-805358.

meinTipp **El Sueño de Yanini 26**, mit großem Abstand bestes Eis auf Gomera! Oberhalb der Playa de Vueltas lockt am Ende eines Treppenaufgangs das kleine Eis-Café, das wirklich viel zu bieten hat. Hausgemachtes Eis ohne Konservierungsstoffe, teils aus (selbst gesammelten) Bio-Früchten, Brownies, Kuchen und Croissants, vegane Salate (Couscous, Reis), Hummus und Tapas zu kleinen Preisen. Zum Frühstück Obstsalat oder frisch gepresste Säfte. Köstlicher Eiscafé. Der freundliche Betreiber ist Franzose und Weltenbummler, der seinen Traum vom Leben auf dem Schiff gegen den herrlichen Blick von seiner Theke aufs Meer ausgetauscht hat. Von dem profitieren auch die Gäste, die auf der schattigen Terrasse Platz nehmen. Okt.–April tägl. 11–20 Uhr. Calle Italia 1, 38870 Valle Gran Rey/Vueltas, ✆ 922-806042.

Zumería Heladeria Carlos 11, für viele Wanderer das Ziel einer anstrengenden Tour: ein frischer Zumo und ein gut belegtes Bocadillo von Carlos liefern neue Energie. Das funktioniert natürlich auch beim Frühstück. Mo–Sa 8–17.30 Uhr. Calle El Caidero 7, 38870 Valle Gran Rey/La Calera, ✆ 922 805052.

Noah's Arch Tapas Bar & Zumeria 17, vegetarische Tapas und eine riesige Auswahl an frisch gepressten Säften (Obst und Gemüse) sorgen für eine extra Ladung Vitamine. Preiswertes Frühstück mit Müsli (auf Wunsch mit Soja-Milch) oder Eiern, super Kaffee. Leckere hausgemachte Kuchen, manchmal sogar rohvegan zubereitet. Bei absolut entspannter Musik und einem Schluck Bio-Wein oder -Bier, kann man hier auf dem Weg von La Playa nach Vueltas ein Päuschen einlegen, die Mails checken oder Leute gucken. Mo–Fr 10–19 Uhr, Sa 10.30–17 Uhr, So 11–16 Uhr geöffnet. Calle El Molino, 38870 Valle Gran Rey/La Puntilla, ✆ 922-806349.

Noah's Arch Bread & Jam 17, seit 2019 backt Lena in der der gleichnamigen Bar angeschlossenen Bäckerei tolles Brot, Brötchen und köstliche Kuchen (auch vegan). Der kleine Laden führt zudem auch Gewürze und andere Produkte, z. B. von der lokalen Finka Alexandria bei Chipude, Postkarten, Kunst und bemalte Steine von der Insel, und ist ein heißer Tipp für schöne und sinnvolle Souvenirs. Mo–Fr 10–15 Uhr. ✆ 663-944050.

Oso Café VGR 28, hervorragendes Frühstücksangebot (10–14 Uhr) z. B. mit glutenfreien Gofio-Pancakes, Bio-Brot und gutem Kaffee, außerdem Bagels mit verschiedenen Belägen, Burger und Salate, auch vegan, frisch gepresste Säfte und Wein von der Insel. Es kommen vorrangig lokale Produkte auf den Tisch. Mi–So 10–18 Uhr, Av Marítima Charco del Conde 13, 38870 Valle Gran Rey/La Puntilla, ✆ 643-426681, www.osocafevgr.com.

La Ñamera 10, in der Auslage tolle Auswahl an Kuchen deutscher und spanischer Art sowie Broten (Nuss, Sauerteig, Körner), auch zum Mitnehmen. Man sitzt draußen auf der Promenade von La Playa oder im farbenfroh gestalteten Innenbereich mit Tarrotkarten-artiger Deckenmalerei. Auch Dinkelpizza, hausgemachte Bocadillos, Tapas und Empanadas, alle mit knackiger Salatgarnitur. Frische Säfte und eine herrlich erfrischende selbstgemachte Himbeer-Limonade machen das Glück perfekt. Tägl. 9–19 Uhr. Paseo Laas Palmeras 17, 38870 Valle Gran Rey/La Playa.

Pan de Vueltas 7 und **32**, im Valle Gran Rey muss man auf Vollkornbrot, Mohnbrötchen und Kuchen wie daheim nicht verzichten, dafür sorgen die Filialen von Pan de Vueltas. Zweimal gibt es die deutsche Bäckerei je mit angeschlossenem Café, in der Calle Playa del Inglés 2, 38870 Valle Gran Rey/La Playa, ✆ 922-806091, und in der Av. El Llano 41, 38870 Valle Gran Rey/Borbalan, ✆ 922 806091. Beide tägl. 7.30–19 Uhr.

Bistro Café der anderen Art 19, nettes, entspanntes Café in den Straßen von Vueltas. Großes Frühstücksangebot für alle Geschmäcker, außerdem Kuchen sowie süße und herzhafte Crêpes. Verleih von Laptops zum Surfen!

Eis, Kaffee und Meer: El Sueño de Yanini

So kann man sich bei entspannter Musik der Reiseplanung widmen. Fr–Mi 9–24 Uhr geöffnet. Vueltas 22, 38870 Valle Gran Rey/Vueltas.

Cacatua Bar 24, tagsüber extrem chilliger Biergarten im Schatten mit frischen Säften, Hamburgern und Bocadillos; am Abend ist die Bar auf der oberen Ebene zentraler Treffpunkt vieler deutschsprachigen Residenten. Wirt Christian ist schon seit über 30 Jahren im Valle und eine Institution. Vielleicht liegt es daran, dass in seiner Bar noch ein Hauch des Gomera-Flairs der 1970er zu spüren ist, als die Guardia Civil noch nicht 5 nach 2 Uhr über das Einhalten der Sperrstunde wachte. Sehr leckerer Mojito! Wöchentlich Livemusik oder Oldies-Night. Mo–Sa Terrassen-Café 10–23 Uhr, Bar 21–2 Uhr. Calle Cuesta de Abisinia 5, 38870 Valle Gran Rey/Vueltas, ✆ 922-806104.

La Tasca 20, Cocktail-Bar und Club mit unscheinbarem Eingang in der Calle Abisinia. Bekannt für seine fruchtigen Mojitos und Caipirinhas. Regelmäßig Salsa-Kurse für Anfänger (zuletzt Mi und Fr 19–20 Uhr). Barbetrieb Mo–Sa 21–2 Uhr. Calle Cuesta de Abisinia 8, 38870 Valle Gran Rey/Vueltas, ✆ 922 806069.

Piano Bar 12, Bar der Gomera Lounge, die der Fotograf Thomas Müller mit seiner gomerischen Frau betreibt. Bei Livemusik lokaler Größen wie Saitenzauberer Juan Mesa ist die Bar bis auf die Straße hinaus bevölkert von einer bunt gemischten Gruppe aus Touristen und die Bedienung braucht unter Umständen ein bisschen länger. 20.30–23 Uhr.

Valle Gran Rey → Karte S. 90

Licht-und-Schatten-Spiel im oberen Valle Gran Rey

Oberes Tal

Im oberen Teil des Valle Gran Rey stehen eingerahmt von steilen Felswänden Palmenhaine, die zu den üppigsten der Insel gehören. Locker verteilen sich entlang der wenigen Straßen, die sich die Talseiten hinaufschlängeln, die Ortschaften **Chele, El Hornillo, La Vizcaina, Guadá, Lomo del Balo, El Retamal, Los Granados, Casa de la Seda und El Guro.** Letzterer ist ein idealer Ausgangspunkt für Wanderungen (→ Wanderung 11, → Wanderung 8 und → Wanderung 12), zu der besonders beliebten und auch mit Kindern gut machbaren Tour zum **Wasserfall im Barranco de Arure.**

Verbindungen Bushaltestellen der Linie 1 in El Guro/Casa Guadá, Los Granados, El Retamal und Lomo de Balo. Weitere Verbindungen → Unteres Tal.

Essen & Trinken **Bodegón La Vizcaina,** einfaches Lokal, schlichte Einrichtung, beliebt bei Wanderern und Einheimischen. Ideal für einen Stopp bei einer Tour durchs obere Valle Gran Rey. Die Sitzgelegenheiten zur Straße bieten Schatten und bei einem Blick von der Terrasse kann man den Aufstieg noch einmal Revue passieren lassen. Eher einfache Gerichte, nette Bedienung und gute Preise. Am Sonntag auf Vorbestellung Hähnchen vom Grill. Tägl. 12.30–16 Uhr geöffnet. Calle San Antonio, 38870 Valle Gran Rey/La Vizcaina. ✆ 922-805799.

El Guro

El Guro ist bekannt als das Künstlerviertel des Valle Gran Rey. Bildhauer, Maler und Kunsthandwerker richteten Ende des letzten Jahrhunderts hier ihre Ateliers ein und Lebenskünstler vermittelten ihren Lifestyle in esoterischen Seminaren. Der Ort war aber auch in aller Munde, als am 4. August 2012 ein Feuer im Inselzentrum ausbrach. An drei Stellen sollen Brandstifter dort Feuer gelegt haben. Zuvor hatte es monatelang nicht geregnet und die Temperaturen waren bis auf über 40 Grad geklettert. Acht Tage nach dem Ausbruch bahnten sich die Flammen ihren Weg ins Valle Gran Rey, das wie ein Kamin wirkte. Das obere Tal stand in Flammen, das Feuer breitete sich im mit Schilf und Palmen bewachsenen

Tal rasend schnell aus. El Guro traf es besonders hart. 60 Prozent der oft liebevoll und künstlerisch gestalteten Häuser fielen dem Brand zum Opfer. Der Schock sitzt bis heute tief. Einige Bewohner konnten ihre Behausungen neu aufbauen, andere mussten verkaufen. Inzwischen ist El Guro wieder ein Ort voller schöner Häuser, mit Künstlerateliers und kleinen Geschäften. Die Siedlung ist alles in allem ein wenig schicker geworden, die Folgen des Brands erkennt man nur noch an wenigen Ruinen, die wohl in den nächsten Jahren auch verschwinden werden.

Ermita de Los Reyes

Die kleine Kirche Ermita de Los Reyes wacht etwas oberhalb des Talgrunds, auf der Höhe von El Guro, über das Valle. Man erreicht sie zu Fuß, entweder über Stufen von der großen Straße GM-1 oder vom gleichnamigen Ortsteil aus. Die Ursprünge der Einsiedelei gehen auf das 16. Jh. zurück, die heutige Kirche wurde im 20. Jh. wieder aufgebaut. Am 6. Januar, dem Dreikönigstag, wird im Valle Gran Rey zu Ehren der Schutzheiligen des Tals die **Fiesta Nuestra Senora de Los Reyes** gefeiert. In einer reich geschmückten Prozession geht es gegen Mittag mit traditionellen Liedern und Tänzen von der Casa de La Cultura in La Calera hinauf zur Ermita de los Reyes, wo eine Messe abgehalten wird. Im Anschluss startet auf dem Vorplatz der Kapelle eine viel besuchte Fiesta mit Livemusik und Tanz.

Mirador del Palmarejo

Einen der besten Blicke vom oberen Valle Gran Rey bis zum Meer genießt man vom Mirador del Palmarejo (600 m ü. NN), auch Mirador César Manrique genannt. Zahllose grüne Ackerterrassen, Palmenhaine und kleine Ansammlungen von Häusern liegen friedlich und weit weg im V-förmigen Tal, verbunden durch die gewundene Straße. Der auf Lanzarote geborene Künstler und Architekt César Manrique hat den Aussichtspunkt gestaltet: mit einem Windspiel, einheimischen Pflanzen wie Kanarischen Palmen und Wolfsmilchgewächsen sowie einer Kombination aus traditionell kanarischen und modernen Elementen. Zwischen 1989 und 1995 entstand ein Gebäudekomplex, der komplett in den Fels gebaut zu sein scheint. Das Restaurant der Berufsfachschule für Hotel und Gastronomie, das hier geführt wurde, hat sich leider ebenso wenig halten können wie ein zweiter Pächter. Zur Zeit der Recherche stand das Restaurant wieder leer.

■ An der GM-1, knapp 4 km auf der Straße von Arure.

Valle Gran Rey → Karte S. 90

Arure

Im ehemaligen Hauptort an der Westküste Gomeras haben sich ein paar Häuser in der typisch bäuerlichen Architektur La Gomeras erhalten. Die eigentliche Attraktion ist aber ein Aussichtspunkt außerhalb des Ortes.

Arure liegt etwa 11 km nördlich der Orte im unteren Valle Gran Rey auf 825 m Höhe in den Bergen. Vor der Eroberung durch die Spanier war der Ort ein wirtschaftliches Zentrum der Altkanarier und der Sage nach soll König Hupalupa 1488 von hier den Widerstand gesteuert haben. Nach der Eroberung wurde Arure zu einem Anbaugebiet von Getreide und Wein, noch immer lebten hier wesentlich mehr Men schen als in den nur dünn besiedelten, küstennäheren Gebieten des Tals. Bis zu seiner Eigenständigkeit im Jahr 1812 gehörte Arure der großen Pfarrgemeinde Chipude an. 1950, nachdem eine Dürre die Bauern gezwungen hatte, ihre Häuser zu verlassen und abzuwandern, wurde der Verwaltungssitz nach La Calera verlegt, seitdem gehört Arure zur Gemeinde Valle Gran Rey. Die Straßen sind nur noch wenig belebt, je nach Blickwinkel verlassen oder beschaulich. Gut erhaltene Beispiele für die typisch bäuerliche Architektur Gomeras finden sich nahe der Kapelle Parroquia Nuestra Señora de la Salud in Form der zwischen grünen Terrassen liegenden einstöckigen Häuser aus dunklem Vulkangestein.

Spektakulär ist der nahe gelegene **Mirador del Santo** bei der gleichnamigen Kapelle, zu dem man in einer Kurve von der Straße GM-1 abzweigt. Wer mit dem Auto gekommen ist, parkt an der Straße und folgt dem gepflasterten Weg hinauf zu einem Aquädukt. Kaum hat man dieses durchschritten, tut sich vor einem ein überwältigendes Panorama auf. Tief unten liegt das Dorf Taguluche im gleichnamigen Barranco. Am Horizont tauchen El Hierro und La Palma aus dem Meer. Auf dem hier oben in Terrassen angelegten großen Platz lässt es sich wunderbar picknicken und zum Sonnenuntergang versinkt die ganze (sichtbare) Welt in sattrotem Licht.

Verbindungen Bushaltestelle bei der Casa Conchita. Linie 1 nach San Sebastián (5 €) über Arure und Chipude Mo–Sa 5x, So 2x; Linie 6 (mit weniger Zwischenstopps) zum Flughafen je 2 Std. vor Abflug und zurück nach Ankunft des Flugzeuges am Flughafen.

Essen & Trinken/Einkaufen **Bar Conchita,** einfaches Lokal, bekannt für die typisch kanarische Brunnenkressesuppe und deftige Hauptgerichte und seit Ewigkeiten beliebt bei Wanderern. Großer Speisesaal, der auch locker mal eine Busladung aufnehmen kann. Calle Arure 11–21, Fr–Mi 8–23 Uhr, 38892 Arure, ✆ 922-804110.

El Jape, Restaurant mit mit wenig Charme. Daür schmeckt die gomerische Hausmannskost umso besser. Auch Wein und Postkarten. Tägl. 7–22 Uhr. Carretera General, s/n, 38892 Arure, ✆ 922-804226.

Tienda Del Vino, gute Weinauswahl, viele Weine von der Insel oder den Kanaren. Kostenlose Verkostung ausgewählter Sorten. Neben El Jape. Calle Arure 72, 38892 Arure.

Viel Platz auf dem spektakulären Mirador del Santo

Wanderungen im Valle Gran Rey

GPS-Tour 11

Von der Ermita de los Reyes zum Tequergenche

Charakter: Dramatische Ausblicke aus über 500 m Höhe auf die Badeorte von Vueltas bis Playa sowie in schroffe Barrancos machen diese anstrengende Wanderung aus dem Valle Gran Rey zum Gipfel des Tequergenche mehr als lohnend. Der anspruchsvolle Auf- und Abstieg über den sog. Kirchenpfad zwischen 1 und 6 bildet den Auftakt und Schluss der Tour. Vor allem auf dem Rückweg vom Tequergenche ab 11 sind **Trittsicherheit und Schwindelfreiheit erforderlich**, bei Problemen kann man aber gut auf exakt demselben Weg zurücklaufen. **Länge/Dauer:** hin und zurück 10,9 km, ca. 5:20 Std. **Markierung:** weiß-rote Balken des GR 132 auf dem Kirchenweg, keine Markierungen mehr ab dem Abzweig zum Tequergenche, stattdessen sporadisch Steinmännchen. **Ausrüstung:** Feste Bergstiefel sind ein Muss auf dieser Tour, Wanderstöcke aufgrund der Höhenunterschiede zu empfehlen. **Verpflegung:** genügend Wasser und Proviant mitnehmen, unterwegs keine Einkehrmöglichkeit. **Hin & zurück:** An der Hauptstraße des Valle Gran Rey befinden sich im Dorf El Guro zahlreiche Parkplätze. El Guro wird angesteuert von den Bussen der Linie 1 (Mo–Sa 5x, So 2x) und der Linie 6 (tägl. 2x); Fahrplan → www.guaguagomrera.com. Aus den Küstenorten fahren Taxis die kurze Strecke für wenige Euro. Taxi im Valle Gran Rey ✆ 922-805058.

Wegbeschreibung: Um von **El Guro** zum Ausgangspunkt der Tour auf der anderen, östlichen Talseite des Valle Gran Rey zu kommen, nimmt man die Treppe, die am unteren Ende des Parkplatzes der Casa de la Seda hinunter in den Barranco führt. Auf der anderen Seite der Schlucht steigt man dann über einen Treppenweg zur Kapelle **Ermita de los Reyes** 1 auf.

Vom Vorplatz der Kapelle laufen wir taleinwärts und biegen nach 20 m rechts in einen Treppenweg nach oben (weiß-rote Markierung). Kurz darauf geht es eben am Hang entlang weiter, vorbei an kleinen weißen Häusern und blühenden Gärten. Auffallend sind die hohen Kanarischen Palmen, die den Weg säumen. 10 Min. nach Tourbeginn zweigt ein Weg rechts aufwärts in einen Seitenbarranco, das Schild 2 zeigt nach „Gerián La Dama, La Matanza Chipude, PR LG 13.2". Wir folgen diesem vernachlässigten Treppenweg, auf dem sich steinige Abschnitte mit Resten des alten Pflasters abwechseln.

Steile Kehren bringen uns durch die karge Vegetation aus Agaven, Feigenkakteen und Wolfsmilchgewächsen, wobei wir den Blick zurück ins Valle Gran Rey und zum Dorf El Guro genießen können. Nach 0:15 Std. Aufstieg überschreiten wir einen Grat 3, und der Blick weitet sich bis zum Talende mit seinen Terrassen. Kurz darauf wenden wir uns an einer Gabelung 4 nach links und gelangen in einen weiteren Seitenbarranco.

Unterhalb eines Ziegenstalls 5 helfen Steinpyramiden bei der Orientierung. Schließlich erreichen wir die Degollada del Cerrillal (670 m), einen Sattel am Rande des **Barranco de Argaga.** Wir können hier tief in diese fel-

Valle Gran Rey → Karte S. 90

sige Schlucht mit ihrem kargen Bewuchs blicken. Auf dem Grund erinnern alte Terrassen und Palmen an die bäuerliche Nutzung. Am gegenüberliegenden Kamm sind die Häuser des Weilers **Gerián** zu erkennen. Ein Schild **6** weist den Hauptweg links nach „Gerián" und „La Dama". Wir biegen jedoch in den Pfad nach rechts! Der Abzweig ist mit durchgestrichenen weißroten Balken gekennzeichnet, da es sich um eine nichtoffizielle Route handelt. Ab hier helfen Steinmännchen bei der Orientierung.

Wir gehen also an der linken Seite des Kamms auf dem überwiegend eben verlaufenden Weg in Richtung Südwesten. Nach 0:15 Std. stehen wir an einer kleinen natürlichen Aussichtsterrasse, von der aus man ins Valle Gran Rey und nach La Calera sehen kann.

Weg zum Startpunkt, der Ermita de los Reyes

Ein kurzer, steiniger Abstieg bringt uns auf einen Sattel mit einer Plattform **7** aus rotem Sand. Steinmännchen führen uns eben weiter auf der linken Seite des Kamms zu einem zweiten, kleineren Sattel **8**, der sog. Degollada de los Bueyes. Hier durchqueren wir ein „Tor" aus zwei Steinpyramiden. Der Weg wird danach von besonders großen und knorrigen Feigenkakteen überragt.

Gesäumt von großen Felsbrocken, steigt der Pfad weiter sanft an, bis wir die Kante der **Hochebene von Las Pilas** erreichen. Hier stehen mehrere Steinhäuser **9** mit eingefallenen Dächern. Die Mauern sind von mächtigen Agaven und Feigenkakteen überwachsen. Der Blick reicht tief in den Barranco von Argaga und im Osten zum Tafelberg Fortaleza. Wir ignorieren einen Weg, der zwischen den Häusern auf die Ebene führt, stattdessen halten wir uns auf dem Pfad links am Kamm entlang.

Neben einer von Agaven überwachsenen Steinmauer geht es weiter über die karge, steinige Ebene. Wir orientieren uns in Richtung einer Felsnase, die sich im Süden aus der Fläche erhebt. Durch aufgelassene Felder mit verfallenen Trockenmauern gelangen wir auf die Felsnase, die von einer Steinpyramide **10** gekrönt wird. Der Blick von hier oben vermittelt einen guten Eindruck von der Dimension des Plateaus mit seinen am Abgrund endenden Terrassen. Zu unseren Füßen liegt ein weiteres verfallenes Haus, an dessen linker Seite schon die Fortsetzung unseres Pfades zu erkennen ist.

Wir steigen abwärts in Richtung des vorausliegenden **Tequergenche (514 m),** der neben den vereinzelten Steinmännchen als Orientierung dient. Immer wieder sind halbverfallene Trockenmauern zu übersteigen, zwischen denen die markanten Wolfsmilchgewächse ins

Auge fallen – sie wachsen hier bis zu 2 m hoch. Links des Weges kommt in der Tiefe des Barranco de Argaga kurz die gleichnamige Finca in Sicht.

Nach einem kurzen Abstieg über Geröll gelangen wir zu einem breiten Sattel **11**, der uns hinüber zum Fuß des Tequergenche leitet. Im folgenden Anstieg halten wir uns bei einer Gabelung rechts und umrunden den Berg dann entgegen dem Uhrzeigersinn entlang der Abbruchkante, bis wir einen natürlichen Aussichtspunkt **12** erreichen. Ein toller Platz zum Ausruhen: In der Tiefe tost die Brandung an die Klippen, die Finca von Argaga liegt jetzt fast senkrecht unter uns.

Wir laufen von hier weiter an der Kante entlang, bis wir nach wenigen Metern den **Gipfel** **13** des Tequergen che überschreiten, und steigen dann wieder zum breiten Sattel ab. An des sen Ende halten wir uns diesmal links auf einem Pfad, der unmittelbar zur Kante oberhalb des Valle Gran Rey führt. Hier erwartet uns ein spektakulärer Ausblick ins Tal: Die Felswände stürzen senkrecht zum **Hafen von Vueltas** ab. Wir sehen den Badegästen an den Pools direkt ins Cocktailglas und weiter, bis hinüber nach La Playa und La Calera.

Deutlich erkennbar führt der Weg nun weiter am Abgrund entlang. Er umrundet eine Felsnase und passiert einen Aussichtspunkt **14** über La Calera, der von mehreren Fahnen markiert ist. Wir erreichen einen kleinen Kiefernwald, den wir durchqueren. Danach führt der Weg in einer weiten Rechtskurve zurück zu den verfallenen Häusern **9**, an denen wir die Hochebene vorhin erreicht haben. Von hier erfolgt der Abstieg bis **1** wieder auf der gleichen Strecke wie auf dem Hinweg.

Variante

Die Wanderung lässt sich auch an der Küste des Valle Gran Rey beginnen. Man startet dann am Busbahnhof in La Calera, wie in Tour 12 beschrieben.

GPS-Tour 12

Zum Wasserfall im Barranco von Arure

Charakter: Aufgrund der Nähe zu den Badeorten des Valle Gran Rey gehört die überwiegend einfache Streckenwanderung zu den Wanderklassikern der Insel. An heißen Tagen kann man hier in der Kühle des verwunschenen Canyons von Arure abtauchen. Das finden auch die Kinder toll! Im Barranco ist **teilweise Trittsicherheit** gefordert. Während und nach Regenfällen nicht zu empfehlen. **Länge/Dauer:** hin und auf demselben Weg zurück 7,8 km, ca. 4 Std. **Markierung:** um El Guro handgeschriebene Hinweisschilder, danach Markierung mit gelb-blau-gelben Balken und blauem Punkt in gelbem Kreis. Im Barranco vereinzelt Steinmännchen. **Kurz-Variante:** Die Wanderung lässt sich auch direkt im Künstlerdorf El Guro beginnen. Autofahrer finden hier Parkbuchten direkt an der Hauptstraße. Mit dem Taxi ist El Guro vom Valle Gran Rey aus für wenige Euro erreichbar. Taxistand in La Calera ✆ 922-805082. **Ausrüstung:** Feste Wanderschuhe sind zu empfehlen. **Verpflegung:** Wasser mitnehmen, zahlreiche Einkehrmöglichkeiten in La Calera, aber keine in El Guro. **Hin & zurück:** Der Startpunkt am Busbahnhof des Valle Gran Rey wird von der Linie 1 aus San Sebastián (Mo–Sa 5x, So 2x) sowie der 6 aus Richtung Flughafen (tägl. 2x) angesteuert; Fahrplan → www.guaguagomrera.com. Parkplätze in den umliegenden Straßen. Taxi Valle Gran Rey ✆ 922-805058.

Wegbeschreibung: Die Busstation **1** des Valle Gran Rey bildet den Ausgangspunkt für die Wanderung zum Wasserfall im Barranco de Arure. Die Station liegt an der Hauptstraße des Valle Gran Rey, nur wenige Schritte von der Tankstelle in **La Calera** entfernt. Wir durchqueren den Busbahnhof und wenden uns auf der Rückseite nach links, wo eine steinige Piste ins Bachbett führt. Wir folgen der Piste talaufwärts. Auf der gegenüberliegenden, nordwestlichen Talseite ziehen sich die weißen Häuser von La Calera den Hang hinauf, darunter verläuft die Hauptstraße.

Wir queren den Bachlauf mehrfach. Zeitweise verläuft die Piste rechts über

Wegweiser im Künstlerdorf

dem Gewässer, wobei mehrere Gewerbegrundstücke passiert werden. Nach insgesamt ca. 0:20 Std. kommen am linken Hang die ersten Häuser des Künstlerdorfs El Guro in Sicht. Einen Abzweig in ihre Richtung neben einem Haus **2**, das als einziges unterhalb der Straße im Barranco steht, ignorieren wir. Wir folgen weiter dem Hauptweg, der im Barranco leicht bergauf führt. 5 Min. später gelangen wir zu einer Kreuzung **3** mit einem gepflasterten Weg (→ Abstecher S. 113).

Unterhalb der Ermita de los Reyes verlassen wir die Piste und folgen dem Steinweg nach links. Durch Schilf und über eine Treppe queren wir den Barranco und gelangen nach 100 m zur Hauptstraße **4**. Wir folgen der Straße nach rechts, bis wir ans Ende der Reihe von Parkbuchten von El Guro gelangen. Auf der linken Straßenseite folgen wir am unteren Ende des Parkstreifens bei einem Schild des Parque Rural **5** einer Treppe nach oben. Am Haus mit der Nummer 28 geht es nach rechts.

Wir gelangen in den Ortskern des **Künstlerdorfs El Guro**, wo wir über breite Treppen aufsteigen. Vor einer Kunstgalerie mit einem dreieckigen Fenster stoßen mehrere Wege aufeinander. Wir biegen links in den Weg, der mit einem Schild „Wasserfall" und gelben Pfeilen markiert ist. Nach einer Minute erreichen wir den Ortsrand von El Guro, an den sich ein Feld mit Feigenkakteen und Agaven anschließt.

Künstlerkolonie El Guro

In dem kleinen Dorf lohnt es sich, auch einmal in die kleinen Seitengässchen zu schauen: Der Ort wurde von Malern, Musikern, Lebenskünstlern und Esoterikern in Beschlag genommen. Kleine Ateliers und Galerien, liebevoll gestaltete Fassaden mit bunten Fenstern und Türen und vor Blumen überbordende Gärten und Terrassen prägen das Bild. Sinnsucher und Wellness-Fans finden hier ein reiches Angebot an Seminaren und Veranstaltungen: Massage und Yoga, Shiatsu und Reiki, Meditation und Tarot sind nur einige der Möglichkeiten.

Über einen steinigen Pfad laufen wir nun sanft abwärts in Richtung des **Bar-**

ranco de Arure, dessen Hänge mit Kandelaberwolfsmilch, Palmen und Opuntien bedeckt sind. Rund 100 m hinter El Guro stoßen wir auf eine Wasserleitung **6** über den Resten eines einstigen Kanals, der wir nach links folgen. Oberhalb des von Schilf gesäumten Bachs geht es sanft aufwärts. Auf der linken Seite bewacht eine Felswand aus beeindruckenden schwarzen Basaltsäulen den Weg. Im folgenden Wanderabschnitt können wir uns an alten Markierungen (gelb-blau-gelber Balken und blauer Punkt in gelbem Kreis) orientieren.

Am Rande bewirtschafteter Terrassen biegen wir auf einen Pfad **7** ab, der links aufwärts führt. Wir bewegen uns nun am linken Hang des Barrancos, umgeben von der üppigen Vegetation aus hohen Palmen, Wolfsmilch, Agaven und beeindruckenden meterhohen Kandelabern. Immer wieder sind Hähne und Ziegen zu hören, die in den Gärten im Talgrund gehalten werden. Kleine abzweigende Wege ignorieren wir, bis der Pfad schließlich deutlich markiert über einen felsigen Abschnitt ins Bachbett hinunterführt.

Hier beginnt der weglose Teil der Wanderung. Wir halten uns aber im ansteigenden Canyon immer in Richtung Norden. Zunächst ist es noch einfach, dem verästelten Wasserlauf durch das hohe Schilf zu folgen. **Trittsicherheit** ist beim Balancieren über Steinbrocken gefordert. Jeder starke Regenfall verändert das Gesicht des Barrancos und kann zu neuen Hindernissen in Form umgestürzter Bäume oder Wasserpools führen.

Tiefer im Canyon stoßen wir immer wieder auf kleinere Wasserfälle, die in trockenen Perioden versiegen. Die Felsen lassen sich hier unkompliziert übersteigen, wobei man sporadisch die Hände zu Hilfe nehmen muss. Die erste, rund 3 m hohe Wasserfallstufe **8** leitet die Folge von insgesamt drei Kaskaden ein. Ab hier empfängt uns die Kühle des schmalen Barrancos.

Angekommen am Wasserfall

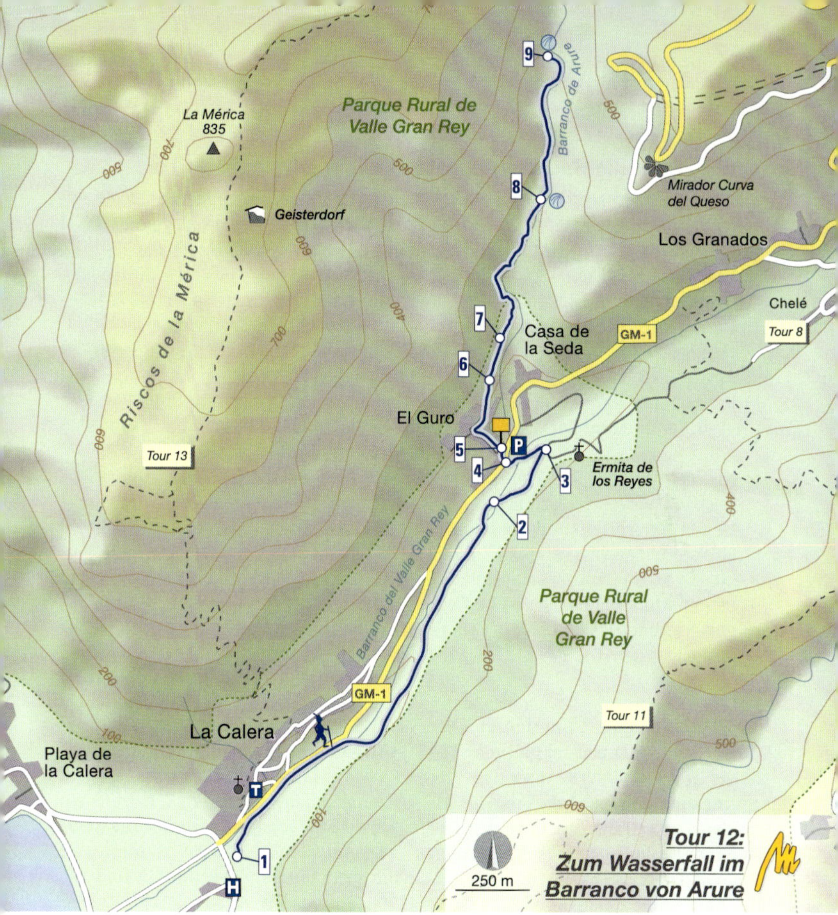

(Umgehung: Wer nicht klettern möchte, läuft am besten von der ersten Kaskade aus 80 m zurück – der Weg ist in Laufrichtung kaum zu finden – und verlässt das Bachbett durch eine Bresche im Schilf nach rechts. Ein deutlich erkennbarer Pfad führt danach oberhalb der drei Felsstufen wieder zurück ins Bachbett, wo man weiter Richtung Wasserfall läuft.)

Hinter den drei Stufen wird der Canyon immer schmaler. Wir laufen teilweise auf dem Wurzelwerk der Bäume, das ein dichtes Geflecht gebildet hat. Gut 1 Std. nach El Guro erreichen wir die Sackgasse im dunklen Ende des Canyons, wo der rund 15 m hohe Wasserfall **9** inmitten von Basaltsäulen tosend niederrauscht. Über die gleiche Strecke geht es wieder zurück nach El Guro bzw. ins Valle Gran Rey.

Abstecher zur Kapelle mit Aussicht

Ein Abzweig kurz vor El Guro auf den Steinweg nach rechts bietet sich für einen Besuch der **Ermita de los Reyes** an: Innerhalb weniger Minuten gelangt man von **3** über eine gepflasterte Treppe zu dieser Kapelle. Von ihrer Terrasse hat man einen hervorragenden Blick auf El Guro, ins Valle Gran Rey und in den Barranco von Arure.

GPS-Tour 13

Über die Hochebene Riscos de la Mérica nach Arure

Charakter: Der anstrengende Aufstieg über knapp 800 Höhenmeter auf die La-Mérica-Hochebene, bei dem **Schwindelfreiheit und Trittsicherheit gefordert** sind, ist die Pflicht, der folgende gemütliche Höhenweg bis Arure die Kür. Grandiose Ausblicke auf das Valle Gran Rey und in die Schluchten an Gomeras Westküste charakterisieren die gesamte Strecke. **Länge/Dauer:** 6,2 km, ca. 2:55 Std., mit Extrarunde (→ „Extrarunde …") 3:20 Std. **Markierung:** weiß-rote Balken des offiziellen Weges GR 132. Steinpyramiden bei der Extrarunde. **Ausrüstung:** feste Bergschuhe, Stöcke sind sinnvoll. **Verpflegung:** Wasser und Proviant mitnehmen, unterwegs keine Verpflegungsmöglichkeit. Mehrere Bars in Arure am Ende der Tour: im unteren Ortsteil das Bar-Restaurant El Jape, ✆ 922-804228, im Zentrum La Conchita, ✆ 922-804110 (tägl. 8–23 Uhr), eine rustikale Dorfkneipe mit exzellenter gomerischer Küche, z. B. Gemüsesuppe, Fisch und Ziege. **Hin & zurück:** Der Ausgangspunkt am Taxistand von La Calera ist aus den Dörfern im Valle bequem zu Fuß erreichbar. In den umliegenden Straßen finden sich Parkplätze. Die Buslinie 1 (Valle Gran Rey – San Sebastián, Mo–Sa 5x, So 2x) sowie die Linie 6 (Valle Gran Rey – Flughafen, tägl. 2x) verbinden Arure mit La Calera und dem Rest der Insel; → Fahrplan www.guaguagomera.com. Der Bus hält in Arure im Ortszentrum und am südlichen Dorfausgang gegenüber der Bar El Jape. Taxi im Valle Gran Rey ✆ 922-805058.

Wegbeschreibung: Startpunkt der Wanderung ist der zentral gelegene Taxistand **1** in **La Calera.** Über den hier beginnenden Treppenweg steigen wir von der Hauptstraße hinauf in den Ort. Nach 20 m biegen wir rechts in den Treppenweg Calle la Cuestita de la Calera. Nach rund 100 m wenden wir uns am Geschäft „Tienda Victor" erneut nach rechts in eine schmale Straße. Hinter einem alten Haus mit sieben identischen Holztüren stoßen wir auf die alte Dorfstraße, in die wir links einbiegen.

Nach zwei engen Kehren passieren wir die Kirche. Die Straße steigt nun sanft weiter an. Rund 10 Min. nach Tourbeginn erreichen wir eine Brücke über ein Bachbett, an der ein Schild **2** links nach Arure weist. Wir biegen nach links und überqueren nach 20 m erneut den Bach nach links. Der steinige Treppenweg verlässt nun schnell den Ort und erreicht das trockene, karge Gelände oberhalb von La Calera, in dem nur Kakteen und Wolfsmilchgewächse gedeihen.

Kontinuierlich schraubt sich der herausfordernde Pfad in Kehren hinauf auf La Mérica, den Hausberg von La Playa – aufgrund des fehlenden Schattens ein schweißtreibender Abschnitt. Die überwiegend steinige Strecke ist durchsetzt mit gepflasterten Abschnitten und hohen Stufen. Die Anstrengung wird jedoch durch die weiten Blicke zurück zu den Badeorten des Valle belohnt. Nach gut 0:30 Std. Aufstieg stehen wir am Fuße beeindruckender Basaltsäulen **3**. Wie riesige Orgelpfeifen formen sie ab ungefähr 400 m Höhe ein dunkles Band quer durch den Berg.

10 Min. später überschreiten wir eine Kante **4**, von der sich Blicke in den im Westen anschließenden Seitenbarranco eröffnen. Auch ein einzeln stehender Baum auf dem höher gelegenen Kamm jenseits des Barrancos fällt auf. Der Weg steigt nun wiederum 0:30 Std. durch den Barranco nach oben.

Wenige Minuten nach Passieren einer Steinpyramide **5** am linken Wegrand erreichen wir schließlich die

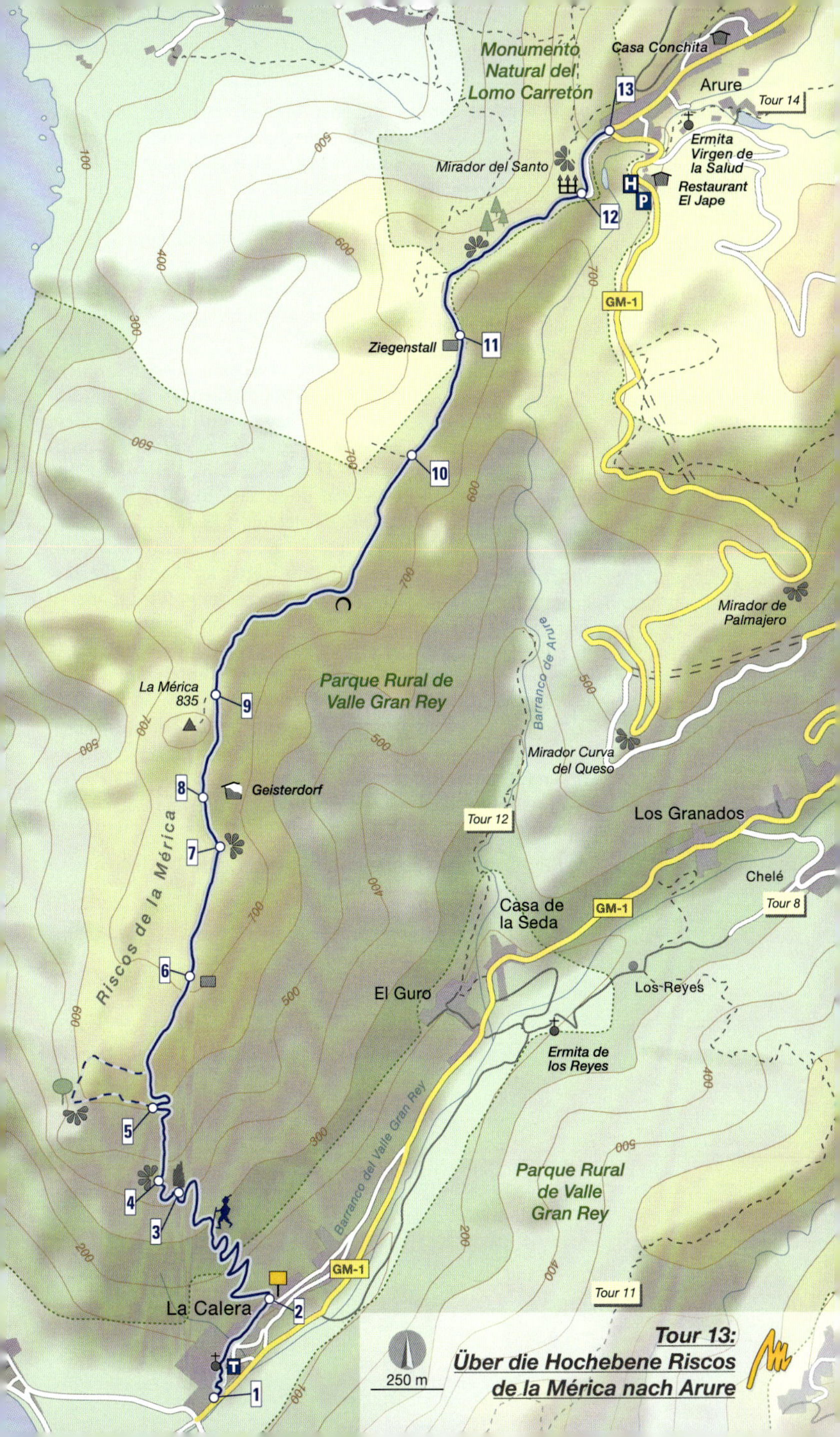

Tour 13: Über die Hochebene Riscos de la Mérica nach Arure

Hochebene Riscos de la Mérica: karg, trocken, einsam.

Extrarunde zum Wahnsinnspicknickplatz

Die große Steinpyramide **5** am Wegrand (markiert mit durchgestrichenem weißroten Balken) kennzeichnet den links abzweigenden Pfad zu einem der spektakulärsten Picknickplätze der Insel: Ein knorriger Wacholder, wahrscheinlich der berühmteste Baum Gomeras nach dem Drago de Agalán, steht hier als einziger Baum sowie Schattenspender weit und breit. Man genießt von ihm einen Blick in die Barrancos zu beiden Seiten und auf den Ort **Vueltas** mit seinem Hafen in der Tiefe. Anschließend folgen wir der mit Steinpyramiden markierten Felskante oberhalb des Baumes aufwärts. Nach 5 Min. biegen wir in einen nach rechts abzweigenden Pfad. Kurz darauf erreichen wir auf der Hochebene von La Mérica wieder den Hauptweg, in den wir links abbiegen.

Wir gelangen kurz darauf zu einem kleinen gepflasterten Platz und folgen dort der breiten, steinigen Piste, die leicht ansteigend über die Hochebene führt. Die früheren Bewohner legten hier weitläufige Terrassen an, die bis an den Rand des Abgrunds reichten. Heute sind die Mauern verfallen, auf dem steinigen Boden wuchert Gestrüpp. Schon nach 5 Min. passieren wir ein einzeln stehendes, verfallenes Gebäude **6**.

Es geht geradeaus weiter in Richtung der vorausliegenden Felsengruppe. Kurz bevor wir diese erreichen, stehen wir an einer schroffen Abbruchkante **7** mit Blick ins Valle Gran Rey und auf unser Ziel, den Ort Arure. Ein kleines Geisterdorf **8** am Fuße der Felsen lassen wir kurz darauf rechts liegen, es geht weiter am Rande des Barranco de Arure entlang. Wir ignorieren einen abzweigenden Pfad **9** nach links – dieser würde uns zu dem nur wenig höher gelegenen Gipfel **La Mérica** (835 m) führen.

Wenig später endet die Hochebene, der Pfad folgt dem anschließenden Kamm abwärts nach Norden. Wir erreichen eine Höhle, in der die Dorfbewoh-

Blick vom Valle auf die imposante Steilwand der Riscos de la Mérica

ner meist Ziegen halten. Schließlich wechselt der Pfad zeitweise auf die linke Seite des Kamms und erlaubt einen Blick in die Barrancos, die dort steil zum Meer hin abfallen.

Das Dorf Arure kündigt sich mit dem einstigen Müllplatz an, zu dem links eine Piste **10** abzweigt – der Abfall wurde bis vor wenigen Jahren einfach in einem Barranco entsorgt. Wenig später kommen wir oberhalb eines Ziegenstalls **11** vorbei. Auch hier bietet sich noch einmal ein Blick auf das Dorf Arure, das dramatisch am Rande des Abgrunds klebt.

Kurz nachdem der Weg zur Fahrpiste geworden ist, erreichen wir den **Barranco de Taguluche,** der westlich zum Meer hin abfällt. Die Häuser des gleichnamigen Dorfes Taguluche sind in der Tiefe der Schlucht zu erkennen.

Wir folgen dem Rand des Barrancos durch Kiefern bis zu einer Schranke **12** am Ortsanfang von **Arure.** Über die nach links führende Asphaltstraße erreichen wir nach 5 Min. die Hauptstraße **13** aus dem Valle Gran Rey. Wir laufen auf ihr links bis ins Ortszentrum oder rechts zur Bushaltestelle vor dem Restaurant El Jape.

GPS-Tour 14

Von Arure zum Raso de la Bruma im Nationalpark

Charakter: Die gemütliche, auch für Kinder geeignete Tour führt durch Wiesen und Terrassen über bequeme Fahr- und Waldwege in das Herz des Lorbeerwaldes. Dort wartet der Picknickplatz Raso de la Bruma. Nach der Schleife im Garajonay-Nationalpark geht es wieder hinunter nach Arure. **Länge/Dauer:** hin und nach der Schleife auf selbem Weg zurück 9,7 km, ca. 2:20 Std. **Markierung:** vereinzelte Wegweiser. **Ausrüstung:** feste Turnschuhe reichen, aber an Pulli und Regenschutz denken. **Verpflegung:** Wasser mitnehmen. Einkehrmöglichkeit nur am Anfang oder Ende in Arure im Bar-Restaurant El Jape, ✆ 922-804228, oder im Zentrum: La Conchita, ✆ 922-804151 (tägl. 8–23 Uhr), rustikal mit sehr guter Küche. **Hin & zurück:** Busverbindung nach Arure mit der Linie 1 (Valle Gran Rey – San Sebastian, Mo–Sa 5x, So 2x) und Linie 6 (Valle Gran Rey – Flughafen, tägl. 2x); Fahrplan → www.guaguagomera.com. Der Bus hält im Ortszentrum und am südlichen Dorfausgang gegenüber der Bar El Jape – dort befindet sich auch ein großer Parkplatz. Taxi im Valle Gran Rey ✆ 922-805058.

Variante

Die Wanderung lässt sich auch am oberen Stausee im Ortsteil **Casas de Arcadece** beginnen. Wir umrunden den See dabei von der linken Seite der Staumauer aus bis zur Gabelung mit dem Schild „Parque Nacional Garajonay – Jorge“ **4**.

Wegbeschreibung: Die erste Häusergruppe am südlichen Ortsausgang von **Arure** bildet den Ausgangspunkt unserer Wanderung. Am Bar-Restaurant El Jape befinden sich ein großer Parkplatz **1** und eine Bushaltestelle. Wir folgen zunächst der Hauptstraße in Richtung Ortskern. Die rechts abzweigende Straße nach der nächsten Kurve ignorieren wir. 80 m weiter zweigt ein Sträßchen **2** nach rechts ab, das uns nach einer Minute zur **Ermita Virgen de la Salud** führt. Wir gehen links an dieser Kapelle vorbei. Eine hinter der Ermita nach links führende Brücke über einen Bach ignorieren wir. Wir folgen stattdessen einer hohen Mauer zu unserer Rechten.

Links von uns erstrecken sich bewirtschaftete Terrassen und die Häuser des ausgedehnten Straßendorfs Arure.

Nach wenigen Minuten gelangen wir zum historischen Ortskern von Arure mit seinen kleinen Häuschen. Wir betreten ihn nach den ersten drei Häusern links über ein schmales Brückchen **3**. Jenseits des Baches steigen wir über eine Treppe aufwärts und biegen dann nach rechts auf einen alten Steinweg. Nach 2 Min. stehen wir an der Mauer eines Stausees und wandern am linken Ufer entlang weiter. Kurz vor dem Ende des Sees steigen wir links über felsiges Gelände aufwärts bis zu dem hier beginnenden steinigen Pfad. Er führt uns in ein Feld mit Opuntien und dann weiter an der rechten Talseite entlang. Zu unserer Linken haben wir das Dorf und die bunten Terrassen immer wieder vor Augen – ein wirklich abwechslungsreicher Abschnitt!

Blick zurück zum Stausee von Arure

0:15 Std. hinter Arure kommt eine weitere Staumauer in Sicht. Kurz bevor wir sie erreichen, geht der Weg in eine Asphaltstraße über. Wir laufen rechts an der Staumauer vorbei und an der Südseite des Sees weiter. Am nördlichen Ende des Gewässers treffen wir auf eine Asphaltstraße, in die wir rechts abbiegen.

Nach 80 m gabelt sich die Straße. Wir wählen den linken Abzweig **4**, der mit „Parque Nacional Garajonay – Jorge“ beschildert ist. 5 Min. später biegt die Asphaltstraße an einem weiteren Abzweig **5** links zum Haus La Quintana ab. Wir halten uns hier jedoch geradeaus auf der ausgewaschenen Piste, die aufwärts in den Wald führt.

Bald erreichen wir die ersten, hier noch niedrigen Ausläufer des Lorbeerwaldes mit Baumheide und Brombeersträuchern. Kleinere Abzweige auf unserem gemächlichen Anstieg ignorieren wir, bis ein Schild **6** die Grenze des Nationalparks markiert. Tatsächlich wird unmittelbar dahinter der Weg gleich vom Blätterdach des Märchenwaldes verschluckt. Aus der Piste wird weicher Waldboden, über den sich moosige, feuchte Stämme beugen. Lange Flechtenbärte baumeln von den Ästen.

Nach 0:15 Std. nach dem Stausee zweigt links ein Weg ab, der mit „Carretera dorsal“ **7** beschriftet ist – auf ihm werden wir später zurückkehren. Wir gehen jetzt jedoch weiter geradeaus (Schild „Canada de Jorge 0,3 km“). Nach wenigen Minuten erreichen wir ein Bachbett in einem Tälchen. Der Weg schlängelt sich von hier in Serpentinen aufwärts. Knapp 0:30 Std. nach Betreten des Waldes gelangen wir schließlich zum **Raso de la Bruma** **8**, einem Picknickplatz an der Landstra-

ße. Der verwunschene Ort heißt in etwa „Nebeldecke", und das spricht Bände über das Wetter hier oben. Es lohnt sich, die Umgebung des Picknickplatzes zu erkunden: Rechts und links der Straße findet man besonders eindrucksvolle, knorrige und verdrehte Bäume.

Wir biegen nun auf einen unmarkierten schmalen Pfad, der am Picknickplatz links hinter der Bank nahe der Straße beginnt, und folgen ihm rund 700 m, bis wir auf eine breite Waldpiste **9** stoßen.

Dieser bequeme Weg führt uns nach links sanft abwärts. Zwischendurch lässt sich wie durch ein Fenster ein kurzer Blick auf den Tafelberg Fortaleza und seine umliegenden Dörfer einfangen. Die Vegetation verändert sich unterwegs kaum merklich: Zunächst säumen noch dicke Baumriesen den Weg, später werden es kleinere Bäume. Zurück an der Gabelung **7** im Wald, die wir auf dem Hinweg links liegen gelassen haben, biegen wir nach rechts ab. Dann folgen wir wieder dem Weg, den wir von Arure gekommen sind.

Was haben Sie entdeckt?

Haben Sie ein besonderes Restaurant, ein neues Museum oder ein nettes Hotel entdeckt? Wenn Sie Ergänzungen, Verbesserungen oder Tipps zum Buch haben, lassen Sie es uns bitte wissen!

Schreiben Sie an: Lisa Kügel, Stichwort „Gomera"

c/o Michael Müller Verlag GmbH | Gerberei 19, D – 91054 Erlangen

lisa.kuegel@michael-mueller-verlag.de

Der Norden

Von den großen Orten im Norden, Hermigua, Agulo und Vallehermoso, ist der Nationalpark nur eine Tagestour zu Fuß entfernt. Diese Nähe und das milde Klima lockt vor allem Wanderer in den Norden. Sie finden eine wilde Küste, aber auch üppiges Grün, ob in Form vielseitig bepflanzter Terrassen und Gärten oder im dichten Lorbeerwald.

Nicht weit von Agulo befindet sich das **Nationalpark-Besucherzentrum**, das man auf jeden F all besuchen sollte! → S. 135

Der Charakter des Gomera-Nordens, steil aufragende Felswände zur einen, Meerblick zur anderen Seite, zeigt sich bei einer Fahrt auf der Straße GM-1 von Hermigua über Agulo nach Vallehermoso. Wer kann, hält an den Miradores, die neben der fantastischen Aussicht einen guten Überblick über die Dörfer bieten. Gerade im Nordwesten ist die Küste oft windgepeitscht und wellenumtost. Badeurlauber sind hier fehl am Platz. Wer sich erfrischen möchte, verbindet dies am besten mit einer Wanderung und findet in kleinen Buchten wie an der Playa de Caleta bei Hermigua oder der Playa del Trigo bei Alojera schöne Strände.

Gomeras Norden ist reich an Wasser in all seinen Aggregatzuständen. Schuld ist der Nordostpassat, der feuchte Luft vom Atlantik mit sich bringt. Deren Inhalt schlägt sich als Regen und Nebel entweder direkt an der Küste nieder oder steigt in dichten Wolken auf und bleibt spätestens an den Gipfeln des Nationalpark-Hochplateaus „hängen". Von dort findet das Wasser in Form von Flüsschen und Bewässerungskanälen den Weg in die Täler. Der größte der Flüsse und außerdem der einzige, der ganzjährig Wasser führt, ist der El Cedro. Nördlich des gleichnamigen Orts stürzt er als Wasserfall El Chorro 200 m in die Tiefe. Karge Hänge wie im Süden findet man kaum, und wenn, dann in Form von spektakulären Steilwänden wie der roten Wand über Agulo. Doch auch hier grünt und blüht es aus den Mauerritzen, die der Nebel feucht hält.

Das Leben der Einheimischen ist oft noch von der Landwirtschaft geprägt. In Hermigua wird die Bananenernte zusammengetragen, in Alojera zapft man den Saft der Palmen für die Gewinnung von Palmhonig, und in den höher gelegenen Weilern Los Aceviños oder Ambrosia wetteifern die (zugezogenen) Einwohner um den buntesten Nutzgarten. Natürlich wächst auch die Bedeutung des Tourismus als Wirtschaftsfaktor für die Orte im Norden. Die Angebote richten sich an Wanderer und Ruhesuchende, die die Nähe zur Natur schätzen. Authentische Unterkünfte in renovierten Bürger- oder Landhäusern tragen zum Erhalt der bestehenden Architektur bei. Leider gibt es auch im Norden einige halbfertige oder seit Jahren mit dem Siegel „Zukunft ungewiss" gekennzeichnete Projekte wie das Castillo del Mar oder das Spa-Bad in Hermigua.

Was anschauen?

Museo Etnográfico de la Gomera (MEG): Kulturhistorisches und Kunsthandwerk dominieren die große, aber etwas in die Jahre gekommene Ausstellung in Hermigua. → S. 126

Mirador de Abrante: Von einer Glaskanzel aus blickt man auf Gomeras „Perle" und Teneriffas Teide. → S. 134

Chorros de Epina: Die sagenhaften Quellen sind auch mit Kindern einen Abstecher wert. → S. 142

Was unternehmen?

Playa de la Caleta: Die Bucht nördlich von Hermigua lädt wegen des Wellengangs zwar nicht immer zum Baden ein, die Kulisse mit schwarzen Felsentürmen, Picknickplatz und schattenspendenden Tamarisken verleitet dennoch zum ausgiebigen Verweilen (Tour 16). → S. 129

Presa de Meriga: Die Wanderung um den verwunschenen Stausee ist eine Unternehmung für die ganze Familie. → S. 136

Jardín Botánico: Auch wenn man den Botanischen Garten in Vallehermoso vielleicht nur durch die Hintertür betreten kann, lohnt sich ein Erkundungsgang inmitten einer Fülle verschiedenster Pflanzen. → S. 139

Wo baden?

El Pescante: Gomeras vielleicht spektakulärster Badeplatz an der alten Verladestation in Hermigua. → S. 127

Parque Marítimo: Das Freibad an der Playa von Vallehermoso ist im Sommer geöffnet, Bar und Blick auf den Atlantik inklusive. → S. 139

Alojera: Ein kleines Meeresschwimmbecken bietet hier Schutz vor Wellen und Sog. → S. 144

Was sonst noch?

Bio einkaufen: Hermigua bietet mehrere Möglichkeiten, sich mit Bio-Lebensmitteln einzudecken. Bei Karins Ökofinka wird das Gemüse ganz frisch vom Feld geerntet. → S. 125

Hermigua

Die 19 kleinen Ortsteile der Bananenmetropole liegen verstreut in einem weiten Tal, durch das sich die Straße GM-1 vom lorbeerbewaldeten Hochplateau in Richtung Küste windet. Wanderer schätzen das milde Klima und die Nähe zum Nationalpark.

Auf der Suche nach einem Ortszentrum wird man nicht auf den ersten Blick fündig, zu regelmäßig reihen sich die weißen Häuser des Hauptortes entlang der Hauptstraße. Was jedoch schnell ins Auge fällt, sind die ausgedehnten Bananenplantagen, die die terrassierten Talseiten und den Boden des Barrancos bedecken. Auch wenn die Glanzzeiten der Banane vorbei sind, soll sich hier noch die Hälfte aller Anbauflächen Gomeras befinden. Als Hauptwirtschaftsfaktor wird sie jedoch immer mehr vom Wandertourismus abgelöst, dessen Wachstum durch die Nähe zum Nationalpark und den ab-

wechslungsreichen Naturraum gefördert wird.

Der Hauptort Hermigua teilt sich in das obere und das untere Tal. Entlang der von überdimensioniert wirkenden Kreisverkehren gegliederten Durchgangsstraße reihen sich alle infrastrukturellen Einrichtungen wie Rathaus, Post und Tourismusinformation. Der mit Blumen und Bananenpflanzen begrünte **Parque del Curato** samt Spielplatz, kleinem Bachlauf und Geflügel-Gehegen wirkt manchmal etwas verlassen, kann für Familien mit Kindern aber ein Ziel sein. Ganz oben, im Ortsteil Monteforte, wachen die markanten Vulkanschlote **Roques de San Pedro** als Wahrzeichen über Hermigua. Einen herrlichen Blick über das Tal bietet der **Mirador de San Juan** auf dem Festplatz der gleichnamigen Kapelle (→ Wanderung 18). Auch von dem am steilen Hang klebenden Ortsteil **Ibo Alfaro** aus genießt man nahezu Vogelperspektive (→ Wanderung 17).

Information Tourismusinformation unterhalb des Parks. Mo–Fr 9–21, Sa 9–14 und 16–21 Uhr.

Verbindungen **Bus:** Haltestellen u. a. am Parque del Curato.

Linie 2 nach San Sebastián und nach Vallehermoso (3 €) über Agulo, Mo–Sa 5x tägl., So 2x. www.guaguagomera.com.

Hermigua
220 m
Agulo, Vallehermoso
Lepe
Playa de Hermigua
Hallenbad
Santa Catalina
Pescante, Meeresschwimmbecken
GM-1
Carretera Playa
Spiel-platz
Calle los Pedacitos
Los Pedacitos
Playa de Caleta
Valle Bajo
Carretera General
Calle los Gomeros
Llano Campo
Iglesia Nuestra Señora de la Encarnación
EC
CAIG
Las Nuevitas
CV-3
Parque del Curato
Spiel-platz
Rathaus
Museo Etnográfico de la Gomera
Barranco de Monteforte
Valle Alto
Las Casas
PEG Los Teleras
Espacio Culturel El Convento
Iglesia Santo Domingo
San Sebastián
Essen & Trinken
1 El Faro
6 Tasca Telémaco
12 Las Chácaras
Übernachten (S. 223–225)
2 Los Veroles
5 Casa Creativa
8 Ibo Alfaro
11 Los Telares
Cafés
5 Bar Pedro
10 Los Telares Café
Einkaufen
3 BioSfera
4 Biofinca Karin
7 Aloe Vera Farm
9 Molino de Gofio
10 Los Telares Souvenirshop
Sonstiges
6 Telémaco rent a bike

Taxi: Taxistand an der Kirche im Untertal. ✆922-880047.

Gesundheit **Centro de Salud** gegenüber dem Parque de El Curato, Calle San Antonio 105, 38820 Hermigua, ✆922-171318.

Radverleih **Telémaco rent a bike** **6**, einziger Bike-Verleih im Norden der Insel, angeschlossen an das Restaurant Tasca Telémaco. MTB 15 €/Tag, E-Bikes/Pedelecs 25 €/Tag, geführte Tour 35 €. ✆657-069111, Plaza de la de la Encarnación 2, 38820 Hermigua, www.tascateleaco.com.

Yoga Im Espacio Culturel El Convento unter der gleichnamigen Plaza (zuletzt Di 11 Uhr, 1:30 Std., 5 €). Heller, luftiger Raum, Unterricht auf Spanisch. Kursinfo und Buchung in der Touristinfo.

Einkaufen Mehrere Supermärkte, der größte ist der **Spar** im Valle Bajo.

Ist die **Molino de Gofio** **9** in Betrieb, erfüllt der Duft von geröstetem Mais die Straßen. Verkauf von vor Ort geröstetem Gofio, Dinkelmehl und anderen Mehlen. Gegenüber dem Supermercado Hermigua weist ein grünes Schild den Weg zu dem unauffälligen Geschäft in der Nebenstraße Calle las Casas 2, ✆626-908055.

Bio-Laden BioSfera **3**, zwischen den unteren Kreisverkehren. Kleines Sortiment an Müslis, Getreide und anderen Dingen des täglichen Bedarfs. Obst, Gemüse und Eier aus der Region. Mo–Sa 11–20 Uhr geöffnet. Carretera General (GM-1) 217, 38820 Hermigua, ✆664-880796.

Biofinca Karin **4**, Bio-Obst und -Gemüse direkt vom Feld bzw. von der Terrasse. Die Holländerin Karin erntet gerne auf Wunsch und ganz frisch. Wer die Tür zum Gelände innerhalb der Öffnungszeiten verschlossen vorfindet, löst vorsichtig selbst die Kette und hängt sie anschließend wieder ein, um Karins freundlichen Hund an unerwünschten Spritztouren zu hindern. Mo–Sa 9–13 Uhr. Calle la Piedra Romana s/n, 38820 Hermigua, ✆634-874756.

Aloe Vera Farm **7**, auf der noch jungen (Schau-)Farm werden Aloe-Pflanzen auf einer ehemaligen Viehkoppel gezogen. Nach der Verarbeitung der Pflanzen auf Gran Canaria,dem Sitz der Betreiberfirma, werden die meist kosmetischen Produkte im dazugehörigen Showroom verkauft. Das freundliche Personal bietet jederzeit informative Führungen durch die Plantage an, natürlich samt Produktvorführung. Ein Kaufzwang besteht aber nicht. Geöffnet Mo–Fr, 10.30–16 Uhr, Calle Los Gomeros (GM-1, Km 19,2).

Los Telares Souvenirshop **10**, beim gleichnamigen Besucherzentrum. Man gibt sich alle Mühe, das Touri-Plunder-Image abzulegen und echt inseleigene Produkte anzubieten. Mo–Sa 12–16 Uhr, ✆922-880781.

Essen & Trinken/Nachtleben **Tasca Telemaco** **6**, tagsüber genießt man auf der grandiosen Chill-out-Terrasse den Blick ins Bananenblättermeer. Große Auswahl an traditionell-kreativen Vorspeisen/Tapas, davon auch einige vegetarisch. Nicht nur die Tagesgerichte kommen mit saisonalem Obst und Gemüse aus der Region. Regelmäßig Salsa-Abende und Livemusik. Tägl. 13–16 und 18–23 Uhr. Plaza de la Encarnación 2, 38820 Hermigua, ✆922-880812, www.tascatelemaco.com.

El Faro **1**, *pescado y más* lautet das Motto des gemütlichen Restaurants oberhalb der Playa Santa Catalina. Neben Fisch und Paella gibt es auch Tapas für den kleinen Hunger und schön angerichtete Salate mit Produkten von der Insel. Von der Dachterrasse hat man die Playa und den Atlantik mit Teide im Blick. Da man manchmal etwas länger auf sein Essen wartet, sollte man etwas Zeit mitbringen. Reservierung empfohlen. Do–Di ab 13 Uhr geöffnet. Ctra. Playa 15, 38820 Hermigua, ✆648-889659.

Las Chácaras **12**, vor dem Essen kommt der Augenschmaus: So hübsch sehen die Speisen aus, dass man (auch wenn man das sonst nie macht) sofort die Kamera zücken möchte. Typisch fleisch- und fischlastige gomerische Küche, üppige Portionen, wechselnde Tagesgerichte. Etwas ab vom Schuss, oberhalb des Kreisverkehrs im Ortsteil Las Potayas. Mo–Sa 12–16 und 19–23 Uhr. Calle el Cabo 2, 38820 Hermigua, ✆922-881039, www.laschacaras.com.

Bar Pedro **5**, in der Casa Creativa an der Hauptstraße. Einheimische, Zugezogene und Touristen gleichermaßen besuchen die Bar von Pedro, auf ein schnelles Getränk oder einen Snack auf der Terrasse direkt an der Hauptstraße. Der Wirt steht hinter dem Tresen und berät gern zu der großen Auswahl an köstlichen Tapas, die seine Schwester täglich frisch zubereitet. Regelmäßig Livemusik/Karaoke (ab 20.30 Uhr). So–Fr 9–23 Uhr. Ctra. General 154, 38820 Hermigua, ✆922-880991.

Los Telares Café **10**, von der gemütlichen Veranda überblickt man nicht nur die ankommenden Reisegruppen, die im Restaurant ein-

Der Norden → Karte S. 122/123

kehren, sondern auch die Roques de San Pedro. An der Theke frischer Bio-Orangensaft und -Bananen, günstige Tagesgerichte; junges, hippes Flair, samstags Livemusik. Mo–Sa 12–16 und 19–23 Uhr. ✆ 922-880781.

Valle Alto

Das obere Tal mit dem eckigen Kirchplatz El Convento ist der älteste Teil Hermiguas. Von der Straße etwas zurückversetzt liegt auf einer kleinen Plaza die 1515 erbaute Klosterkirche der Dominikaner **Iglesia Santo Domingo.** Der kleine Abstecher lohnt sich! Kunstvolle Holzreliefs, dunkle, holzgetäfelte Kassettendecken im Mudéjarstil und Gemälde der Escuela Popular schmücken das Kircheninnere. Die restaurierten Gebäude des ehemaligen Klosters sind heute in privater Hand, können aber von außen besichtigt werden.

PEG Los Telares: Etwas weiter in Richtung Küste kommt man zum privat geführten und dementsprechend touristischen *Parque Etnográfico Los Telares* (Mo–Sa 12–16 Uhr, Führungen jederzeit/auf Anfrage, ✆ 922-880781, www.etnograficolagomera.com). Vom hübsch angelegten Bio-Garten mit Nutzpflanzen und -tieren von der Insel hat man einen guten Blick auf die Zwillingsfelsen, allein deswegen lohnt es sich zu halten. Zum Zentrum gehören eine ehemalige Gofio-Mühle, ein Ausstellungsraum mit Exponaten rund um die (kunst-)handwerkliche Vergangenheit Gomeras, ein Souvenirshop und ein Café (→ Essen & Trinken). Die Ausstellung ist gut gemacht und die richtige Adresse für einen kurzen Rundumschlag durch die Kulturgeschichte La Gomeras. Wer etwas mehr Zeit und Geduld mitbringt, dem sei dennoch das MEG empfohlen.

Museo Etnográfico del la Gomera (MEG): Das 2007 eröffnete volkskundliche Museum befindet sich in einem freistehenden rot-weißen Herrenhaus an der Hauptstraße im oberen Tal. Am Eingang erhält man eine dicke deutschsprachige Textmappe, die durch die zweistöckige Ausstellung leitet. Exponate, Originale und Nachbildungen zu Handwerk, Fischerei, Viehzucht, der Gewinnung von Palmhonig, Gofio oder Wein und gomerischem Kunsthandwerk werden in großen Glasvitrinen gezeigt. Leider gibt es wenig Greifbares bzw. Interaktives. Im Erdgeschoss läuft am Ende des Besuchs ein 10-minütiger Film über die Pfeifsprache El Silbo, nach Bedarf auf Englisch oder Spanisch. Das MEG ist museumsdidaktisch nicht auf dem allerneuesten Stand, für lesewillige Besucher aber informativ und unbedingt empfehlenswert.

Mo, Mi, Do, Fr 10–14 und 15–18 Uhr, Di nur 10–14 Uhr, Eintritt 2,50 €, erm. 2 €, Ctra. General 99, ✆ 900-881960, https://museos.lagomera.es.

Valle Bajo

Das „Untertal" Hermiguas gruppiert sich rund um die neuere der beiden Dorfkirchen, die **Iglesia Nuestra Señora de la Encarnación** von 1920. Gleich gegenüber findet man den Taxistand und die Bushaltestelle. Entlang der Hauptstraße stehen Tische und Stühle kleiner Café-Bars und Bäckereien, wo die (meist männlichen) Einheimischen sich mittags auf einen Schwatz und ein paar Tapas treffen. Geschäftig geht es auch an der *Cooperative Agrícola Insolar Gomera (CAIG)* zu, der landwirtschaftlichen Kooperative in einem weißen Flachbau am oberen Kreisverkehr. Die noch grüne Bananenernte wird hier gesammelt, sortiert und in Lastwagen abtransportiert. Der Treffpunkt eines bunten Völkchens aus Einheimischen, Zugezogenen und Touristen ist die Bar von Pedro im Casa Creativa.

Playa de Hermigua: Durch den Ortsteil Santa Catalina kommt man zum breiten Steinstrand, an dem Baden aufgrund der starken Brandung gefährlich ist. Gesäumt von einer breiten Schotterpiste, immer wieder belebt durch Bautätigkeiten, verbreitet er auch wenig Charme. Wer dennoch hier spazieren geht, stößt unterwegs auf ein großes, kastenartiges Gebäude auf dem Gelände des ehemaligen Freibades, das zum *Centro de Talasoterapia* (Hallenbad und Thalasso-Therapiezentrum) umgebaut wurde und einiges über den absurden Umgang mit (Bau-)Projekten auf der Insel verrät. Die ersten Pläne für das Wellnesszentrum gab es 2010, als das Freibad geschlossen wurde, weil kein Geld für seinen Unterhalt vorhanden war. Ein privater Investor begann sogleich mit den Umbauarbeiten, ging jedoch ein Jahr später pleite. Der Auftrag wurde neu ausgeschrieben. 2015 war der Bau fast fertig, die Vorfreude wuchs. Zur Eröffnung kam es jedoch nicht, man mutmaßt, dass die Gelder für das Personal fehlten. Im Oktober 2016 zerstörte während eines Unwetters die Brandung dann Teile des Gebäudes, an dem trotz der Nähe zur Küste keinerlei Maßnahmen zum Schutz vor der Brandung vorgenommen worden waren. Nach Instandsetzungsarbeiten öffneten im Sommer 2017 endlich Teile des Bades, das Interesse war enorm, die Besucherzahlen sprengten die Erwartungen. Im September schloss die Gemeinde Hermigua das Bad jedoch wieder, wie es hieß temporär, um die Daten aus der Zeit der Nutzung zu analysieren. Zum Zeitpunkt der letzten Recherche lag das Therapiezentrum weiterhin verschlossen und verlassen da. „Technische Hindernisse", sagt Hermiguas Bürgermeister Pedro Negrín der Online-Zeitung Gomeranoticias, „Fördergelder aufgebraucht", sagen manche Einheimische hinter vorgehaltener Hand, während andere nur ratlos mit den Schultern zucken. Die Zukunft des Hallenbades von Hermigua ist ungewiss. Wer das Bad bei seiner Reise tatsächlich geöffnet vorfindet, sollte einen Blick hineinwerfen – es könnte der letzte sein!

El Pescante/Meerwasserschwimmbecken: Am anderen Ende der Playa wartet mit dem steinernen Meeres-

Das Meerwasserschwimmbecken ist beliebt bei Einheimischen und Besuchern

schwimmbecken bei den Überresten der alten Hafenanlage oft leider schon die nächste Enttäuschung in Sachen Baden. Vor allem im Winter, wenn der Atlantik besonders eindrücklich seine Kräfte zur Schau stellt, ist an einen Gang ins Wasser gar nicht zu denken. Auch Steinschläge setzen dem exponierten Becken zu, bei hohem Wellengang besteht die Gefahr hinausgespült zu werden, immer wieder ist die Zugangsstraße verschüttet. Vor einem Bad-Besuch sollte man sich deshalb sicherheitshalber beim Gastgeber oder in der Touristinfo über den Stand der Dinge informieren. Wenn man dann aber doch im Becken steht, mit Blick auf den weiten Atlantik, ist das Meerwasserschwimmbecken einer der spektakulärsten Spots auf Gomera.

Die vier großen, rechts des Beckens aus dem Wasser ragenden Pfeiler, die heute zu den Markenzeichen Hermiguas gehören, sind das Relikt eines ehrgeizigen Vorhabens aus der zweiten Hälfte der 1920er-Jahre, das den Bau eines zweiten, den ersten in seiner Größe noch um einiges übertreffenden

Gomera, total Banane?

„Unsere kleine Bananeninsel", so beschreibt Capitano Claudio, der Herausgeber des Valle-Boten, immer wieder seine Wahlheimat La Gomera. In der Bezeichnung klingt, wie meist in dem Magazin, Humor, Sarkasmus und Wahrheit mit. Manch einer liest sie als Anspielung auf verschwendete EU-Subventionen und Vetternwirtschaft, auf die sprichwörtliche Bananenrepublik. Die ersten Touristen auf Gomera, die Hippies, aber denken bei dem Begriff an den unbekannten Ort, das Ende der Welt, zu dem sie Ende der 1960er-Jahre pilgerten, wo die Bananenplantagen bis an die schwarze Küste reichten und zusammen mit den Palmwedeln vom fruchtbaren, grünen und einsamen Paradies auf Erden kündeten.

Nicht nur der Insel, auch ihren Bewohnern hat die gelbe Frucht einen Spitznamen eingebracht: Los Cachoreos, die „Kistler", so wurden die Gomeros während des Bananenbooms genannt. Er zielt darauf ab, dass die armen Bauern Gomeras sich eine Reise, wenn überhaupt, nur in einer ihrer Bananenkisten leisten konnten. Die Überreste der Schiffsanleger in Hermigua und Vallehermoso erinnern an diese Zeit, als von den dortigen Bananenverladestationen das wichtigste Exportgut (→ Wirtschaft, S. 196) die Insel gen Festland verließ.

Die auf den Kanaren kultivierten und dort *plátano* genannten Bananen der Sorte Cavendish sind wesentlich kleiner als die Bananen, die aus Lateinamerika nach Deutschland exportiert werden. Die Stauden erreichen eine Wuchshöhe von etwa vier Metern, die Früchte werden nur zwischen 12 und 15 cm lang. Aufgrund des geringeren Wassergehaltes ist ihr Aroma sehr intensiv.

Obwohl eine Bananenpflanze nach der Blüte im Alter von etwa einem Jahr abstirbt, müssen die Bananenstauden auf Gomeras Plantagen nicht jährlich neu gepflanzt werden. Aus der Wurzel jeder absterbenden Pflanze, der „Mutter", sprießt ein neuer Schössling. So erneuern sich die Bestände quasi von selbst. Der Bananenbauer hackt die absterbenden Pflanzen klein und lässt sie als Dünger auf der Plantage liegen. Nach etwa sieben

Schiffsanlegers (Pescante) vorsah. Mithilfe eines riesigen Krans sollte dort das Be- und Entladen größerer Schiffe und damit eine Erhöhung der Handelskapazitäten möglich werden. Das Projekt wurde aber nie beendet, in den späten 1950er-Jahren wurde schließlich auch der erste Anleger stillgelegt.

Playa de la Caleta

Teide-Blick, ein Fleckchen dunkler Sandstrand, schwarzer Fels und schattenspendende Tamarisken: Das macht in der Summe einen der schönsten Strände des Nordens aus. Von Hermigua erreicht man die Playa de la Caleta auf einer schmalen, serpentinenreichen Teerstraße in 10 Minuten mit dem Auto, zu Fuß in etwa einer Stunde (→ Wanderung 16). Wer es von seinem Handtuch über den aufgeheizten schwarzen Lavasand bis ins Meer schafft, kann bei ruhiger See baden. Sogar eine Stranddusche und öffentliche Toiletten sind vorhanden. Aber auch an den weitaus häufigeren Tagen mit mehr Wellengang ist die kleine

Monaten entwickelt sich ein großer, rosa bis violett gefärbter Blütenstand, aus dem sich wiederum vier Monate später die Früchte bilden. 150–300 Bananen, die zusammen etwa 50 kg wiegen, hängen dann in Gruppen, die „Hände" genannt werden, an einer Pflanze. Da jede Staude ihren eigenen Rhythmus hat, können Bananen das ganze Jahr über geerntet werden. Ihre krumme Form bekommen die Früchte übrigens erst recht spät. Zunächst wachsen sie im Schatten der Blätter gerade nach unten. Erst wenn die Blätter abfallen, streben die Bananen der Sonne entgegen und erhalten so ihre charakteristische Form.

Hier einige weitere Fun Facts zur Banane: Passend zu dem, wie die Hippies einst Gomera sahen, wurde die Banane früher Paradiesfeige genannt (und auf Sri Lanka verführt Eva Adam sogar mit einer Banane). Botanisch gehört sie zu den Beeren, ihr deutscher Name kommt vom arabischen Wort „banan" für Finger. In den 1960ern gab es das Gerücht, dass das Rauchen der Bananenfaser high mache (ein weiterer Grund für die Begeisterung der Hippies, die in dieser Zeit La Gomera für sich entdeckten?). Heute werden aus den Fasern Teebeutel, Seile und Wasserfilter hergestellt. Die Schale der Frucht hilft gegen Juckreiz bei Insektenstichen und kann zum Schuheputzen und Zähnebleichen genutzt werden. Ganz hilfreich also auch im Urlaub, wenn man Stich-, Schuh- oder Zahncreme daheim vergessen hat.

Bucht ein tolles Ausflugsziel: Im Schatten der Grill- und Picknickplätze genießt man die Kulisse aus schwarzen Steinformationen und schäumendem Meer und frönt dem Seelebaumelnlassen. Der Kiosk, der jahrelang das Wandererglück an der Playa perfekt machte, war zuletzt geschlossen.

▪ Von der Tourismusinfo der GM-1 (Umgehungsstraße) bergab folgen. An der Aloe-Vera-Plantage rechts abbiegen in Richtung Las Nuevitas; der Straße entlang der rechten Talseite auf den Bergrücken folgen. Am Mirador de la Orilla an der Gabelung links in die Bucht von La Calera.

El Muelle de San Lorenzo

Von den Casas de La Caleta bzw. von einer Kehre der Zufahrtsstraße zur Bucht führt ein gut ausgebauter Wanderweg mit der Nr. 33 zum Muelle de San Lorenzo. Die kleine Anlegemole liegt inmitten einer wilden Felslandschaft am Meer, das an dieser Stelle ungewöhnlich ruhig ist, was den Namen der Bucht, Agua Dulce, erklärt. Der Schiffsanleger wurde gegen Ende des 19. Jh. gebaut, als es auf Gomera noch keinerlei Häfen gab, die Nachfrage nach Bananen und Tomaten von der Insel aber stieg. Wo heute ein bequemer und mit einem Geländer gesicherter Panoramaweg über der oft tosenden Brandung entlangführt, transportierten früher Bauern und Tagelöhner die schweren Handelswaren auf Eselspfaden zur Muelle de San Lorenzo. 1907 wurde der Pescante in Hermigua gebaut und der Muelle de San Lorenzo wurde aufgegeben.

Los Aceviños

In das weite, fruchtbare Tal von Los Aceviños kommen Wanderer und Ruhesuchende. Sie finden ein Bergdorf mit versprengten Bauernhäusern und vielseitig bepflanzten, bunten Gärten. Kein Wunder, dass sich hier immer wieder Neubürger vom (deutschen) Festland niedergelassen haben: Direkt am Rande des Nationalparks Garajonay genießt man die Abgeschiedenheit des Inselnordens, dazu aber auch überdurchschnittlich viele Sonnenstunden. Dank der Lage auf 890 m über dem Meeresspiegel nämlich scheint die Sonne in Los Aceviños häufig auch dann, wenn der Rest Nord-Gomeras in dichten Wolken hängt.

Abendspaziergang zur Muelle de San Lorenzo

Agulo

Auf dem sprichwörtlichen Präsentierteller prangt „die Perle" Gomeras außerordentlich dekorativ inmitten eines halbrunden Talkessels auf einem Plateau über dem Meer. Schon von Weitem fällt das geschlossene Ortsbild des alten Zentrums auf.

Auch bei näherer Betrachtung erweist sich so manches der balkon- und balustradengeschmückten Bürgerhäuser aus dem 19. Jh. als echtes Juwel. Am besten folgt man dem beschilderten **Ortsrundgang (Ruta Urbana)** durch die Ortsteile La Montañeta und Las Casas. Die erste der deutschsprachigen Infotafeln steht an der Durchgangsstraße auf Höhe der Post. Von dort schlendert man durch die verwinkelten Gassen und erfährt etwas zur kolonialzeitlichen Architektur und den örtlichen Festen und Bräuchen.

Auf der **Plaza Leoncío Bento** in Las Casas stehen das **Rathaus** mit einer Bürger-Information und die Dorfkirche. Die Einheimischen nennen die neugotische **Iglesia de San Marcos** wegen ihrer weißen, im orientalischen Stil gehaltenen Dachkuppeln auch „La Mezquita", die Moschee. Rund um die Kirche steigt Ende April eine der größten Feierlichkeiten der Insel, die **Fiestas San Marcos Evangelista** zu Ehren des Dorfheiligen Marcos. Das größte Spektakel findet am 24. April statt. Dann brennen in den Straßen hohe Stapel aus Wacholderholz, die mutige Gomeros unter dem Jubel des angereisten Publikums für einen wilden Hindernislauf nutzen.

Ausgedehnter und mit einigen Höhenmetern verbunden sind die Erkundungsgänge vom Zentrum Agulos hinunter zum ehemaligen Bootsanleger an der **Playa de Agulo** oder durch den Ortsteil El Charco auf der Calle Calvario zum **Friedhof,** wo der Fußweg zur **Emita de San Marcos** (→ S. 134) abzweigt.

In Agulo startet auch eine der spektakulärsten Wanderungen der Insel: die Tour durch die steil hinter dem Ort aufragende Rote Wand zum Aussichtspunkt **Mirador de Abrante** (→ S. 134 und Wanderung 15).

Zur Gemeinde Agulo gehören die versprengten Weiler, die mit Einwohnerzahlen zwischen 10 und 80 Personen manchmal kaum mehr sind als ein paar Häuser entlang der Straße. An der Straße nach Vallehermoso streift man **Las Rosas** („die Rodungen", nicht die Rosen!) mit der Bar Manuela an der Abzweigung zum Nationalpark-Besucherzentrum Juego de Bolas (→ S. 135).

Die „Moschee" von Agulo

Architektur auf Gomera

Im Ortskern Agulos stammen viele Häuser aus der Zeit ab dem späten 18. und aus dem 19. Jh. Damals war der Ort auf der Höhe seiner wirtschaftlichen Entwicklung und der steigende Wohlstand ermöglichte es der Bourgeoisie, große Bürgerhäuser zu errichten, die ihren gehobenen Stand unterstreichen sollten. Am beliebtesten waren zweistöckige Häuser mit ausladender Fassade, symmetrisch angeordneten Türen und Fenstern sowie aufwendigen Holzarbeiten. Die Fenster waren nicht verglast, sondern wurden mittels Fensterläden oder Schiebefenstern aus Holz geschlossen. Herz dieser Häuser ist der schattige *patio*, der Innenhof, von dem eine Treppe auf die geschlossene Galerie im zweiten Stockwerk führt. Das zu allen vier Seiten geneigte Walmdach mit gebogenen Ziegeln wird von einer Holzkonstruktion getragen. Auch in San Sebastián und Vallehermoso findet man einige schöne Gebäude in diesem Stil. In den kunstvoll geschnitzten Balkonen, Treppenaufgängen und Galerien erkennt man den Einfluss des Mudéjar-Stils, bei dem sich maurische und gotische Formen vermischen.

Die Herrenhäuser stehen im Gegensatz zu den traditionellen Bauernhäusern aus dem 17. und 18. Jh., die aus dem dunklen, trocken aufgeschichteten Vulkangestein, das überall auf der Insel verfügbar war, errichtet wurden. Sie sind einstöckig und bestehen aus einem schlichten, rechteckigen Raum mit Satteldach, an den fortlaufend weitere Räume angebaut werden konnten. Auch die Fassade war anfangs unverputzt und die Tür häufig die einzige Öffnung. Es war ein rundum funktioneller Bau, in dem die ganze Familie samt ihrer Tiere lebte. Auch die Ernte und Werkzeuge wurden hier gelagert.

Calle de Lugo

Als Reaktion auf die Entwicklung, dass auf La Gomera vermehrt Gebäude entstanden, deren Baustoffe und Architektur nicht der örtlichen Tradition entsprechen, während man gleichzeitig die alten Bauernhäuser dem Verfall preisgab, entstand in den 1980er-Jahren der Turismo Rural. Das Konzept des ländlichen Tourismus sieht vor, die vorhandenen Gebäude zu erhalten und zu vermieten. So bleibt einerseits das architektonische Erbe erhalten, andererseits bekommen Besucher der Insel die Gelegenheit eines authentischen Gomera-Erlebnisses inmitten einer über Jahrhunderte entwickelten Natur- und Kulturlandschaft.

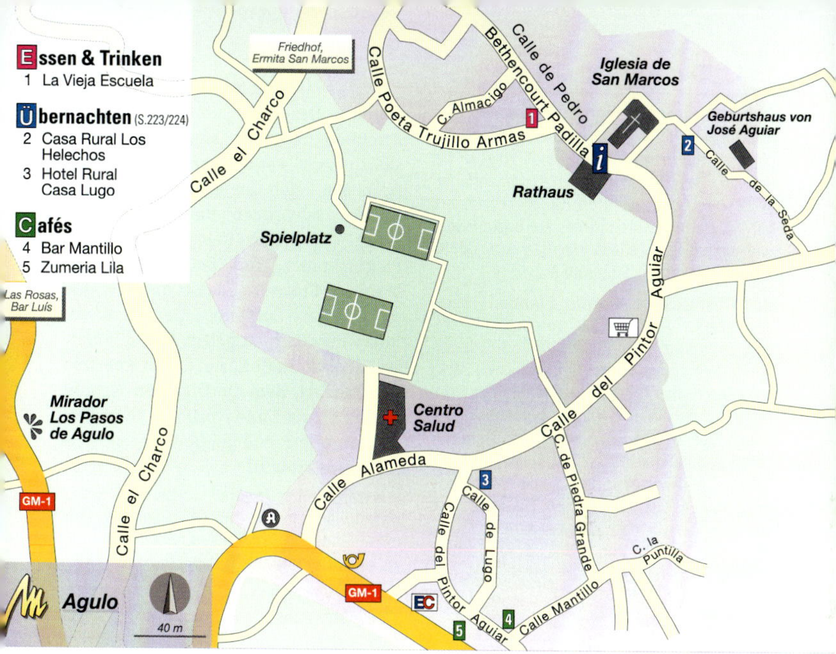

Information Im Rathaus, geöffnet Mo–Fr 8–14 und Montag 17–19.30 Uhr.

Verbindungen **Bus:** Bushaltestelle an der Durchgangsstraße.

Linie 2 nach San Sebastián und nach Vallehermoso (2,50 €) über Agulo, Mo–Sa 5x tägl., So 2x. www.guaguagomera.com.

Einkaufen Kleiner **Supermarkt** in der Calle Pintor Aguiar 4 im Zentrum von Agulo. Mo–Fr 8–13 und 17–20 Uhr, Sa 17–20 Uhr geöffnet.

Gesundheit Consultorio médico in der Nähe des Sportplatzes. Travesía Carrero Blanco 6, 38830 Agulo. ✆ 922-146014.

Tierpark/Reiten **Eselpark Burro Parque** am Cruz de Tierno. Oben in den Bergen an der Grenze zum Nationalpark haben Bernard und Brigitte Sabrowski sich mit Eselhof und Bio-Finca einen Traum erfüllt und erzählen gerne davon wie auch während der angebotenen Hof- und Gartenführungen von den Geschichten der einzelnen Tiere: Zu den fünf aus Deutschland importierten Eseln haben sich mittlerweile Ziegen, Schafe, Strauße, Schweine und Weiteres gesellt. Anmeldung erforderlich. Auch Eselsritte und Wanderungen mit Esel werden angeboten. Eintritt Park Erw. 10 €, Kinder bis 12 J. 5 €. Reiten 1 Std. 15 €, Wanderungen mit Esel auf Anfrage. Cruz de Tierno, 38890 Agulo/Las Rosas (in der Nähe des Restaurants Roque Blanco), ✆ 648-502644, www.eselpark-lagomera.de.

Essen & Trinken **La Vieja Escuela** **1**, in Las Casas, oberhalb des Sportplatzes. Feine Hausmannskost mit den typisch-gomerischen Fisch- und Fleischgerichten sowie wenig Vegetarischem und einer guten Auswahl an Vorspeisen. Es gibt von vielen Gerichten auch halbe Portionen, perfekt für eine Mittagsrast, die man an heißen Tagen auf der schattigen Terrasse mit Blick auf Agulo und die Rote Wand genießt. Gutes Preis-Leistungs-Verhältnis. Mo–Sa 11–21 Uhr, Calle Poeta Trujillo Armas 2, 38830 Agulo, ✆ 922-146004, www.restaurantelaviejaescuela.es.

Im Ortsteil La Montañeta gibt es an und in der Nähe der Durchgangsstraße einige kleine Bars, wie die **Zumeria Lila** **5** (Fußball-TV-Treff der Einheimischen) oder die **Bar Mantillo** **4** (fast täglich Gitarrenspiel und Gesang auf der Terrasse), die Erfrischungen und Snacks anbieten.

Bar Manuela, im Ortsteil Las Rosas an der GM-1 nach Vallehermoso. Am besten macht man es wie die Einheimischen und kehrt bei Manuela auf ein Bocadillo und ein Gläschen Landwein ein. Danach geht es frisch gestärkt zur nächsten Unternehmung. Carretera General Las Rosas s/n, 38890 Agulo/Las Rosas, ✆ 922-800916.

Bar Restaurante Juego de Bolas, Ausflugslokal in der Nähe des Besucherzentrums. Typisch deftig-rustikale Kost von Almogrote bis Kotelett, das Fleisch wird über dem offenen Feuer des Grills gebraten, üppige Portionen. Mittags treffen hier Gomeros auf Bustouristen und Wanderer. Cañada del Sao s/n, 38890 Agulo/La Palmita, ☏ 922-800834.

Bar Restaurante Roque Blanco, großes, abgelegenes Ausflugslokal. Auch die Einheimischen kommen gerne mit großen Gruppen hierher; einerseits wegen des herrlichen Blicks hinunter in das breite, von Vallehermoso heraufziehende Tal und natürlich hinüber zum Roque Blanco. Und wenn, wie so oft, dicke Nebelschwaden den Aussichtspunkt einhüllen, bleiben andererseits noch eine wärmende Kressesuppe oder die großen Fleischgerichte vom Grill, für die das Lokal bekannt ist. Di–So 10–18 Uhr. Anfahrt von Las Rosas in Richtung El Teón. Cruz de Tierno s/n, 38830 Agulo/Las Rosas, ☏ 922 800483.

Ermita und Playa de San Marcos

Auf einem Plateau am Fuße des schmalen Barranco de la Piedra Gorda liegt die Ermita San Marcos. Es ist weniger die kleine Kirche als die landschaftliche Kulisse, die diesen Ort so besuchenswert macht: Landeinwärts wandert der Blick von dem weißen Kirchlein über das steil ansteigende, sich rasant verjüngende Tal hinauf. Dreht man sich um, erstreckt sich hinter der schwarzen Bucht das weite Meer. Wie schön, dass es hier einen Picknickplatz gibt! Bei einer mitgebrachten Brotzeit gedenkt man der ersten Siedler Gomeras, die an dieser Stelle im 16. Jh. angelegt haben sollen. Im Gepäck hatten sie die Statue von San Marcos, dem Dorfheiligen Agulos, dessen Fiesta Ende April mit einer Prozession und Freudenfeuern vor der Kapelle gefeiert wird.

- **Anfahrt:** Am Friedhof vorbei der Straße ortsauswärts folgen, an der Gabelung links halten und schließlich in Kehren immer bergab bis zum Parkplatz an der Kapelle.

Zu Fuß: Von Agulo ca. 30 Min. einfach, auf der Straße an Agulos Friedhof vorbei ortsauswärts, dann rechts auf einen Pfad abzweigen und diesem erst parallel zur Küste, dann hinunter in die Bucht folgen.

Mirador de Abrante

Auch wenn Agulo selbst nicht unbedingt Ziel des Besucher-Gros ist – spätestens der spektakuläre Aussichtspunkt Mirador de Abrante rückt den

Durch den Glasboden blickt man über die Klippen hinunter

Ort in den Fokus der Gomera-Pauschaltouristen, denn deren Bus-Stopp hier ist obligatorisch. Die Pläne für die gläserne Aussichtsplattform und das dazugehörige **Restaurant** auf gut 600 m über dem Meeresspiegel stammen von dem kanarischen Architekten José Luis Bermejo Martín. Der Mirador oder neudeutsch Skywalk eröffnete 2014 und wurde schnell zum Publikumsmagneten. Wen wundert's? Aus einer Glaskanzel blickt man aus luftiger Höhe hinunter auf den Ortskern Agulos und den Teide auf Teneriffa. Ein lohnendes Ziel, auch für Individualreisende, die sich den Ausblick vielleicht im Aufstieg durch die Rote Wand erarbeiten. Letzteren wird geraten, die Mittagsstunden und damit die großen Reisegruppen zu meiden.

▪ Täglich 11–19 Uhr geöffnet, ✆ 638-661490. Zutritt Aussichtskanzel gratis.

Tipp: Für die Gäste im Restaurant demonstrieren die Kellner immer wieder die Pfeifsprache El Silbo. Fragen Sie doch einfach mal nach!

Anfahrt: Von Las Rosas (an der Verbindungsstraße Agulo–Vallehermoso) in Richtung Besucherzentrum Juego de Bolas, von dort aus noch etwa 2 km der Beschilderung auf einer kleinen Straße folgen.

Zu Fuß: Zum Beispiel Wanderung 15 oder Wanderung 17.

Nationalpark-Besucherzentrum Juego de Bolas

Das Centro de Visitantes Juego de Bolas gehört zum Pflichtprogramm jedes Gomera-Neulings, aber auch zur Wissens-Auffrischung kann ein Besuch nicht schaden. Hoch über Agulo erfährt man fast alles, was man über Natur und Kultur auf La Gomera wissen möchte. Vor der Infotheke gibt es allerhand nützliche Flyer und Kartenmaterial, dahinter äußerst hilfsbereite Mitarbeiter. Auch von den regelmäßig ankommenden Reisegruppen sollte man sich nicht abhalten lassen, meist verläuft sich das Publikum auf dem weitläufigen Gelände.

Im Außenbereich des Besucherzentrums ist ein gut beschilderter **botanischer Garten** angelegt. Hier wachsen auf Gomera heimische, teils endemische Pflanzenarten wie Vertreter der Lorbeerwaldgesellschaft oder die seltene Bravoana-Wolfsmilch. Aber auch vom Menschen eingeschleppte Pflanzen machen sich breit. Im vorderen Gebäude befinden sich die **Infotheke des Nationalparks,** ein Kinosaal und eine informative **Ausstellung zu Geologie und Naturraum** Gomeras. Im April 2021 wurden umfassende Umbauarbeiten an dem Gebäude begonnen, die etwa ein Jahr dauern sollen. Neben der **Casa de la Memoria** mit heimatkundlichen Themen findet man im hinteren Bereich des Besucherzentrums eine alte Weinpresse sowie einen Innenhof mit Arkadengang. Ein süßer Duft lockt, vorbei an sporadisch geöffneten Kunsthandwerks- und Souvenirshops, vor die Kekstheke der kleinen **Bäckerei von Idelina.** Die freundliche Gomera backt bereits in fünfter Generation die inseltypischen, mit Gofio (natürlich!) verfeinerten Galletas. Damit ausgestattet folgt man den Treppen zu mehreren **Rast- und Aussichtspunkten** und genießt Kekse verkostend die weite Sicht auf das Grün des Nationalparks und den Weiler Meriga.

▪ Eintritt gratis. Geöffnet täglich 9.30–16.30 Uhr, ✆ 922-800993, Calle de la Palmita, 1989, 38890 Agulo. Das Besucherzentrum ist **barrierefrei.**

Anfahrt: Von Agulo in knapp 14 Minuten zunächst auf der Straße GM-1 in Richtung Vallehermoso, an der Bar Casa Luís in Las Rosas rechts abbiegen und der Straße folgen. Parkplätze vorhanden.

Zu Fuß: Gut ausgebautes Wegenetz. Ein Besuch lässt sich mit Wanderung 15 oder 17 kombinieren.

Der Norden → Karte S. 122/123

Presa de Meriga

Verborgen im Nebelwald liegt der kleine Stausee von Meriga. Vielleicht liegt es am Schutz des Nationalparks, an dessen Grenze sich der See befindet, vielleicht daran, dass er nicht direkt mit dem Auto angesteuert werden kann, dass sich hierher sich nur wenige Touristen verirren. Eine große graue Staumauer sucht man zunächst vergebens. Schützend umgibt dichter Lorbeerwald den verwunschenen See, dem man erst auf den zweiten Blick ansieht, dass er künstlich angelegt wurde. Tote Bäume ragen aus dem stillen, dunklen Wasser. Sie erzeugen eine geheimnisvolle Atmosphäre und liefern ein fantastisches Fotomotiv. Zu Beginn des Spaziergangs informieren die in die Jahre gekommenen Tafeln eines Baumlehrpfades über die Lorbeerwald-Vegetation. Ein bisschen Zeit sollte man also einplanen, auch wenn der Spaziergang vom Parkplatz bei Meriga aus mit eineinhalb Kilometern eine gemütliche Unternehmung ist.

▪ **Anfahrt:** Zum Beispiel als Abstecher vom Nationalpark-Besucherzentrum Juego de Bolas (10 Min. mit dem Auto). Vom Besucherzentrum über La Palmita in Richtung des Weilers Meriga; in einer Haarnadelkurve zweigt rechts der Waldweg zum kleinen Rast- und Parkplatz ab.

Spaziergang: Vom Parkplatz folgt man dem breiten Waldweg und der Beschilderung „Presa Meriga". Am See angekommen umrundet man diesen auf einem schön angelegten Pfad in Ufernähe, und kommt wieder auf den breiteren Weg und zum Ausgangspunkt zurück (1,5 km).

Mission to Mars: El Cepo

Montaña El Cepo

Wie wäre es mit einem Trip zum Mars? Auf Gomera ist das kein Problem! Ab mit der Familie ins Auto/Raumschiff und los geht es zur Hügellandschaft El Cepo. Hoch über dem Meer hat die Erosion allen Humus abgetragen. Statt grüner Farne und Palmen sieht man blanken Boden in den Farben Rot, Ocker, Grau oder Braun. Durch die Einwirkung von Wind, Sonne und Niederschlag sind Risse und spezielle Muster entstanden, die der Landschaft einen surrealen Touch geben. Knorrige Wurzelstöcke, die verloren auf der kargen Erde liegen, verstärken den Effekt. Man erreicht die Marslandschaft nach einem kurzen, nicht ausgeschilderten Aufstieg von der GM-1 aus.

▪ **Anfahrt:** Von Agulo fährt man in Richtung Vallehermoso vorbei an Las Rosas und parkt in der ersten Linkskehre nach dem Ort in einer unbeschilderten Parkbucht am Rand der Straße. Ein Trampelpfad führt durch Gras und Gebüsch bergauf. Bald erblickt man die ersten Flecken bunter Erde. Auf der Montaña El Cepo gibt es keine Wege, dort wandert man nach Herzenslust herum und sollte Zeit zum Fotografieren einplanen, denn die Lage über dem Meer und die vegetationslose Landschaft geben ein grandioses Motiv ab.

Leider verlassen: das Castillo del Mar

Vallehermoso

Das „schöne Tal" macht seinem Namen alle Ehre: ganzjährig üppig grün und fruchtbar, bewacht vom kahl aufragenden Roque Cano, darin eingebettet das herrlich verschlafene Örtchen Vallehermoso und seine versprengten Ortsteile.

Das Herz des Hauptortes ist die Plaza de la Constitution: Rathaus, Banken und Bänke, Café-Bars und Supermärkte ziehen Behörden- und Müßiggänger an, alteingesessene Einwohner und Wandertouristen pflegen das Beäugen und Beäugtwerden, abends bringen die spielenden Kinder noch mal Leben auf den Platz, bis die Mutter lauthals zum Schlafengehen ruft.

Vallehermoso mit seinen fruchtbaren Böden war einst nicht nur wirtschaftliches Zentrum Gomeras, sondern auch Sitz des Cabildo Insular, der Inselhauptverwaltung. Zwei Zuckermühlen, eine davon in der Nähe des heutigen Ortskerns, begründeten im 16. Jh. den Wohlstand im Tal. In den folgenden Jahrhunderten brachte die Landwirtschaft weitere Exportgüter wie Wein, Tomaten oder Bananen hervor. Da es für die Ausfuhr dieser Erzeugnisse nicht die passende Infrastruktur gab – die Straße nach San Sebastian war schlecht und der Hafen der Inselhauptstadt nicht für das Verladen größerer Mengen eingerichtet –, baute die Gemeinde Vallehermoso eine eigene Verladestation, von der aus die Bananen und Co direkt verschifft werden konnten (→ Castillo del Mar, S. 139). Doch nicht nur Exportgüter verließen von hier die Insel, es kamen auch Waren an, wie beispielsweise das erste Automobil im Jahr 1910. Mit dem Rückgang des Exports landwirtschaftlicher Güter in den 1960er-Jahren endete die wirtschaftliche Hochzeit Vallehermosos.

Auch aufgrund der verbesserten Infrastruktur auf der Insel verlor der Schiffsanleger schließlich seine Bedeutung und Vallehermoso damit viele Arbeitsplätze.

Der Glanz vergangener Jahre lässt sich noch an den verzierten, zweistöckigen Bürgerhäusern im Zentrum und um die Pfarrkirche San Juan Bautista erahnen, die man von der Plaza auf der Calle Major erreicht. Ganz und gar modern und deshalb ebenfalls auffällig ist der Kinderspielplatz, der östlich der Plaza an der Straße GM-1 in Richtung Agulo liegt und von riesenhaften Betonfiguren mit ausladenden Hinterteilen bewohnt wird.

Innerhalb der letzten Jahre mauserte sich Vallehermoso ganz unauffällig zum hippsten Städtchen der Insel, wo man auf engagierte Persönlichkeiten trifft, die die Chancen eines authentischen und sanften Tourismus für ihre (Wahl-)Heimat sehen und für sich nutzen oder das Dorf lebenswert erhalten wollen. Da ist die Russin Katja, die im Aussteiger-Weiler Ambrosio eine Bio-Imkerei betreibt. Sie verarbeitet die Bienen-Produkte zu Kosmetik, die sie mittlerweile auf der ganzen Insel verkauft. Im Ortszentrum hat Alfredo Amaya das von seinen Eltern übernommene Traditions-Hostal Amaya zu einer Begegnungsstätte für Individualreisende umgewandelt (→ Übernachten S. 224). Das Highlight ist der große Bio-Garten, wo man als Gegenleistung für ein wenig meditatives Jäten ernten darf, was man will. Die neueste Errungenschaft des Ortes ist das *Cerveza artesenal Layla*, ein handwerklich hergestelltes Bier. Die kleine Brauerei von Iván Hernandez kann leider nicht besichtigt werden. Für eine Kostprobe des Cerveza Lalya kehrt man am besten im Café Lucia Cosas de verdad (→ Essen & Trinken) ein.

Hermigua liegt im Grünen

Sehenswertes/Baden

Iglesia San Juan de Bautista: Das erste Gotteshaus Vallehermosos stammte bereits aus den Anfängen der Siedlung. Nachdem es über die Jahrhunderte immer wieder durch Brände beschädigt worden war, erbaute man zwischen 1814 und 1910 die Iglesia San Juan de Bautista im neogotischen Stil. Bemerkenswert ist die Wendeltreppe, die den Chor und den Glockenturm verbindet.

Roque Cano: Als Blickfang überragt der Roque Cano das Tal von Vallehermoso. Der „weißharige" Fels ist, wie die anderen Roques der Insel, ein durch Erosion freigelegter Vulkanschlot und hat seinen Namen von den Passatwolken, die ihn vor allem morgens häufig umgeben. Aus dem Tal führt der Wanderweg GR 132 zum aussichtsreichen Roque Cano hinauf (→ Wanderung 15).

Jardín Botánico del Descubrimiento de Vallehermoso: An der Straße von Vallehermoso hinunter zur Playa fällt rechter Hand ein kantiges Betongebäude ins Auge. Dahinter befindet sich der Botanische Garten von Vallehermoso. Im Jahr 2000 wurde das futuristisch anmutende Hauptgebäude mithilfe von EU-Geldern errichtet – und ist seitdem nur selten geöffnet. Einheimische berichteten von noch verpackten Möbeln, die im Inneren auf ihre Enthüllung warteten, jahrelang waren die Wege von der Straße in den Garten mit Gittern versperrt. Nichtsdestotrotz: Findige Besucher fanden einen Weg hinein und landeten in einer verwunschenen, wenn auch zunehmend verwilderten Welt. Passend zum Namen des Gartens *descubrimiento*, was so viel wie „Entdeckung" bedeutet, streunte man umher wie einst die Eroberer der Neuen Welt und fand neben (endemischer) kanarischer Vegetation auch Nutz- und Zierpflanzen aus eben dieser.

Im Juni 2017 beschloss die Inselregierung einstimmig, den Botanischen Garten wieder in Betrieb zu nehmen, Anfang 2021 war alles sehr gepflegt und aufgeräumt, aber nicht vom Haupteingang aus zu betreten.

▪ Das graue Hauptgebäude des Jardín Botánico liegt auf der Straße in Richtung Playa, von der Plaza in Vallehermoso nach gut einem Kilometer auf der rechten Seite. Wenige Parkplätze am Straßenrand. Alternativ fährt oder geht man auf der Schotterpiste im Talgrund meerwärts und findet linker Hand den (eventuell zugewachsenen) Hintereingang des Gartens.

Playa de Vallehermoso und Parque Marítimo: Von der Plaza führt die Avenida Guillermo Ascanio Moreno hinaus aus Vallehermoso. Auf ihr erreicht man nach etwa 3,5 km den steinigen Strand. Das Baden im rauen Atlantik ist nur an wenigen Tagen im Jahr möglich. Eine Alternative ist das kostenlose und geschickt über der Playa angelegte Schwimmbad der Gemeinde, der Parque Marítimo, der allerdings nur in den

Erdbeerbaum im Botanischen Garten

Sommermonaten geöffnet ist. Von den beiden großen Becken blickt man direkt auf das tosende Meer. Die dazugehörige Bar ist bei gutem Wetter auch für den Rest des Jahres in Betrieb. Gleich neben der Freibadanlage, aber frei zugänglich, befinden sich eine überdachte Picknickzone und ein Kinderspielplatz.

Castillo del Mar: Die Geschichte des gischtumtosten Baus auf einem Vorsprung in den Klippen am Strand von Vallehermoso handelt vom wirtschaftlichen Wandel Gomeras und bürokratischen Wirren. Ihren Ursprung hat die „Burg" in den Zeiten, als Vallehermoso wirtschaftliches Zentrum und Hauptumschlagplatz für gomerische Exportgüter war: Man errichtete sie 1890 als *Empaquetadora de plátanos* (Bananen-Verpackungsstation) mit Sitz des örtlichen Handelszentrums, das vom Obergeschoss alle Aktivitäten überwachte. Im Untergeschoss wurden neben anderen Erzeugnissen hauptsächlich Bananen für den Verkauf vorbereitet und schließlich über den Schiffsanleger direkt vor Ort verschifft. Verteidigungsanlagen schützten die kostbaren Güter

Der Norden → Karte S. 122/123

vor Piraten. Eine Zeitlang boomte der Bananenanbau und der Seeweg war die beste Transportmöglichkeit für den Export von Vallehermoso aus. Die verbesserte Infrastruktur auf der Insel machte der Bananenrampe aber ein jähes Ende, da man die Bananen nun problemlos per LKW zum Hauptstadthafen bringen konnte. Vallehermoso verlor seine Bedeutung als Exporthafen. 1950 stellte man den Handel ein, die Verladestation wurde nutzlos und verfiel. Gut 30 Jahre später kam der deutsche Student Thomas Müller auf die Insel und war fasziniert von dem Ort, der ihn an Piratengeschichten aus seiner Kindheit erinnerte. Kurzerhand kaufte der junge Deutsche den bröckelnden Abenteuerspielplatz für 3000 Euro von einem nicht schlecht staunenden Plantagenbesitzer. 2002 eröffnete er, der mittlerweile als „El Fotografo" erfolgreich Fuß gefasst hatte auf Gomera, das Castillo del Mar als Kultur- und Veranstaltungszentrum. Bis 2008 war die Burg im Meer der Treffpunkt für Vollmondpartys, Ausstellungsort, Café und Touristenattraktion. Der finanzielle Erfolg blieb dennoch aus, Gewinne wollten sich nicht einstellen und als dann auch noch der alte Dieselgenerator ausfiel und die örtlichen Behörden Müller auf den Leib rückten, musste er sein Kulturzentrum schließen. Nach langem Prozessieren erhielt Müller 2016 die offizielle Konzession für 60 Jahre. Nun fehlt aber nicht nur das Geld für die erneute Renovierung und den Stromanschluss, die Regierung müsste auch den Zugang, der immer wieder von Steinschlägen und Rutschen verschüttet wird, freiräumen und sichern. Solange nicht geklärt ist, wer was zahlt, wacht die ehemalige Bananenverladestation weiter einsam und verlassen über der rauschenden Brandung.

▪ Informationen zum Stand der Dinge am Castillo gibt es unter www.facebook.com/castillo.del.mar.gomera.

Praktische Infos

Information **Tourismusinformation** im Rathaus an der Plaza. Mo–Fr 9–13 Uhr. Plaza de la Constitución 1, 38840 Vallehermoso, ✆ 922-800000, www.vallehermosoweb.es.

> Der Hauptort im „schönen Tal" im Norden macht nur einen Teil der Gemeinde aus, die sich als einzige der sonst tortenförmig angelegten Insel-Municipios von der Nord- bis an die Südküste erstreckt. In vorliegenden Kapitel werden nur die nördlich und nordwestlich des Nationalparks gelegenen Ortsteile besprochen. Die im Süden gelegenen Dörfer Chipude, El Cercado, La Dama finden Sie ab S. 60.

Verbindungen **Bus:** Bushaltestelle am Kreisverkehr östlich der Plaza.

Linie 2 nach San Sebastián (4,50 €), über Las Rosas, Agulo (2,50 €) und Hermigua (3 €), Mo–Sa 5x tägl., So 2x.

Taxi: Taxistand am großen Parkplatz bei der Plaza. ✆ 922-108159.

Gesundheit **Centro de Salud** Calle La Vuelta s/n, 38840 Vallehermoso, ✆ 922-171170.

Einkaufen **Supermärkte** rund um die Plaza. Im Untergeschoss des Ratshauses befindet sich der **Mercado Municipal** (Eingang auf der rechten Seite des Gebäudes). Der Markt war zuletzt nur noch sporadisch geöffnet, soll aber laut eines Beschlusses des Stadtrates wiederbelebt und ausgebaut werden, um lokale (biologische) Produkte zu fördern. Es lohnt sich also, vorbeizuschauen.

Bodega insular **7**, die Weinkellerei des Cabildo Insular (Inselregierung) prüft, kauft, verarbeitet und vermarktet die Trauben der Winzer, die keine eigenen Produktionsstätten besitzen. Die Inselweine mit Herkunftsgarantie, wie Cumbres de Garajonay, werden hauptsächlich aus der weißen Rebsorte Forastera hergestellt. ✆ 922-801546, Calle Pedro García Cabrera 7, 38840 Vallehermoso.

Essen & Trinken Direkt auf der Plaza de la Constitución bieten die **Bar Central** **6** und die **Zumería Iballa** **5** (So Ruhetag) vom Frühstück bis zum Sandwich-nach-der-Wanderung die Gelegenheit zur Einkehr.

Tasca Restaurante El Carraca **3**, gemütliches, mit viel Holz eingerichtetes Restaurant, wo gomerische Küche mit einem Hauch Stil auf

den Tisch kommt. Besonders gelobt werden das Zicklein und dazu der Hauswein aus der Tonkaraffe. Di–So 8–23 Uhr. Calle Nueva Creacion S/N, bzw. in der Calle Iglesia zwischen Plaza und Kirche, ✆ 922-801021.

Bodegón Agana 4, urige Kneipe, wo kanarische Küche in üppigen Portionen serviert wird. Die Wasserkressesuppe *potaje de berros* kommt authentisch mit Käse, Gofio und einer halben Zwiebel. Günstiges Drei-Gänge-Tagesmenü (12 €). Av. Guillermo Ascanio Moreno 5, 38840 Vallehermoso, ✆ 922-800843.

Lucia Cosas de verdad 9, kleines Café links neben dem Spar-Markt mit köstlichen Kuchen, Zumos und hausgemachte Limonaden! Dafür nimmt man auch die für den deutschen Kuchenhunger gewöhnungsbedürftigen Öffnungszeiten in Kauf: Mi–Sa 18–22 Uhr. Wer es deftiger mag, bestellt das erste handwerklich gebraute Bier von der Insel, das Craft-Beer Cerveza Layla, das mit Tapas (Oliven und Chips) serviert wird und an ein naturtrübes Weißbier erinnert. Plaza de la Constitución 4, 38840 Vallehermoso, ✆ 922-800080.

Rund um Vallehermoso

Embalse la Encantadora/ Rosa de Las Piedras

Gehalten von einer massiven Staumauer liegt eingebettet in ein Seitental südlich von Vallehermoso La Encantadora. Smaragdfarbenes Wasser, Schilf und Palmenhaine bilden einen grünen Teppich, der von den umliegenden Felsen gerahmt wird. Am westlichen Ufer des Stausees leuchten die weißen Häuser des hübschen Dorfes Rosas de las Piedras. Es fällt nicht schwer, sich der Magie dieses Ortes hinzugeben: Ein bequemer Fußweg führt ohne große Steigungen rund um den See und im Ort gibt es Picknickgelegenheiten direkt am Ufer (→ Wanderung 20).

Die Reizende – Stausee La Encantadora

Tamargada

Als versprengte weiße Flecken stehen die alten kanarischen Langhäuser des Weilers Tamargada auf Terrassen am Hang des Barranco. Zwischen den Häusern sorgen die Palmenhaine für sattes Grün. Kein Wunder, dass Tamargada als eines der charakteristischsten Dörfer des Gomera-Nordens gilt.

Chorros de Epina

Zu den Wunderquellen Gomeras führt oberhalb der Kreuzung mit Abzweig nach Epina ein ausgeschilderter Wanderweg von der Straße GM-1 (Vallehermoso–Valle Gran Rey) in den Wald hinein, wo man schon bald vor den in sieben ausgehöhlten Baumstämmen gefassten Quellen von Epina steht. Ein Schild (auf Englisch) gibt Anleitung zur Anwendung der Wässerchen: Wer innerhalb eines Tages heiraten möchte, soll aus den sieben Röhren trinken. Um die erhoffte Liebe zu finden, müssen Frauen aus den geraden Röhren trinken, Männer aus den ungeraden. Frauen, die Hexen werden wollen, müssen aus den für Männer bestimmten Röhren trinken. Auch wem die Weisungen ein bisschen wahllos vorkommen, sei geraten, sich etwas Wasser abzufüllen, denn im Vergleich mit dem Leitungswasser aus den Tälern ist das Quellwasser in jedem Fall die bessere Wahl. Und wenn's dann noch in Liebesdingen hilft ...

Die Menschen im Tal wussten die Qualität des Quellwassers von Epina übrigens schon früher zu schätzen. Damals wurden vornehmlich die Frauen auf den beschwerlichen Weg hierhergeschickt, um das Wunderwasser zu holen. Als Beweis, dass sie wirklich bis zu den Quellen aufgestiegen waren, brachten sie ein Blatt des „Römischen Lorbeers" mit, einer Lorbeerart, die es nur hier oben gibt.

Arguamul

Rau und still, ursprünglich und unverfälscht schön ist es im Nordwesten rund um das versprengte Dorf Arguamul. Mit dem Auto gelangt man nach einem finalen Ritt auf den steilen Serpentinen in den Ortsteil Guillama mit seinen hübschen kanarischen Steinhäusern, die heute fast ausschließlich als Wochenend- und Ferienhäuser genutzt werden. Zum Meer geht es nur zu Fuß und einige Höhenmeter abwärts: entweder zur **Playa** bei **El Barquillo** mit den zwei der Küste vorgelagerten Steintürmen von **Baja de los Roques.** Oder zur **Playa del Remo/Playa de Arguamul,** einem langen dunklen Kiesstrand, an dem man zwischen Felsen sitzend der tosenden Brandung zusieht. Die Mehrheit der Bewohner lebt heute im größten Ortsteil Las Tías, der weiter oben im Barranco liegt. Von hier führt ein Pfad 200 Höhenmeter bis zur Ermita Santa Clara hinauf. Von dem Kirchlein mit großem Festplatz hat man eine wunderbare Sicht ins Tal (→ Wanderung 19).

▪ An der großen Kreuzung bei Epina geht es von der Straße GM-1 nach Arguamul, von Vallehermoso fährt man eine gute halbe Stunde.

An den Chorros de Epina

Los Órganos

Bei dem imposanten Naturdenkmal Los Órganos handelt es sich um eine Felsenklippe aus sehr altem Vulkangestein. Das Abkühlen der Lava und die darauf folgende Erosion des Gesteins hat der Formation seine charakteristische Silhouette verliehen, die steil ins Meer abfallende Orgelpfeifen andeutet.

▪ Die Órganos kann man nur vom Meer aus betrachten. Entsprechende Bootsausflüge lassen sich, einigermaßen ruhige See vorausgesetzt, in Vueltas buchen, von wo die Boote zum Naturdenkmal starten (→ S. 95 und S. 232).

Alojera

Von Vallehermoso kommend erreicht man das Dörfchen über den Bergrücken bei Epina und viele, viele Kehren, die sich in den Barranco schlängeln. Abgesehen von zwei modernen Windkraftwerken zieren vor allem Palmenhaine die Hänge. Hier und da sieht man Männer in den Palmenkronen, die mit der Gewinnung von Miel de Palma beschäftigt sind, dem gomerischen Palmhonig, für dessen Produktion Alojera bekannt ist.

Um die Plaza des weitläufigen Dorfs, das auf 250 m über dem Meeresspiegel liegt, gruppieren sich die kleine Bar Pedrono mit Supermarkt und die Kirche. Ein paar Häuser weiter talaufwärts blickt die smarte Doña Aniceta nicht nur von den Gläsern und Flaschen ihrer hausgemachten Köstlichkeiten, sondern zeigt sich auch einmal leibhaftig mit einer Kostprobe hinter der Theke des Spezialitätenladens El Mesapé. Wen Abgeschiedenheit und dörfliches Leben reizen, der quartiert sich in den privat vermieteten Apartments und Casas Rurales im Ort ein. Das einzige Restaurant des Ortes befindet sich im Ortsteil Playa de Alojera.

Wilde Küste an der Playa de Alojera

Sehenswertes/Baden

Casa de la Miel de Palma: Das Palmhonigmuseum, das auch als Kulturzentrum für die einheimische Bevölkerung fungiert, ist eines der neuesten Museen Gomeras und unbedingt einen Besuch wert. Es befindet sich etwas zurückversetzt von der Hauptstraße in Richtung Playa. Bilder, Originale und Nachbildungen machen Nutzen und Wert deutlich, den die kanarische Palme für die Inselbevölkerung hatte und hat. Die Ausstellungstexte auf Spanisch und Englisch sind kurz gehalten, dank der anschaulichen Aufmachung aber nicht zwingend zum Verständnis notwendig. Im kleinen Museumsshop werden auf Gomera hergestellte Palmenprodukte verkauft.

▪ Wer noch mehr über den Palmhonig wissen will, kann im Vorfeld eine Führung im Museum anfragen (auf Englisch). Geöffnet Mi–Sa 10–17.30 Uhr. ✆ 034-628784119, mieldepalma@lagomera.es.

Playa de Alojera: In einem engen Kessel liegt der Küstenort von Alojera. Viele (abgewanderte) Gomeros halten hier ein Ferienhaus, in dem sie den Sommer verbringen oder das sie an Touristen vermieten. Der Ort kann je nach Saison verlassen wirken. Aber auch wenn der Leerstand temporär überwiegt, mancher gar von „marodem Charme" spricht, ist Playa de Alojera schön anzusehen, vor allem von der Küste aus: Blendend weiß mit blauen Fensterläden heben sich die Häuser von den dunklen Felsen der Küste ab und bieten ein herrliches Fotomotiv. Ein Erdrutsch, der im Jahr 2015 ein Apartmenthaus zerstörte und die Zufahrt zum Strand verschüttete, zeigte allerdings deutlich die Risiken der spektakulären Lage. Die wilde Brandung nagt an der bröckelnden Uferpromenade, die bei Flut von der Gischt überschwemmt wird. Gleiches gilt für den Bootsanleger und das kleine Meeresschwimmbecken. Bei Ebbe kann man sich hier aber wunderbar erfrischen, gemeinsam mit den schwarzen Krebsen, die vom Wellengang unbeeindruckt ihr Sonnenbad nehmen.

Zum Aufenthalt in Playa de Alojera gehört die Einkehr in einem der beliebtesten Fischrestaurants der Insel, dem El Prisma (→ Essen & Trinken). In einer schmalen Gasse sitzt man umgeben von sich sonnenden Katzen. Grandios bei Sonnenuntergang!

Playa del Trigo: Den abgelegenen Kies-Strand nördlich der Playa de Alojera erreicht man nur zu Fuß. Entsprechend ruhig ist es hier, baden ist bei ruhiger See möglich. Entweder steigt man vom Ortszentrum Alojeras durch den Barranco hinunter oder man wählt die kürzere Variante, die von der Straße zur Playa de Alojera abzweigt (→ Wanderung 21).

Praktische Infos

Verbindungen **Bus:** Haltestelle oberhalb der Plaza. Linie 5 Alojera – Vallehermoso (4 €) über Epina (2 €), Mo–Fr 2x tägl.

Essen & Trinken **Bar-Restaurante El Prisma,** authentisches Fischlokal in Playa de Alojera, das von Gomeros betrieben wird. Ob Fisch des Tages oder Gambas Ajillo, die Gerichte sind auf den Punkt zubereitet und schmackhaft. Die freundliche Bedienung und die entspannte Atmosphäre tun ihr Weiteres. Do–Di 10–21 Uhr, Mi Ruhetag. Calle Playa de Alojera s/n, 38852 Alojera, ✆ 922-800703.

Einkaufen **El Mesape,** Almogrote, Miel de Palma, Gomerón, Galletas oder Mojo, die Auswahl an gomerischen Köstlichkeiten ist groß im kleinen Laden von Doña Aniceta. Auch eine Adresse für Souvenirs. Mo–Fr 9–14 Uhr, ✆ 922-800969, CV-16, 10, 38852 Vallehermoso, https://nuevo.elmasape.es.

Der Norden → Karte S. 122/123

Taguluche

Das abgelegene Dorf kennt ein Großteil der Urlauber nur von oben, vom Aussichtspunkt Mirador del Santo in Arure blickt man darauf hinunter. Und bevor Subventionen den Straßenausbau nach Taguluche ermöglichten, erreichte man den abgelegenen Ort üblicherweise auch nur auf dem Eselspfad von Arure aus. Heute aber zweigt, EU sei Dank, von der Straße nach Alojera eine schmale Asphaltstraße ab in den idyllischen Barranco. Seit der Tomatenanbau sich nicht mehr lohnt, hat die Einwohnerzahl stark abgenommen. Das Dorf und das Restaurant mit Aussichtsterrasse sind aber ein beliebtes Ausflugsziel geblieben. In etwa 20 Minuten kommt man auf einem kleinen Wanderweg zur Playa de Taguluche. Hohe Felsen rahmen den Strand und verstärken das Gefühl der Abgeschiedenheit. Aufgrund der Strömung ist Baden nicht möglich, ausruhen und abschalten dafür umso mehr.

Essen & Trinken **Bar del Centro Social de Taguluche,** geöffnet Di–So 9–14 und 17:30–22:30 Uhr. Ctra. General Taguluche 11, 38852 Valle Gran Rey, ✆ 922-804002.

Wanderungen im Norden

GPS-Tour 15

Von Hermigua bis Vallehermoso

Charakter: Wegen der Länge und vor allem wegen des Anstiegs durch die sog. Rote Wand eine anstrengende Wanderung. Am Mirador de Abrante und vor Vallehermoso kann man schöne Ausblicke genießen. **Länge/Dauer:** einfach 16,2 km, ca. 5:15 Std. **Markierung:** Wanderwegweiser, teilweise rot-weiße Markierung. **Ausrüstung:** festes Schuhwerk, Sonnenschutz. **Verpflegung:** zahlreiche Bars und Restaurants sowie Supermärkte in Hermigua, Agulo und Vallehermoso. 2 Restaurants sowie Souvenirgeschäfte (auch Wasser, Snacks etc.) im Nationalparkzentrum. Restaurante Juego de Bolas (✆ 922-800978) etwa 300 m vom Nationalparkzentrum entfernt. Bar Amalaque und Restaurant Las Rosas (Di–Sa 12–16 Uhr) in Las Rosas, allerdings abseits des Weges, und Restaurant Roque Blanco am See Embalse de El Garabato/Las Rosas. **Hin & zurück:** Hermigua liegt an der Buslinie 2 (Vallehermoso – San Sebastián, Mo–Sa 5x, So 2x). Taxi Hermigua ✆ 922-880047. Vallehermoso wird ebenfalls von der Buslinie 2 aus San Sebastián bedient; Fahrplan → www.guagua gomera.com. Außerdem verkehren nach La Dama die Linie 4 (nur Mo–Fr 2 x) und nach Alojera die 5 (nur Mo–Fr 2x). Taxi Vallehermoso ✆ 922-800279.

Wegbeschreibung: Los geht es an der Disa-Tankstelle im unteren Ortsteil von **Hermigua** **1**. Zunächst gehen wir die lange Dorfstraße hinab, bis wir ans Meer kommen. (Obwohl Agulo unser Etappenziel ist, ignorieren wir die Straßenabzweigung dorthin!)

An der Stelle, an der die Hauptstraße eine scharfe Rechtskurve macht, biegen wir links ab in Richtung Lepe. Wir

folgen nun dieser wenig befahrenen Straße. 0:30 Std. nach der Tankstelle sind wir am Dorfplatz 2 der winzigen Gemeinde **Lepe** und steigen dort die Treppe nach oben.

(K)eine Abkürzung

Wer hier am Dorfplatz von Lepe 2 dem ausgeschilderten Wanderweg nach Agulo folgt, muss, bevor er nach Agulo hinaufsteigt, erst einmal einen Canyon durchqueren. Dadurch verlängert sich die Wanderzeit um ca. 0:45 Std.

Bis wir die Stufen erklommen haben, vergehen gut 10 Min. Oben angekommen 3, wenden wir uns nach rechts und folgen der Hauptstraße.

Auf ihr wandern wir durch **Agulo,** bis wir an der scharfen Linkskurve die Straße verlassen und der grün-weißen Wandermarkierung dem Treppenweg hinauf folgen. Wir gehen nun in Richtung Bergwand, überqueren schließlich die Verbindungsstraße Agulo – Vallehermoso und steigen zwischen zwei Mauern bergauf. Dabei folgen wir der Wanderwegbeschilderung: „Mirador de Abrante".

Die Strecke, die wir ab jetzt gehen werden, nennt man nicht umsonst den „Weg durch die Rote Wand". Er führt extrem steil nach oben. Wenn man von unten den Berg hinaufblickt, glaubt man kaum, dass man hier ohne Seil und Haken hochkommt.

Nach 0:25 Std. Aufstieg erreichen wir einen kleinen schattenspendenden Überhang, der sich für eine kurze Rast anbietet. 5 Min. später passieren wir einen mit einem Geländer gesicherten Aussichtspunkt in der Wand. Zur Aufmunterung: Ab hier geht es etwas weniger steil nach oben. Es dauert aber immer noch 0:15 Std., bis wir mit Blick auf den Stausee **Embalse de la Palmita** 4 aus der Wand herauskommen.

Wen die Kräfte noch nicht verlassen haben, der kürzt die Wanderung auf dem neu angelegten Pfad hinauf zum Mirador de Abrante ab, der nach rechts abzweigt (Beschilderung „Juego de Bolas") und uns in spitzen Kehren nach oben bringt.

Etwas gemütlicher geht es auf der eigentlichen Route weiter. Hier stoßen wir auf eine geteerte Straße, auf der wir erneut der Beschilderung nach „La Palmita/Juego de Bolas" folgen. Wir laufen vorbei an „Las Casas del Chorro" – einem Projekt des Turismo Rural, in dem

man sehr schön und einsam in renovierten Landhäusern übernachten kann. Auf Höhe der Landhäuser verlassen wir die Straße nach rechts und wandern über den ebenfalls asphaltierten Fahrweg weiter nach oben.

Gut 0:15 Std. später erreichen wir den **Mirador de Abrante** **5**, von dem wir aus einer gläsernen Kanzel wie aus einem Adlernest hinab blicken. Am Horizont erkennt man sogar den Pico de Teide auf Teneriffa. Aussichtspunkt und Restaurant erreicht man aber auch mit dem Auto und deshalb auch ein beliebtes Ziel bei Reisegruppen, sodass wir gerade zur Mittagszeit den Blick eventuell mit Touristen in Badelatschen teilen müssen.

Das nächste Hinweisschild in Richtung „Juego de Bolas“ finden wir am Ende des Parkplatzes. Über ausgetrocknete Wege im roten Sand wandern wir auf dem GR 132 bergauf. Die Landschaft mag interessant aussehen – sie ist jedoch das Resultat menschlichen Raubbaus. Die Bäume, deren Wurzeln die Erde festhielten, wurden gerodet. Als Folge wurde das Erdreich weggeschwemmt. Heute versucht man der Entwicklung durch Aufforstung Einhalt zu gebieten, ob das in der kargen Landschaft gelingt ist allerdings fraglich. Die rote Färbung des Bodens rührt übrigens von seinem hohen Eisengehalt her.

Etwa 0:15 Std. nach Verlassen des Mirador treffen wir auf den GR 132, dem wir nach links folgen. Weitere 0:20 Std. später kommen wir auf eine Asphaltstraße, die uns nach wenigen Metern zum **Nationalparkzentrum Juego de Bolas** **6** bringt.

Wir wandern schließlich 10 Min. auf der Asphaltstraße weiter und passieren dabei die Bar Juego de Bolas, biegen dann, dem Schild „Las Rosas/Vallehermoso“ **7** (GR 132) folgend, auf einen Wanderweg ab, überqueren nach 50 m einen asphaltierten Fahrweg und gehen bergab weiter. Der Weg ist jetzt kurzzeitig recht steil und erfordert Aufmerksamkeit.

Bei der Finca Mariolga **8** stoßen wir erneut auf eine Teerstraße, die wir bereits 5 Min. später mit der Beschilderung des GR 132 nach links verlassen. Von hier wandern wir die Treppen hinunter und dem blauen Wasser des **Stausees Las Rosas/El Garabato** entgegen. Alsbald überqueren wir seine Staumauer. Danach biegen wir links ab und folgen dem Schild zum Restaurante Roque Blanco.

Wir gehen 0:30 Std. auf der Teerstraße am Wasser entlang. Am Ende des Sees – etwa 3:30 Std. nach dem Aufbruch – halten wir uns weiter geradeaus und ignorieren dabei sowohl den Weg, der links weiter um den See führt, als auch – 20 m danach – den GR 132 **9** Richtung Vallehermoso. Wundern Sie sich nicht: Der GR 132 macht hier einen größeren Schlenker, wir wählen die Abkürzung und treffen deshalb nach 0:20 Std. erneut auf den GR 132 **10**. Und dieses Mal folgen wir ihm.

Nach etwa 0:20 Std. wird erstmals der Blick hinab nach Vallehermoso und auf den 652 m hohen **Roque Cano** frei. – Die Felsspitze selbst passieren wir etwa 0:15 Std. später. – Kurz vorher laufen wir einen Bergkamm entlang, von dem aus wir links und rechts ins Tal hinabblicken können.

Etwa 5:15 Std. nachdem wir losmarschiert sind, erreichen wir das erste Haus von **Vallehermoso** **11**, an dem auch die Teerstraße beginnt. Wir folgen ihr und steigen nach etwa 200 m links eine Treppe hinab. Von hier aus halten wir auf den Spielplatz zu, der aus der Ferne eher wie eine Kunstausstellung aussieht. Am Spielplatz steigt die Straße noch einmal kurz bergan, nach etwa einer Minute erreichen wir einen Parkplatz, den wir nach rechts überqueren. 100 m weiter liegt unser Ziel, der Dorfplatz **12** von Vallehermoso.

GPS-Tour 16

Von Hermigua zur Playa de la Caleta

Charakter: Ein Spaziergang zu einem der schönsten Strände der Insel. Die Strecke ist leicht zu gehen, führt sie doch teilweise entlang einer wenig befahrenen Nebenstraße. Großartige Ausblicke und die Aussicht auf Picknick oder ein erfrischendes Bad im Meer entlohnen für schweißtreibendes Wandern in schattenlosem Gelände. **Länge/Dauer:** hin und zurück 7,5 km, ca. 2:20 Std. **Markierung:** Verkehrsschilder auf der Straße, Wanderschilder auf den Pfaden. **Ausrüstung:** Sonnenschutz und Schwimmzeug nicht vergessen. **Verpflegung:** Restaurants und Läden in Hermigua. **Hin & zurück:** Hermigua liegt an der Buslinie 2 (Vallehermoso – San Sebastián, Mo–Sa 5x, So 2x); Fahrplan → www.guaguagomera.com. Kein Busverkehr zum Strand! Taxi in Hermigua ✆ 922-880047.

Wegbeschreibung: Von der Disa-Tankstelle **1** im unteren Teil von **Hermigua** gehen wir auf der Hauptstraße etwa 20 m bergan und steigen links die Treppen hinab zu einer im Barranco de Monteforte liegenden Bananenplantage. Wir durchqueren die Plantage und verlassen den Barranco auf der anderen Seite ebenfalls über Treppen.

Am oberen Ende der Stufen **2** biegen wir rechts ab und gehen die Teerstraße entlang, nach 150 m knicken wir links ab und folgen nun der Straße zur Playa de la Caleta. Verlaufen können wir uns nicht, denn uns bzw. den Autofahrern weist ein Schild den Weg. Die Straße ist wenig befahren, und man kann gut an ihrem Rand in Serpentinen den Hang hinaufwandern. Allerdings ist man die ganze Zeit in schattenlosem Gelände unterwegs. Im Sommer, wenn sich der Teer aufheizt, kann das unangenehm werden.

Nach insgesamt 0:40 Std. Wanderzeit erreichen wir auf 230 m Höhe den beschilderten Einstieg in den Wanderweg PR LG 2 **3**. Achtung: Auf der anderen Straßenseite führt ein Pfad nach Hermigua hinab – ihn werden wir auf dem Rückweg nehmen.

Ferien(häuser) auf dem Lande

Wer abseits der Touristenzentren übernachten will, für den sind Casas Rurales – dt. Häuser auf dem Land – eine hervorragende Alternative. Für Gomera ist diese Art des Tourismus wichtig, hofft man doch, mit ihr die Landflucht zu stoppen. Deswegen gewährt die Inselregierung Landwirten umfassende Hilfen, wenn sie auf ihrem Grund alte Gebäude zu Ferienwohnungen umbauen. Infos zur Anmietung von Casas Rurales sowie zu Gomera allgemein vermittelt die Seite www.gomera-individual.de.

Der PR LG 2 biegt rechts den Hang hinab, führt aber schon nach 5 Min. erneut auf die Straße. Dieser folgen wir weiter bergab und passieren nach insgesamt 1 Std. den Abzweig des PR LG 2 **4** in Richtung El Palmar. Wir bleiben aber auf der Straße, die durch einen baumlose Berglandschaft hinabführt und erreichen 10 Min. später den Strand **5** (vorausgesetzt wir halten uns nicht allzu sehr mit Fotografieren auf, denn der Blick auf die tiefblaue Bucht löst immer wieder heftige Knips-Instinkte aus). Für gomerische Verhältnisse ist die **Playa de la Caleta** schon fast ein Traumstrand, denn neben Steinen bietet sie auch sandige Flächen, und man kann in der kleinen geschützten Bucht bei ruhiger See sogar baden. Für diejenigen, die ihr eigenes Essen mitgebracht haben, sind Tische und Bänke aufgestellt.

Der Rückweg ist bis hinauf zum Kamm **3** auf 230 m Höhe identisch mit dem Weg, auf dem wir gekommen sind. Bis hinauf zum Kamm sind wir etwa 0:30 Std. unterwegs. Oben verlassen wir den Wanderweg PR LG 2, überqueren die Straße und treffen auf der anderen Straßenseite auf den Pfad, der uns den Hang hinabführt. Der erste markante Punkt beim Abstieg – bei dem wir einen schönen Blick auf Hermigua und das Meer haben – ist eine Ruine, die wir nach 0:15 Std. passieren. 10 Min. später stoßen wir, wenige Meter von der Brücke über den **Barranco de Monteforte** entfernt, auf die Ortsstraße **6**. Auf ihr gehen wir am Meer entlang hinein nach Hermigua. Die Straße wendet sich schließlich vom Meer weg und führt bergan durch den langgestreckten Ort. 1:10 Std. nachdem wir vom Strand aufgebrochen sind, erreichen wir den Ausgangspunkt unserer Wanderung: die Disa-Tankstelle **1** in der Mitte Hermiguas.

Die Playa de la Caleta ist immer für ein Päuschen gut

GPS-Tour 17

Von Hermigua über den Lomo Gordo nach Agulo

Charakter: Spektakuläre Blicke ins Tal von Hermigua, über das Meer zum Vulkan Teide und auf das Dorf Agulo bieten sich auf dieser anstrengenden und im ersten Abschnitt bis **13** wenig begangenen Wanderung. **Schwindelfreiheit und Trittsicherheit** sind im Aufstieg auf den Lomo Gordo bis **12** zu empfehlen. Auf halber Strecke lohnt der Abstecher zum Nationalparkzentrum Juego de Bolas. **Länge/Dauer:** 12,2 km, ca. 4:30 Std. inklusive Weg zum Nationalparkzentrum. **Markierung:** weiß-gelbe Markierung des offiziellen Weges PR LG 4 bis in den Barranco sobre Agulo, weiß-rote Markierung des GR 132 vom Nationalparkzentrum bis nach Agulo. **Ausrüstung:** feste Bergstiefel, Wanderstöcke, Sonnenschutz. **Verpflegung:** Trinkwasser unterwegs frei erhältlich im Nationalparkzentrum. Einkehr beim Restaurant am Mirador de Abrante oder in der Nähe des Zentrums im Restaurant Juego de Bolas. In Agulo Restaurante La Vieja Escuela, u. a. Ziege, Kaninchen oder Fisch (Mo–Sa 11–21 Uhr), Calle Poeta Trujillo Armas 2, ✆ 922-146004. **Hin & zurück:** Ausgangspunkt ist der kleine Stadtpark in El Curato, dem unteren Dorfzentrum von Hermigua (mit Parkmöglichkeit). In Agulo großer Parkplatz an der Hauptstraße. Beide Orte sind Haltepunkte der Buslinie 2 (Vallehermoso – San Sebastián, Mo–Sa 5x, So 2x); Fahrplan → www.guaguagomera.com. Taxi in Hermigua ✆ 922-880047, in Agulo 922-801074.

Der Norden → Karte S. 122/123

Wegbeschreibung: Der Tag beginnt in beinahe tropischem Ambiente: Im neu angelegten **Dorfpark von Hermigua** im Ortsteil El Curato wachsen exotische Pflanzen, gleich unterhalb befindet sich die Touristinfo. Im Westen ragt die schroffe Steilwand des Lomo Gordo über uns auf, die wir später durchsteigen werden.

Wir gehen die Hauptstraße unterhalb des Parks abwärts und biegen nach wenigen Metern links in eine Asphaltstraße **1**, die mit „Ibo Alfaro – La Palmita – Juego de Bolas“ markiert ist. Hermiguas Ortsteil Ibo Alfaro sehen wir schon rechts über uns am Hang liegen. Nach knapp 150 m biegen wir inmitten von Bananenpflanzungen rechts auf eine Zementpiste **2**, die uns durch bewirtschaftete Terrassen zu einer schmalen Straße in Ibo Alfaro führt. Wir gehen diese nach rechts und biegen nach rund 30 m halb links in einen unbeschilderten Betonweg **3** ab.

Der betonierte Weg führt durch die Häuser von Ibo Alfaro aufwärts, wobei der Blick über das Tal von Hermigua bis zur Meeresbucht reicht. Nach wenigen Minuten biegen wir links in einen Treppenweg (gelb-weiße Markierung). Durch enge Gassen ansteigend, erreichen wir einen kleinen Platz. Hier wenden wir uns hinter einem markanten dreistöckigen Haus rechts in eine Asphaltstraße **4**. Nach 200 m verlassen wir diese Straße wieder nach links auf eine Betontreppe (Schild „El Cerrillal“). Auf dieser Treppe gelangen wir aufwärts bis zu den Casas Rurales El Serrillal **5**.

Wir gehen rechts am Haus vorbei aufwärts und tauchen in eine faszinierende Landschaft mit Agaven, Feigenkakteen und Wolfsmilchgewächsen ein. Ein würziger Kräutergeruch liegt in der Luft. Eine knappe halbe Stunde nach Tourstart beginnen hier die steilen Serpentinen, die uns bis auf den

Kamm des Lomo Gordo führen werden. Schon jetzt genießen wir einen spektakulären Blick über das Tal von Hermigua und das Meer bis nach Teneriffa und zum Vulkan Teide. Durch einzeln stehende Palmen steuert der Weg in einen Einschnitt im Berg. Erst kurz vor der Felswand werden die Steinstufen **6** erkennbar, die weiter steil bergauf führen.

Nach diesem treppenartigen Abschnitt geht es über enge Kehren und teils mit Geländern gesichert weiter die Steilwand hinauf. **Schwindelfreiheit und Trittsicherheit sind in diesem Abschnitt erforderlich.** Nach starkem Regen kann es in diesem Bereich auch zu Steinschlägen kommen, dann ist besondere Vorsicht geboten.

Schließlich erreichen wir etwa 1:30 Std. nach Tourbeginn nahe einem Strommast die Kante **7** des Lomo Gordo, hinter der sich ein Absatz erstreckt. Ein mit Holzbohlen gesicherter Weg führt sanft ansteigend weiter über die rote, erodierte Erde. Baumheide und Ginster sind auf dieser kargen Strecke die einzigen Pflanzen. Nach wenigen Minuten erreichen wir schließlich den Kamm **8** des Lomo Gordo, der sich gut für ein Picknick eignet.

Nach der Pause folgen wir dem Weg bergab knapp 200 m weiter geradeaus bis zu einer breiten Forstpiste, in die wir links abbiegen (Schild „Juego de Bolas"). Mit dem Teide im Blick wandern wir wieder rund 300 m sanft aufwärts bis zu einer steilen Linkskurve, in der wir halb links einen schmalen Pfad **9** einschlagen. Auf diesem tauchen wir sofort in den Lorbeerwald ein. Das üppige Grün und die Kühle bieten eine angenehme Abwechslung nach dem schweißtreibenden Aufstieg durch die trockene Hangvegetation.

Der Pfad führt den Hang des Barranco sobre Agulo entlang sanft abwärts durch den Lorbeer, unterbrochen von kleinen Lichtungen, auf denen man seltene Gewächse wie die Kanarische Glockenblume mit ihren roten Blüten entdecken kann. Vereinzelt wachsen zwischen den Lorbeerbäumen auch Eukalyptusbäume. An den gegenüberliegenden Hängen des Barrancos sind Terrassen und Gehöfte zu sehen. Dort liegt auch das Nationalparkzentrum, das wir im Verlauf der Tour noch ansteuern werden.

Wir verlassen schließlich den Wald und gelangen zwischen bewirtschafteten Terrassen zu einer Handvoll verstreut liegender Häuser. An der linken Seite des ersten Hauses steigen wir über Treppen bis zu einer kleinen Asphaltstraße **10** ab, die sich durch den Grund des Barrancos schlängelt. An einem Bachlauf entlang folgen wir der Straße nach rechts (Wegweiser „Juego de Bolas – PR LG 4"). Nach rund 300 m ignorieren wir den Abzweig über eine Brücke nach links (→ Kasten).

Abgekürzt!

Über die Brücke im Barranco sobre Agulo zwischen **10** und **11** führt eine Piste auf direktem Weg zum Besucherzentrum Juego de Bolas **17** des Nationalparks Garajonay. Der Aussichtspunkt **13** in die Tiefe zum Dorf Agulo wird dabei ausgespart. Der direkte Weg hoch zum Nationalparkzentrum dauert knapp 0:30 Std. Wenn man danach direkt nach Agulo weitergeht (ohne den Aussichtspunkt), ist man insgesamt etwa 4 Std. unterwegs.

Die Straße geht im Anschluss in eine Schotterpiste über und steigt an der linken Talseite auf. Einen weiteren Abzweig nach links **11** lassen wir unbeachtet, ebenso wie eine Straße nach rechts, die zu den Casas Rurales Las Casas del Chorro und dem Stausee von Agulo führt. Wir folgen stattdessen der Hauptstraße, bis in einer steilen Linkskehre **12** eine Straße geradeaus weiterführt. Auf ihr gelangen wir in ein Gebiet mit roter Erde, seine Farbigkeit fasziniert, die eklatante Erosion erschreckt

Punta del Jurado
Playa de San Marcos
Ermita de San Marcos
Punta de Agulo
Lomo de Pedregal
Montana del Cepo 659
Barranco de la Piedra Gorda
GM-1
20
21
Agulo
Mirador de Abrante
Finca
19
18
14
13
15
12
Tour 15
Barranco de Lepe
Travesía 788
Embalse de Agulo/ Embalse de la Palmita
Nationalparkzentrum Juego de Bolas
16
17
11
Las Casas del Chorro
Bar Juego de Bolas
Tour 15
9
10
El Tabaial
8
7
Lomo Gordo
6
Piedra Romana
5
Casas rurales El Serrillal
4
Ibo Alfaro
3
GM-1
Hermigua
2
El Curato
1
Bco. sobre Agulo
La Palmita
250 m
Tour 17: Von Hermigua über den Lomo Gordo nach Agulo

aber auch. Nach 5 Min. durch diese Einöde erreichen wir den **Mirador de Abrante** 13, den spektakulären Aussichtspunkt hoch über unserem Ziel Agulo mit Blick auf den Teide. Im angeschlossenen Restaurant kann man eine Stärkung zu sich nehmen.

Rechts des Weges, über den wir den Aussichtspunkt erreicht haben, beginnt eine Piste in Richtung Nationalparkzentrum (Schild „Juego de Bolas"). Wir folgen ihr rund 80 m und biegen dann links ab in einen schmalen Pfad 14, der auf einem erodierten Grat aufwärts - führt. Wir laufen diesen Grat entlang bis zu einer Forstpiste, in die wir links abbiegen. Unterwegs sieht man immer wieder Jungpflanzen. Mit der Anpflanzung von Baumheide, Wacholder und anderen Pflanzenarten bemüht man sich um Renaturierung dieses Gebietes. 0:15 Std. nach Verlassen des Aussichtspunktes erreichen wir eine Weggabelung 15 – rechts gehen wir später nach Agulo.

Hier beginnt der **Abstecher zum Nationalparkzentrum Juego de Bolas** (hin/zurück ca. 0:40 Std.): Wir folgen weiter dem Hauptweg (Schild „Juego de Bolas") geradeaus durch immer dichter werdende Vegetation. Weitere 0:15 Std. später gabelt sich der Weg neben einem kleinen Betonhaus 16. Wir folgen der linken Fahrpiste und erreichen nach 3 Min. das Nationalparkzentrum Juego de Bolas 17. Nach der Besichtigung des Besucherzentrums gehen wir auf demselben Weg zurück. Achtung beim Rückweg: An einer Gabelung, gut 10 Min. nach dem Betonhaus, geht es im Kiefernhain nach links! Kurz darauf erreichen wir wieder den beschilderten Abzweig nach Agulo 15, das Ende unseres Abstechers.

Wer das Nationalparkzentrum nicht besuchen möchte, biegt an der Weggabelung 15 gleich nach rechts ab. Über einen Grat zwischen zwei von der Erosion ausgewaschenen Rinnen steigen wir in weitem Bogen nach links ab. Bald stehen wir an der Kante 18 des Barranco de la Piedra Gorda – unseres dritten Barrancos auf dieser Tour – mit Blick auf den 659 m hohen Montana del Cepo. Gepflastert mit Feldsteinen und gesichert mit Trockenmauern, beginnt nun der Abstieg nach Agulo. Zunächst noch im Buschwald, schlängeln sich die steilen Kehren zunehmend durch immer karger werdende Vegetation in Richtung Meer. Nach 5 Min. passieren wir eine kleine Finca 19 inmitten bewirtschafteter Terrassen, an der wir einen Abzweig nach links unbeachtet lassen.

Der enger werdende Weg verläuft zeitweise unterhalb einer überhängenden Felswand, bis er schließlich kurz vor den ersten Häusern von Agulo die Hauptstraße 20 erreicht. Wir folgen ihr 50 m nach rechts, bis links ein Pfad abzweigt (weiter rechts sehen wir den Tunneleingang). Auf ihm gehen wir oberhalb einer Finca weiter in Richtung Ort. Hinter einem Felssporn blicken wir bereits auf den alten Ortskern von Agulo. Der gut ausgebaute Weg bringt uns in gut 10 Min., vorbei an einem Friedhof, ins Zentrum Agulos. Unterwegs passiert man bewirtschaftete Terrassen, die sich vor dem Hintergrund des Teide bis ans Meer erstrecken – einer der schönsten Ausblicke der Insel. An der ersten Gabelung im Ort biegen wir nach links und stehen wenig später am Kirchplatz 21 von Agulo.

Aussichtspunkt im Nationalparkzentrum

GPS-Tour 18

Von Hermigua nach El Cedro

Charakter: Vulkanische Zwillingsfelsen, grüne Barrancos mit bunten Terrassen, ein 100 m hoher Wasserfall und dichter Lorbeerwald – die Rundwanderung in den Weiler El Cedro am Rande des Nationalparks Garajonay bietet spektakuläre Natur. Ein beliebter Klassiker, der allerdings auch Kondition erfordert. **Trittsicherheit und Schwindelfreiheit** sind Voraussetzung. **Länge/Dauer:** 9,8 km, ca. 4:15 Std. **Markierung:** bis El Cedro weiß-gelbe Balken des PR LG 3, dann erst wieder ab **16** auf dem PR LG 3.1. **Ausrüstung:** feste Bergschuhe, Wanderstöcke, Sonnenschutz. **Verpflegung:** Trinkwasser und Einkehr im Bar-Restaurante La Vista in El Cedro, rustikal mit toller Aussichtsterrasse, Angebot von Suppen bis Fleisch/Fisch (tägl. 9–19 Uhr, ✆ 922-880949). Zahlreiche Gasthäuser in Hermigua entlang der Hauptstraße. **Hin & zurück:** Ausgangspunkt der Wanderung ist eines der Ortszentren Hermiguas, die Plaza Municipal Victoriano Darias Montesino im Ortsteil El Curato am Kloster Santo Domingo, Parkplätze an der Straße und auf einem Parkplatz ca. 100 m talabwärts. Hermigua ist Haltepunkt der Buslinie 2 zwischen Vallehermoso und San Sebastián (Mo–Sa 5x, So 2x); Fahrplan → www.guaguagomera.com. Taxi in Hermigua ✆ 922-880047.

Wegbeschreibung: Wir starten vor dem Kloster Convento Santo Domingo, östlich der Hauptstraße, im oberen Ortsteil von **Hermigua:** El Curato. Auf der gegenüberliegenden Seite der Hauptstraße führen zwei Treppen aufwärts, von denen wir die linke **1** wählen. An ihrem Ende beginnt zwischen zwei Häusern ein Treppenweg, der mit gelbweißen Balken markiert ist. Auf ihm steigen wir durch blühende Gärten und vorbei an mehreren Häuschen mäßig nach oben, wobei wir kleinere Abzweige ignorieren. Nach 120 m erreichen wir eine kleine Dorfstraße **2**, in die wir rechts abbiegen. Eine Häuserzeile entlang geht es gemütlich am Hang in Richtung Westen mit Blick auf die Terrassen und Palmenhaine rund um die Weiler El Corralete und Las Casas. Die Straße führt uns in den **Barranco del Cedro,** wo wir bald direkt unterhalb der markanten vulkanischen Zwillingsfelsen **Roques de San Pedro** **3** vorbeikommen, der „Türme des Heiligen Petrus".

Wir folgen der Dorfstraße weiter taleinwärts und erreichen rund 200 m weiter, nach einem sanften Anstieg, das Bachbett des Río del Cedro. Mit dem Hinweisschild „El Cedro – Garajonay PR LG 3" **4** überqueren wir den Bach auf einer Betonbrücke nach links.

Blick auf die Roques de San Pedro

Unmittelbar nach der Brücke biegen wir rechts ab und folgen einem Pfad am Bach entlang. 5 Min. später queren wir auf einem Steinbrückchen **5** wieder auf die rechte Seite des Bachs, von wo aus der Weg an Wasserleitungen durch Bananenterrassen aufwärts führt. Am oberen Rand der Terrassen biegen wir nach links ab und folgen einem alten Wasserkanal, über den mehrere Rohre verlaufen. Wir wandern an diesen Metallrohren entlang den Barranco aufwärts, wobei wir kleine Seitenpfade ignorieren. Der sanft ansteigende Pfad wird in diesem Abschnitt immer wieder von Treppen unterbrochen.

Rund 10 Min. nach der letzten Bachquerung **5** passieren wir eine kleine Schutzhütte **6**. Der Weg führt uns im Barranco weiter hinauf, bis wir ganz plötzlich auf ein markantes eckiges Wasserbecken stoßen. Wir wandern rechts am Staubecken vorbei auf eine steile Treppe **7** zu. Diese geht in einen sanft ansteigenden Pfad über, der von Lorbeerwald gesäumt ist. Rechts des Weges plätschert der Cedro in Kaskaden, nur die Wasserrohre stören das Bild. Wir überschreiten eine kleine Brücke und gelangen an eine besonders enge Stelle des Canyons, wo der Pfad auf Fels neben dem Bachbett verläuft.

Schließlich gelangen wir zu einer weiteren, größeren Staumauer, die wir über eine Treppe an ihrer rechten Seite besteigen. Auf der Betonmauer **8** angelangt, umrunden wir den Stausee Embalse de los Tiles an seinem rechten Ufer. Vor uns liegt ein natürliches Amphitheater aus Felsen, in dessen Mitte der **Wasserfall El Chorro** in den Barranco stürzt. Am Ende des Sees führt ein Treppenweg nach oben, über den wir nach 5 Min. einen Aussichtspunkt **9** mit Blick auf den Wasserfall erreichen. Der Treppenweg setzt sich rechter Hand in einem schweißtreibenden Aufstieg fort.

Steile Kehren und Wegabschnitte mit Stufen prägen den folgenden Teil der Tour – der anstrengendste dieser Wanderung. An einigen Stellen beim Aufstieg durch diesen Kessel ist **Schwindelfreiheit erforderlich.** Streckenweise läuft man im Schatten des Lorbeerwaldes. Anfangs öffnen sich dabei immer wieder Blicke auf den knapp 100 m hohen Wasserfall.

Nach gut 0:30 Std. Aufstieg erreichen wir an einem Strommast die Kante **10** des Barrancos. Wir sehen von hier schon die wenigen Häuser des Weilers El Cedro, über denen sich der Lorbeerwald des Nationalparks Garajonay erstreckt. Wir gehen rund 80 m weiter, bis ein Schild unterhalb eines Campingplatzes nach rechts zur Bar La Vista weist, die zum Einkehren und Wasserauffüllen einlädt.

Oberhalb der Bar **11** verläuft eine asphaltierte Dorfstraße. Wir biegen nach rechts und steigen auf ihr steil aufwärts. Nach 5 Min. erreichen wir eine Gabelung mit drei Abzweigen. Während die beiden Asphaltstraßen zu zwei Ferienhäusern führen, wählen wir die ausgewaschene Piste **12** in der Mitte, die weiß-gelb markiert ist. Wir folgen ihr rund 50 m bis zum Waldrand und biegen dort an einer Gabelung in den rechts abzweigenden Pfad, der mit Steinpyramiden und gelb-weißen Balken markiert ist.

Zunächst sanft, später steil ansteigend, tauchen wir tief in den Lorbeerwald ein. Nach 0:20 Std. durch den Wald überschreiten wir eine Kuppe **13**, nach der es angenehm abwärts weitergeht. Schließlich stoßen wir am Waldrand auf eine breite Forstpiste **14**, in die wir rechts abbiegen.

Es geht nun sanft abfallend auf einem Kamm entlang durch niedrigen Buschwald. Nach 10 Min. kommen wir an einer kleinen Häusergruppe **15** vorbei. Eine wenig später links abzweigende Piste lassen wir unbeachtet. 0:15 Std. nach der Häusergruppe führt die bislang geradeaus verlaufende Forstpiste in zwei Kurven weiter ab-

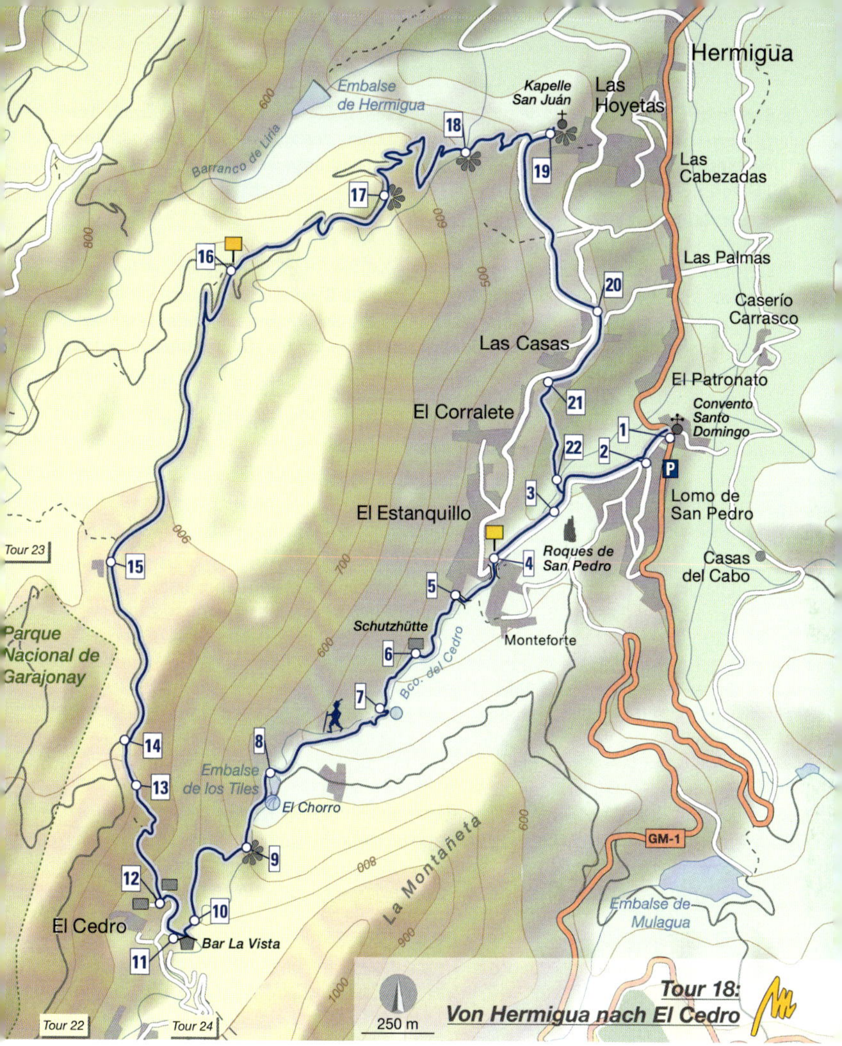

wärts. In einer dritten, scharf nach rechts biegenden Kurve wenden wir uns nach links in einen hier abzweigenden, weiß-gelb markierten Pfad **16** mit dem Hinweis „Hermigua por el Camino de San Juan". Mit Blick auf den in der Ferne aufragenden Vulkan Teide laufen wir nun rund 10 Min., dann erreichen wir eine weitere Forstpiste, in die wir links abbiegen.

In Serpentinen geht es nun abwärts durch den Wald bis zu einem Aussichtspunkt **17**, von dem wir einen Blick auf die tiefer liegende **Kapelle von San Juán** und das Tal von Hermigua werfen können. Steinig und felsig schlängeln sich die Kehren abwärts zwischen Kaktusfeigen und Wolfsmilchgewächsen. Nach einer steilen Treppe und zwei verlassenen Häusern erreichen wir eine kleine, gemauerte Aussichtsterrasse **18**. In steilen Kurven geht es steinig weiter abwärts, bis wir schließlich die Terrasse der Kapelle von

San Juán **19** am Ortsrand von Hermigua erreichen. Der Rundblick auf den **Barranco de Liria,** den Teide und das Tal von Hermigua ist atemberaubend.

Wir laufen die Zufahrtsstraße zur Kapelle abwärts, vorbei an den Häusern des Weilers **Las Palmas,** und biegen an der nächsten Dorfstraße **20** rechts ab. Es geht nun eben am Hang entlang taleinwärts – mit Blick in Richtung des Barranco del Cedro. Nach gut 300 m verlassen wir die Straße kurz hinter einer Rechtskurve nach links auf eine Treppe **21**. Diese mündet in einen breiten Steinweg, der eben durch Terrassen verläuft. Nach einer kleinen Häusergruppe setzen wir unseren Weg abwärts in Richtung der Zwillingsfelsen **Roques de San Pedro** fort.

Am Fuße der Felsen erreichen wir über ein Brückchen **22** schließlich wieder die Straße, die uns am Anfang der Tour zum Wasserfall führte. Wir biegen nach links und folgen der Dorfstraße bis zum ersten Haus auf der linken Straßenseite, vor dem uns eine Treppe zurück zum Kloster **1** bringt.

GPS-Tour 19

Von Vallehermoso zur Steilküste

Charakter: Fast alle Vegetationszonen und Landschaftsformen Gomeras lassen sich auf dieser anstrengenden Rundwanderung erleben – von trockenen Barrancos über den Lorbeerwald bis zur schroffen Küste des Nordwestens. Mehrere steile Anstiege durch schattenloses Gelände sollten nicht vor dieser Tour abschrecken. Auf halber Strecke wartet eine Kapelle mit einem Picknickplatz über dem Meer. An einigen, wenigen Stellen ist Schwindelfreiheit erforderlich. **Länge/Dauer:** 10,7 km, ca. 4 Std. **Markierung:** Gelb-weiße Balken markieren den Weg sporadisch, dazwischen immer wieder Hinweisschilder zur Ermita de Santa Clara und zurück nach Vallehermoso. **Ausrüstung:** feste Bergschuhe und Wanderstöcke, Sonnenschutz, unbedingt lange Hosen wg. der Brombeeren. **Verpflegung:** an der Kapelle Santa Clara großer Picknickplatz mit Grillstellen und frischem Quellwasser. Zahlreiche Einkehrmöglichkeiten in Vallehermoso. **Hin & zurück:** wenige Parkmöglichkeiten am Botanischen Garten und großer Parkplatz im Zentrum von Vallehermoso. Von Vallehermoso fahren Busse der Linie 2 nach San Sebastián (Mo–Sa 5x, So 2x), der 4 nach La Dama (nur Mo–Fr 2x) und der 5 nach Alojera (nur Mo–Fr 2x); Fahrplan → www.guaguagomera.com. Taxi in Vallehermoso ✆ 922-800279.

Wegbeschreibung: Der **Botanische Garten von Vallehermoso** an der Straße TF 712 zwischen dem Ortskern und dem Strand ist der Orientierungspunkt für den Beginn dieser Wanderung. Das Eingangsgebäude ist sofort an seiner markanten Betonkonstruktion erkennbar. Rund 60 m taleinwärts führt rechts ein zementierter Treppenweg **1** nach oben, der mit einem grünen Geländer gesichert ist. Wir steigen hoch und gelangen nach 2 Min. zu einem quer verlaufenden Betonweg unterhalb eines Hauses, in den wir rechts abbiegen. Über ein schmales Bachbett geht es hoch zu einer Straße **2**.

Wir ignorieren hier den auf der anderen Straßenseite weiterlaufenden Betonweg und biegen nach rechts. Nach rund 20 m zweigt auf der linken Straßenseite ein Betonweg mit dem Schild „Chijere – Santa Clara" ab. Wir biegen in diesen Weg und unmittelbar danach an einer Gabelung erneut links ab (weiß-gelbe Markierung).

Nach einigen Stufen aufwärts erreichen wir ein weißes Haus, an dessen rechter Seite sich der Weg fortsetzt. Der steinige Pfad führt uns steil aufwärts in das karge Gelände, das sich jenseits der Ortsgrenze erstreckt, mit Agaven, Wolfsmilchgewächsen und vereinzelten Wacholderbüschen. Schon nach wenigen Minuten erblicken wir im Norden das Meer. In südöstlicher Richtung fällt der Blick auf den markanten Vulkanschlot **Roque Cano,** der über dem Tal von Vallehermoso thront. Wir durchqueren die Sohle eines kleinen Seitenbarrancos und gehen sanft ansteigend weiter Richtung Meer. 5 Min. später taucht nach dem Überschreiten eines Grats **3** in der Tiefe der Strand von Vallehermoso auf.

0:30 Std. nach Tourbeginn überqueren wir schließlich den Kamm **4** des Lomo de San Pedro zum nordwestlich liegenden **Barranco de los Guanches.** In der Tiefe dieser Schlucht erinnern ein paar verfallene Terrassen an die einstige Bewirtschaftung. An den Hängen des Barrancos gedeihen nur sporadisch Baumheide und Wacholder. Taleinwärts ragt der grüne Gipfel des **Teselinde** (877 m) heraus, an dessen Fuß wir im Lauf der Wanderung noch vorbeikommen werden. Nun geht es gemächlich am Hang entlang taleinwärts. Bald stehen wir unterhalb einer beeindruckenden Anlage von aufgegebenen Terrassen, die sich vom Talgrund bis zum Kamm hinaufziehen. Heute wächst hier nur noch Gestrüpp. Der Weg führt zwischen den Terrassen hindurch, überquert 10 Min. später einen kleinen Sattel **5** und steuert schließlich auf ein bewohntes Häuschen zu – scheinbar das einzige im Tal –, zu dem einige bewirtschaftete Terrassen gehören. Wir überqueren im Grund des Barranco de los Guanches unterhalb des Häuschens ein Bachbett.

Danach beginnt ein steiler, steiniger Aufstieg. Ein Hain aus Kiefern und Palmen rund um das bewohnte Haus **6** spendet noch einmal kurz Schatten. Dann geht es den sonst baumlosen Hang über enge Kehren weiter aufwärts. Mehrere kleine Seitenpfade lassen wir unbeachtet. Hinter einem Viehzaun hat Steinschlag **7** vor Jahren einen Abschnitt des Weges verschüttet. Die Stelle lässt sich jedoch problemlos überklettern, und man findet nach wenigen Metern den weiß-grün markierten Pfad wieder. Über große Steinstufen und Terrassen steigen wir weiter auf. Die Anstrengung lohnt sich: Bald öffnet sich ein toller Blick über das Meer nach Teneriffa und zu den nächsten Bergkämmen. Der Pfad endet schließlich an einer breiten Forstpiste **8**, die unterhalb des Kammes Cumbres de Chigueré verläuft. Hier biegen wir rechts in Richtung Playa ab (Abkürzung → S. 160).

Roque Cano über Vallehermoso

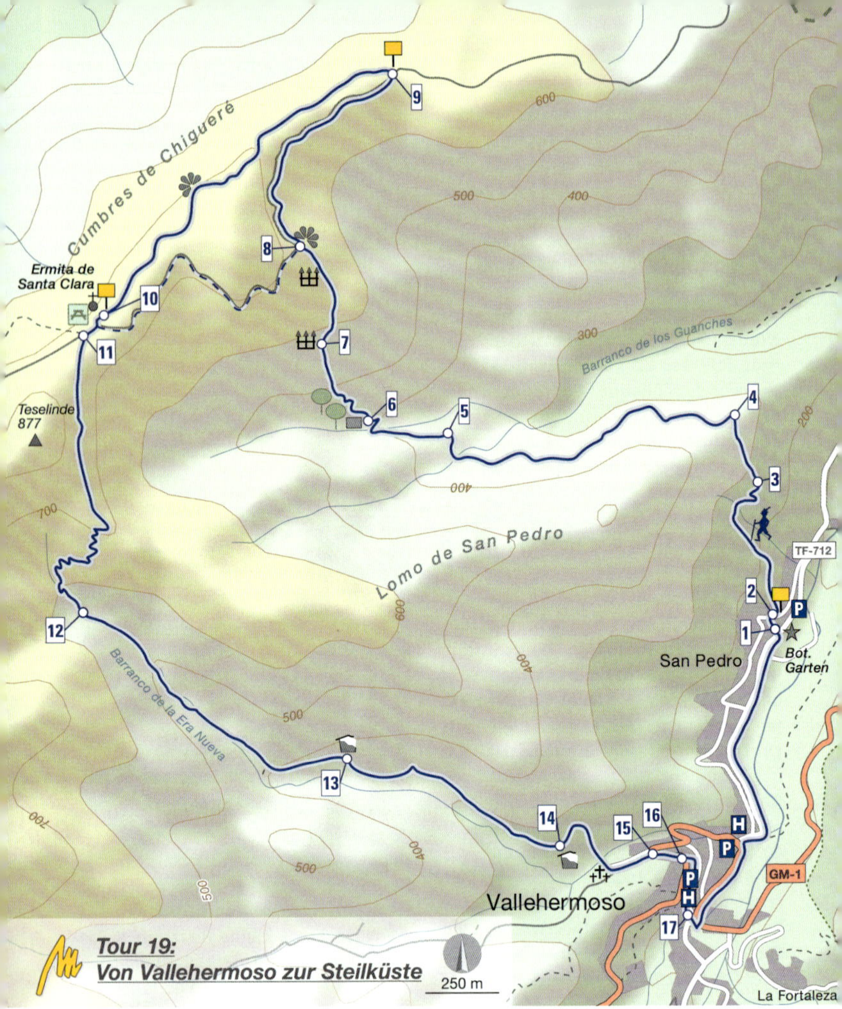

Tour 19: Von Vallehermoso zur Steilküste

Schneller zum Picknick

Biegt man in die Forstpiste **8** nach links, kommt man auf direktem Wege zur Ermita de Santa Clara **10** und zum angrenzenden Picknickplatz. Eine Abkürzung um knapp 0:30 Std., bei der man allerdings den spektakulären Höhenweg über dem Meer verpasst.

Wir laufen gut 10 Min. eben weiter, bis hoch über dem Meer ein Weg **9** (Schild „Chorros de Epina") von der Forstpiste nach links abzweigt. Zunächst durch Baumheide und über erodierte Stellen, später durch niedrigen Lorbeerwald verläuft der leicht gangbare Pfad in dramatischer Lage auf dem Kamm über dem Meer. Während rechts die Brandung an die Klippen schlägt, erlebt man links den Blick zurück auf trockene Barrancos bis hin zum Roque Cano, dem Hausberg von Vallehermoso. Später kommt an der Küste das Dorf **Arguamul** in Sicht, zu dem ein Weg nach rechts abzweigt. Wir folgen jedoch dem Hauptweg weiter in wechselnd intensiven Anstiegen, bis wir am Fuße des Berges **Teselinde** schließlich den Picknickplatz der **Kapelle Santa Clara** **10** erreichen. Am südlichen Ende des Kirchenvorplatzes gehen drei Wege **11** ab. Wir wählen den linken Abzweig (Schild „Vallehermoso"). Der Pfad führt an der linken Flanke des Berges Teselinde entlang durch den Wald – zunächst sanft abwärts, später steiler und in Kehren. Zwischen dem Lorbeer fallen vereinzelt knorrige Eukalyptusbäume auf.

Später geht der Lorbeerwald in Buschwald über. Die dichte Vegetation aus Farnen, Schilf und Brombeeren droht den Pfad teilweise zu verschlingen. Nach 0:25 Std. erreichen wir schließlich in einem schmalen Barranco wieder den Waldrand **12** und offenes Gelände. Entlang alter Steinmauern, durch Wiesen und Schilf geht es an der linken Seite des Barrancos geradeaus dem Talausgang entgegen. Wir passieren ein Wasserreservoir, 5 Min. später eine verlassene Hütte **13** und kurz darauf die ersten bewirtschafteten Terrassen und Obstgärten.

Kurz nach einer Gruppe verfallener Häuser **14** erreichen wir den Ortsrand von **Vallehermoso:** Wir ignorieren einen Abzweig nach links und folgen der Markierung weiter abwärts.

Durch einen Torbogen unter einem Haus steigen wir über Treppen abwärts. Wir umrunden ein kleines Steinhaus nach links und folgen dem Treppenweg dann nach rechts abwärts. Er führt oberhalb einer großen Terrasse entlang und biegt anschließend nach links in Richtung Friedhof, dessen Eingang wir über einen Bach hinweg erreichen.

Wir folgen der asphaltierten Zufahrtsstraße des Friedhofs nach links bis zur Hauptstraße **15**, in die wir nach rechts biegen. Kurz vor der nächsten Rechtskurve folgen wir links einem Treppenweg **16** abwärts, der uns in den Ortskern auf eine Gasse führt. Wir biegen nach rechts und laufen durch die Gasse bis zum Hauptplatz **17** von Vallehermoso.

Über die von hier in Richtung Strand ausgeschilderte Straße erreicht man in gut 0:25 Std. wieder den Toureinstieg am Treppenweg **1** in der Nähe des Botanischen Gartens.

Der Norden → Karte S. 122/123

Fest- und Picknickplatz an der Ermita de Santa Clara

GPS-Tour 20

Rundtour von Vallehermoso über El Tión

Charakter: Fruchtbare Täler mit bewirtschafteten Terrassen und Königsblicke auf den Roque Cano, das Wahrzeichen von Vallehermoso, lassen auf dieser in weiten Teilen bequemen Rundwanderung keine Langeweile aufkommen. Anspruchsvoll sind ein steiler Abschnitt zwischen **5** und **6** vor El Tión und eine schlechter markierte Etappe nach dem Stausee La Encantadora bei **11** bis **12**. Teilweise schattige Abschnitte. **Länge/Dauer:** 7,2 km, ca. 3 Std. **Markierung:** bis an den Ortsrand von Vallehermoso weiß-rot-gelbe Markierung, danach weiß-gelbe Balken bis El Tión **7**. Im letzten Wegabschnitt nur vereinzelt blaue Farbtupfer als provisorische Markierung. **Ausrüstung:** feste Bergschuhe, ggf. Wanderstöcke. **Verpflegung:** Trinkwasser und Proviant unbedingt mitnehmen. Keine Einkehrmöglichkeit in El Tión, jedoch zahlreiche Bars und Restaurants am Start/Ziel in Vallehermoso, z. B. Bar Central am Hauptplatz **1**, ✆ 922-800023, tägl., außer So, bietet Tapas und Suppen. **Hin & zurück:** großer Parkplatz im Zentrum von Vallehermoso. Von Vallehermoso fahren Busse der Linie 2 nach San Sebastián (Mo–Sa 5x, So 2x), der Linie 4 nach La Dama (nur Mo–Fr 2x) und der Linie 5 nach Alojera (nur Mo–Fr 2x); Fahrplan → www.guaguagomera.com. Taxi in Vallehermoso ✆ 922-800279.

Wegbeschreibung: Vom Hauptplatz in Vallehermoso, der **Plaza de Constitución** **1**, folgen wir dem Schild in Richtung Hermigua auf der rechten Seite der Straße abwärts. Nach Passieren einer Tankstelle und vor dem Kinderspielplatz biegen wir rechts in eine kleine Straße **2**, wandern links über eine Brücke und folgen der Straße nach rechts, die mit weiß-rot-gelben Balken markiert und mit „Garabato" beschildert ist. Bald darauf biegen wir rechts auf einen zementierten Treppenweg (Schild „Garabato Roque Cano Las Rosas Agulo El Tion"). Nach wenigen Minuten treffen wir wieder auf die Dorfstraße. Die gegenüber weiterführenden Treppen werden ignoriert. Stattdessen folgen wir der Straße nach rechts, wobei wir einen herrlichen Blick über Vallehermoso mit seinen erhöht liegenden Weinbergen und Terrassen genießen. Einen weiteren Abzweig **3** nach 150 m links (Schild „Roque Cano Agulo"), der rot-weiß markiert ist, lassen wir ebenfalls unbeachtet.

Wir folgen unserem – hier nur noch gelb-weiß gekennzeichneten – Sträßchen in ein kleines idyllisches Seitental (Schild „Garabato El Tion"). Auf den Terrassen rechts und links von uns wachsen Kartoffeln, Mais, Wein, Bohnen und Obstbäume. Eine staubige Piste **4** löst schließlich den Asphalt ab und wechselt dann auf die rechte Talseite hinüber, wo sie zunächst in Kehren, später am Hang entlang ansteigt. Wir kommen an einzelnen blumengeschmückten Häusern vorbei, dazwischen sprießt die bunte Vegetation des Buschwalds mit Agaven, Palmen, Schilf, Nadelbäumen und Wacholder. Schließlich kommt nach einer Kurve rund 300 m vor uns die Staumauer des **Embalse de Vallehermoso** in Sicht. Gleichzeitig zweigt scharf rechts ein Pfad **5** ab, der mit „El Tión" beschildert und weiß-gelb markiert ist, auf ihm verlassen wir nach knapp 1 Std. Gehzeit die Piste.

In engen Kurven geht es nun durch niedrigen Buschwald über den steinig-

felsigen Pfad steil aufwärts – die anstrengendste Etappe dieser Wanderung. Nach rund 0:25 Std. überschreiten wir schließlich eine Kante **6** und sehen die Häuser und Terrassen von **El Tión** vor uns liegen. Vorbei an vereinzelten Palmen erreichen wir ein weißes, einzeln stehendes Haus und wenig später ein zweites. Die kleine Terrasse dieses verlassenen Gebäudes **7** lädt zum Picknick ein – der Blick reicht dabei über die Häuser und Terrassen von El Tión bis ins Tal von Vallehermoso. Wenige Meter hinter dem verlassenen Haus gabelt sich der Weg: Wir biegen hier nach rechts (Schild „Ambrosio Vallehermoso PR LG 7").

Ein dünner Pfad führt sanft abwärts den Hang entlang. Die üppige Vegetation aus Lorbeer, Kastanien, Brombeeren und wucherndem Dickicht droht den Weg zu erobern – dieser Streckenabschnitt wird nur selten begangen. Wir erreichen bald einen Felssporn mit Blick auf den markanten Vulkanschlot **Roque Cano** und zurück auf die Häuser von El Tión. Voraus ist schon eine weitere Felsgruppe erkennbar, zu der wir wenig später gelangen. Nach dieser **zweiten Felsgruppe** **8** beginnt ein rund 20-minütiger steiler und steinig-felsiger Abstieg. Im Tal haben wir dabei den Stausee Embalse la Encantadora im Auge. Wir gelangen auf eine kleine

Asphaltstraße **9** und biegen nach rechts (Schild „Vallehermoso"). Es geht nun an der rechten Talseite entlang weiter abwärts. Auf der gegenüberliegenden Talseite werden auf Terrassen Kartoffeln und Wein angebaut, dazwischen stehen einzelne Häuser.

Oberhalb des Stausees **Embalse la Encantadora** verläuft das Sträßlein in einem Bogen nach rechts – wir genießen dabei den Ausblick über das Gewässer und die umliegende Bergwelt. Kurz vor Erreichen des Seeufers endet der Asphalt an einer Gabelung **10**. Wir halten uns rechts (Schild „Vallehermoso por el camino de Lomo Pelardo") und bleiben auf der Piste parallel zum Seeufer. An einem Felsvorsprung **11** über der **Staumauer** angekommen, steigen wir rechts über die Felsen zu einem kleinen Brückchen ab, überqueren es und folgen danach einem dicken Wasserrohr nach rechts. Nach wenigen Metern wird ein schmaler Pfad erkennbar, der uns in ein kleines Seitental führt.

Nach Passieren einiger Terrassen geht es im steinigen und ausgewaschenen Taleinschnitt nach oben. Wir ignorieren einen rechts abzweigenden Weg, der dem Wasserrohr weiterfolgt. Stattdessen schlagen wir uns an der linken Seite eines Bachbetts durch die dichte Vegetation mit Palmen, hohen Farnen und Buschwerk. Hier enden die weißgelben Wegmarkierungen, um erst kurz vor Vallehermoso wieder einzusetzen. Noch vor Erreichen eines vor uns liegenden Sattels führt der Pfad nach links aus dem Dickicht heraus. Wir erreichen einen **Kamm** **12** und stoßen dort auf einen quer verlaufenden Weg. Wir überqueren diesen und wandern weiter geradeaus in Richtung des **Roque Cano**, der nun wieder ins Blickfeld gerückt ist. Der beeindruckende Vulkanschlot begleitet uns den Rest des Weges in immer neuen spektakulären Ausblicken. Blaue Farbtupfer dienen im folgenden Streckenabschnitt als Markierung.

Über die Staumauer kann man nach Rosa de las Piedras spazieren

Zunächst auf der rechten, später auf der linken Seite eines sanft abfallenden Grats geht es weiter in nördlicher Richtung. Im Tal rechts von uns erkennen wir den Weg, den wir zu Beginn der Tour in Richtung El Tión gelaufen sind. Schließlich erreichen wir ein kleines Plateau **13** am Fuße einer Felsgruppe. Hier schlagen wir einen links abzweigenden Pfad ein. Es geht nun felsig und steinig steil abwärts. Kurz vor Erreichen der ersten Terrassen von Vallehermoso beginnen gepflasterte Treppenstufen, die am Ortsrand schließlich in einen betonierten Weg übergehen. Wir erreichen das erste Haus **14** und gelangen dann durch blumengeschmückte Gärten mit Roque-Cano-Blick zu einem kleinen Dorfplatz, an dem eine Asphaltstraße beginnt. Hier biegen wir rechts ab und steigen auf dem Treppenweg weiter abwärts, der von der Dorfstraße rechts abzweigt. Nach wenigen Metern stoßen wir erneut auf die Asphaltstraße, der wir nach rechts in Richtung Ortsmitte von **Vallehermoso** folgen. Wir laufen zwischen zwei großen Wasserreservoirs durch und biegen am Hotel de Triana nach links, um bald darauf wieder den Hauptplatz **1** zu erreichen.

Der Norden → Karte S. 122/123

GPS-Tour 21

Von Alojera zur Playa del Trigo

Charakter: Baden, sonnen, spielen und chillen ohne das Gedränge an den Valle-Stränden – das geht im einsamen Nordwesten Gomeras. Ein wild-romantischer Strand bildet das Ziel dieser einfachen, sogar kindgerechten und gleichzeitig abwechslungsreichen Tour durch Terrassen, Palmenhaine und Barrancos. Überwiegend schattenlos. **Länge/Dauer:** einfach 2,2 km, ca. 1 Std. von **1** bis zur Playa del Trigo **9**. In der Variante weiter bis zur Playa de Alojera 0:30 Std., von dort an der Straße zurück zur Bar rund 1 Std. **Markierung:** Weiß-rote Balken kennzeichnen nur den Einstieg, danach keine weiteren Markierungen. In den Barrancos sporadisch Steinmännchen. **Ausrüstung:** auch mit Turnschuhen möglich, ggf. Badesachen. **Verpflegung:** Supermarkt, Trinkwasser und Einkehrmöglichkeit am Ausgangspunkt an der Bar Perdomo in Alojera. Restaurant in Playa de Alojera (→ „Die Noch-mehr-Strand-Variante"), Bar-Restaurant Prisma, Spezialität Fisch, ✆ 922-800473. **Hin & zurück:** Parkplätze im Zentrum von Alojera und in Playa de Alojera. Die Buslinie 5 verbindet Alojera nur werktags (Mo–Fr 2x) mit Vallehermoso; Fahrplan → www.guaguagomera.com. Das nächste Taxi ruft man sich aus Vallehermoso, ✆ 922-800279.

Wegbeschreibung: Die Tour beginnt vor der Bar Perdomo **1** an der Hauptstraße in der Ortsmitte von **Alojera.** Rechts neben dem Gebäude, in dem sich auch ein kleiner Supermarkt befindet, markieren weiß-rote Balken den Ausgangspunkt. Wir steigen hier eine Treppe abwärts und biegen nach 30 m unter Palmen links in einen quer laufenden zementierten Weg Danach wandern wir geradeaus sanft abwärts durch Häuser und Palmen an der linken Seite eines Barrancos entlang. Wir kommen an der „Casa Barbara" (Schild) vorbei, dem letzten Gebäude einer Häusergruppe. Dann geht der Betonweg in einen Pfad über. Dieser führt uns gemütlich durch Palmen und Terrassen in Richtung Meer, wobei er das Bachbett mehrfach quert und dann schließlich direkt neben dem Bach verläuft.

Nach insgesamt 0:15 Std. Wanderzeit kreuzt ein Zementweg **2** den Barranco, auf dem wir die kleine Schlucht nach rechts verlassen. Wir folgen hier jedoch nicht dem steilen Treppenweg nach oben, sondern gehen unterhalb der Laternen geradeaus eben weiter. Wir passieren ein links liegendes Staubecken und erreichen bald darauf eine Häusergruppe mit mehreren Neubauten in der Kurve **3** einer Dorfstraße.

Wir lassen die Straße rechts unbeachtet und durchqueren die Häusergruppe entlang einer Mauer, die den Zementweg auf der linken Seite säumt. Der Weg mündet nach 150 m erneut in die Dorfstraße **4**, in die wir rechts abbiegen. Wir folgen ihr bis in eine scharfe Rechtskurve nach ca. 30 m, wo sich der von Laternen gesäumte Weg nach links fortsetzt. Nach 2 Min. endet er auf einem Bergrücken. Ein zunächst betonierter, dann steiniger, schwer erkennbarer Pfad bringt uns von hier teils in Kehren in den Grund eines kleinen Barrancos.

Wir laufen rund 70 m durch das ausgewaschene Bachbett bis zu einer Palme **5**, die in eine Mauer eingebaut ist. Hier schlagen wir einen Pfad nach rechts ein, der oberhalb eines Wasserbeckens durch kahles, erodiertes Gelände ansteigt. Vorbei an einem Ziegenstall, geht es durch gepflegte Terrassen mit Mais, Kartoffeln und sogar Getreide weiter nach Nordwesten in Richtung Meer.

5 Min. nach Verlassen des Bachbetts gabelt sich der Pfad an einem Palmenhain **6**. Wir halten uns links und gelangen nach 50 m zu einer staubigen Fahrpiste, die in engen Schleifen abwärts führt. Wir folgen ihr wenige Meter bergab, bis links ein Pfad in Richtung Meer abbiegt. Auf diesem durchqueren wir einen bewirtschafteten Palmenhain. Ein intensiver Geruch liegt in der Luft – Alojera gilt als Zentrum für die Gewinnung von Palmhonig. Kurz nach Verlassen der Palmengruppe erreicht der Pfad wieder den Grund **7** des Barrancos. (10 m weiter beginnt auf der linken Seite der Schlucht ein Pfad zur südlich liegenden Playa de Alojera → „Die Noch-mehr-Strand-Variante“.)

Für das eigentliche Ziel dieser Tour, die Playa del Trigo, folgen wir dem aus-

Blüten, Palmen, Meer

gewaschenen, steinigen Bachbett, wobei wir einen zweiten Abzweig nach links ignorieren. An einer besonders engen Stelle des Barrancos steigt schließlich nach rechts ein mit Steinmännchen markierter Pfad auf, über den wir nach 3 Min. zu einem kleinen Plateau **8** gelangen.

Die Noch-mehr-Strand-Variante

Als Alternative zum Rückweg über die gleiche Strecke bietet sich eine Schleife über die südlich gelegene **Playa de Alojera** an. (Für Familien mit Kindern eher ungeeignet.)

Wir laufen zurück über das kleine Plateau **8** und folgen dem Pfad durch den Barranco, bis kurz vor dem Aufstieg zum Palmenhain ein Pfad **7** rechts abzweigt. Hier folgen wir den Steinmännchen auf einen Grat. (Bevor wir auf dem Pfad hier weiter links gehen, lohnt sich ein kurzer Abstecher nach rechts: toller Blick zurück auf die Playa del Trigo.) Den Kamm entlang geht es aufwärts, bis wir nach gut 10 Min. die Verbindungsstraße zwischen Alojera und dem Meer erreichen. Wir folgen ihr nach rechts bis in die Bucht von Playa de Alojera, wo sich Badeort und Strand im Schatten der steil aufragenden Klippen verstecken. Ein Restaurant lädt zur Pause ein (eingeschränkte Nebensaisonzeiten!).

Auf schnellstem Weg zurück nach Alojera geht es zuerst über die Verbindungsstraße wieder 5 Min. aufwärts. Kurz nach einer engen Linkskurve zweigt rechts ein steiler Weg ab, der uns in Serpentinen auf die Hauptstraße führt, der wir dann ca. 1 Std. bis zur Bar Perdomo **1** folgen.

Nationalpark Garajonay

Das Herz Gomeras ist märchenhaft und geheimnisvoll. Oft ist es eingehüllt in dicke Passatwolken, leuchtet aber umso faszinierender in allen Grüntönen, wenn die Sonnenstrahlen ihren Weg durch den Nebel finden. Der Nationalpark Garajonay verzaubert seine Besucher.

Wer sich über die Geschichte und den Naturraum des Nationalparks informieren möchte, sollte unbedingt einen Abstecher zum **Nationalpark-Besucherzentrum Juego de Bolas** einplanen, das in La Palmita-Agulo liegt. Hier kann man sich auch zu den begehrten Touren durch den Nebelwald anmelden, die die Nationalparkverwaltung regelmäßig (zuletzt freitags) organisiert.

Ob man nun durch den dichten Nebelwald wandert, zwischen Lorbeerbäumen, Farnen und zitternden Flechten, oder mit dem Auto auf gewundenen Straßen die Insel quert – das Reisetempo verlangsamt sich. Zu faszinierend ist das Wechselspiel aus Licht und Schatten, von dichtem Grün und plötzlich abstürzendem Gelände und weiten Blicken.

Der Laurisilva, wie der Lorbeerwald auf Spanisch heißt, ist ein Relikt aus dem Tertiär, der Zeit vor den Eiszeiten. Aufgrund der isolierten Lage im Meer überdauerte die Vegetation auf Gomera die Kaltzeiten und zeugt heute noch von den subtropischen Lorbeerwäldern, die vor mehreren Millionen Jahren den gesamten Mittelmeerraum und weite Teile Europas bedeckten. Ein weiterer Name für den Urwald von La Gomera ist Monteverde, der grüne Berg. Er spielt auf den Wasserreichtum im Lorbeerwald und die entsprechend üppige Pflanzenwelt an. Den Niederschlag bringt der Passatwind Alisio in Form dichter Wolken mit. Wenn diese sich nicht schon beim Aufsteigen an den Nordhängen der Insel abregnen, durchziehen sie die bewaldeten Kuppen der Hochfläche. Dabei bleiben winzige Wassertropfen an Blättern, Moos und Flechten hängen – ein Phänomen, ohne das der Nebelwald nicht existieren würde und das ihm einen weiteren Spitznamen eingebracht hat: Wolkenmelker.

Der Garajonay-Nationalpark ist dank des gut ausgebauten Straßennetzes, das ihn durchkreuzt, leicht zugänglich. Bedenken sollte man, dass im Vergleich v. a. zur warmen Südseite Gomeras ein Temperaturunterschied von 10° C keine Seltenheit ist. Es ist also empfehlenswert, warme Kleidung einzupacken,

wenn man einen Ausflug in den Nebelwald plant, egal ob zu Fuß oder mit dem Auto.

Wer das Gebiet motorisiert erkundet, folgt dem Straßenverlauf der GM-2 zwischen Degollada de Peraza und Arure. Kurvenreich, aber gut ausgebaut führt sie durch den Nationalpark. An zahlreichen Aussichtspunkten, wie bei den **Roques,** gibt es die Möglichkeit, zu rasten oder sich die Beine zu vertreten. Wo es nicht die Aussicht ist, die lockt, führen Spazierwege in den dichten Wald hinein. Die größte, auch von den großen Reisebussen angesteuerte Attraktion ist die **Laguna Grande.** An Feiertagen oder am Wochenende ist die große Freifläche bei Gomeros und Festlandspaniern ein beliebtes Picknickziel. Sie ist aber auch ein guter Ausgangspunkt für Wanderungen. Zu Fuß erlebt man den Nationalpark besonders intensiv. Das umfangreiche Wegenetz bietet markierte Touren aller Schwierigkeitsstufen. Ein beliebtes Ziel ist das Bergdörfchen **El Cedro,** wo man sich bei traditionell gomerischer Kost stärken kann.

Was anschauen?

Miradores de los Roques: Die Aussichtspunkte bieten tolle Blickwinkel auf Gomeras beliebte Härtlings-Familie. Man sollte genügend Zeit zum Fotografieren mitbringen. → **S. 172**

Was unternehmen?

Geführte Tour: Die Hauptsehenswürdigkeit des Nationalparks ist die Natur. Am besten erfährt man sie auf einer geführten Tour, besonders viele Anbieter gibt es in Valle Gran Rey. → **S. 101**

Alto de Garajonay: Der höchste Gipfel Gomeras wirkt zunächst wenig spektakulär. Seine wahre Größe erkennt man erst nach der Besteigung, wenn man den grandiosen Rundumblick genießt – gute Sicht vorausgesetzt. → **S. 173**

El Rejo: In der Nähe des Weilers El Cedro können kleine und große Abenteurer sich die Füße nass machen und im Tunnel El Rejo einen Bergrücken unterschreiten. → **S. 175**

Wo essen?

Bar La Vista: Dank der Panoramafenster meint man, seine Potaje hoch über den Wolken einzunehmen. → **S. 172**

Laguna Grande: Das Ausflugslokal serviert klassische gomerisch-bäuerliche Kost. Oft gibt es zum Nachtisch eine Silbo-Vorführung durch das Personal. → **S. 174**

Was sonst noch?

Picknicken: Die Rastplätze im Nationalpark bieten sich auch für einen kurzen Abstecher in den Wald mit Picknick an. → **S. 171**

Einsame Straße: Eine besonders einsame Alternative zur Erkundung des Nationalparks auf der Straße GM-2 ist die Durchquerung des Nebelwaldes auf der Verbindungsstraße zwischen dem Besucherzentrum Juego de Bolas und der Laguna Grande.

Das Schutzgebiet

Um das einzigartige Ökosystem zu schützen, wurde der Garajonay 1981 zum Nationalpark erhoben, 1986 listete die UNESCO ihn als Weltkulturerbe, 1988 wurde er als Europäisches Vogelschutzgebiet ausgewiesen. Mit 3984 ha macht das Schutzgebiet 10 Prozent der Gesamtfläche Gomeras aus und umfasst die zentrale Hochfläche der Insel sowie die sich im Norden anschließenden steilen Flanken. Im Gegensatz zu den küstennahen Regionen der Insel, die durch steile Barrancos gekennzeichnet sind, befindet sich der Nebelwald im hochgelegenen, aber weniger schroffen Zentrum der Insel. Trotzdem erstreckt sich das Relief im Schutzgebiet zwischen 800 und 1487 m ü. NN. Von Gomeras höchstem Gipfel, dem **Alto de Garajonay,** genießt man eine großartige Aussicht auf die Insellandschaft, aus der die Roques **Ojila, La Zarcita** und **Agando** ragen. Über den Atlantik hinweg blickt man an klaren Tagen bis zu den Nachbarinseln Gran Canaria, Teneriffa, La Palma und El Hierro.

Obwohl 2012 ein verheerender Waldbrand einen großen Teil der Vegetation dezimierte, findet man auf La Gomera nach wie vor den größten zusammenhängenden Lorbeer- und Heidebuschwald der Kanaren. Im Nationalpark gedeihen bis zu 15 m hohe Lorbeerbäume, behangen von Moosen und Flechten. Baumheide, Farne und vielfältige Blütenpflanzen verdichten das Grün. Viele davon sind endemisch, kommen also nur auf Gomera vor. Doch auch die Tierwelt ist vielfältig. Zahlreiche Vogelarten, wie zum Beispiel die Lorbeertaube, und Reptilien wie die Kleine Kanareneidechse bevölkern den Garajonay.

Rastplätze und Wanderparkplätze im Nationalpark

Entlang der Straße GM-2, die den Garajonay von Südosten nach Nordwesten durchquert, gibt es an mehreren Wanderparkplätzen die Gelegenheit, auf den ausgewiesenen Wegen mehr oder weniger kurze Abstecher in den Nebelwald zu machen. Auch die Wanderbusse (Linie 1 San Sebastián–Valle Gran Rey, 5x tägl.) halten hier zum Teil. Von den Parkplätzen bei **Pajarito** (mit Bushaltestelle) und **El Contadero** starten Touren auf den Garajonay, über den Rastplatz Las Mimbreras nach El Cedro oder zu den Roques. Auch zum beliebten Rastplatz **Las Creces** (mit Bushaltestelle) im nordwestlichen Teil des Nationalparks beginnt ein ausgeschilderter Weg (Ruta 5) an der Straße. Die Strecke kann etwas überlaufen sein, trotzdem zeigt sich der Wald von seiner schönsten Seite und die Picknickbänke inmitten des Dickichts sind ein Höhepunkt. Am weniger stark frequentierten **Raso de la Bruma**, der „Nebellichtung", verläuft südlich der Straße die Tour Cañada de Jorge (Ruta 10) entlang des Kraterrandes einer inzwischen vom Wald überwucherten Caldera. Am Parkplatz gegenüber spaziert man von der Straße nach Norden zum Aussichtspunkt Risquillos de Corgo. Der Wald ist hier besonders verwunschen und oft von Wolken eingehüllt. Ein Umstand, der der Wanderung das gewisse Etwas gibt, dem Aussichtspunkt jedoch nicht unbedingt.

El Cedro

El Cedro ist ein verschlafener Weiler auf 850 m ü. NN am Nordrand des Nationalparks. Idyllisch liegen die versprengten Wochenend- und Ferienhäuser hoch oben im gleichnamigen Barranco, direkt am Rande des Lorbeerwaldes. Die Hauptattraktion ist die Bar La Vista, bekannt für ihre Kressesuppe im Holznapf. Von der Terrasse erschließt sich der Blick auf den Barranco de Monteforte mit Hermigua und Teneriffa. Nicht selten ziehen die Passatwolken über und um El Cedro. An solchen Tagen betrachtet man das Naturspiel durch die großen Fenster vom warmtrockenen Innenbereich der Bar und die *potaje* schmeckt umso besser.

Zur Bar gehört der einzige Campingplatz von La Gomera, mit terrassierten Plätzen für die Zelte, Freilandduschen und ebenso grandiosem Panorama. Die Betreiber der Bar vermieten zudem Landhäuser in der direkten Umgebung.

El Cedro ist nicht nur Ziel, sondern auch Ausgangspunkt vieler Wanderungen. Man macht sich zur Durchquerung des Berges La Montananeta im feuchten Wasserstollen **El Rejo** auf (→ Wanderung 22) oder geht durch den Lorbeerwald nach Los Aceviños (→ Wanderung 23). Beliebt sind auch der Abstieg vom Parkplatz El Contadero nach El Cedro (→ Wanderung 24) oder die anspruchsvollere Rundwanderung mit Aufstieg aus Hermigua (→ Wanderung 18). Wer von El Cedro nur einen Abstecher in den Nationalpark machen möchte, kann die etwa 2,5 km zum Rastplatz **Las Mimbreras** im Barranco del Cedro hinaufsteigen. Der Weg zu der Waldlichtung mit Bänken und Ti-

Nationalpark Garajonay → Karte S. 170

schen führt vorbei an der schnuckeligen **Ermita Nuestra Señora de Lourdes** und in eine der schönsten und geheimnisvollsten Zonen des Bosque del Cedro (→ Wanderung 22 und → Wanderung 24).

▪ Von der Straße CV-14, die GM-1 und GM-2 verbindet, zweigt eine 2,5 km lange, steingepflasterte Straße nach El Cedro ab.

Essen & Trinken **Bar-Restaurante La Vista,** aussichtsreiches Bergrestaurant. Auf den Tisch kommt traditionell gomerische Kost. Besonders beliebt ist die *potaje de berros*, Brunnenkressesuppe, die passend zum deftigen Geschmack in einem rustikalen Holzteller und mit einer Schale Gofio serviert wird. Große Portionen zu kleinen Preisen. Geöffnet 9–19 Uhr. El Cedro s/n, 38820 Hermigua, ✆ 922-880949, https://camping-lavista.jimdo.com.

Los Roques

Steinerne Wächter überragen die grünen Hänge am östlichen Eingang des Nationalparks. Die Roques sind Vulkanschlote aus erstarrtem Magma, die über die Jahrtausende durch Erosion freigelegt wurden. Los Roques oder auch La Familia de los Roques, das sind der Roque Agando (1251 m), der Roque de la Zarcita (1233 m) und der Roque de Ojila (1171 m). Rund um die Felsen erstreckt sich das Naturschutzgebiet *Monumento Natural de los Roques*, sie gehören also genau genommen nicht zum Nationalpark.

Auf der Fahrt von San Sebastián in den Nationalpark kommt man an den steinernen Wächtern nicht vorbei. Die ausgeschilderten **Miradores de los Roques,** etwa 18 km westlich der Inselhauptstadt, bieten mit mehreren Parkbuchten die Gelegenheit, die Felsen rechts und links der Straße zu bewundern. Besonders spektakulär ist die Aussicht übrigens bei Sonnenauf- und -untergang.

▪ 5x tägl. halten die **Busse** der Linie 1 auf dem Weg von San Sebastián ins Valle Gran Rey an der Haltestelle beim Roque Agando.

Von Benchijgua bzw. von Pastrana, führt ein **Wanderweg** hinauf auf den Roque de Agando (→ Wanderung 3 und → Wanderung 5). Dort angekommen, blickt man auch auf den Rest der steinernen Familie. Vom Parkplatz an der Degollada de Bailadero oder vom gleichnamigen Mirador (→ Kasten) führt ein Wanderweg von Norden her zu den Roques Zarcita und Ojila.

Der meistfotografierte Härtling ist der Roque Agando

Mehr Ruhe an den Roques

Ein Stopp an den Roques gehört zum Standardprogramm der Reisebusse, die die Eintagestouristen über die Insel schippern. Dementsprechend voll kann es hier werden. Ein Tipp für einen ungestörten Blick auf den Roque Agando ist der **Mirador Morro de Agando.** Der Aussichtspunkt befindet sich parallel zur Straße GM-2 am Wanderweg GR 131. Man erreicht ihn vom weiter westlich gelegenen Mirador de Tajaqué (bei der Holzbrücke) in etwa 10 Minuten zu Fuß (→ Wanderung 5). Ebenfalls sehr ruhig, aber mit grandiosem Blick auf die Felsen liegt der **Mirador el Bailadero** an der kleineren Verbindungsstraße zur GM-1 in Richtung Norden. Hier kommt das Wechselspiel zwischen der üppigen Vegetation des Lorbeerwaldes und dem vulkanischen Gestein besonders gut zur Geltung.

Alto de Garajonay

Die höchste Erhebung der Insel ragt mit 1487 mü. NN über das umgebende Hochland hinaus. Von Weitem wirkt der Alto de Garajonay, verglichen mit der Fortaleza oder den Roques, aber wenig spektakulär. Umso überraschender ist die sagenhafte Aussicht vom Gipfel, vorausgesetzt das Wetter spielt mit. Bei guten Verhältnissen blickt man auf das Meer mit El Hierro, Teneriffa und La Palma und auf die grüne Wildnis des Nationalparks.

Die Begehung des Alto de Garajonay gestaltet sich nicht zwangsweise schwierig, denn die Straße führt bereits auf eine Höhe von 1300 m. Vom Parkplatz El Contadero ist man dann innerhalb von etwa einer halben Stunde auf dem Gipfel, was auch mit Kindern leicht möglich ist. Natürlich kann man die Besteigung auch in eine längere Tour einbauen: Beliebt ist der Weg von der Laguna Grande. Wer nicht mit den Touristenströmen wandern möchte, kann beispielsweise am Mirador de Igualero, südlich des Berges, starten und den Weg über den gleichnamigen Ort einschlagen. Von Chipude lässt sich der Garajonay in gut zwei Stunden erklimmen (→ Wanderung 7). Das Wetter kann schnell umschlagen, daher ist auch bei kurzen Wanderungen entsprechende Kleidung empfehlenswert.

Ein Erlebnis für alle Sternegucker ist ein Besuch der Aussichtsplattform bei Nacht. Dank der geringen Lichtverschmutzung sind die Sternbilder Schütze und Skorpion besonders deutlich. Fernglas nicht vergessen!

La Laguna Grande

Einst war die Laguna Grande ein Vulkankrater, in dem sich nach starken Regenfällen ein kleiner Flachwassersee bildete. Heute ist die große Lichtung auf 1240 m ü. NN inmitten des Nebelwalds ein beliebtes Ausflugsziel mit Spielplatz, Grillplätzen und einem Restaurant. Vor allem am Wochenende treffen sich hier die gomerischen Familien. Ansonsten kann es, sofern nicht

Nationalpark Garajonay → Karte S. 170

Laguna Grande: Hexenzirkel

gerade einer der großen Reisebusse gehalten hat, auch sehr friedlich sein. Ein Lehrpfad mit Schautafeln und ein kleines Informationszentrum (geöffnet tägl. 8.30–16.30 Uhr) liefern ausführliche Informationen zur Flora und Fauna des Nebelwaldes.

Archäologische Funde legen nahe, dass die Lichtung bereits von den Guanchen, den kanarischen Ureinwohnern, als Aufenthalts- und Treffpunkt genutzt wurde. Später war die Laguna Knotenpunkt für Hirten und Reisende mit ihren Lastentieren auf dem Weg über die Insel. Der Sage nach ist der Krater außerdem ein Versammlungsort für die Hexen von La Gomera, der Steinkreis erinnert daran.

Der alte Knotenpunkt dient noch heute als Einstieg für längere Wanderungen im Nationalpark, auch dank der Lage direkt an der Höhenstraße (GM-2), ausreichend Parkplätzen und der Möglichkeit zur Einkehr. Mehrere Touren sind ausgeschildert, beispielsweise die zum Gipfel des Garajonay oder zum Besucherzentrum Juego de Bolas.

Essen & Trinken **Bar-Restaurante Laguna Grande,** das bei Einheimischen wie Reisegruppen sehr beliebte Lokal in der Laguna Grande wurde vom Großreeder Olsen übernommen. Serviert werden traditionell kanarische Kost und Grillgerichte. Das Personal kommt von der Insel und beherrscht fast immer die Pfeifsprache El Silbo. Wer nett fragt, bekommt also vielleicht noch eine kleine Kostprobe. Tägl. 10–18 Uhr geöffnet. ✆ 922-695083.

Die Legende von Gara und Jonay

Vor langer Zeit, noch vor der Eroberung durch die Spanier, lebte eine schöne Prinzessin namens Gara auf La Gomera. Der Ruf ihrer Schönheit eilte bis auf die Nachbarinsel Teneriffa, wo er den Bauernsohn Jonay aufhorchen ließ. Der Jüngling machte sich auf den Weg auf die Nachbarinsel, traf auf Gara und die beiden verliebten sich.

Jedoch schien die Verbindung unter keinem guten Stern zu stehen, denn ein Priester prophezeite den jungen Liebenden großes Unheil. Just am Tage ihrer Eheschließung zitterte die Erde und der Vulkan Teide spuckte Lava, dass sich das Meer rot färbte. Die Familie Garas sah die Prophezeiung bestätigt und brachte Jonay gewaltsam zurück auf seine Heimatinsel.

Der Junge jedoch ließ sich nicht beirren und kehrte zurück nach Gomera. Das wiedervereinte Paar floh vor den Häschern der Familie Garas in den dichten Wald auf der Hochfläche. Als die Verfolger näher kamen, gab es für die Liebenden keinen Ausweg mehr. Eine beidseitig angespitzte Lanze aus Lorbeerholz bohrte sich durch ihre Brust und beendete das Leben von Gara und Jonay, die so auch über den Tod hinaus in inniger Umarmung verbunden waren.

Diese und weitere Versionen der Legende ranken sich um den Namen des Berges Garajonay. Ihre Protagonisten stehen sich beispielsweise in der Laguna Grande als hölzerne Figuren gegenüber.

Wanderungen im Nationalpark

GPS-Tour 22

Rund um El Cedro

Charakter: Auf ganzer Strecke prägt schattiger Lorbeerwald die gemütliche, auch für Kinder geeignete Rundtour um den Weiler El Cedro – die ideale Tour für heiße Sommertage also. Abenteuerlustige können im ersten Teil ab **3** einen 600 m langen Tunnel durchqueren, dieser Abschnitt lässt sich aber auch umgehen; nach starkem Regen sollte er nicht begangen werden. **Länge/Dauer:** 7,6 km, ca. 2:15 Std. **Markierung:** vereinzelt weiß-gelbe Markierung des PR LG 3, zahlreiche Hinweisschilder. **Ausrüstung:** über den Knöchel reichende, wasserdichte Schuhe wegen möglicher Pfützen im Tunnel; unbedingt eine Taschenlampe mitnehmen! **Verpflegung:** Trinkwasser und Einkehr im Bar-Restaurante La Vista in El Cedro, rustikal mit toller Aussichtsterrasse, Angebot von Suppen bis Fleisch und Fisch (tägl. 9–20 Uhr), ✆ 922-880949. **Hin & zurück:** Auf der Verbindungsstraße zwischen der Kammstraße San Sebastián – Valle Gran Rey (TF 713) und der Straße San Sebastián – Hermigua (TF 711) befindet sich in einer besonders steilen Haarnadelkurve im Tal von El Rejo der deutlich erkennbare Einstieg, Parkmöglichkeit für 3–4 Autos ca. 150 m abwärts. Keine Busverbindung! Taxi in Hermigua ✆ 922-880047, in Valle Gran Rey ✆ 922-805058.

Wegbeschreibung: Der Einstieg zu dieser Wanderung befindet sich im grünen **Tal von El Rejo.** Direkt in einer besonders steilen Straßenkurve beginnt an einer Steinmauer ein Schotterweg **1**. Er verläuft in Richtung des Massivs von **La Montañeta,** das von dichtem Lorbeerwald bedeckt ist (Schild „Caserío del Cedro 0,7"). Nach 50 m zweigt links ein Weg **2** nach oben ab (Schild „Caserío del Cedro por el Monte"), auf dem wir später zurückkehren werden – auf dieser Strecke lässt sich aber auch auf dem Hinweg der folgende Tunnel umgehen (→ Kasten).

Tunnelumgehung

Wer nicht im Tunnel wandern möchte, biegt bei **2** nach links oben ab (Schild „Caserío del Cedro por el Monte") und folgt dem Pfad steil aufwärts bis zu einer gepflasterten Fahrstraße **10**. Hier der Strecke nach rechts bis El Cedro folgen.

Wer durch den Tunnel will, geht rechts weiter auf dem Weg, der jetzt in einen Pfad übergeht. Kurz danach überqueren wir einen häufig Wasser führenden Graben und gelangen schnell zum Eingang **3** des rund 600 m langen Tunnels, der uns direkt in den Weiler El Cedro bringen wird – und uns damit einen Auf- und Abstieg von gut 200 Höhenmetern erspart. Nach starkem Regen kann der Weg durch den Tunnel jedoch geflutet sein, dann muss man auf die Umgehung über den Berg ausweichen.

Wir packen unsere Taschenlampen aus und beginnen den Gang durch die Unterwelt. „Kopf einziehen und Augen auf!", heißt es in der schmalen Röhre, von deren Decke vereinzelt Felsnasen herunterragen. (Selbstverständlich hat man im Tunnel keinen GPS-Empfang.) Das Kanalbett wurde im ersten Abschnitt in den Stein geschlagen, im

Nationalpark Garajonay → Karte S. 170

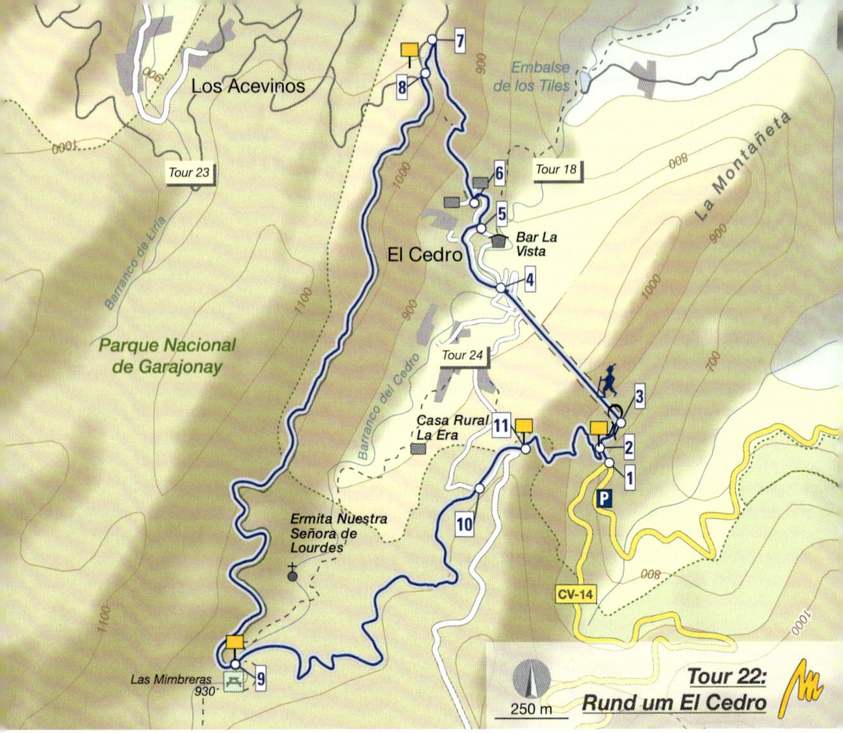

zweiten Teil auch mit Beton ausgegossen. Vereinzelt steht Wasser darin, in der Regel jedoch nie mehr als knöchelhoch. Vor unangenehmen Tierbegegnungen muss man sich hier nicht fürchten. Nach knapp 0:15 Std. steigen wir nahe am Bachlauf des Cedro wieder ans Tageslicht **4**.

Über eine Brücke queren wir das Gewässer und biegen dann rechts in die asphaltierte Dorfstraße von **El Cedro.** Auf ihr gelangen wir innerhalb weniger Minuten aufwärts zum Bar-Restaurante La Vista **5**, weit und breit das einzige Lokal zur Einkehr. Oberhalb des Gasthauses führt uns die steile Teerstraße nach rechts im Weiler aufwärts, wo wir nach zwei Kurven eine Kreuzung **6** erreichen: Während die beiden abzweigenden Asphaltstraßen zu Ferienhäusern führen, wählen wir die ausgewaschene Piste in der Mitte, die weiß-gelb markiert ist. In der nächsten Linkskurve nach wenigen Minuten führt von der breiten, roten Erdpiste ein deutlich gekennzeichneter Pfad nach rechts.

Wir betreten gleich nach der Gabelung einen verwunschenen **Lorbeerwald** mit Baumheide, hohen Farnen, rankendem Efeu und dichtem Unterholz. Auf dem dunklen Humusboden geht es sich butterweich. Der Pfad zieht sich zunehmend steil den Hang entlang bis zu einer Kuppe. Hier ignorieren wir einen links abzweigenden Weg. Sanft geht es abwärts, bis der Pfad an einer breiten geschotterten Forstpiste **7** wieder ans Tageslicht tritt. Man könnte hier leicht die Fortsetzung unserer Strecke übersehen: Unmittelbar vor Erreichen der Forstpiste führt ein schmaler Pfad im Wald links aufwärts. Auf ihm steigen wir knapp 10 Min. auf, wobei wir einen Abzweig an einem Nationalpark-Schild nach rechts ignorieren. Dann stößt der Weg auf eine weitere Forstpiste **8**, in die wir links einbiegen.

Es geht nun auf der breiten Piste gut 0:30 Std. bequem abwärts durch den dichten Wald bis zum **Rastplatz Las Mimbreras** **9**. Hier kreuzt unser Weg den Wanderweg PR LG 3, der Alto de Contadero in der Inselmitte mit dem Weiler El Cedro verbindet. Dieser Picknickplatz am plätschernden Lauf des Cedro lädt zu einer Rast ein.

Danach folgen wir dem Hauptweg über den Bach hinweg (Schild „Carretera dorsal 3,1 km"). Nach rund 0:20 Std. gelangen wir zu einer mit Steinplatten gepflasterten Straße **10** – die offizielle, wenig befahrene Zufahrtsstraße nach El Cedro. Wir biegen rechts ab und folgen ihr aufwärts.

Wenige Minuten später zweigen in einer Rechtskurve **11** mehrere Wege nach links ab. Wir schlagen hier den Waldpfad ein, der geradeaus abwärts führt (Schild „Carretera Hermigua El Rejón"). Der Pfad schlängelt sich in steilen Kehren den Hang hinunter, wobei an manchen Stellen Stufen den Abstieg erleichtern. 50 m vor einer mit Beton bedeckten Wasserleitung ignorieren wir einen Abzweig nach rechts und folgen stattdessen dem Weg, der direkt über die Leitung führt. Kurz danach gelangen wir zurück zu der Weggabelung **2** nahe unserem Ausgangspunkt und folgen dem rechten Abzweig zurück zur Steinmauer an der Straße **1**.

GPS-Tour 23

Von El Cedro nach Los Aceviños

Charakter: Von Weiler zu Weiler führt diese gemütliche, unkomplizierte Rundwanderung auch Familien mit Kindern durch den Lorbeerwald. Eine abwechslungsreiche Vegetation, von Orangenhainen bis zu uralten Baumriesen, säumt die Strecke. Ideal für heiße Sommertage. Ein Abstieg über ausgewaschenes Gelände stellt die einzige, leicht zu meisternde Schwierigkeit dar. **Länge/Dauer:** 7,6 km, ca. 2:20 Std. **Markierung:** sporadisch weiß-gelbe Balken des PR LG 3 bis zum Abzweig nach Los Aceviños **5**, später ab **8** erneut die weiß-gelbe Markierung des PR LG 3.1 bis nach El Cedro. **Ausrüstung:** Bergschuhe. **Verpflegung:** Trinkwasser mitnehmen. Einkehr nur im Bar-Restaurante La Vista in El Cedro, rustikal, mit Aussichtsterrasse, Angebot von Suppen bis Fleisch/Fisch (tägl. 9–19 Uhr), ✆ 922-880949. Keine Lokale in Los Aceviños. **Hin & zurück:** El Cedro ist über die Verbindungsstraße zwischen der Kammstraße San Sebastián – Valle Gran Rey (TF 713) und der Straße San Sebastián – Hermigua (TF 711) erreichbar. Parkplätze im Talgrund des Weilers. Keine Busverbindung! Taxi Hermigua ✆ 922-880047, Valle Gran Rey ✆ 922-805058.

Wegbeschreibung: Wir starten vor dem Bar-Restaurante La Vista **1** im Weiler **El Cedro.** Oberhalb des Gasthauses bringt uns eine Teerstraße nach rechts steil aufwärts. Nach zwei Kurven erreichen wir eine Kreuzung **2**. Wir folgen der ausgewaschenen Piste in der Mitte (weiß-gelbe Markierung), die zwischen zwei Asphaltsträßchen geradeaus führt. Nach rund 100 m zweigt in einer Linkskurve ein deutlich gekennzeichneter Pfad von der breiten, roten Erdpiste nach rechts in den Lorbeerwald. Über weichen Waldboden geht es teilweise steil unter den schattigen Bäumen aufwärts. Nach einer Kuppe verläuft der Weg sanft abwärts, bis der Pfad an einer breiten, geschotterten Forstpiste **3** wieder ans Tageslicht tritt.

Wir biegen nach rechts, wo es auf der breiten ausgewaschenen Strecke gemütlich abwärts geht. Nach dem

Nationalpark Garajonay → Karte S. 170

dichten Wald wachsen hier nur noch niedrige Lorbeerbäume und Baumheide. Wir erreichen einen Kamm mit einer kleinen Gruppe von Häusern 4 und gepflegten Gärten – von hier aus ist auch der Vulkan Teide zu sehen. Wir wandern geradeaus weiter. Nach rund 100 m markieren dann ein Steinmännchen und ein provisorisches Hinweisschild unseren Abzweig 5 nach links. Zunächst durch einen Hohlweg, dann über einen Waldweg wandern wir sanft abwärts. Einen Abzweig links lassen wir unbeachtet und erreichen gut 5 Min. nach Verlassen der Piste einen kahlen, erodierten Platz 6. Im südwestlich liegenden Tal sind schon die Häuser des Weilers Los Aceviños inmitten der von Wald bedeckten Hügel zu erkennen.

Ein ausgehöhlter Pfad führt uns vom Platz weiter nach links abwärts. Es geht steil und felsig weiter, einzelne Streckenabschnitte sind zum Hohlweg ausgewaschen. Über einen halb zugewachsenen Wegabschnitt erreichen wir schließlich am Fuß eines Hochspannungsmastes inmitten von verwilderten Terrassen den Talgrund 7. Wenige Meter weiter stoßen wir auf eine Piste, der wir nach rechts folgen. Sie führt uns nach rund 30 m auf eine Asphaltstraße 8, die Dorfstraße von Los Aceviños, in die wir links abbiegen.

Durch Lorbeerbäume und einen Hain aus uralten, hohen Kiefern erreichen wir den Rand des Weilers Los Aceviños, dessen Häuser verstreut über das ganze Tal liegen. Wir kommen an bunten Blumenbeeten, Orangenhainen und Gärten, an Wiesen und bewirtschafteten Terrassenfeldern vorbei.

Schließlich gabelt sich die Teerstraße. Die Straßen rechts und links führen in weitere Ortsteile, wir schlagen jedoch den mittleren Abzweig 9 ein, der gleich darauf in eine Forstpiste übergeht (Schild „El Cedro“, weiß-gelbe Markierung).

Unmittelbar nach einem Schild, das die Grenze des Nationalparks Garajonay markiert, tauchen wir wieder in dichten Lorbeerwald ein. 2 Min. später halten wir uns an einer Gabelung 10 links auf dem Hauptweg. Der folgende, rund 0:40 Std. dauernde Tourabschnitt könnte kaum angenehmer sein: Eine breite Piste mit weichem Boden, viel Schatten und ein gemächlicher Anstieg führen uns in sanften Windungen durch den **Lorbeerwald.** Vor allem die Vegetation hebt diesen Weg von anderen ab: Hohe knorrige Bäume säumen die Strecke, riesige Lorbeerblätter baumeln über den Wanderern, die neben den gewaltigen Farnen am Wegesrand jedoch klein wirken.

Knapp 0:30 Std. nach Verlassen von Los Aceviños zweigen links ein Pfad und eine Piste ab, 10 Min. später eine weitere Piste. Wir bleiben jedoch auf der Hauptstrecke und schlagen erst beim dritten, breiten, aber unbeschilderten Abzweig 11 nach links ein. (Sollten wir diesen verpassen, führt kurz darauf ein weiterer Pfad nach links, der mit „El Cedro" beschildert und gelb-weiß markiert ist). Wir folgen der Forstpiste, bis nach rund 5 Min. rechts der Pfad 3 abzweigt, der uns zu

Berg oder Tunnel?

Beginn der Tour von El Cedro heraufführte. Wir wandern diesen abwärts bis zur Asphaltstraße in El Cedro, über die wir in wenigen Augenblicken wieder an der Bar La Vista 1 landen.

Nationalpark Garajonay → Karte S. 170

GPS-Tour 24

Vom Nationalpark Garajonay bis El Cedro

Charakter: Die kurze und einfache Abstiegswanderung führt durch den Lorbeerwald des nördlichen Garajonay-Nationalparks hin zum Dorf El Cedro. Besonders an heißen Tagen ist die Tour zum Hochtal die perfekte Alternative für die ganze Familie zu den Wanderungen hinaus aus dem Valle Gran Rey. **Länge/Dauer:** einfach 5,6 km, 1:40 Std., hin und zurück 11,2 km 3:30 Std. **Markierung:** gut beschildert, weiß-gelbe Markierungen bzw. Ruta 9. **Ausrüstung:** festes Schuhwerk genügt. **Verpflegung:** Während der Wanderung kann man bei 4 seine Wasservorräte auffrischen. Bar La Vista in El Cedro: hervorragende gomerische Küche (tägl. 9–20 Uhr), ✆ 922-880949. **Hin & zurück:** Der Ausgangspunkt der Wanderung liegt nahe zur Buslinie 1 (Valle Gran Rey – San Sebastián, Mo–Sa 5x, So 2x); Fahrplan → www.guaguagomera.com. Von der Bushaltestelle Pajaritos bis zum Startpunkt geht man nur gut 1 km. Taxi Valle Gran Rey ✆ 922-805058. Vom Endpunkt 6 besteht eine Verbindung über eine befestigte Autopiste an das Straßennetz. Oder man setzt seine Wanderung zu Fuß fort. Entweder steigt man weiter ab nach Hermigua (→ Tour 18; Taxi Hermigua ✆ 922-880047) oder aber man kehrt auf demselben Weg zurück.

Wegbeschreibung: Vom Start am Parkplatz El Contadero 1 führt der in Richtung „El Cedro" ausgeschilderte Weg PR LG 3/Ruta 9 in den Lorbeerwald hinein. Der Name des Startplatzes leitet sich vom spanischen Verb „contar" (dt. zählen) ab. Hier zählten nämlich früher die Hirten ihr Vieh. Der Weg führt beständig und teilweise über Trittstufen bergab, bis wir nach 0:30 Std. einen Aussichtspunkt erreichen – mit herrlichem Blick auf den Roque Agando sowie den Teide auf Teneriffa.

Weitere 0:15 Std. später überqueren wir über Trittsteine den kleinen Bach **Arroyo del Cedro.** Auf der anderen Seite des Baches halten wir uns links und gehen weiter bergab, um nach 5 Min. auf einer Höhe von gut 980 m den kristallklaren Arroyo del Cedro über eine Brücke **2** erneut zu queren. Jetzt halten wir uns rechts und erreichen auf einem breiten Waldweg nach 5 Min. den Rastplatz **Las Mimbreras** **3**. An diesem großen Platz inmitten des Waldes stoßen wir auf eine Forststraße. (Folgten wir ihr nach links bergauf, würden wir nach Los Aceviños gelangen.) Wir gehen auf ihr nach rechts und über den Bach hinüber. Aber schon kurz danach verlassen wir die Forststraße bereits wieder und biegen nach links ab in den beschilderten Weg Richtung „El Cedro/Ermita". (Bliebe man auf der Forststraße, käme man zum Parkplatz Degollada del Bailadero an der Hauptstraße TF 711).

Mit „Ermita" ist die **Ermita Nuestra Señora de Lourdes** **4** gemeint, die wir nach etwa 5 Min. erreicht haben. Vor der kleinen, weißen Waldkapelle, die alljährlich am 28. August Wallfahrtsziel ist, hat man auch einen Picknickplatz eingerichtet. Sie eignet sich also ausgezeichnet als Pausenplatz. Kein Marienwunder ist, dass hier Wasser aus einem Baum sprudelt. Es ist trinkbar, stammt es doch aus einer nahen Quelle. An der Kapelle weist ein Schild in unsere Laufrichtung: „El Cedro 1,7 km", heißt es dort. Für einige Minuten folgen wir noch dem Bach, dann wendet sich unser allmählich ansteigender Pfad weg von ihm, und wir erreichen – deutlich gekennzeichnet – die Grenze des Nationalparks Garajonay. Mit der Markierung hört auch der Baumbewuchs auf, links des Weges liegen jetzt terrassierte Felder.

Bereits 0:20 Std. nachdem wir von der Kapelle losmarschiert sind, passieren wir die ersten Häuser von **El Cedro,** darunter die Casa Rural La Era, ein „Ferienhaus auf dem Lande", das Touristen mieten können (✆ 922-880781).

Knapp 10 Min. später mündet unser Weg auf eine Asphaltstraße, an der wir uns nach rechts wenden. Bald hört der Asphalt wieder auf, kurz vorher jedoch verlassen wir die Straße nach links und biegen in einen bergab führenden Weg **5** ein. Auf ihm gehen wir in die Richtung der Bar-Pension La Vista weiter, die wir schon vor uns am Berg sehen. Bis wir die auf etwa 820 m Höhe liegende Aussichtsterrasse der Bar **6** erreichen, sind wir von hier aus noch einmal 10 Min. unterwegs.

Lieber länger?

Wer nicht am gleichen Tag zum Ausgangspunktzurückkehren will, kann in der Bar-Pension La Vista **6**, ✆ 922-880949, übernachten. Aber zuvor empfiehlt es sich, die Kressesuppe – serviert im hölzernen Teller – zu kosten, für die die Bar berühmt ist. Ausgeruht kann dann, wer möchte, von El Cedro aus den Abstieg hinab nach Hermigua fortsetzen (→ Tour 18, S. 155).

Garbanzas und Potaje

GPS-Tour 25

Kurze Runde im Nationalpark Garajonay

Charakter: Diese Rundwanderung geht teils auf der Ruta 16 durch den vom Waldbrand 2012 stark angegriffenen ursprünglichen Lorbeerwald Gomeras. Sie ist leicht zu gehen – daher auch mit Kindern gut machbar – und führt trotzdem zu schönen Aussichtspunkten. **Länge/Dauer:** 5,3 km, ca. 1:35 Std. **Markierung:** Hinweisschilder an fast jeder Kreuzung. **Verpflegung:** keine Einkehrmöglichkeiten, alles mitnehmen. **Ausrüstung:** festes Schuhwerk genügt. **Hin & zurück:** Der Ausgangs- und Endpunkt Pajaritos **1**, direkt an der Hauptstraße, ist mit dem Bus der Linie 1 erreichbar, der (Mo–Sa 5x, So 2x) zwischen Valle Gran Rey und San Sebastián verkehrt; Fahrplan → www.guaguagomera.com. Ausreichend Parkplätze sind ebenfalls vorhanden.

Nationalpark Garajonay → Karte S. 170

Wegbeschreibung: Im Nationalpark Garajonay gibt es viele Wanderwege, die meisten sind aber nur ein paar Hundert Meter lang und gewähren kaum mehr als einen kurzen Einblick. Einer der längsten Wege ist die Ruta 16, die bei Pajarito beginnt. Die Ruta 16 durchwandert man in etwa 1:30 Std., sie führt zumeist auf breiten Fahrwegen durch den Park. Der Weg bietet einen guten Querschnitt durch das „Angebot“, denn einerseits spaziert man durch Waldgebiete, anderseits sind auch Abschnitte dabei, von denen man herrliche Ausblicke in die Täler, zum Roque Agando und bei gutem Wetter auch bis zum Teide auf Teneriffa hat.

Wir beginnen die Tour am großen Parkplatz **Pajaritos** **1** auf 1.355 m Höhe. Von hier folgen wir auf einem breiten Fahrweg zunächst dem Hinweisschild nach „Los Roques“. Auf unwegsame Pfade brauchen wir uns heute nicht konzentrieren. So können wir das Vogelgezwitscher genießen; die Piepmätze fühlen sich hier in den Lorbeerwäldern des Nationalparks besonders wohl. Und wir können mit den Augen auf Kaninchenjagd gehen. Die vom Menschen eingeführten Nager besitzen auf der Insel keine natürlichen Feinde und haben sich deswegen stark vermehrt. Besonders auf dem Wanderweg, auf dem wir heute unterwegs sind, kann man viele Tiere sehen.

Nach 5 Min. zweigt ein schmaler Pfad **2** Richtung Los Roques ab und führt links den Berg hinauf – ihn werden wir zum Ende der Wanderung herunterkommen. Zunächst bleiben wir aber auf dem breiten Fahrweg und folgen der Beschilderung „Imada/Ruta 16". Ohne größere Auf- oder Abstiege geht es weiter, bis wir 0:15 Std. nach **2** ein Hinweisschild **3** passieren, das den Weg nach rechts in Richtung „Pajarito" zeigt. Wir biegen hier allerdings links ab und kommen kurz darauf an eine Kreuzung. Hier geht es links auf einer Sandpiste und der ausgeschilderten Ruta 16 weiter.

Nach weiteren 10 Min. trennt sich unser Weg schließlich von dem Weg in Richtung Imada – Wanderer, die in dieses Bergdorf hinabsteigen wollen, gehen geradeaus weiter, während wir jetzt leicht bergan dem Schild **4** der Ruta 16 folgen. Wir sind seit dem Start 0:40 Std. unterwegs, wenn sich die ersten Blicke auf den Roque Agando und den Teide auftun – im Laufe der kurzen Wanderung werden wir aber noch bessere Aussichtspunkte erreichen. Nochmals 10 Min. weiter, stehen wir erneut an einer Abzweigung nach Imada, die wir aber ebenfalls ignorieren, indem wir dem Schild **5** nach links in Richtung „Pajarito" folgen.

Nach wenigen Minuten erreichen wir die einzige Weggabelung, die nicht beschildert ist: Vielleicht hat die Nationalparkverwaltung keinen Wegweiser aufgestellt, weil man hier eigentlich gar nichts falsch machen kann. Wie ein Schutzmann an einer Straßenkreuzung steht hier ein großer **Eukalyptusbaum** **6** zwischen den beiden Wegen. Der rechte Fahrweg ist etwas flacher und länger und führt an der Casa Olsen vor-

Auf bequemen Wegen und Pfaden lässt sich der Nationalpark erkunden

bei zur Hauptstraße – die Casa ist trotz des Namens nichts anderes als ein Betonklotz, auf dem ein Sendemast angebracht ist. Der Weg links, für den wir uns entscheiden, ist etwas steiler und kürzer und führt uns nun durch einen vom Waldbrand unberührten Teil des Lorbeerwaldes.

An der Straße, die wir 0:15 Std. später erreichen, treffen beide Wege **7** zur letzten Etappe wieder zusammen. Hier wendet sich der Pfad steil nach links und führt zunächst parallel zur Hauptstraße nach oben. Das Hinweisschild „Pajaritos 1,1" zeigt uns, dass wir schon kurz vor dem Ziel sind. Auf den letzten Metern wartet jedoch noch der einzige schärfere Anstieg – aber bevor Sie sich so richtig über den Autor dieser Tour ärgern können, der Ihnen eine Wanderung ohne große Höhenunterschiede versprochen hat, ist der Anstieg auch schon wieder vorbei. Für die Mühen werden Sie noch einmal mit einigen schönen Ausblicken belohnt. Der letzte Teil des Weges führt teilweise über Treppen bergab zu dem bei **2** beschriebenen Abzweig. Hier wenden wir uns rechts und erreichen nach insgesamt gut 1:30 Std. den Ausgangspunkt **1** der Rundwanderung.

Der Eukalyptusbaum **6**

La Calera ist der bunteste Ortsteil im Valle Gran Rey

Nachlesen

& Nachschlagen

Terrassen und Teide bei Targa

Natur und Landschaft

Unter den Hauptinseln des kanarischen Archipels ist La Gomera die kleinste Insel nach El Hierro und La Graciosa. Sie liegt etwa 1300 km vom spanischen Festland entfernt und ihre Gesamtfläche beträgt rund 370 m². Von oben erscheint Gomera wie ein an der Spitze abgeflachter, fast kreisrunder Berg, der aus dem Wasser des Atlantiks ragt. Wenig auffällig ist zunächst der Alto de Garajonay, mit 1487 m die höchste Erhebung der Insel.

Die **Landschaft** Gomeras ist vielfältig. Vom Zentralmassiv in Richtung Meer streben die Barrancos (→ Kasten S. 188), die den Inselberg gleich einer Sahnetorte in Stücke schneiden. Mit Sahne allerdings ganz und gar nicht vergleichbar ist die zerklüftete Oberfläche der Insel: Dunkelgrün schimmert der Lorbeerwald durch die Nebeldecke, rotbraun leuchtet die Erde auf den ausgesetzten Bergrücken und in den Barrancos, wo Erosion und Trockenheit die Vegetationsdecke zurückgedrängt haben. In den fruchtbaren Tälern bewegt die Meeresbrise die breiten Blätter von Dattelpalmen und Bananenstauden, auf den Ackerterrassen gedeihen Feldfrüchte. Wo nicht gerade die Barrancos ins Meer münden, fällt dunkel und schroff die felsige Steilküste in den Atlantik und setzt sich dort als breiter submariner Sockel fort.

Wie alle Hauptinseln der Kanaren ist La Gomera **vulkanischen Ursprungs,** die am häufigsten vorkommenden Gesteinsarten sind daher Basalt und Tuff. Die Insel erhob sich vor ungefähr 8 bis 12 Millionen Jahren aus dem Meer und ist damit jünger als Fuerteventura und Lanzarote und älter als ihre westlichen Nachbarn La Palma und El Hierro. Aktive Vulkantätigkeit gibt es auf Gomera schon seit rund 2 Millionen Jahren nicht mehr. Seitdem bearbeiten Wind, Wasser und Sonne die Oberfläche. Landschaftsformen wie Calderas, Vulkankegel oder erstarrte Lavaströme sind auf Gomera abgetragen oder unter der üppigen Vegetation verschwunden. Umso markanter ragen die wenigen Zeugen des Vulkanismus heraus: die für Gomera charakteristischen Roques, wie der Roque Cano bei Vallehermoso oder der Roque Agando am Rande des Garajonay-Nationalparks. Sie entstanden aus in den Vulkanschloten abkühlendem Magma, das zu hartem Gestein erstarrte, während die aus weicherem Material bestehenden Kraterkegel, die den Kern umschlossen, im Lauf der Zeit verwitterten. Auch die Basaltformation Los Organos an der Nordküste Gomeras und der Tafelberg La Fortaleza sind auf diese Weise entstanden.

Nach La Palma ist La Gomera die **wasserreichste Insel** des kanarischen Archipels. Der meiste Niederschlag wird im zentralen Bergmassiv des Nationalparks gemessen. Hier gibt es Quellen und ganzjährig bestehende Wasserläufe. Das Wasser grub sich auf seinem Weg vom Zentrum der Insel ins Meer in die Felsen ein und schuf die *barranco* genannten, bis zu 800 m tiefe Schluchten (Barrancos, → Kasten S. 188). Heute gibt es in allen Tälern Reservoirs, wo das Wasser aufgefangen und mithilfe eines Bewässerungssystems auf die in Terrassen angelegten Feldflächen und an die Bewohner verteilt wird.

Südöstlich des Roque de Ojila brach am 10. September 1984 ein **Waldbrand** aus, der in vier Tagen etwa 10 % der Waldfläche Gomeras vernichtete. Das Feuer erlosch zwar letztendlich von alleine, am 11. September aber kamen bei dem Versuch, den Brand zu löschen, 20 Feuerwehrleute ums Leben. Ein Denkmal an der Carretera del Sur (GM-2) erinnert daran. Am 4. August 2012 kam es auf Gomera nach monatelanger Trockenheit erneut zu einem großen Brand. Tagelang konnte das Feuer nicht unter Kontrolle gebracht werden und am 12. August näherte das Feuer sich schließlich, getrieben vom Nord-Ost-Wind, dem Valle Gran Rey. Das enge Tal wirkte wie ein Kamin, sodass innerhalb von wenigen Minuten die Siedlungen im oberen Tal in Flammen standen. Besonders schlimm traf es das Künstlerdorf El Guro, dort brannten 60 Prozent der Häuser ab. Als das Feuer am 30. Oktober offiziell für gelöscht erklärt wurde, waren etwa 4000 ha Land, davon auch 20 Prozent des Garajonay-Nationalparks, den Flammen zum Opfer gefallen.

Makaronesien – Inseln der Glückseligen

Die Kanaren gehören zu den Makaronesischen Inseln. Nie gehört? Der Begriff ist außerhalb von Biologen-Kreisen nicht sehr bekannt und kommt aus der antiken griechischen Geografieliteratur. Er leitet sich ab vom griechischen *makar*, „glücklich", „gesegnet", und *nesos* bzw. *nesis*, das „Insel" bzw. „Inselchen" bedeutet. Die Region Makaronesien umfasst in der Geografiebiologie die im östlichen Atlantik liegenden Inselgruppen der Azoren, Kanaren, Madeira und (je nach Definition) der Kapverdischen Inseln. Sie weisen trotz der großen Entfernung zueinander viele Gemeinsamkeiten bezüglich ihrer Tier- und Pflanzenwelt auf, darunter den Lorbeerwald (Laurisilva). Gemein ist den Inseln auch der vulkanische Ursprung und das Vorkommen vergleichsweise weniger Arten bei überdurchschnittlich vielen Endemiten. Der Begriff taucht daher häufig im Zusammenhang mit der kanareneigenen Pflanzenwelt auf.

Barrancos: die Schluchten auf La Gomera

An den *barrancos* kommt auf La Gomera kein Besucher vorbei, denn die v-förmigen Kerbtäler sind das gliedernde Element des Inselreliefs. Vom Hochplateau im Zentrum Gomeras verlaufen sie radial als immer tiefer werdende, teils schwer zugängliche Einschnitte in Richtung Küste und münden schließlich in breiten Muldentälern *(valles)*.

Die Barrancos beeinflussten nicht nur alte Kulturtechniken, wie die Pfeifsprache „El Silbo" (→ S. 204) oder den Hirtensprung „Salto del Pastor" (→ S. 238), sondern auch die Straßenführung, die sich am Verlauf der Schluchten und der dazwischenliegenden Höhenzüge *(lomos)* orientiert. Wer beispielsweise von der Hauptstadt San Sebastián in das nur wenige Kilometer Luftlinie entfernte Playa de Santiago fahren möchte, schraubt sich zunächst die Serpentinen hinauf zur Degollada de Pereza auf 946 m ü. NN, um dort oberhalb der Barrancos ein Stück nach Südwesten zu fahren und schließlich einem Höhenzug in Richtung Tecina und zur Küste zu folgen. Wo die schroffen Oberflächenformen die durch EU-Subventionen ermöglichte breite Straßenführung zur sehr behinderten, entstanden in den letzten Jahrzehnten große Tunnel.

Wörtlich übersetzt bedeutet *barranco* Schlucht, Steilhang oder Klamm. Die Reliefform ist typisch für durch Vulkanismus entstandene Landschaften und prägt nicht nur La Gomera, sondern alle Kanarischen Inseln. In der Geografie beschreibt der Begriff eine durch Abtragung (Erosion) entstandene Schlucht, die die steilen Hänge eines Aschevulkans in ein Schluchtenrelief gliedert. Auf der wasserreichen Insel Gomera waren und sind es hauptsächlich die Flüsse und Bachläufe, die sich ausgehend von der Inselmitte tief in den vulkanischen Untergrund eingekerbt haben.

Barranco de la Negra zwischen La Dama (rechts) und Quise (links)

Besonders intensiv erlebt man die Barrancos bei Wanderungen. Schwitzend wird man sich zuallererst der Steilheit der tiefen Täler bewusst. Wie gut, dass die Natur hier so viel zu bieten hat, das bei Pausen bestaunt und fotografiert werden muss. Durch die Höhenunterschiede befindet sich die Pflanzenwelt beim Aufstieg in einem steten Wandel. Wo es zu steil ist für Vegetation, erzählen freigelegte Basaltsäulen (→ Tour 13) und bunte übereinander gelagerte Tuffschichten (auf dem Weg von Vueltas zur Finca Argayall) von der vulkanischen Vergangenheit der Insel.

Blütenpracht und blanke Felswand im Valle Gran Rey

Pflanzen und Tiere

La Gomeras Tier- und Pflanzenwelt ist – gemessen an der überschaubaren Größe der Insel – äußerst vielseitig und weist relativ viele endemische Arten auf.

Vegetationszonen und Pflanzenwelt

So, wie sich Klimafaktoren auf der Insel vom Zentrum hin zur Küste verändern, so verändert sich auch die Vegetation, die in verschiedene Zonen mit bestimmten Pflanzengemeinschaften eingeteilt werden kann. Der folgende kurze Überblick führt vom Lorbeerwald in der Inselmitte hinunter zu den Küsten.

Jede der sieben großen Kanarischen Inseln hat einen pflanzlichen und einen tierischen amtlichen „Botschafter". Stellvertretend für La Gomeras Pflanzenwelt steht die Indische Persea, eine der 16 Arten aus der Familie der Lorbeergewächse *(Lauraceae)*, die auf der Insel vorkommen. Auch wenn sich nur zwei davon als Küchengewürz eignen – der **Lorbeerwald** (span. *laurisilva* oder *monteverde*) ist ein Markenzeichen von Gomera und ein Paradies für Naturliebhaber. Der ebenfalls häufig genutzte Begriff Nebelwald kommt aus der Biologie und bezeichnet einen immergrünen Regenwald der tropisch-subtropischen Gebirgsstufe. Wie der Name bereits sagt, beherrschen ganzjährig passatbedingter Nebel, Sprühregen oder Tau den Wald. Die Feuchtigkeit schafft ideale Bedingungen für Moose, lange Bartflechten und Baumfarne, die sich als Epiphyten (Aufsitzerpflanzen) auch auf den knorrigen Ästen der Bäume ansiedeln und dem Wald seinen mystischen Touch geben. Bis zu 2 m hohe Farne, die den Boden bedecken, machen den grünen Zauberwald perfekt. Der Laurisilva bildet die höchstgelegene der auf Gomera zu unterscheidenden Vegetationszonen und gehört zu den ältesten der Erde. Als ein Relikt der subtropischen Wälder im Tertiär steht er heute unter dem Schutz der UNESCO. Der ursprüngliche Laurisilva besteht aus einer Pflanzengemeinschaft von etwa 20 Baumarten, darunter der Gewürzlorbeer *(Laurus nobilis)*, der Kanaren-Lorbeer *(Laurus novocanariensis)*, der Stinklorbeer *(Ocotea foetens)* oder der Kanarische Erdbeerbaum *(Arbutus canariensis)*. Man findet ihn hauptsächlich an den feuchten Nordhängen der Insel bis zu einer Höhe von 1200 m.

Im Hochland, an exponierten Stellen und angrenzend an den Lorbeerwald dominiert der **Baumheide-Buschwald** *(Fayal-Brezal)* mit dem Gagelbaum *(Myrika faya*, span. *faya)* und der bis zu 20 m hohen Baumheide *(Erica arborescens*, span. *brezo)*. Hier gibt es wesentlich weniger Unterwuchs. Entlang der Wege und am Waldrand sieht man häufig einen für die westlichen und zentralen Kanaren endemischen Storchenschnabel *(Geranium canariense)*, und auch den Kanaren-Zitronenstrauch *(Cedronelle canariensis)*, dessen Blätter einen starken Zitronen-Duft verströmen, findet man am Wegesrand. Die Gänsedistel *(Sonchus)*, die einem Riesenlöwenzahn ähnelt, wird als Ziegenfutter geschätzt und deswegen auch entlang der Felder angebaut. In Lagen über 700 m trifft man an den Südhängen der Insel auch vereinzelt auf **Kiefernbestände.** Im Gegensatz zu den anderen Kanareninseln spielen sie hier keine große Rolle.

Steigt man tiefer hinab in Richtung Meer, verändert sich die Vegetation. Entlang der höher gelegenen Wasserläufe leuchten die **Talgründe** im satten Grün von Riesenschilf, Zyperngras, Wasserminze und Kresse. In den mildfeuchten und schwer zugänglichen Schluchten auf der Nordseite der Insel gedeihen Überbleibsel des durch Ackerbau stark zurückgegangenen thermophilen **Buschwaldes.** Neben Wacholder oder Wohlriechendem Jasmin beginnt hier auch die Verbreitung der Kanarischen Dattelpalme *(Phoenix canariensis)*, die sich aber auch noch in den trockeneren Bereichen der Täler wohlfühlt.

Unterhalb der Wolkenzone und abseits der Wasserläufe findet man an den kargen Hängen der Schluchten oft bis hinunter zur Küste den **Sukkulentenbusch,** eine Vegetationszone, in der sich die Wasserspeicher-Experten des Pflanzenreichs versammeln. Prägend sind hier die Wolfsmilchgewächse (Euphorbien), zu denen auch der auffällige, bei uns als zickige Zimmerpflanze bekannte Weihnachtsstern gehört. Allen Euphorbien gemein ist der milchige, oft giftige Pflanzensaft, der sogar die hungrigen Ziegen auf der Insel abschreckt. Auch Agaven und Feigenkakteen (Opuntien) sieht man häufig. Sie wurden auf die Kanaren eingeschleppt und gedeihen unter den gegebenen klimatischen Bedingungen ganz offensichtlich hervorragend. Aus der ausgehöhlten Wurzel der Agave kann übrigens eine Trommel, aus der verholzten Blüte ein Didgeridoo gebaut werden. Entsprechende Workshops waren in der Blütezeit der Blumenkinder im Valle Gran Rey sehr angesagt und können auch heute noch belegt werden. Zur Pflanzenfamilie im Sukkulentenbusch gehört außerdem das Aeonium. Die Arten dieses meist rosettenförmigen Dickblattgewächses sind extrem gut an die Höhenunterschiede angepasst und kommen auch im Lorbeerwald oder – was ihnen auf Deutsch den Namen Hauswurz einbrachte – auf Hausdächern vor. Ein hübscher Vertreter und Gomera-Endemit ist das Zierliche Aeonium *(Aeonium decorum)*.

Die wichtigsten **Nutzpflanzen,** die auf den Terrassen der Landbewohner für den Eigenbedarf oder Verkauf auf den Märkten der Insel kultiviert werden, sind Kartoffeln, Mais und Avocado. Nicht nur für den Eigenbedarf angebaut wird Wein, der in der Weinkellerei des Cabildo Insular in Vallehermoso verarbeitet wird. Die kleinen, aber sehr schmackhaften Bananen (→ Kasten S. 128), dank staatlichen Subventionen lange Zeit der Exportschlager der Insel, verlieren mehr und mehr an Bedeutung. Zu hoch ist der Wasserverbrauch auf den Plantagen, zu groß die globale Konkurrenz. Während viele ehemalige Bananenplantagen brachliegen und zu Bauland werden wie im Valle Gran Rey, versuchen einige Bauern auf den Anbau von Mangos, Avocados oder Zitrusfrüchten umzusatteln. Wegen des geringen Wasserbedarfs der Aloe Vera ist ihre Kultivierung für die Naturkosmetikproduktion interessant, wie das Aloe Vera Center in Hermigua zeigt.

Die Kanarische Dattelpalme

Palmen wuchsen auf Gomera, lange bevor ein Mensch seinen Fuß auf die Insel setzte. Heute sollen es rund 200.000 Exemplare sein – damit ist nicht La Palma, wie der Name glauben machen könnte, die palmenreichste Insel des kanarischen Archipels, sondern La Gomera. Kanarische Dattelpalmen gedeihen im fruchtbaren Norden ebenso wie im trockenen Süden, überall dort wo die langen Wurzeln nur ein wenig Wasser erreichen können. Auf La Gomera heißt die Palme *palma*, die Palmengärten nennt man *palmerones*. Es gibt weibliche Palmen *(palmas)*, erkennbar an den leuchtend orangenen Früchten, und männliche Palmen *(palmones)* mit gelblich-weißen Blüten in dichten, hängenden Blütenständen.

Die Bauern Gomeras verarbeiteten die Kanarische Dattelpalme einst bis zur letzten Faser. Die Palmwedel nutzte man zum Flechten von Körben oder Teppichen und zum Decken von Dächern, die Ansätze der Wedel wurden zu Einstreu in den Ställen. Die abgeernteten Fruchtstände dienten als Besen, die Stämme wurden zu Balken oder Booten. Die kleinen Früchte, mit viel Kern und wenig Fruchtfleisch von den Menschen verschmäht, wurden an die Schweine verfüttert. Sogar die Wurzel fand Verwendung, aus ihr gewann man eine Faser zur Herstellung von Leinenschuhen. All diese Verwendungsmöglichkeiten und die dazu nötigen Fertigkeiten verlieren nach und nach an Bedeutung, lediglich der sogenannte Miel de Palma, der Palmhonig aus dem Saft der Dattelpalme, wird heute wieder vermehrt gewonnen (→ Essen und Trinken, S. 230).

Eine wirklich empfehlenswerte Ausstellung zur Kanarischen Dattelpalme findet man in der Casa de la Miel de Palma in Alojera (→ S. 144).

Palma mit Früchten

Tierwelt

Der tierische Botschafter La Gomeras ist die Lorbeertaube *(Columba junoniae)*, eine auf Gomera endemische Taubenart. Ihr Lebensraum ist der Lorbeerwald, zu Gesicht bekommt man den scheuen Vogel aber selten. Wesentlich präsenter und durchaus auch einmal an der Decke des Hotelzimmers anzutreffen sind die u. a. mit einer endemischen Art *(Tarentola gomerensis)* auf Gomera vertretenen Geckos. Die possierlichen **Reptilien** sind nicht nur lustig anzusehen – weshalb sie sie sich vor allem bei der Marke Algo Diferente (→ S. 100) in allen erdenkbaren Souvenirformen vom T-Shirt-Aufdruck bis zum Kühlschrankmagneten großer Beliebtheit erfreut –, sondern fressen auch noch lästige Plagegeister wie Stechmücken. Sie werden zwischen 5 und 30 cm groß und können dank ihrer Saugnapfzehen die glattesten und steilsten Wände hinaufklettern. Der endemische Gomera-Gecko wurde erst 1983 als eigene Art erkannt. Er entwickelte sich vor etwa 4 Millionen Jahren aus dem Kanarengecko und kommt heute überall auf der Insel an sonnenexponierten und mäßig bewachsenen Orten vor. Wer einen längeren Blick auf das gut 7 cm lange Tierchen werfen darf, kann ihn dank seiner leuchtend goldbraunen Iris leicht erkennen. Charakteristisch ist der „gackernde" Schrei der Geckos, den man gerade nachts hört. Gar nicht laut, dafür noch wesentlich häufiger zu sehen sind die zahlreichen Vertreter der glatt schillernden Skinke und der etwas matteren Eidechsen, die die warmen Trockenmauern der Barrancos bevölkern. Eine nur auf Gomera vorkommende Unterart der dunkel gefärbten und mit ihrem großen Kopf archaisch aussehenden Kanareneidechse ist die Kleine Gomera-Kanareneidechse *(Gallotia ceasaris gomerae)*. An der Steilwand Risco de la Mérica im Valle Gran Rey wurden 1999 einige Rieseneidechsen *(G. gomerana*, span.: *Lagarto gigante)* entdeckt, die eigentlich als ausgestorben gegolten hatten. Sieben Exemplare wurden zur Zucht eingefangen, sie und ihre Nachkommen werden heute in der Nähe der Playa del Inglés in einem Freilandterrarium *(Centro de Recuperación)* gehalten (→ S. 92).

Während die eingangs genannte Lorbeertaube ihren Lebensraum im zentralen Bergmassiv Gomeras hat, bevölkern zwei andere bemerkenswerte **Vögel** die Küste Gomeras. Mit etwas Glück kann man auf einer Bootsfahrt entlang der Südküste den bewohnten Horst eines Fischadlers *(Pandion haliaetus)* entdecken. Im Flug erkennt man den bis zu 58 cm großen Greifvogel außer an den langen gewinkelten Schwingen an seinem weißen Kopf und der weißen Unterseite. An den Klippen über Vueltas, aber auch an vielen anderen Orten der Steilküste bilden die Gelbschnabelsturmtaucher *(Calonectris diomedea borealis)* ihre großen Brutkolonien. Die Tiere sind braun gefiedert und haben einen gelben Schnabel. Ihr markantes Schreien erinnert an ein weinendes Baby oder kämpfende Katzen und kann einem nachts schon mal den Schlaf rauben. Außerhalb der Brutzeit verbringen die Gelbschnabelsturmtaucher aber ihr gesamtes Leben auf dem Meer, wo man sie bei ihren virtuosen Fang- und Tauchmanövern beobachten kann. Ein letzter gefiederter Bewohner der Kanaren darf bei dieser Aufzählung nicht fehlen: der als domestizierter Käfiginsasse bekannt gewordene und aufgrund seiner Namensgebung als auf dem Archipel heimisch vermutete Kanarienvogel. Der Kanarengirlitz *(Serinus canaria)*, wie der Ahne aller Kanarienvögel eigentlich heißt, hat ein grau-braun gestreiftes Gefieder mit gelb-grüner Schattierung und fällt durch seinen hübschen Gesang auf. Man findet ihn in Obstplantagen, Gärten und am Waldrand. In der Nacht lösen dann die **Fledermäuse** die Vögel als Bewohner der Lüfte ab. Sie sind die einzigen auf Gomera heimischen Säugetiere.

Während also die heimischen Säugetiere an Land eher selten zu sehen sind, kommen sie im Meer vor La Gomera vergleichsweise häufig vor. Aufgrund der bis zu 3000 m tiefen Gewässer und des reich vorhandenen Nahrungsangebotes ist der Kanarische Archipel Lebensraum zahlreicher **Wale.** 86 verschiedene Arten gehören zur Ordnung der Waltiere. 28 davon wurden in den letzten Jahren vor der Küste La Gomeras gesichtet. Die Insel gehört damit zu den besten Whalewatching-Gebieten der Welt (→ Wal- und Delfinbeobachtungen S. 234). Zu den residenten Populationen gehören Pilotwale (auch Grindwale genannt), Große Tümmler, Fleckendelfine, Rauzahndelfine und Schnabelwale. Auch Brydewale halten sich, mit Ausnahme der Wintermonate, gerne in den kanarischen Gewässern auf. Im Frühjahr und Herbst ziehen die großen Bartenwale oder Pottwale auf ihrer Reise zwischen den polaren Sommerquartieren und den karibischen Winterquartieren an Gomera vorbei. Sogar der Riese unter den Riesen, der Blauwal, wird mit viel Glück vor Gomera gesichtet.

Tümpel-Fund: ein Seehase

Alle weiteren großen Säugetiere, die an Land leben, wurden vom Menschen eingeschleppt. Viele davon sind als **Nutztiere** auf die Insel gekommen, wie Ziegen oder Kaninchen, deren Fleisch bzw. Milch aus der gomerischen Küche nicht wegzudenken ist. Für die Vegetation Gomeras sind die gefräßigen Tiere eine Bedrohung, vor allem auf die Kaninchen wird daher Jagd gemacht. Auf Wanderungen trifft man häufig einzelne Ziegen, die aber meist durch einen Strick an allzu ausufernden Fresstouren gehindert werden.

Klima

Kanaren, Inseln des ewigen Frühlings! Dieser Beiname ist nicht nur werbewirksam, er hat sich aufgrund der ganzjährig geringen Temperaturschwankungen und des milden Klimas etabliert. La Gomera liegt rund 1300 km vom spanischen Festland, aber nur 300 km von der Küste Marokkos entfernt auf dem 28. Breitengrad Nord. Trotz der entsprechend starken Sonneneinstrahlung fühlt man sich auf den Kanaren jedoch nur selten kontinentalafrikanischer Hitze ausgesetzt (→ Reisezeit S. 243).

Das subtropische **Inselklima** steht nämlich unter dem Einfluss des **Nordostpassats,** der beständig in Höhen von bis zu 600 m weht und feuchte Wolkenmassen mit sich bringt. Stoßen die Wolken auf ein Hindernis wie das bis auf fast 1500 m aufragende Bergmassiv im Herzen Gomeras, werden die Luftmassen zum Aufsteigen gezwungen. Dabei kühlen sie ab, die mitgebrachte

Feuchtigkeit kondensiert und sorgt vor allem im Winter als Regen oder als feuchter Nebel für ausreichend Niederschläge für das üppige Grün an den Nordhängen und im Nationalpark. Die Berge in der Inselmitte fungieren als Wetterscheide zwischen dem Norden und dem Süden der Insel, weshalb man an der Südküste Gomeras wenig von den Niederschlägen im Norden zu spüren bekommt. Eher macht sich hier die Nähe zur Sahara bemerkbar. Sie wird besonders deutlich bei Ostwind im Juli oder August, wenn die als **Calima, Tiempo del Sur** oder **Schirokko** bezeichnete Wetterlage trockene, warme Luft mit feinem Saharasand bis nach Gomera trägt und die Temperaturen in kurzer Zeit bis auf über 40° C klettern. Ganzjährig ausgleichend auf die Temperaturen auf Gomera und den Schwesterinseln wirkt der mit etwa 18° C kühle bis mäßig warme **Kanarenstrom,** ein Nebenarm des Golfstroms, der von Europa aus in Richtung Äquator fließt.

Agaven mögen die trockenen Schluchten

In den Küstenregionen liegen die **Durchschnittstemperaturen** im wärmsten Monat, dem August, selten höher als 25 °C, im Januar, dem kältesten Monat, bei etwa 17° C. Auch die Unterschiede zwischen Tages- und Nachttemperaturen sind gering. Warme Kleidung sollten Sie dennoch immer im Gepäck haben! Während an der Südküste in Playa de Santiago nämlich angenehm sommerliche Temperaturen und eine leichte Meeresbrise herrschen und in den Barrancos flirrend die Luft steht, kann oben im Nationalpark feuchter Nebel alle Wärme verschlucken.

Die durchschnittliche **Niederschlagsmenge** auf Gomera liegt bei ca. 400 mm/m². Dieser Wert sagt nur wenig über die örtlichen Verhältnisse aus. Tatsächlich werden im zentralen Berggebiet um den Nationalpark Garajonay Spitzenwerte bis zu 900 mm erreicht, während an der trockenen Südküste durchschnittlich unter 200 mm/m² gemessen werden. Der feuchteste Monat ist der Dezember mit durchschnittlich sieben Regentagen.

Wirtschaft und Naturschutz

Die Landwirtschaft war lange Zeit der Hauptwirtschaftszweig auf La Gomera. Heute sind die Touristen die wichtigste Einnahmequelle. Die Ureinwohner Gomeras lebten als abgeschiedene Bauern, Ziegenhirten und Jäger, die hauptsächlich für den Eigenbedarf produzierten. Nach der Eroberung durch die Spanier wurden die bäuerlichen Arbeitsweisen der wenigen verbliebenen Ureinwohner modernisiert, Weizen und Gerste angebaut und weiterhin Viehzucht betrieben, doch das Handelsaufkommen blieb, vom vorübergehend florierenden Sklavenhandel abgesehen, eher bescheiden. Später setzte man in der Landwirtschaft auf verschiedene Monokulturen wie Zuckerrohr und Bananen, allerdings ohne nachhaltigen Erfolg. Im 20. Jh. entwickelte sich der Tourismus zum wichtigsten Wirtschaftsfaktor und mit ihm zusammen auch ein wachsendes Umweltbewusstsein auf der Insel. Denn heute ist es die faszinierende Natur, die die Besucher nach La Gomera lockt.

Monokulturen und Abwanderung

Das vom 16. bis ins 19. Jh. durch die rigide Feudalstruktur gebremste Wirtschaftswachstum spiegelt sich auch in den zu jener Zeit stagnierenden Bevölkerungszahlen wider. Um 1500 begann man mit dem Anbau und Export von **Zuckerrohr.** Beatriz de Bobadilla ließ das „weiße Gold" unter dem Einsatz von Sklavenarbeitern im Norden Gomeras anbauen. Fünf Zuckermühlen waren auf der Insel in Betrieb. Weil man Brennholz brauchte, um den Zuckerrohrsaft einzukochen, und zur Schaffung weiterer Anbauflächen wurde der Lorbeerwald immer weiter gerodet und der Wasserhaushalt der Insel dadurch nachhaltig gestört. Als die Einfuhr von billigem Zucker aus Amerika den Handel schließlich unattraktiv machte, schwenkten die Gomeros Mitte des 16. Jh. auf den **Weinbau** um. Die geernteten Trauben wurden größtenteils zu einem starken Schnaps gebrannt, der sich zunächst gut verkaufte. Aber auch dieser Erfolg fand ein jähes Ende, als Händler aus Amerika in der zweiten Hälfte des 19. Jh. die Reblaus und Mehltau einschleppten. Der darauffolgende wirtschaftliche Einbruch war einer der Gründe für die zeitgleich stattfindende Auswanderungswelle. Und nun? Eine weitere Monokultur sollte der Wirtschaft Gomeras wieder auf die Beine helfen: die Zucht von **Koschenillen,** zur Gewinnung des in der Körperflüssigkeit der weiblichen Koschenilleschildläuse enthaltenen roten Farbstoffs Karmin, der damals vor allem in der englischen Textilindustrie sehr nachgefragt war. Auf großen Flächen wurden aus Mexiko eingeführte Opuntien (Feigenkakteen) angepflanzt, auf deren breiten Blättern die Koschenillen gezogen wurden. Mit der Erfindung der synthetischen Farbstoffe durch die Firma BASF in Deutschland brach jedoch schließlich auch auf diesem Sektor die Produktion ein, die wirtschaftlichen Folgen zeigten sich deutlich in der erneut starken Auswanderung gegen Ende des 19. Jh. Was geblieben ist aus dieser Ära, sind die zahlreichen Feigenkakteen.

Erst mit der (Weiter-)Entwicklung des Bewässerungssystems, u. a. durch Bohrungen von Tiefbrunnen, und dem so ermöglichten Anbau von Tomaten

Auf Gomera wird Wein kriechend angebaut

sowie **Bananen** zeigte sich ab 1900 ein deutlicher Wirtschaftsaufschwung und damit einhergehend das größte bisherige Bevölkerungswachstum der Inselgeschichte. Die Briten brachten die ursprünglich aus Südostasien stammende Zwergbanane um 1880 auf die Kanaren und förderten ihren Anbau, um die leeren Laderäume ihrer Schiffe bei der Rückkehr aus Afrika mit neuem Handelsgut zu befüllen. Die Sorte Dwarf Cavendish erwies sich als die für den kanarischen Archipel geeignete Sorte. Die kurzstämmigen, nur etwa 2 m hohen Pflanzen sind widerstandsfähiger als ihre bis zu dreimal größeren Artgenossen Giant Cavendish oder Gros Michel. Bald bedeckten die im Wind wogenden Bananenstauden ganze Talböden, vor allem im Zentrum des Bananenanbaus, Hermigua, aber auch im Valle Gran Rey. Bis heute findet man Bananenplantagen sowohl in unmittelbarer Küstennähe als auch in Höhen von bis zu 300 m. Dennoch ist die Hochzeit der Banane als Exportprodukt längst vorbei und immer mehr Plantagen liegen brach.

Die Banane hatte sich schnell zum wichtigsten Handelsgut der Insel entwickelt, zu Beginn der 1950er-Jahre wurde die Hälfte der Ernte exportiert. Mit dem Beitritt Spaniens zur EU 1986 gestand man den Kanarischen Inseln einen Sonderstatus für Bananen zu und sprach sogar eine Absatzgarantie aus, allein wegen dieser Subventionen blieb der Handel konkurrenzfähig. Ende 1995 endete der Sonderstatus allerdings. Neue EU-Richtlinien in Bezug auf Länge und Krümmung kann die Kanarenbanane (im Gegensatz zur übergroßen Konkurrenz Chiquita) ohnehin nicht erfüllen. Ohne die Subventionen wurde der Bananen-Anbau, für den man zudem viel teures Wasser benötigt, chancenlos und für den Export unrentabel.

Die heute brachliegenden Flächen und dem Verfall preisgegebenen Ackerterrassen sind also das Ergebnis gescheiterter Monokulturen und der Landflucht der 1960er- und 1970er-Jahre. Die Landwirtschaft auf Gomera dient heute kaum mehr Exportzwecken, sondern hauptsächlich dem Eigenbedarf oder dem Verkauf auf den Inselmärkten. Erfreulich sind die deutlicher werdenden Tendenzen zu **mehr Vielfalt auf den Feldern.** Einige Bauern setzen mittlerweile auf Mangos, Avocados oder Zitrusfrüchte, die auf der Insel ebenfalls gut gedeihen und weniger Wasser benötigen als die Banane. Eine kleine Renaissance erlebt auch der Anbau von Wein, der als Regionalprodukt vermarktet wird, beispielsweise von der Bodega Insular, der Weinkellerei der Inselregierung in Vallehermoso. Authentisch, weil eine echte regionale Besonderheit, ist auch der Miel de Palma, der Palmhonig, der ebenfalls wieder vermehrt hergestellt wird.

Ab Mitte des 19. Jh. spielten **Fischfang** und Fischverarbeitung eine übergeordnete wirtschaftliche Rolle. Im Süden der Insel wurden Fischfabriken gebaut, die schon hundert Jahre später aufgrund von Überfischung und Restriktionen wieder schlossen. Längst wird nicht mehr jeder Fisch, der in den Insel-Restaurants auf dem Teller landet, auch vor der Küste Gomeras gefangen.

Der Tourismus

Das wichtigste wirtschaftliche Standbein ist heute der Tourismus. Die Grundlage dafür schuf der norwegische Unternehmer Fred Olsen (→ Kasten), als er 1974 den regelmäßigern Fährverkehr zwischen Los Christianos auf Teneriffa und San Sebastián auf La Gomera einrichtete. Ein Vorreiter des Tourismus auf La Gomera war auch der gebürtige Gomero Salvador Borges. Er organisierte bereits ab den 1950er-Jahren zunächst als Heerführer Ausflüge und Reisen für Soldaten und gründete schließlich ein Reisebüro. Als 1972 ein Ableger der sich in Staatseigentum befindlichen Luxushotelkette Parador in San Sebastián eröffnete, bot Borges als einer der Ersten Wochenendtouren mit Übernachtung und Verpflegung in diesem Hotel sowie selbstgeführte Ausflüge in die Umgebung an. Und auch die Hippies waren zu dieser Zeit schon auf der Insel, genauer gesagt im Valle Gran Rey, wo sie ein Meer aus Palmen- und Bananenblättern, einsame Strände und vor allen Dingen keine Hotels vorfanden und sich in den Höhlen am Strand der Schweinebucht (Playa de las Arenas) häuslich und preisgünstig einrichteten. Noch in den 1980er-Jahren galt die Insel als (deutsches) Aussteigerparadies und Geheimtipp unter Individualtouristen und Wanderfreunden. Trotzdem nahm das Unterkunftsangebot zwischen 1970 und 1990 um 500 Prozent zu.

Seitdem wachsen die Besucherzahlen stetig. Es sind nicht mehr (nur) die Aussteiger und Alternativen, die sich von Gomera angezogen fühlen. Etwa 400.000 Besucher kommen nur für einen Tagesbesuch von Teneriffa oder einem der Kreuzfahrtschiffe. Diese Tagesgäste lassen aber meist nicht viel Geld auf der Insel (→ Kasten S. 26). Die Zahl der Gäste, die über Nacht bleiben, liegt bei gut 150.000 pro Jahr. Es sind naturbegeisterte Aktivurlauber und Individualisten, die ein Urlaubsziel ohne Bettenburgen und Massentourismus suchen. Viele der etwa 21.000 Einwohner Gomeras leben direkt oder indirekt vom Tourismus. Am ausgeprägtesten entwickelt ist die touristische Infrastruktur in Valle Gran Rey und Playa de Santiago, wo es auch das größte Angebot an Hotels und Apartments gibt. Aber auch die Orte im Westen, Vallehermoso, Agulo und Hermigua, bieten wunderbare Unterkünfte, darunter viele aus dem *turismo rural*, im Rahmen dessen der Urlaub in alten Landhäusern gefördert wird.

Vor allem der ländliche Tourismus war ab 1992 Nutznießer der EU-Subventionen, die La Gomera als ultraperiphärer Region zustanden. Aber auch der Ausbau der Verkehrsinfrastruktur wurde gefördert, und so kam Gomera zu großen Tunnels, breiten Straßen und 1999 zu dem bis heute wenig genutzten, aber architektonisch hochgelobten Inselflughafen (→ S. 53). Dass es bis heute keinen Massentourismus auf Gomera gibt, liegt wohl zu großen Teilen daran, dass eben dieser Flughafen nur für den interinsularen Flugverkehr zugelassen ist. Die lange Anreise wirkt auf viele Pauschal- und Kurzzeiturlauber abschreckend. Aber auch von Seiten der Inselregierung wird, mal mehr, mal weniger konsequent, regulierend eingegriffen, um Bettenburgen wie auf Teneriffa zu vermeiden. Es sieht so aus, als könnte Gomera die positiven Aspekte eines sanften und nachhaltigen Tourismus für sich nutzen. Bis zum Beginn der Corona-Pandemie fiel die Arbeitslosigkeit, die nach der Wirtschaftskrise auf über 30 Prozent gestiegen war, auf weit unter 20 Prozent. Der pandemiebedingte Einbruch im Tourismussektor sorgte allerdings erneut für ein rapides Ansteigen, die Folgen sind noch nicht absehbar.

Naturschutz als Zukunftsmodell?

Gerade mit einem Blick auf die Nachbarinsel El Hierro, die schon länger am Öko-Image und an der Energie-Autarkie feilt, wird klar, dass auf Gomera bezüglich Naturschutz noch viel getan werden kann und muss. Dies scheint auch mehr und mehr die Politik erkannt zu haben. Fernando Méndez, der damalige Tourismusminister von La Gomera, wird 2015 in der Süddeutschen Zeitung zitiert: „Der einzige Weg der Entwicklung ist weg vom Massentourismus". Natur, Umweltfreundlichkeit, Nachhaltigkeit seien die Schlagworte, um die es auf La Gomera gehe („Nach dem Feuer", Jochen Temsch, SZ vom 19.02.2015). Auch Jahre nach dem

Fred. Olsen – norwegische Investoren auf La Gomera

Der Aufstieg der heute zu den reichsten Norwegern zählenden Familie Olsen begann 1848, als die drei Brüder Fredrik, Petter und Andreas in einem Dorf am Oslofjord ihre eigene Reederei gründeten. Unter Petters Sohn Thomas Fredrik (1857–1933), nach dessen Rufname die Firma benannt wurde, wuchs diese zu einem internationalen Unternehmen mit Sitz in Oslo heran. Bis heute steht die bereits in den 1890er-Jahren gegründete Holding Bonheur als Eigentümergesellschaft an der Spitze des weitverzweigten Imperiums. Die Familie Olsen lenkt die vielfältigen Geschäfte bereits in der fünften Generation und mischt schon lange nicht mehr nur in der Fähr- und Kreuzfahrtindustrie mit, sondern ist auch in den Bereichen Tankschifffahrt, Offshore-Ölförderung, Windenergie, erneuerbare Energien, Hotellerie und Immobilien tätig.

Gerade in den zuerst und zuletzt genannten Bereichen wird der heutige Einfluss der Familie Olsen auf La Gomera deutlich, der zurückgeht auf den nach seinem Vater benannten Thomas Fredrik Olsen (1897–1969). Er kam zu Beginn des 20. Jh., wohl auf der Suche nach lukrativen neuen Fährstrecken, auf die Insel und war begeistert von der Abgeschiedenheit, die sich ihm in den Barrancos von Gomera bot. Besonders angetan hatte es ihm die Schlucht von Benchijigua. Sie erinnerte ihn an die Fjorde seiner Heimat. Da er auch das frühlingshafte Klima der Kanaren zu schätzen wusste, baute er sich weit oben im Barranco ein Haus. Er kaufte Land inklusive der Quellen und Wasserrechte im Inselsüden, legte Plantagen an und förderte den Anbau und Export von Bananen und Tomaten. Schon bald war sein Unternehmen Arbeitgeber von mehr als 500 Gomeros.

Die Gemeinde Alajeró mit dem Ortsteil Playa de Santiago, der 1900 nur 14 Einwohner hatte, profitierte besonders vom wirtschaftlichen Aufschwung durch den Norweger. An ihrem Beispiel zeigt sich aber auch deutlich die stetig wachsende wechselseitige Abhängigkeit zwischen den Inselbewohnern und dem Unternehmer Olsen. Der Bau einer Fischfabrik und die Vergabe von Brunnenbohrungslizenzen an Thomas Olsen und den gomerischen Reeder Álvaro Rodriguez López (→ S. 54), die die landwirtschaftliche Entwicklung ankurbelten, ließ die Einwohnerzahl Santiagos bis 1950 auf 900 Personen ansteigen. Mit dem Einbruch in Landwirtschaft und Fischerei und der einsetzenden Landflucht halbierten sich die Einwohnerzahlen 1980, um sich in der Folge der touristischen Entwicklung Gomeras, die maßgeblich durch die von Fred Olsen in den 70er-Jahren eingerichtete Fährverbindung ermöglicht wurde, auf ca. 1800 Personen zu steigern.

Ein Motor des Tourismus in Playa de Santiago war neben dem regelmäßigen Fährverkehr die Eröffnung des 4-Sterne-Hotels Jardín Tecina 1987, die den Einstieg der Olsens in Gomeras Hotellerie markiert. Der alte Thomas saß zu dieser Zeit bereits nach einem Schlaganfall im Rollstuhl, was ihn nicht daran hinderte, die Insel weiterhin zu besuchen. 1955 hatte er die Geschäfte seinem Sohn Thomas Fredrik (*1929), genannt Fred, übergeben, der die touristische Infrastruktur mit viel unternehmerischem Geschick weiter ausbaute. Im Jahr 1994 übernahm seine Tochter Anette S. Olsen die Leitung des Großunternehmens. Auch Freds Bruder, der wesentlich jüngere Petter Olsen (*1948) besitzt heute nicht nur Firmenanteile, sondern auch Land auf der Lieblingsinsel seines Vaters. Den Olsens gehören zusammengenommen fünf Prozent der Fläche La Gomeras, das sind 20 Millionen Quadratmeter. Das gelb-rote Logo und den Namen der Olsen-Gruppe sieht man nicht nur auf den Fähren, den Quittungen der Taxifahrer oder denen des Hotels Jardín Tecina. Auch der Golfplatz, das Villendorf Don Tomás, die Bar Las Rosas im Inselnorden, der Aussichtspunkt Mirador de Abrante mit zugehörigem Restaurant hoch über Agulo und, erst 2018 für 25 Jahre gepachtet, die Restaurant-Bar am beliebten Ausflugsziel La Laguna Grande im Nationalpark tragen zumindest im Kleingedruckten den Namen der Norweger.

Groß in den Medien waren die Brüder Fred und Petter 2012, als Letzterer die Pastellversion des Gemäldes „Der Schrei" von Edward Munch, eine von vier Versionen des weltberühmten expressionistischen Gemäldes, versteigern ließ. Der Wirbel um den Verkauf des Bildes, das schließlich für 119.922.500 US-Dollar den Besitzer wechselte, weckte das öffentliche Interesse für die Hintergründe: Thomas, der Vater von Fred und Petter, war nicht nur Unternehmer, sondern auch Kunstliebhaber und befreundet mit dem Maler Munch, der in direkter Nachbarschaft lebte. Als die Nazis Munchs Werk als entartete Kunst brandmarkten, kam Olsen dem Maler – vielleicht nicht ganz uneigennützig – zu Hilfe. Er kaufte günstig viele Bilder seines Freundes auf und versteckte sie in einer Scheune, wo sie über den Krieg hinweg unentdeckt blieben. Als Thomas Olsen 1969 starb, hatte er aber leider verpasst, einen Erben für seine nun ganz und gar nicht mehr als entartet bewertete Kunstsammlung festzulegen. Zwischen Fred und Petter entbrannte eine 20 Jahre dauernde Fehde, die 2002 vor Gericht endete, wo schließlich Petter ein Großteil der Gemälde zugesprochen wurde. Forderungen, die Gemälde wieder an ihre ursprünglichen, oft jüdischstämmigen Besitzer zurückzugeben, wiesen die Brüder ab und vermehrten stattdessen ihr Vermögen mit dem Verkauf zahlreicher Bilder um einige zusätzliche Millionen.

Die Familie sollte also weiterhin mehr als liquide sein, ein Ende der olsenschen Investitionen auf Gomera ist bisher nicht in Sicht. Petter Olsen gestaltet unter dem Label „Terra Fortunata" weiter das Land westlich seiner Apartmentanlage Santa Ana und den lanzarotisch-kubischen Eigentumshäusern von Los Mangos bei Playa de Santiago, wie etwa mit dem eigens angelegten Weg, der aussichtsreich über den Klippen entlang der Küste zum Friedhof führt. Geplant ist der Ausbau der touristischen Infrastruktur mit weiteren Wohnanlagen und Einkaufsmöglichkeiten (http://villasparquemirador.com).

Für die Gomeros bedeuten die vielen Investitionen Arbeitsplätze. Einige Inselbewohner geben sich damit zufrieden. Andere bemängeln, dass das große Geld am Ende doch nach Oslo fließe, zu wenig auf der Insel bleibe. Und damit haben sie wohl recht, denn wer bei Olsen übernachtet oder isst, der übernachtet und isst nicht in den Restaurants der Einheimischen. Ganz sicher ist aber auch, dass ohne die Norweger der Tourismus auf La Gomera, der sich zum wichtigsten Wirtschaftszweig entwickelt hat, heute weit weniger gut dastünde. So muss man wohl darauf hoffen, dass die Olsens verantwortungsvoll mit dem Land umgehen, dass sie einst den armen Bauern abkauften.

verheerenden Brand von 2012 bemüht sich der Politiker weiterhin mit Blick auf den Tourismus um die Förderung des ländlichen Raumes und den Erhalt des kulturellen Erbes auf Gomera.

Eng verbunden mit dem Naturschutzgedanken ist der Nationalpark Garajonay. Das Schutzgebiet bewahrt eine uralte Form der Vegetation, die in den meisten Regionen Europas vom Menschen verdrängt wurde. Er zieht heute viele naturverbundene Besucher auf die Insel, von deren Geld ein guter Teil der Einheimischen leben kann. Der Schutz des Nebelwaldes und der Erhalt des ursprünglichen Charmes der restlichen Insel sind also über die Investition in den Naturschutz hinaus eine Investition in den Tourismus und die Zukunft der Gomeros, denn aus dem wolkenumwehten Wald kommt nicht nur das Wasser, das die Insel am Leben hält, sondern auch ein Zauber, der viele Menschen so fasziniert, dass sie immer wieder kommen möchten. Diese Erkenntnis ist auf der Insel alles andere als weit verbreitet. Dennoch trifft man immer wieder engagierte Menschen, Gruppen und Einzelkämpfer, deutsche Aussteiger, gomerische Rückkehrer und auch Politiker, die an ihrer Verbreitung arbeiten, und bereits einiges in Sachen nachhaltiger Tourismus bewegt haben: Die touristischen Angebote rund um den Nationalpark und darüber hinaus zur traditionellen Kultur der Insel werden laufend ausgebaut mit teils hervorragenden Informationsangeboten und kompetenten mehrsprachigen Betreuern, wie das Besucherzentrum des Nationalparks Juego de Bolas oder das Palmhonigmuseum Casa Miel de Palma in Alajeró zeigen. Viele der in diesem Buch empfohlenen Unternehmen folgten der Nationalpark-Verwaltung als Mitunterzeichner der *Carta Europea de Turismo Sostenible (CETS)* und unterstützen aktiv die Bemühungen, die Natur La Gomeras nachhaltig zu schützen. Der Wirtschaftsverband *Asociación Canaria de Turismo Rural (ACANTUR)* vereint bereits seit 1992 die Unterorganisationen für ländlichen Tourismus auf den jeweiligen Inseln. Er bemüht sich, die touristische und ökologische Qualität der Unterkünfte zu verbessern. Insgesamt ist der Ökotourismus in Spanien und auf den Kanaren zwar erst in seinen Anfängen, aber man ist auf einem guten Weg, kontinuierlich die Idee eines umweltverträglichen Tourismus und seiner Vorteile publik zu machen, wie etwa mit dem seit 2016 jährlich stattfindenden *Congreso Nacional de Ecoturismo,* an dem auch Vertreter aus La Gomera teilnehmen.

> Mithilfe des Emissions-Rechners bzw. einer Spende an das Plántate-Projekt können Reisende übrigens ihre CO2-Emissionen kompensieren und an ein Pflanz-Projekt direkt auf Gomera spenden. Infos unter https://gomeraexperience.com/de.

Im Bereich Energieversorgung arbeitet man an Konzepten, die die Umgestaltung der Energieversorgung La Gomeras und die hundertprozentige Nutzung erneuerbarer Energien zum Ziel haben. Nicht nur das Beispiel El Hierro, wo die Idee einer autarken Versorgung mit erneuerbaren Energien seit Jahren große Schwierigkeiten in der Umsetzung bereitet, zeigt jedoch, wie kompliziert das Vorhaben ist. Auch der Windpark bei Epina, Gomeras einziges Windkraftwerk mit zwei Anlagen, macht immer wieder Probleme und kann nur einen Bruchteil seiner Möglichkeiten ausschöpfen, weshalb nahezu der gesamte Energiebedarf La Gomeras nach wie vor durch das Dieselkraftwerk in San Sebastián gedeckt werden muss. Es wird noch dauern, bis die jungen Visionäre – die teils nach einem Auslandsstudium zurückgekehrten, gut ausgebildeten Kinder der alteingesessenen Gomeros und die zugezogenen Idealisten – diesen Zustand ändern.

An Festtagen werden Plätze und Kirchen geschmückt

Kultur

In der Kultur La Gomeras vermischen sich nicht nur Bräuche aus der Zeit der Berber, Altkanarier und der spanischen Eroberer, sondern auch solche aus Mittel- und Südamerika, die die einst ausgewanderten Heimkehrer mit auf die Insel brachten.

Die Alt-Gomeros, die damals abgeschieden und auf dem Stand der Steinzeit auf der Insel lebten, erlitten Anfang des 15. Jh. das Schicksal fast aller kolonialisierten Völker: Nach der Eroberung setzten die Spanier ihre christlich-religiös geprägte Kultur gewaltsam durch und unterdrückten die auf Naturreligion und eine Gliederung in Stämme basierende Lebensweise der Ureinwohner. Im Rahmen des Anpassungsprozesses konnten sich dennoch einige Eigenheiten bewahren, die sich auch heute noch in der Sprache, in Bräuchen oder Lied- und Tanzformen auf den Kanarischen Inseln zeigen. Die Auswanderer des 20. Jh., die zum Teil nach Hause zurückkehrten, brachten in jüngerer Zeit auch Speisen und Traditionen aus Mittel- und Südamerika nach La Gomera. Mit etwas Glück bekommt man im Rahmen einer Fiesta auch die traditionellen Instrumente Gomeras vorgeführt. Je nach Veranstaltung kann die musikalische Untermalung aber auch von einer Evergreens singenden Folkloregruppe oder der Ein-Mann-Band mit Keyboard kommen.

Feste und Feiern

An festlichen Anlässen mangelt es nicht auf Gomera, schließlich orientiert man sich am katholischen Kirchenkalender, der derer zahlreich zu bieten hat. Gerade in den Sommermonaten gibt es immer irgendwo in einer der Ortschaften eine Fiesta. Groß gefeiert werden die Namenstage des örtlichen Schutzheiligen. Oft beginnt das Fest mit einem Gottesdienst oder einer Prozession, für die die Straßen feierlich geschmückt werden und die Dorfbewohner Tracht tragen. Es folgen Wettkämpfe, Picknicks, Tanz und Musik, die großen Fiestas dauern auch schon einmal mehrere Tage. Ein großes Feuerwerk oder laute Böllerschüsse beenden die Feierlichkeiten.

Die religiösen Aspekte der Feste nehmen die Gomeros ernst, sie gehen aber ganz selbstverständlich mit ausgelassenem Feiern einher, und fremde Zuschauer werden gerne eingeladen mitzutanzen, mitzuessen und mitzutrinken. Wer eine Fiesta besuchen möchte, fragt am besten die Einheimischen, aber auch das Tourismusbüro hat alle Informationen zu den Festen auf der Insel. Die folgenden Termine stellen eine Auswahl der Fiestas dar:

Januar **Cabalgata de los Reyes Magos:** Am 5. Januar, dem Vorabend des Dreikönigsfestes, wird vor allem in Valle Gran Rey, aber auch in anderen Orten die Ankunft der Heiligen Drei Könige gefeiert, die in einer Parade Süßigkeiten an die Kinder verteilen.

Los Reyes: Am 6. Januar, dem Ende der Weihnachtszeit, trifft sich die Familie zur Bescherung. Die Heiligen Drei Könige sind es, die in Spanien anlässlich des Weihnachtsfestes Geschenke und gute Gaben überbringen.

Fiesta de San Sebastian: Am 20. Januar, Fest des Schutzheiligen Sebastian in der Hauptstadt.

Februar/März **Fiesta de Carneval:** Vor allem in San Sebastián und Valle Gran Rey wird mehrere Wochen lang Karneval gefeiert (wenn auch nicht ganz so groß wie auf der Nachbarinsel Teneriffa, wo der Karneval sogar mit dem in Rio verglichen wird). Faschingsdienstag (Martes de Carneval) ist Feiertag. Am Aschermittwoch endet das Spektakel mit der Beerdigung einer übergroßen Pappmaché-Sardine (Entierro de la Sardina).

März/April **Semana Santa:** Zur Karwoche und den anschließenden Ostertagen gibt es viele Prozessionen, vor allem in San Sebastián.

Fiesta de San Marcos: Am 25. April wird in Agulo der heilige Markus geehrt. Am Abend vorher werden auf dem Kirchplatz Feuer entzündet. Mit einem Sprung über die Feuer stellen junge Männer ihren Mut und ihre Geschicklichkeit unter Beweis. Nach dem Schauspringen beginnt eine ausgelassene Feier mit Musik und Tanz.

Mai **Fiesta de San Isidro:** Tag des Schutzheiligen der Bauern am 15. Mai, der in Alajeró und Chorros de Epina begangen wird.

Juni In San Sebastián sind die am Sonntag vor oder nach Corpus Christi (Fronleichnam) stattfindenden **Fronleichnamsprozessionen** mit den kunstvollen Blumenteppichen besonders eindrucksvoll.

Fiesta de San Antonio de Padua: In Valle Gran Rey gibt es am 13. Juni an der im oberen Tal gelegenen Kirche San Antonio eine Messe gefolgt von Musik und Tanz.

Fiesta de los Piques: In den letzten beiden Juni-Wochen wird Agulo einmal mehr Schauplatz einer großen Fiesta. Vom 13. Juni (San Antonio) bis zum 29. Juni (San Pedro) messen sich traditionell die Ortsteile im Ring- oder Stockkampf, in der Pfeifsprache El Silbo und anderen Disziplinen.

Fiesta de San Juan: In Vallehermoso, San Sebastián, und Valle Gran Rex werden am 24. Juni traditionell Johannisfeuer entzündet.

Fiesta de San Pedro: Am 29. Juni gibt es Prozessionen in Valle Gran Rey, Hermigua, Vallehermoso und San Sebastián.

Juli **Fiesta de San Benito:** Feier zu Ehren des Schutzpartrons in Hermigua am 8. Juli.

Virgin de la Salud: Feier zu Ehren der Schutzpartronin in Arure am 14. Juli.

Fiesta de la Virgen Carmen: Am 16. Juli wird in den Fischerorten zu Ehren der Schutzheiligen der Fischer eine Fiesta veranstaltet. Im Rahmen von farbenfrohen Bootsprozessionen bittet man um eine sichere Fahrt und gute Fänge. In San Sebastián nur alle fünf Jahre, das nächste Mal 2020.

Fiesta de Santiago: Am 25. Juli ist Nationalfeiertag und großes Patronatsfest in Playa de Santiago.

Nostra Señora del Pino: Fest für die Schutzheilige in Chipude am letzten Samstag des Monats.

August **Feria de Artesania:** Im August findet der Kunsthandwerksmarkt in Hermigua statt.

Fiesta de San Benito: Feier zu Ehren des Schutzpatrons in San Sebastián am 3. August.

Fiesta de la Virgen de las Nieves: Am 5. August wird in La Dama gefeiert.

Fiesta de Santo Domingo: Der Ortsheilige des Obertals von Hermigua wird um den 8. August geehrt.

Himmelfahrt: Große Fiesta mit Folkloretänzen und Musik am 15. August zu Ehren der Schutzpatronin der Kanaren, der Virgen de Candelaria, auf dem Kirchplatz in Chipude.

Fiestas de Santa Rosa de Lima: Am 23. August feiert man mit viel Folklore auf dem Dorfplatz in Las Rosas.

September **Fiesta Columbina:** In der Hauptstadt feiert man am 6. September mit einem farbenfrohen Umzug, Ausstellungen und Konzerten den Aufbruch Christoph Kolumbus in die Neue Welt.

Natividad de la Virgen María: Im Untertal Hermiguas wird am 7. September gefeiert.

Fiesta de Nuestra Señora del Buen Paso: Wallfahrt von Alajero zur Ermita del Buen Paso um den 11. September. Am Abend Tanz und Feuerwerk.

Fiesta de Nuestra Señora de Mercedes: Am 24. September zu Ehren der Schutzheiligen in Agulo.

Oktober **Fiesta de Santa Catalina:** Am 2. Oktober Ehrung der Heiligen der Philosophie an der Playa von Hermigua.

Fiesta de Nuestra Señora de Guadelupe: Alle fünf Jahre (das nächste Mal 2023) wird am 5. Oktober die Statue aus ihrer Kapelle an der Punta Llana bei San Sebastián im Rahmen einer großen Schiffsprozession in die Hauptstadt geholt.

November **Fiesta de San Andrés:** Ende November große Verkostung der einheimischen Weine in San Andrés, Hermigua, Agulo und Vallehermoso.

Dezember **Fiesta de Navidad:** Bereits in der Vorweihnachtszeit gibt es häufig Konzerte und Aufführungen. Am 24. und 25. Dezember ziehen die Villancios mit Musik durch die Straßen.

Religion und Feste sind untrennbar verbunden

Musik und Tracht

Ganz typisch für La Gomera ist der *baile del tambor*, der „Trommeltanz", bzw. die Unterart *tajeraste*, bei dem Gesang, Instrumente und Tanz einer großen Gruppe zusammenwirken – und das manchmal über Stunden hinweg. Der Ursprung des Trommeltanzes ist nicht geklärt, manche Autoren sehen ihn auf dem spanischen Festland, andere stellen Ähnlichkeiten mit der Musik nordafrikanischer Stämme fest. Sicher ist, dass er auf Gomera schon seit sehr langer Zeit getanzt wird. Auch oder gerade weil die Rhythmen sich innerhalb der Insel von Region zu Region unterscheiden, ist der Trommeltanz bis heute ein wichtiges und identitätsstiftendes Kulturgut der Gomeros.

Getanzt wird zu einem eingängigen, gleichbleibenden Rhythmus nach einer einfachen Choreografie, bei der sich die Tänzer und Tänzerinnen in zwei Reihen *(mudanza)* gegenüberstehen. Begleitet werden sie vom Rhythmus der traditionell von Männern gespielten, wie übergroße Kastagnetten aussehenden *chácaras,* die aus zwei hohlen, meist aus Maulbeerholz hergestellten handflächengroßen Halbschalen bestehen. In der Ursprache Guanche bedeutet Chácara so viel wie „Huf", was auf die Form, aber auch auf das Geräusch

Silbo-Skulptur in Igualero

der Instrumente anspielt. Es gibt zwei Arten von Chácaras: *macho* (Männchen) heißt die größere Variante mit einer tieferen Tonlage, die in der rechten Hand gespielt wird. Die kleinere und höhere *hembra* (Weibchen) wird mit der linken Hand als Begleitung gespielt. Eine wichtige Rolle im *baile del tambor* nehmen natürlich auch die Trommeln ein. Meist werden Tamburine gespielt, einfellige Rahmentrommeln mit oder ohne Schellen, die in der Hand gehalten werden. Aber auch größere Trommeln unterstützen den monotonen Rhythmus.

Oft sind die Trommler gleichzeitig auch die Sänger. Ein Solist gibt den Text vor und der Chor wiederholt den meist achtsilbigen Vers. Inhalte des *tajeraste* sind Legenden oder historische Ereignisse. Der Tanz endet erst mit dem Ende der Geschichte, so lange können sich die Tänzer jederzeit in die *mudanza* eingliedern oder aussteigen.

Zu feierlichen Anlässen wie wichtigen kirchlichen Feiertagen tragen die Tänzer die typisch gomerische Tracht. Die der Frauen besteht aus einem weißen Unterrock, der auf der Rückseite mit einem roten Band abgesteppt ist, und darüber einen blauen, mit gelben Margeriten bestickten Wollrock. Dazu tragen sie eine weiße Bluse mit einem schwarzen Mieder zu dem oft ein gelbes Tuch und ein blau abgesteppter Strohhut kombiniert werden. Die Männer tragen knöchellange Hosen, weiße Hemden, schwarze Westen und rote Schärpen, dazu Stoffschuhe und Strümpfe.

Die Pfeifsprache El Silbo

Die landschaftlichen Gegebenheiten Gomeras mit seiner von mächtigen Barrancos zerklüfteten Oberfläche bedingten die Entstehung einer ganz besonderen Verständigungsform unter den Einwohnern: Mit der Pfeifsprache *El Silbo* (zu Deutsch „der Pfiff") konnten und können sich die *Silbadores* („Pfeifer") über die Schluchten und mehrere Kilometer hinweg Nachrichten übermitteln und richtige Gespräche führen. Ebenso wie der Hirtensprung Salto del Pastor (→ Sport und Aktivitäten, S. 238) ist das Silbo Gomero eine

Kulturtechnik, die aus dem Leben der Gomeros als Ziegenhirten und Feldarbeiter in den Barrancos hervorgegangen ist. Es wird daher oft in einer Reihe mit dem Jodeln gesehen, bei dem es sich ebenfalls ursprünglich um eine Kommunikationsform handelt, die zur Verständigung in gebirgigen und unwegsamen Regionen auf der ganzen Welt eingesetzt wurde. Bereits die Guanchen sollen sich in Silbo unterhalten haben. Sie gaben die Kunst des Pfeifens von einer Generation an die nächste weiter. Mit der Verbreitung von Mobiltelefonen, die eine einfachere und wesentlich intimere Kommunikation ermöglichen, drohte die Pfeifsprache auszusterben. Das Cabildo Insular bemüht sich seit Ende der 1970er-Jahre darum, die historische Bedeutung des Silbo öffentlich zu machen. Mit Erfolg: Im Jahr 2009 wurde Silbo Gomero in die Liste des immateriellen Kulturerbes der Menschheit der UNESCO eingetragen und ist heute Pflichtfach an allen Schulen auf La Gomera.

Die Pfeifsprache basiert auf gesprochenen Lauten, das heißt, die akustischen Merkmale einer Sprache werden durch Pfiffe nachgeahmt. Zur Zeit der kanarischen Ureinwohner orientierte sich das Silbo an deren Sprache, heute liegt dem Silbo Gomero das Spanische zugrunde. Es verfügt zwar nur über zwei Vokale und vier Konsonanten, die in einem Zusammenspiel von Zunge und gespitzten oder in die Breite gezogenen Lippen beim Ausstoß der Luft erzeugt werden. Durch die Variation von Lautstärke, Höhe und Länge der Töne bzw. der dazwischenliegenden Pausen können die Silbadores damit aber immerhin etwa 4000 Wörter bilden. Ein begrenzter Wortschatz, der jedoch, auch was unvermeidliche Doppeldeutigkeiten betrifft, mithilfe der Interpretation im Satzzusammenhang ausreicht, einfache Unterhaltungen zu führen. Charakteristisch ist die Technik, bei der ein oder zwei Finger der einen Hand in den Mund genommen und mit der anderen Hand eine Art Schalltrichter geformt wird. Die stilisierte Skulptur am Mirador de Igualero am südlichen Rand des Nationalparks verdeutlicht diese Handhaltung.

Wer das Silbo live hören und erleben möchte, kann bei einem Bummel durch die Dörfer oder bei einer Wanderung durch die Barrancos die Ohren spitzen. Einige Restaurants bzw. deren Personal sind bekannt für die Vorführung von El Silbo, so das El Silbo in Hermigua oder das Restaurant am Mirador de Abrante hoch über Agulo. Im Museo Etnográfico in Hermigua läuft ein sehenswerter Film über die Pfeifsprache.

Silbo Gomero schaffte es 2019 sogar in die Kinos: Im Spielfilm „La Gomera" nutzt die Mafia die Pfeifsprache für geheime Botschaften.

Traditionelle Spiele der Kanaren

Zu den für die Kanaren typischen überlieferten Spielen und Sportarten, die als Freizeitsport in Vereinen und auf Dorffesten eine Wiederbelebung erfahren, zählen neben dem Hirtensprung (→ Kasten S. 238) auch *bola canaria,* die kanarische Variante des Bocciaspiels, *lucha canaria,* der kanarische Ringkampf, und *juego del palo,* der Stockkampf. Letzteren kann man auch heute immer wieder noch live auf Gomera erleben, der Ringkampf hingegen, der auf den anderen Inseln zum Teil auf großen Events gefeiert wird, galt auf Gomera Anfang des 20. Jh. als ausgestorben. Inzwischen versucht die Regierung jedoch, die *lucha canaria* wieder aufleben zu lassen, indem sie im Schulsport als Disziplin für kanarenweite Wettbewerbe trainiert wird. Unterstützt wird sie dabei von den sich dieser Sportart widmenden Organisationen und Vereinen, die in der jüngeren Vergangenheit gegründet wurden. Ob die verschiedenen Bemühungen, die traditionellen kanarischen Spiele auf La Gomera wieder in den Fokus der Öffentlichkeit rücken, fruchten, wird man erst in einigen Jahren sehen.

Gomera steht seit dem 15. Jh. unter spanischer Flagge

Geschichte

Auch wenn schon in den aus dem Altertum überlieferten Schriften über das Kanarische Archipel als „Inseln der Glückseligen" oder „Inseln der Seligen" zu lesen ist, beginnt die Geschichte der Inseln in den Augen der Spanier erst mit ihrer Eroberung. Gomera spielt darin hauptsächlich die Rolle der Insel, von der aus Kolumbus zur Entdeckung Amerikas aufbrach. Die Kanaren stellten bis zur Überquerung des Atlantiks und der Entdeckung Amerikas den westlichen Rand der bekannten Welt dar. Man vermutet, dass bereits die Ägypter, die Phönizier, die Karthager und die Römer Gomera einen Besuch abgestattet haben. Seefahrer und die großen Dichter der Antike, wie Plutarch, Platon oder Vergil, verliehen dem Archipel mit ihren Erzählungen den Ruf der paradiesischen Inseln am Ende der Welt, der wohl nicht nur der abgeschiedenen Lage, sondern auch dem angenehmen Klima der Kanaren geschuldet ist. Sogar mit Platons Mythos um das sagenhafte Atlantis wurden die Inseln in Zusammenhang gebracht.

Die Alt-Gomeros

Allen Schwärmereien zum Trotz setzte die Besiedelung der Kanaren dann vergleichsweise spät ein. Und es waren nicht die großen Seefahrer-Nationen vom Mittelmeer, die die Kanaren zu ihrem neuen Zuhause machten – so viel ist sicher. Woher die kanarischen Ureinwohner aber genau kamen und wer sie waren, darüber zerbrechen sich die Wissenschaftler bis heute den Kopf. Selbst über den Zeitpunkt ihrer Ankunft gibt es die unterschiedlichsten Angaben, manche datieren die **ersten Siedlungen** Gomeras auf etwa 800 v. Chr., andere erst auf 300 Jahre später. Dass sich keine der Theorien um die Abstammung der Altkanarier eindeutig beweisen lässt, liegt u. a. daran, dass man auf La Gomera zwar

Höhlen- und im Norden teilweise Hügelgräber fand, aber im Unterschied zu anderen Inseln des Kanarischen Archipels keine Mumien, deren Untersuchung wichtige Erkenntnisse bei der Klärung dieser Frage ermöglicht hätte. Auch Steininschriften konnten auf La Gomera nicht gefunden werden. Vieles, was über die Ureinwohner Gomeras bekannt ist, stammt aus den Berichten des italienischen Militäringenieurs Leonardo Torriani, der zwischen 1584 und 1597 für den spanischen König Philipp II. die Befestigung der Kanaren vorantrieb.

Nicht nur beim Thema, wann und woher die ersten auf Gomera lebenden Menschen kamen, herrscht in der Wissenschaft Uneinigkeit, bereits bei der Frage, mit welchem Begriff sie zu bezeichnen sind, scheiden sich die Geister. Oft wird ganz allgemein von den **Guanchen** gesprochen. Einige Forscher vertreten aber die These, dies sei lediglich der Name für die Ureinwohner Teneriffas (*Guan* „Mensch", *Chinet*, „Teneriffa") und bevorzugen die Bezeichnung **Altkanarier oder Alt-Gomeros.** Was die umstrittene Frage ihre Herkunft betrifft, geht man inzwischen mehrheitlich davon aus, dass es Berber waren, die mit Booten vom nordafrikanischen Kontinent kamen. Vertrieben durch die römische Besatzung sollen sie auf Schilfbooten bis zu der 100 km vor der afrikanischen Küste liegenden Insel Fuerteventura und auf die anderen Inseln übergesetzt sein. Auf einen regelmäßigen Austausch zwischen den Inseln gibt es keine Hinweise, und so geht man davon aus, dass das Thema Seefahrt nach der Besiedelung abgeschlossen war. Bis ins 15. Jh. lebten die Altkanarier abgeschieden und ohne Kontakt zu anderen Völkern auf dem Stand der Steinzeit. Sie kannten keine Metallverarbeitung, fertigten einfache Waffen aus Stein und Holz sowie Gefäße aus Ton, betrieben Ackerbau und Viehzucht und ernährten sich vorwiegend von Gofio, einem Brei bzw. einer festen Masse aus gerösteten Gerstenkörnern und Wasser, der bis heute ein wichtiger Bestandteil der Gomero-Küche ist. Dass Gomeras Ureinwohner keine primitiven Höhlenmenschen waren, lässt sich aus ihrer in drei Schichten gegliederten Gesellschaftsform – an oberster Stelle der König und seine Familie, gefolgt vom Adel und schließlich dem Rest der Bevölkerung – ableiten. In den Adel wurde man nicht etwa per Abstammung erhoben, sondern aufgrund besonderer Verdienste und nur durch die persönliche Auszeichnung eines Priesters. Als große, starke, flinke und leidenschaftliche Kämpfer, die ihr Leben im Krieg ließen, beschreibt Leonardo Torriani die Altkanarier in seinem Werk „Die Kanarischen Inseln und ihre Ureinwohner" (1590). Eben diese Attribute vereint auch der als gomerischer Freiheitskämpfer gefeierte Guanchen-Anführer Hautacuperche (→ Kasten S. 93), seit 2007 als überlebensgroße und muskelbepackte bronzene Statue am Strand von La Puntilla im Valle Gran Rey zu bewundern.

Die Konquistadoren

Im 2. Jh. n. Chr. kartierte der griechische Mathematiker und Geograf Ptolemäus die Kanarischen Inseln und belegt damit eindeutig, dass man bereits um ihre genaue Lage wusste. Dennoch geriet der Archipel in den folgenden Jahrhunderten in Vergessenheit, was daran lag, dass der Schiffsverkehr auf dem Atlantik wegen des Ausbaus der Transsahara-Handelsroute nachließ. Die Ruhe rund um die Kanaren hielt bis zum Ende des 12. Jh. an, als Seefahrer und Händler aus Europa auf der Suche nach neuen Märkten wieder zu Erkundungsfahrten aufbrachen.

Die neuzeitliche Geschichtsschreibung beginnt 1406 mit der **Eroberung La Gomeras** durch Jean de Béthencourt, der im Auftrag der spanischen Krone zwei Jahre zuvor bereits Lanzarote und

Fuerteventura eingenommen hatten. Zu dieser Zeit war die Insel von den Alt-Gomeros in vier von eigenen Stammeskönigen geführte Bezirke aufgeteilt: Agana, Orone, Mulagua und Ipalán sind Namen, die einem bis heute auf Gomera begegnen. Auch wenn ein Teil der Ureinwohner sich sofort ergab, kam es in den folgenden Jahrzehnten als Reaktion auf Versklavung und gewaltsame Christianisierung durch die Konquistadoren zu zahlreichen Aufständen.

Ab 1445 begann die Herrschaft mehrerer Generationen der Familie Peraza. Sie verwalteten Gomera entsprechend dem Señorial-Status, der besagt, dass der Insel-Herrscher die Position eines Grafen innehat und diese Position innerhalb der Familie weitervererben kann. *Hernán Peraza (der Jüngere)* regierte von 1477 bis 1488 und war für sein tyrannisches Verhalten bekannt. Der Guanchen-Rebell Hautacuperche ermordete ihn in der Cueva de Guahedúm, wo Peraza eigentlich gehofft hatte, die schöne Iballa anzutreffen, seine aus einer Familie der Führungsschicht der Ureinwohner stammende Geliebte. Als Witwe des Spaniers war in der Folge die nicht weniger berüchtigte *Beatriz de Bobadilla* an der Macht, bekannt für ihre Grausamkeit und ihre (angeblichen) Affären, beispielsweise mit König Ferdinand von Kastilien. Mit dem Versprechen auf Straffreiheit bei dem Geständnis, mitschuldig an Hernán Perazas Tod zu sein, lockte sie die Ureinwohner der Insel nach San Sebastián. Als die Altkanarier sich dort eingefunden hatten, ließ sie alle Männer zum Tode verurteilen und alle Frauen und Kinder versklaven. Später heiratete sie Alonso Fernández de Lugo, der zuvor bei den Eroberungen von Gran Canaria, La Palma und Teneriffa eine Rolle gespielt hatte.

Auf Kolumbus' Spuren

Kolumbus kommt

Der schönen Beatriz verfallen sein soll auch Christoph Kolumbus, der am 6. September 1492 zur Entdeckung Amerikas aufbrach und auf Gomera Station machte, um ein letztes Mal Vorräte und Wasser zu laden. Der Legende nach hat er seinen Aufbruch aus Liebe zu der Inselherrin hinausgezögert, wie lange er sich auf Gomera aufhielt, ist aber nicht bekannt. Letztendlich machte er sich dann doch auf den Weg, und wenn man der Inschrift im Brunnen in San Sebastián glauben schenkt, „taufte" er den amerikanischen Kontinent sogar mit gomerischem Quellwasser (→ Kasten S. 29). Historisch belegt ist von alldem jedoch nur, dass er während seiner späteren Entdeckungsreisen in den Jahren 1493 und 1498 abermals auf der Insel gewesen ist, was Gomera den Beinamen Isla Colombina eingebracht hat.

Feudalismus und Großgrundbesitzer

Mit der spanischen Eroberung begann die Zeit des grausamen Handels mit dem „Gut" Mensch, der erst im Jahr 1514 ein Ende fand, als alle bis dahin nicht getöteten oder als Sklaven verkauften Ureinwohner Gomeras und der anderen Kanareninseln rechtlich mit den Spaniern gleichgestellt wurden. Unter der weiteren Herrschaft der Familie Peraza in einem sich etablierenden Feudalsystem passten sich die Eroberten nach und nach Kultur, Glaube, Sprache und Sitten der Eroberer an und schlossen Ehen untereinander. Wirtschaftlich konzentrierte man sich auf Zuckerrohr und Wein, die für den Export angebaut wurden. Die wachsenden Handelsaktivitäten sowie die Gold- und Silbertransporte vom amerikanischen Kontinent lockten alsbald englische und holländische Seeräuber. Vor allem San Sebastián unterlag während des gesamten 16. und Anfang des 17. Jh. deren Angriffen, die nicht nur die im Hafen liegenden Schiffe, sondern auch mehrfach die Stadt betrafen.

So zog es die Grafenfamilie Peraza eines Tages schließlich vor, Gomera zu verlassen, siedelte nach Teneriffa über und überließ die Leitung Gomeras einem Verwalter. Die Inselbewohner hingegen waren weiterhin den Angriffen und harten Lebensbedingungen auf der Insel ausgesetzt. Als 1762 auch noch eine Steuererhöhung hinzukam, kam es zu einem Aufstand in der Bevölkerung, der wie schon andere zuvor von den Feudalherren niedergeschlagen wurde. In den Folgejahren kam es zu mehreren Auswanderungswellen nach Mittel- und Südamerika, wohin viele Gomeros auf der Suche nach einem besseren Leben emigrierten. Auch als im Jahr 1837 der Señorial-Status aufgehoben und die Insel anstelle der Grafenfamilie direkt der spanischen Krone unterstellt wurde, änderte sich für die Bewohner La Gomeras wenig: An die Stelle der adeligen Feudalherren traten bürgerliche Großgrundbesitzer, und die meisten Gomeros blieben schlecht bezahlte Tagelöhner und Pächter, die auf den Plantagen ihrer (neuen) Herren ackerten.

Freier Handel

1852 wurden die Kanarischen Inseln zur Freihandelszone mit steuerrechtlichem Sonderstatus erklärt und so als Warenumschlagplatz attraktiv. Die Gomeros selbst handelten eine Zeit lang mit dem roten Farbstoff der Koschenilleschildläuse, später mit Tomaten und schließlich mit Bananen, die die Briten als Monokultur auf den Kanaren eingeführt hatten. Der Bananenanbau sorgte für einen Wirtschaftsaufschwung, der sich auch im Ansteigen der seit dem 16. Jh. stagnierenden Bevölkerungszahlen bemerkbar machte. Ab 1918 war es mit dem großen Bananenboom aber bereits wieder vorbei, die Briten hatten ihren Status als führende Wirtschaftsmacht verloren und die Früchte wurden vermehrt aus Mittelamerika bezogen (→ S. 128).

Düstere Jahre

1912 erhielten die bis dato vom spanischen Festland aus verwalteten Kanaren eigene Inselregierungen *(cabildos insulares)* und damit das (eingeschränkte) Recht auf regionale Selbstverwaltung. Allerdings sollte das für lange Zeit der letzte erfreuliche politische Meilenstein der Inselgeschichte bleiben. Denn was schon bald folgte, waren die düsteren Jahre des Spanischen Bürgerkriegs mit der sich anschließenden Diktatur unter General Francisco Franco. Konkreter Anlass des Bürgerkriegs waren die spanischen Parlamentswahlen von 1936, aus der ein linkes Volksfrontbündnis siegreich hervorging, was den Widerstand der konservativ-restaurativen Kräfte provozierte und letztlich zum Militärputsch unter Führung Francos führte. Der Staatsstreich blieb jedoch in den Anfängen stecken, denn insbesondere in den großen Städten des Festlandes formierte sich der republikanische Widerstand. Die erbitterten, von Beginn an gewalttätig geführten Auseinandersetzungen griffen schnell auf das ganze Land über und mündeten in einen dreijährigen Bürgerkrieg, den die Putschisten am Ende für sich entscheiden konnten. Mit lang anhaltenden Folgen: Spanien blieb bis zum Tod Francos 1975 eine Diktatur.

Dem Putsch von 1936 und damit den Auftakt zur spanischen Diktatur wurde auf den Kanaren insgesamt relativ wenig Gegenwehr entgegengesetzt. Einer der Gründe war sicher die konservativ-katholisch geprägte Bevölkerung der Inseln, die der links orientierten Madrider Regierung mehrheitlich skeptisch gegenüberstand. Auch auf Gomera gab es keine größeren Widerstände – mit einer Ausnahme: Zwischen dem 18. und 23. Juli 1936 kam es in Vallehermoso zu Kämpfen zwischen der (noch regierungstreuen) örtlichen Guardia Civil und einer Putschisteneinheit, die unter dem Stichwort *El Fogueo de Vallehermoso* in die Inselgeschichte eingegangen ist. Am Ende musste sich die Guardia Civil geschlagen geben, konnte den militärisch überlegenen Putschisten aber immerhin das Zugeständnis auf freien Abzug ohne nachfolgende Repressalien abringen. Doch die Zusagen wurden nicht eingehalten, und nahezu alle, die am Widerstand gegen die Franco-Milizionäre beteiligt gewesen waren, wurden verhaftet und hingerichtet.

Kurz nach dem Ende des Spanischen Bürgerkriegs begann in Europa der Zweite Weltkrieg. Militärisch blieb das für Spanien und die Kanaren ohne Folgen, denn trotz seiner ideologischen Nähe zu Nazi-Deutschland erklärte Spanien seine Neutralität gegenüber den Kriegsparteien. Die ökonomischen Folgen waren jedoch immens, denn die Weltwirtschaft stotterte, was insbesondere in wirtschaftlich schwachen Regionen zu Versorgungsengpässen führte, unter denen auch Gomera zu leiden hatte.

Nach Kriegsende verbesserte sich die Situation nur unwesentlich zum Besseren. Infolge der fortdauernden internationalen Isolierung unter Franco sahen die wirtschaftlichen und sozialen Perspektiven für die Bevölkerung weiterhin trübe aus, was erneut eine große Auswanderungswelle nach sich zog. Viele Gomeros emigrierten in Nacht-und-Nebel-Aktionen nach Venezuela, wo es Arbeit in der Erdölförderung gab, die Bevölkerungszahl verringerte sich drastisch. Wer zurückblieb, schuftete bei einem der Großgrundbesitzer wie López (→ S. 54) oder Olsen (→ Kasten S. 198) oder bewirtschaftete sein eigenes kleines Stück Steilhang mit Zwiebeln und Kartoffeln und hielt sich Ziegen.

Touristischer Aufbruch

Nach ersten organisierten Reisen für Soldaten nach Gomera in 1950er-Jahren wurde der Tourismus ab 1960, also noch während der Franco-Diktatur, auf den großen Kanareninseln weitflächig angekurbelt. Das kleine, wilde, bäuerliche Gomera blieb dabei zunächst außen vor – bis es Ende der 1960er-Jahre die Hippies für sich entdeckten. Vor allem das Valle Gran Rey mit seinem Meer aus Bananenstauden und Palmen hatte es den Blumenkindern angetan. Man kampierte am Strand und richtete sich monatelang in den Felswänden der Schweinebucht häuslich ein. Die Anfahrt zur Insel war damals noch abenteuerlich: Man kam per Postboot, das mitten in der Nacht in Teneriffa ablegte und acht bis zehn Stunden brauchte, bis es in San Sebastian ankam.

1972 regte sich dann mit der Eröffnung eines Parador-Hotels in San Sebastian das erste zarte Pflänzchen des organisierten Tourismus auf Gomera, der zwei Jahre später durch die Einrichtung eines regelmäßigern Fährverkehrs nach Teneriffa weiteren Nährboden erhielt. Massentourismus mit Bettenburgen wie auf den großen Kanarischen Inseln gibt es auf Gomera freilich bis heute nicht, was sicher auch damit zu tun hat, dass die Insel vom europäischen Festland aus nicht direkt angeflogen wird. Wer nach Gomera reist, sieht sich als Individualtourist mit Wanderambitionen – ein Image, mit dem die Inselregierung mehr als gut leben kann.

Express-Anreise mit dem Katamaran von Olsen

Anreise

Die Anreise nach La Gomera sollte gut geplant sein. Und selbst dann müssen Reisende aus dem deutschsprachigen Raum je knapp einen Urlaubstag für An- und Abreise einplanen.

Der Großteil der Reisenden erreicht La Gomera mit dem Schiff. Die zwei Reedereien Fred Olsen und Naviera Armas bieten mehrmals täglich Direktverbindungen von Teneriffa und La Palma aus an. Ein kleiner Anteil der Gomera-Touristen erreicht die Insel mit dem Flugzeug. Spanien ist ein Mitgliedstaat des Schengener Abkommens. Somit können sich alle Bürger der EU und der Schweiz **ohne Visum** frei aufhalten. Im Gepäck muss aber ein gültiger Personalausweis oder Reisepass sein.

Mit dem Flugzeug

Wer auf dem Flughafen Los Rodeos (TFN) in Teneriffa Nord landet, kann per Kleinflugzeug nach La Gomera gelangen. Die Landemöglichkeiten auf dem kleinen, 1999 eröffneten Flughafen bei Playa de Santiago sind aufgrund des kurzen Rollfeldes jedoch begrenzt. Der Ausbau des Flughafens galt lange als Flop, 2012 wurden nur knapp 20.000 Fluggäste gezählt, 2017 stieg die Zahl immerhin auf fast 49.000, 2019 kamen 77.584 Flugreisende auf die Insel. Zuletzt boten die regionale Fluggesellschaft Binter Canarias sowie die spanische Airline Iberia Verbindungen nach La Palma (50 Min.) und nach Teneriffa Nord (30 Min.) an. Da die meisten Fluggesellschaften von Deutschland aber den Flughafen Teneriffa Süd anfliegen, lohnt sich eine Kombination der Flüge nicht.

Aeropuerto La Gomera (GMZ), Carretera Playa de Santiago, s/n, 38812 Alajeró, La Gomera. ✆ 922-873000, www.aena.es/de/flughafen-la-gomera/index.html.

Binter Canarias, Ticket-Büro im Flughafen von La Gomera tägl. 7.30–11 und 14–18 Uhr geöffnet. Servicetelefon ✆ 902-875787, www.bintercanarias.com.

Mit Flugzeug und Fähre

Die gängigste und günstigste Variante, nach Gomera zu kommen, ist der Flug zum Flughafen Teneriffa Süd (TNS) mit anschließender Überfahrt vom Hafen Los Christianos. Die Flugzeit von Deutschland beträgt etwa 4:45 Stunden. In die Reiseplanung einbeziehen muss man auch den Transport mit dem Bus oder Taxi auf Teneriffa. Und wer, endlich auf Gomera angekommen, die erste Nacht nicht in San Sebastián verbringen möchte, hat nach der Fähre noch den Transfer zur Unterkunft vor sich. Ab 2017 fuhren die Fährgesellschaften im Anschluss an die von Teneriffa kommende Fähre auch wieder die Häfen in Valle Gran Rey und Playa de Santigo an. Zu Pandemie-Zeiten wurden diese Verbindungen allerdings stillgelegt.

Zwischen der Ankunft am Flughafen in Teneriffa Süd und der Abfahrt der Fähre sollte man etwa zwei Stunden einplanen. Da ein Aufenthalt im touristisch überlaufenen Fährhafen Los Christianos aber nicht unbedingt zu den Träumen Gomera-Reisender gehört, sollte man bei der Wahl des Flugs berücksichtigen, dass die Fähren nach Gomera meist morgens, am frühen Nachmittag und abends abfahren und gegebenenfalls ein paar Euro mehr investieren, um die Reisezeit zu verkürzen. Wer trotzdem Zeit in Los Christianos totschlagen muss, der springt an der breiten Playa mit ihrem hellem Sandstrand (gibt es so nicht auf Gomera) gleich neben dem Hafen ins Meer und beobachtet anschließend schaudernd das Phänomen Massentourismus (gibt es so nicht auf Gomera). Das Fährticket kauft man am besten direkt am Hafenterminal, so bleibt man auch bei Flugverspätungen flexibel und kann notfalls auf eine andere Fähre ausweichen. Nur bei der Anreise zu absoluten Stoßzeiten wie an Weihnachten oder Ostern sollte man eine Reservierung/einen Online-Kauf in Betracht ziehen. Die komplette Organisation und Durchführung des Transfers zwischen einem der Flughäfen auf Teneriffa und einer Unterkunft auf Gomera bietet das Unternehmen Autobuses Mesa.

Flug Der Flughafen Teneriffa Süd (Reina Sofía) wird von mehr als 150 Fluggesellschaften angeflogen, darunter Lufthansa, Condor oder Tuifly. Die Preise variieren sehr stark und sind auch abhängig von der Saison, vergleichen lohnt sich! Wer Flug und Fähre kombiniert und nicht noch eine Übernachtung auf Teneriffa einplant, sollte mit Blick auf den Fährplan nicht nach 19 Uhr auf Teneriffa landen und nicht vor 10.30 Uhr von dort abfliegen. Die Flugzeit von Deutschland beträgt gut 4 Stunden.

Aeropuerto Tenerife Sur (TNS), 38610 Granadilla de Abona, ✆ 902-404704, www.aena.es.

Taxi Taxis stehen am seitlichen Ausgang des Flughafens bereit. Eine einfache Fahrt zum Hafen (ca. 15 km) kostet etwa 30 €. Oft findet man andere Reisenden mit demselben Ziel und kann sich den Fahrpreis teilen.

Official Taxi Tenerife, ✆ 922-397174, www.officialtaxitenerife.com.

Bus Die **Linie 111** des Busunternehmens TITSA verbindet im 30-Minuten-Takt den Flughafen Teneriffa Süd mit dem zentralen Busbahnhof in Los Christianos (Estacio Guagua, Av. Juan Carlos I 20, 38650 Arona). Die Bushaltestelle befindet sich direkt vor dem Flughafen, eine einfache Fahrt kostet 3,20 €. Fahrplan unter www.titsa.com. Bitte beachten: Vom Busbahnhof in Los Christianos läuft man etwa 15 Minuten (1,1 km) zum Hafen!

Fähren Die Großfähren der Gesellschaften Fred Olsen und Naviera Armas verkehren zwischen dem Hafen in Los Christianos im Süden Teneriffas und dem Hafen von La Gomeras Hauptstadt San Sebastián. Je nach Fähre beträgt die Fahrt zwischen 50 Min. und 1.10 Std. Tickets sind an den Hafenterminals oder online erhältlich, die einfache Fahrt kostet etwa 40 €.

Von Hafen in San Sebastián gibt es seit 2017 wieder täglich Anschlussfahrten nach Valle Gran Rey (Naviera Armas und Fred Olsen) oder Playa de Santiago (nur Fred Olsen).

Fred Olsen, ✆ 902-100107, Fahrplan und Preise unter www.fredolsen.es.

Naviera Armas, ✆ 902-456500, Fahrplan und Preise unter www.navieraarmas.com.

Transfer **Autobuses Mesa,** das Personentransport-Unternehmen stammt aus La Gomera, agiert aber mittlerweile auf allen Kanarischen Inseln. Zuverlässige Transfers zwischen den Flughäfen auf Teneriffa und allen größeren Orten auf La Gomera. Transfer von Tenerife Sur ins Valle Gran Rey mit Fähre, Hin- und Rückfahrt 100 €/Person.

Mit dem Schiff

Wer über viel Zeit verfügt und sein eigenes Fahrzeug mitnehmen möchte, nimmt die Autofähre der Trasmediterranea vom Festland, die im südspanischen Cádiz ausläuft. Zwei Tage dauert die Überfahrt nach Teneriffa. Dort angekommen geht es von der Hauptstadt Santa Cruz zum Hafen Los Christianos und weiter nach Gomera (→ Mit Flug und Fähre). Infos, Fahrplan und Preise unter www.trasmediterranea.es.

Einige Reisende erreichen Gomera auch mit dem eigenen Segelboot oder dem Kreuzfahrtschiff. Letztere halten meist für nur eine Nacht, die Passagiere lernen die Insel im Rahmen einer Rundfahrt mit dem Bus kennen.

Verkehrsmittel vor Ort

Gomera ist eine kleine Insel mit einer überschaubaren Zahl an größeren Orten und einem überraschend gut ausgebauten, größtenteils aus EU-Geldern finanzierten Straßennetz. Nahezu alle Ortschaften sind an das öffentliche Busnetz mit dem Drehkreuz San Sebastian angeschlossen, sodass man sich auf der Insel auch ohne eigenes Fahrzeug gut fortbewegen kann. Wer seine Unternehmungen möglichst flexibel gestalten möchte und auch Erkundungen abseits der Hauptverkehrsstrecken plant, für den ist ein Mietwagen zweifelsohne die bessere Alternative, wobei für die meisten Aktivitäten ein Kleinwagen ohne 4-Rad-Antrieb völlig ausreicht.

Auto

Auch wenn die Insel verkehrstechnisch gut erschlossen ist, braucht man doch beispielsweise für die gut 50 km lange Autofahrt von San Sebastián an die Küste im Valle Gran Rey gut eineinviertel Stunden. Der Grund: „Geradeaus" gibt es auf Gomera so gut wie nicht, genauso wenig eine Küstenstraße rund um die Insel. Die Hauptstraßen führen kurvenreich von den Küsteorten in einem kargen Barranco hinauf auf das grüne Dach der Insel, zum Nationalpark Garajonay. Im dichten Lorbeerwald teilen sich die Wege dann in alle Himmelsrichtungen, was die Orientierung trotz der geringen Auswahl an Zielen manchmal erschwert.

Es gibt zwei **Hauptverkehrsadern,** die von der Hauptstadt San Sebastián ausgehend die Insel durchziehen. Die **GM-1** führt in den Norden, nach Hermigua und Agulo, und windet sich anschließend als aussichtsreiche Höhenstraße über der Küste weiter nach Vallehermoso im Nordwesten. Von dort führt sie über Arure ins Valle Gran Rey. Die **GM-2** ist die kürzere Verbindung von San Sebastián ins Valle Gran Rey. Sie verläuft vorbei an den markanten Los Roques quer durch den dichten Wald des Nationalparks und trifft nördlich von Arure auf die GM-1. Beide Straßen haben viel Sehenswertes zu bieten und eignen sich für eine erste Erkundungsfahrt, für die man mit Stopps in den Orten am besten immer einen ganzen Tag einplant. Weniger stark frequentiert ist die Straße GM-3, die von der GM-2 in Richtung Süden abzweigt und nach Alajeró, Playa de Santiago und zum Flughafen führt. Einen hübschen Abstecher von der GM-2 bietet die Straße, die die Dörfer Chipude, der Ort am Fuße der mächtigen Fortaleza, und El Cercado, das Töpferdorf, verbindet. Von San Sebastián kommend, biegt man erst in Richtung Alajeró ab und folgt an der nächsten Kreuzung der Beschilderung nach Chipude.

Wer die Insel mit dem Auto erkunden möchte, aber nicht bereits am Tag der Anreise auf einen **Mietwagen** angewiesen ist, weil er beispielsweise eine ganz abgelegene Casa rural gebucht hat, der kann diesen abgesehen von der Hauptsaison auch leicht vor Ort und nur für einige Tage des Aufenthalts buchen. Am Hafenterminal in San Sebastián, in Valle Gran Rey, Playa de Santiago, am Flughafen und sogar in Hermigua bieten internationale und regionale Agenturen Fahrzeuge an. Neben günstigeren Klein- und Mittelklassewagen stehen bei den meisten Vermietern auch Kleinbusse oder 4-Rad-Fahrzeuge zur Verfügung.

> Das vorgeschriebene Mindestalter des Fahrers eines Mietwagens auf La Gomera liegt bei 21 Jahren. Der Fahrer muss mindestens 1 Jahr den Führerschein besitzen.

Autos Mulagua ist ein seit über 30 Jahren bestehendes Familienunternehmen mit Hauptbüro in Hermigua und äußerst freundlichem Service. Ab 21 €/Tag. Carretera General 129, 38820 Hermigua, ✆ 922-144100, 650-918842, www.autosmulagua.com.

Weitere Niederlassung direkt am Hafenterminal, Local E6, 38820 San Sebastian de La Gomera.

Rent a Car la Rueda, ebenfalls eine Agentur von der Insel, die seit Jahrzehnten Autos vermietet. Günstigster Tarif ab 22,50 €/Tag. Der Fahrer muss mindestens 23 Jahre alt sein und mindestens seit zwei Jahre den Führerschein haben. Hauptsitz in der Calle Real (Calle del Medio) 19, 38800 San Sebastián de La Gomera, ✆ 922-870709, www.autoslarueda.es/de.

Weitere Büros an San Sebastiáns Hafen, im Hotel Jardín Tecina in Playa de Santiago und im Valle Gran Rey (Ctra. Playa del Inglés s/n).

Oasis Rent a Car, eine kanarische Agentur. Vermietet Autos auf Teneriffa, Gomera und Lanzarote. Sehr freundlicher Service, teils deutschsprachiges Personal. Bitte beachten: Mindestalter 23 Jahre, 3 Jahre Fahrpraxis. Büros in San Sebastián, Valle Gran Rey und am Flughafen. Ab 29 €/Tag. Avda. Fred Olsen s/n. Edificio La Marina, Local 3. 38800 San Sebastián de La Gomera. ✆ 922-872898, www.oasisrentacar.com. Avda. Marítima s/n, Apartamentos La Condesa, Local 3, 38870 Valle Gran Rey, ✆ 922-805835, www.oasisrentacar.com.

Tanken ist auf den Kanaren aufgrund eines reduzierten Steuersatzes etwas preiswerter als auf dem Festland und fällt auch aufgrund der geringen Entfernungen nicht zu stark ins Gewicht bei der Reisebudgetplanung. In allen größeren Orten gibt es Tankstellen, die die üblichen Sorten an bleifreiem Benzin sowie Diesel anbieten, die Öffnungszeiten variieren allerdings stark.

Bus

Guaguas (sprich „Wuawuas") heißen die (blau-)grünen Busse, die auf den Kanareninseln den öffentlichen Verkehr bestimmen und fast alle Ortschaften ansteuern. Die meisten Hauptverbindungen führen über San Sebastián, dessen zentrale Busstation, die Estación de Guaguas, sich oberhalb von Markthalle und „Hipertrebol" an der Avenida del Quinto Centenario befindet. Die Hauptlinien 1, 2 und 3 starten von dort bis zu fünfmal am Tag in die größeren Ortschaften der Insel, die Abfahrtszeiten orientieren sich in der Regel am Fahrplan der Fähren und Flüge. Bus fahren ist damit auf Gomera nicht gerade der schnellste Weg, um von A nach B zu kommen, mit Sicherheit aber ein sehr günstiger. Für **Wanderer** und Ausflügler sind die Busse durchaus eine Option, etwas Planung vorausgesetzt. Wanderungen in Kombination mit einer Umsteigeverbindung sind trotz aller Planung kaum an einem Tag zu bewältigen.

Linie 1: San Sebastián–Valle Gran Rey, Mo–Sa 5x tägl., So 2x tägl.

Linie 2: San Sebastián–Hermigua–Agulo–Vallehermoso, Mo–Sa 5x tägl., So 2x tägl.

Die Guaguas verbinden alle großen und kleinen Orte

Linie 3: San Sebastián–Playa Santiago–Alajeró, Mo–Sa 5x tägl., So 2x tägl.

Linie 4: Vallehermoso–La Dama, Mo–Fr 2x tägl.

Linie 5: Vallehermoso–Epina–Alojera, Mo–Fr 2x tägl.

Linie 6: Valle Gran Rey–Flughafen Gomera, 2 Std. vor Abflug ab der Estación de Guaguas in San Sebastián.

Linie 7: San Sebastián–Flughafen Gomera, 1:40 Std. vor Abflug ab der Estación de Guaguas in San Sebastián.

Linie 8: Valle Gran Rey–Vallehermoso, Mo–Sa 3x tägl., So 2x tägl.

Der **Preis** für eine Fahrt liegt zwischen 1 und 5 €, bezahlen kann man direkt im Bus. **Fahrplan,** Preise, Zwischenstopps sowie aktuelle Informationen auf www.guaguagomera.com.

Fahrzeiten und Zwischenstopps: Die Busse halten auch abseits der Haltestellen (*paradas*) auf ein deutliches Zeichen hin! Der offizielle Busfahrplan weist nur die Zeiten an den Start- und Endpunkten aus. Man sollte daher an den Zwischenstopps großzügig Zeit einkalkulieren. Folgende Angaben dienen als grobe Orientierung.

- San Sebastián–Hermigua 0:30 Std., San Sebastián–Agulo 0:45 Std, San Sebastián–Vallehermoso 1 Std., San Sebastián–El Cercado 0:50 Std., San Sebastián–Valle Gran Rey 1.40 Std., San Sebastián–Playa de Santiago 1 Std.

Taxi

Gerade nach einer langen Anreise oder anstrengenden Wanderung greifen viele Reisende gerne auf das Taxi als Transportmittel zurück. Alle größeren Orten verfügen über einen Taxistand (*parada de taxi*). Die Tarife für eine Fahrt sind staatlich festgelegt, es gibt Preislisten für längere Strecken zwischen zwei Gemeinden, an die sich die Fahrer halten müssen. Sie können also vorab fragen, was die Fahrt kosten soll. Am Abend, an Sonn- und Feiertagen und für Gepäck werden Aufschläge erhoben (einige Taxis fahren nach 23 Uhr gar nicht mehr). Vom Hafen in San Sebastián ins Valle Gran Rey muss man beispielsweise mit etwa 60 € rechnen, für die Strecke Valle Gran Rey–Alto de Garajonay etwa 30 €. Die Suche nach potenziellen Mitfahrern lohnt sich!

Taxi Gomera (Taxi Carlos), ✆ 629-689080, www.gomerataxi.com, auch Kleinbus mit 7 Sitzen und Bike-Transport.

Taxi Ramon, ✆ 620-667645 (deutsch) und 616-590468 (spanisch). Erreichbar 8–21 Uhr.

Hotel-Idyll Jardín Tecina

Übernachten

Gomera bietet vom günstigen Landhaus bis zum Nobelhotel alle Arten von Unterkünften. Bei der Wahl des Standorts sollte man berücksichtigen, welche Aktivitäten man plant. Ein – freilich pauschalisierender – Wegweiser für Gomera könnte lauten: Sonne im Süden, Natur im Norden, Kultur im Osten. Ganz so einfach ist es natürlich nicht, aber die Standorte auf der Insel unterscheiden sich tatsächlich erheblich bezüglich Himmelsrichtung, Klima und touristischer Infrastruktur. Dazu kommt die Kleinräumigkeit: Eine Inselumrundung mit dem Mietwagen ist problemlos an einem Tag möglich. Um die verschiedenen Seiten der Insel kennenzulernen, kann man je nach Vorliebe öfter den Standort wechseln oder aber von einer Basis aus mehrere Tagesausflüge unternehmen.

Wohin auf Gomera?

Einigen langjährigen Gomera-Fans stellt sich die Frage, wo sie übernachten sollen, erst gar nicht. Sie steuern direkt das **Valle Gran Rey** im Südwesten an. Im „Valle" (sprich gutdeutsch „Walle", wie „Malle") ist am meisten geboten, es gibt Geschäfte aller Art, man trifft andere Urlauber auf dem Markt oder an den nahen Stränden und kann sich auf stabiles, warmes Wetter einstellen. Hier findet man Reste des Hippieflairs vergangener Tage, Trommler, die den Sonnenuntergang begrüßen, oder Esoterik-Angebote deutscher Aussteiger, aber auch die größte Auswahl an Restaurants und vor allem Unterkünften aller Art, vom kleinen Häuschen im Künstlerdorf über eine alternative Ferienanlage bis zum Apartment in Strandnähe.

Ruhiger geht es im Inselhauptstädtchen **San Sebastián** zu. Hier bündelt sich ein Großteil der kulturgeschichtlichen Sehenswürdigkeiten der Insel. Die hübsche Altstadt mit Stadtstrand und der große Hafen sind sehenswert und außerdem hat man die beste Anbindung an das öffentliche Busnetz, was gerade für Wanderer ohne eigenes Auto ein Vorteil sein kann. Hoch über der Stadt thront in bester Lage das Parador-Hotel, eine der Top-Unterkünfte der Insel. Vom Hafen der Hauptstadt gelangt man mit dem Boot außerdem zur Finca El Cabrito, ehemals eine Bananenplantage und heute ökologisch geführtes Landhotel, das in einem nahe gelegenen, für Autos nicht zugänglichen Barranco liegt.

Auf der Sonnenseite der Insel liegt **Playa de Santiago.** Bei Wanderungen in der näheren Umgebung zeigt sich die karge und trockene Seite Gomeras. Abgesehen vom heißen und trockenen Klima, das viele Urlauber aus Spanien und dem Vereinigten Königreich anzieht, und einem schönen, direkt an den Ort anschließenden Kiesstrand gibt es im Zentrum wenig zu sehen. Mit dem Jardín Tecina liegt auch in Playa de Santiago ein herausragendes Hotel hoch über der Stadt. Der Ferienanlage mit den weißen, dem kanarischen Stil nachempfundenen Blöcken ist nicht nur der einzige Golfplatz der Insel angeschlossen, sondern auch der Club Laurel, eine Bar mit Swimmingpool direkt am Meer. In den höher gelegenen Ortsteilen wurden in den letzten Jahren weitere Apartmentanlagen gebaut und im Zentrum findet man kleinere Pensionen und Hotels. Dank der zahlreichen Besucher gibt es im verschlafenen Fischerdorf Playa de Santiago eine überraschend große Auswahl an Restaurants.

Wesentlich weniger Touristen übernachten im feuchteren, kühlen Norden Gomeras. In den grünen Plantagen rund um **Agulo** und **Hermigua** kann man die Bananenbauern bei der Ernte beobachten. Sonnenanbeter und Badeurlauber sind hier fehl am Platz, denn durch die starke Strömung ist ein Sprung in den Atlantik nur selten möglich. Die üppige und abwechslungsreiche Vegetation und die Nähe zum Nationalpark machen die Orte dafür zu einem idealen Stützpunkt für Wanderer und Naturliebhaber. Die nahezu täglich aufziehenden Passatwolken bieten auf der Wanderung den besten Sonnenschutz. Große Apartmentanlagen gibt es so gut wie nicht, dafür das ein oder andere Landhotel im Kolonialstil, Pensionen und Casas rurales im Hinterland. Viele Unterkünfte sind auf Wandertouristen eingestellt und das Personal hilft gerne mit Brotzeit, Karten, Literatur oder Tipps weiter.

Vallehermoso liegt ebenfalls im Norden und entpuppt sich bei näherem Hinschauen fast schon als Hipsterstädtchen. Der Ort liegt in einem lieblichen Tal ein Stück entfernt vom Meer. Viel geboten ist auch hier nicht, allerdings hat das milde Klima und die herrliche Vegetation Aussteiger, Kreative und Rückkehrer angelockt, die sich im Ort oder den benachbarten Tälern niedergelassen haben. In Vallehermoso gibt es nicht nur Gomeras einziges Backpacker-Hostel mit Selbstbediener-Bio-Garten, sondern auch eine Manufaktur für ökologische Kosmetika aus Bienenprodukten und seit 2018 Gomeras erste Mikro-Brauerei, die dem Dorada-Monopol ein helles Craft-Bier entgegensetzt.

Als Standort ganz in der Nähe des **Nationalparks** eignet sich der mitten im grünen Nirgendwo liegende Weiler El Cedro, wo es neben Ferienwohnungen und -häusern bei der Bar La Vista den einzigen Campingplatz der Insel gibt. Der Zeltplatz bietet keinerlei Komfort und das Wetter hier oben ist rau, der grandiose Blick ins Tal und das tägliche Wolkenschauspiel aber sind unschlagbar.

Die Unterkünfte → Karten S. 33, 55, 98, 99, 124, 133 und 141

Die Übernachtungsmöglichkeiten sind so unterschiedlich wie die Wünsche der Gomera-Urlauber, die zwischen dem Hotel mit Vollpension, der Ferienanlage auf der Bio-Finca, dem Landhaus für Selbstversorger oder der kleinen Low-Budget-Pension wählen können. Hauptsächlich werden Doppelzimmer angeboten, die zu etwa gleich großen Anteilen entweder mit zwei Einzelbetten oder einem großen Doppelbett ausgestattet sind. Die meisten Unterkünfte sind auch auf Urlauber mit Kindern eingestellt, auf Nachfrage organisieren die Vermieter normalerweise ein Reisebett oder einen Hochstuhl. Haustiere sind in vielen Unterkünften nicht willkommen.

Buchung: Die größeren Hotels auf Gomera lassen sich häufig im Rahmen einer von einigen deutschen Anbietern organisierten Pauschalreise preiswert buchen. Größere Freiheiten in der Urlaubsplanung und mehr Auswahl bietet eine individuelle Buchung. Kleinere Pensionen betreiben in der Regel keine eigene Homepage, man bucht sie über Buchungsportale im Internet wie beispielsweise www.booking.com. Casas rurales findet man auch auf www.miscasasrurales.com. Vor allem während der Weihnachts- und Osterferien, wenn die Unterkünfte auf La Gomera gut belegt sind, empfiehlt sich eine Reservierung einige Zeit im Voraus. Abseits der Ferienzeiten findet man in Valle Gran Rey, San Sebastián oder Playa de Santiago normalerweise auch spontan einen Übernachtungsplatz.

Apartmentanlage mit Pool

Service: Die Bezahlung erfolgt entweder bei Buchung oder vor Ort am Ende des Aufenthalts, Kreditkartenzahlung ist fast immer möglich. WLAN auf dem Zimmer oder im Apartment gehört mit Ausnahme der Casas rurales nahezu überall zum Standard.

Hotels: Hotels stellen die teuerste Unterkunftskategorie auf Gomera dar. Größere Häuser gibt es nur in San Sebastián (Parador), Playa de Santiago (Jardín Tecina) und Valle Gran Rey (Hotel Gran Rey, Playa Calera). Alle bieten den Rundum-Service mit Voll- oder Halbpension, Pool, Wellness und einer tollen Lage mit Meerblick. Im Norden Gomeras findet man stattdessen tolle Landhotels (*hotel rural*), wie das Ibo Alfaro oder das Casa Lugo, die entfernt vom Strand, dafür in authentisch renovierten Bürgerhäusern und innerhalb der gewachsenen Ortschaften liegen. Eine Sonderstellung nehmen die beiden alternativen Ferienanlagen von El Cabrito und der Finca Argayall ein. Die Preisangaben für Hotels gelten, wenn nicht anders angegeben, pro Zimmer. Generell gibt es hauptsächlich Zweibettzimmer.

Pensionen/Hostales: Wesentlich einfacher und oft sehr preiswert übernachtet man in einer Pension. Die Zimmer sind einfach, das Bad manchmal auf dem Gang. Handtücher und oft auch Strandtücher werden gestellt und bei der täglichen Reinigung gewechselt. Da es mitunter etwas beengt zugeht und es häufig keine Möglichkeiten zur Lagerung von Lebensmitteln gibt, halten sich die meisten Urlauber in einer Pension nicht länger als ein paar Tage auf.

Apartments: Die mit Abstand beliebteste Art der Unterkunft sind Apartments oder Studios, die meist in Stadthäusern oder seltener in ganzen Apartmentanlagen liegen. Meist gibt es einen größeren Wohn- und Essbereich mit voll ausgestatteter Küchenzeile. Der Schlafbereich ist entweder im selben Raum (Studio) oder in einem separaten Zimmer (Apartment). Gerade für Familien mit kleinen Kindern oder größere Gruppen sind die Selbstversorger-Apartments eine preiswerte Übernachtungsmöglichkeit. In Playa de Santiago und Valle Gran Rey gibt es auch größere Apartmentanlagen mit Poolbereich. Apartments und Studios werden normalerweise ein- oder zweimal in der Woche gereinigt, viele haben eine vorgeschriebene Mindestaufenthaltsdauer von drei oder fünf Tagen, manche kann man auch nur wochenweise mieten.

Casas rurales: Die Casas rurales sind voll eingerichtete Landhäuser oder Fincas, in denen man übernachten kann. Sie wurden im Rahmen der Förderung des *turismo rural*, des ländlichen Tourismus, renoviert und oft vor dem Verfall bewahrt. Casas rurales gibt es vor allem im Norden der Insel, wo man inmitten der idyllischen Natur nächtigt. Ein Mietwagen ist allerdings fast immer notwendig, denn die Häuser sind häufig abgelegen. Auch eine Reservierung wird dringend empfohlen

▪ Suche und Buchung beispielsweise über www.miscasasrurales.com, aber auch www.booking.com.

Camping: Der einzige offizielle Campingplatz liegt im Weiler El Cedro am Rande des Nationalparks und bietet nur wenig Komfort (→ S. 171). Wildcampen im Zelt ist auf Gomera verboten.

Wer besonders unabhängig unterwegs sein möchte, kann ein Campingmobil mieten. Seit 2017 verleiht Green Campers als erstes Unternehmen dieser Art auf Gomera Camping-Autos und Busse für bis zu vier Personen inklusive Kochmöglichkeit. Im Nationalpark darf man nicht übernachten, ansonsten finden sich immer wieder tolle und einsame Stellplätze.

▪ Modell Drago (Fiat Scudo) für 1–2 Pers., 69 €/Nacht, Modell Garajonay (Citroen Jumper) und Laurisilva (VW California) für bis zu 4 Pers. 95 €/Nacht bzw. 115 €/Nacht. Bei längeren Buchungen und in der Nebensaison Preisnachlass. Anfrage unter ✆ 650-318918, www.greencampers.com.

Übernachten in San Sebastián, im Süden und in den Bergdörfern

Hotels **Parador de La Gomera** **14** (→ Karte S. 33), gomerischer Ableger der Nobel-Hotelkette der spanischen Regierung. Hoch über San Sebastian thront das im Stil eines kanarischen Gutshofes errichtete Hotel. Geräumige Zimmer mit Holz-Mobiliar wie aus Kolumbus' Zeiten, alle mit Balkon, entweder zu den ruhigen Innenhöfen oder mit Blick über das Meer bis zum Teide auf Teneriffa. So ruhig die Anlage an sich liegt, so dünn sind leider die Wände und auch bezüglich Sauberkeit könnte man von einem 4-Sterne-Haus mehr erwarten. Die sagenhafte Aussicht genießt man ebenfalls bei einem Spaziergang durch den subtropischen Garten oder einem Bad im (Whirl-)Pool. Das Zentrum San Sebastians erreicht man in knapp zehn Minuten auf einem steilen Treppenweg – ein Spaziergang, der sich auch für Nicht-Hausgäste lohnt, die auf die Inselhauptstadt schauen und einen Cortado trinken oder den Abend bei einem stilvollen Drei-Gänge-Menü ausklingen lassen können. Großes Frühstücksbuffet, auch mit gomerischen Spezialitäten. DZ mit Frühstück ab 185 €. Cerro de la Horca, s/n, 38800 San Sebastián de La Gomera, ✆ 922-871100, www.parador.es/de.

Apartment-Hotel Villa Gomera **3** (→ Karte S. 33), familiengeführtes Stadthotel mit freundlich und zweckmäßig eingerichteten Zimmern. Gute Lage, nur 5 Min. zum Hafen und 500 m zum Busbahnhof. Für einen Zwischenstopp oder wenn man sehr früh zur Fähre muss bieten sich die Zimmer an, für einen längeren Aufenthalt die Apartments und Studios mit Kühlschrank und Küchenzeile. Gutes Frühstück. DZ ab 52 €/Nacht, mit Frühstück 62 €. 2 Pers. im Apartment 60 €, im Studio 55 €. Ruiz de Padron 68, 38800 San Sebastián de la Gomera, ✆ 922-870020, www.hotelvilla gomera.com.

Hotel Finca El Cabrito, ehemalige Bananenplantage mit Kommunengeschichte, heute Bio-Hotel. In einer einsamen, nur auf dem Seeweg oder zu Fuß zu erreichenden Bucht liegt die weitläufige Finca direkt am privaten Kiesstrand mit Teide-Blick. Das Gelände ist üppig bepflanzt, überall grünt und blüht es. Die Mangos, Avocados, Bananen, Papayas und Datteln sowie viel Gemüse landen genau wie der selbst hergestellte Ziegenkäse auf dem Hotel-Buffet. Herrlich ist vor allem das Frühstück, das man mit direktem Blick aufs Meer einnehmen kann. Die geräumigen Zimmer verteilen sich auf das Herrenhaus und die einstöckigen ehemaligen Arbeiter-Gebäude, die geschmackvoll und schlicht renoviert wurden und sich weit über das Finca-Gelände verteilen. Familien mit Kindern freuen sich über Kinderbetreuung, Spielplatz und Planschbecken. Die Abende kann man in der hauseigenen, gerade renovierten Bar bei einem Cocktail ausklingen lassen. In El Cabrito finden regelmäßig Workshops und Kurse in Yoga, Achtsamkeit, Malerei u. v. m. statt. Für alle Gäste werden Ausflüge in den Nationalpark, botanische Führungen oder Bootsausfahrten organisiert. Dennoch herrscht aufgrund der abgeschiedenen Lage ein gewisser Ferienclub-Charakter, die Internet-Verbindung ist langsam. Abhol-Service vom Hafen in San Sebastián. Anreise ausschließlich samstags, Buchung wochenweise. Übernachtung mit VP (4 Mahlzeiten tägl., immer auch vegetarisch) ab 160 € fürs DZ. 38800 San Sebastian de la Gomera, ✆ 922-145005, www.elcabrito.es.

Jardín Tecina **1** (→ Karte S. 55), große, grüne Ferienanlage der Fred. Olsen Gruppe auf einer Klippe über Playa de Santiago. Moderne, helle Zimmer, eigener Golfplatz (der einzige der Insel), großes Freizeit- und Sportangebot (Animation, Kinderbetreuung, Tennisplätze, mehrere Pools). Hier fühlt sich nicht nur die deutsche Kanzlerin wohl, auch für Familien mit Kindern ist einiges geboten. Im Hotelgarten wachsen über 50 Arten von subtropischen Ziersträuchern und Gehölzen. An Auswahl kaum zu übertreffen ist das abendliche Buffet, wo gomerische Spezialitäten kreativ und mainstream tauglich zum Einsatz kommen, beispielsweise in Form eines Miel-de-Palma-Brunnens auf dem Dessert-Tisch. Ein Aufzug befördert die Hotelgäste hinunter zum hoteleigenen **Club Laurel** mit Bar und Restaurant, wo man auf weißen Lounge-Liegen in direkter Nähe zum Meer am Salzwasserpool entspannt. DZ mit Frühstück ab 200 €. Lomada de Tecina s/n, ✆ 922-245101, www.jardin-tecina.de.

Der Blick vom begrünten Eingangsbereich des Hotels über die Bucht von Playa de Santiago ist auch externen Gästen zugänglich. Wer den Rest der Anlage erkunden möchte, kauft einen **Tages-Pass** für 20 €. Mit diesem kann man alle Anlagen des Hotels nutzen sowie für 17 € im hoteleigenen Restaurant, der Tapas-Bar oder im Club Laurel essen und trinken.

Die Eco Finca Tecina ist ein Permakultur-Garten direkt hinter dem Club Laurel. Auf 9500 m² wachsen hier Obst und Gemüse aus biologischem Anbau. Alle landwirtschaftlichen Erzeugnisse landen als À-la-carte-Menü im Restaurant des hoteleigenen Club Laurel auf dem Teller, die Tiere, wie Hühner, Esel, Kühe und Schafe verwerten wiederum die überschüssigen Lebensmittel, die im Hotel anfallen. Die Anbauflächen können jeden Dienstag um 10 Uhr bei einer öffentlichen Führung besichtigt werden. Dabei erfährt man nicht nur Fakten zum Permakultur-Prinzip, sondern auch viele Infos über Gomera, lernt bestimmt die ein oder andere neue Pflanze kennen und darf deren Früchte probieren. Absolute Empfehlung für dieses tolle Projekt! Infos gibt es an der Hotel-Rezeption.

Pensionen/Hostales **Pension Víctor** **7** (→ Karte S. 33), seit Generationen Anlaufstelle von Hippies, Globetrottern und Individualreisenden auf der Suche nach einer einfachen, aber günstigen Unterkunft mit herzlichen Gastgebern und zentraler Lage. Zimmer (mit Kühlschrank, TV) im ersten Stock mit eigenem oder Gemeinschaftsbad. Je nach Betrieb im Innenhof sind die Nächte mehr oder weniger ruhig. Im beliebten Restaurant im Erdgeschoss gibt es gomerische Hausmannskost. Reservierung nur telefonisch oder vor Ort (dann allerdings oft ausgebucht). EZ 28 €, DZ 35 €. Calle del Medio 23, 38800 San Sebastián De La Gomera, ✆ 922-871335.

La Gaviota **10** (→ Karte S. 55), einfache Pension ohne besonderen Komfort, aber sauber und mit gutem Preis-Leistungs-Verhältnis. Zentral gelegen, direkt an der Promenade von Playa de Santiago. Kleine Zweibettzimmer, zu empfehlen sind die mit eigenem Bad und Balkon zu Plaza und Playa. Aber Vorsicht, der Wellengang am Kiesstrand ist gerade nachts sehr laut zu hören und wer einen empfindlichen Schlaf hat, zieht eventuell ein Zimmer ohne Meerblick vor. Keine Kühlmöglichkeit für Lebensmittel, aber Supermarkt, Frühstückscafés und Restaurants in direkter Nähe. Zweibettzimmer ab 38 €. Av. Maritima 35, 38810 Playa de Santiago, ✆ 922-895135, www.pensionlagaviota.es.

Hotel Sonia, einfache Unterkunft mit beliebter Bar und Restaurant am Dorfplatz von Chipude. Aufgrund der Nähe zum Nationalpark, den Gipfeln Garajonay und Fortaleza, der Lage auf gut 1000 m Höhe sowie der Aussicht auf eine bodenständige Mahlzeit im Restaurant ein guter Ausgangspunkt für Wanderer. Saubere Zimmer, manche mit Blick zum Tafelberg Fortaleza und Balkon. In den Wintermonaten, wenn es nachts kühl werden kann, stehen Heizlüfter zur Verfügung. Kleiner Supermarkt in der Nähe. Wenn nicht gerade ein Bus an der Haltestelle gegenüber eine Gruppe Reisender ausspuckt, ist es hier ruhig, fast schon verschlafen. Plaza de Chipude 70, 38840 Chipude/Vallehermoso EZ 43 €, DZ 52 € mit großem Frühstück. La Plaza de Chipude 70, 38840 El Cercado, ✆ 922-804158, www.chipude.es.

Pension Amparo Las Hayas, einfache, modern-kanarisch eingerichtete Zimmer (alle mit eigenem Bad) sowie ein Apartment mit Küche am Rande des Nationalparks. Über der Bar Amparo mit Frühstück und guter kanarischer Hausmannskost, sehr freundliche Gastgeber. Dank der nahen Bushaltestelle gute Basis für Wanderer, die die Wege rund um den Nationalpark und zur Fortalezza ohne Mietwagen erkunden wollen. Allerdings gibt es im Ort keine Einkaufsmöglichkeit. DZ (2 Einzelbetten) ab 36 €, Dreibettzimmer ab 40 €/Nacht, Apartment für 3 Pers. 45 €. Carretera Las Hayas 13, 38870 Valle Gran Rey. ✆ 922- 804201, www.amparolashayas.com.

Apartments/Studios **Apartamentos Casa Cathaysa** **4** (→ Karte S. 33), großzügige, moderne und sehr saubere Apartments für 2 Pers. mit Balkon und Blick direkt auf das Zentrum der Insel-Hauptstadt. Das Apartmenthaus liegt an der Straße hinauf zum Parador, zu Fuß ist man dank der Treppenwege trotzdem schnell in der Altstadt. Voll ausgestattete Küche, herzliche und zuvorkommende Gastgeberin. Apartment/Studio (2 Pers.) ab 46 €. Pista de las Palmitas 5, 38800 San Sebastián de la Gomera.

Apartamentos Santa Ana **13** (→ Karte S. 55), Apartment-Hotel auf einer Steilklippe oberhalb des Hafens in einem Ortsteil von Playa de Santiago. Gemütlich-rustikale Apartments mit holzvertäfelten Wänden und voll ausgestatteter einfacher Küche. Balkone mit grandioser Aussicht, ein Pool und die ruhige Atmosphäre machen die Unterkunft perfekt für Ruhe suchende Paare (Kinder und Haustiere sind nicht zugelassen). Das Zentrum ist 15 steile Gehminuten zu Fuß entfernt, ein kleiner Spar aber in direkter Nähe. Apartment für 2 Pers. ab 80 €/Nacht. Las Trincheras s/n, 38810 Playa de Santiago, ✆ 922 -895166, www.apartamentos-santa-ana-alajero.vivehotels.com.

Apartamentos Tapahuga, gehobenes Apartment-Haus in toller Lage an der Strandpromenade mit Blick auf den Hafen. Hübscher Pool und Sonnenliegen auf der gemeinschaftlich genutzten Dachterrasse. Apartments sauber und geräumig, die grauen Steinböden wirken kühl-modern. Gut ausgestattete Küche, separates Schlafzimmer mit Doppelbett, die dritte Person schläft auf dem Ausziehsofa im Wohnbereich. Balkone mit toller Holzverkleidung und -geländer; Meer- oder Bergblick. Apartment für bis zu 3 Pers. 85 €/Nacht. Av. Marítima, 52, 38810 Alajeró/Playa de Santiago, ✆ 922-895159, www.apartamentos-tapahuga-playa-de-santiago.vivehotels.com.

Turismo rural/Ferienhäuser **Casa Vista Bella,** Landhaus mit 3 Schlafzimmern in den Bergen mit, der Name sagt es bereits, grandiosem Blick auf den nahen Tafelberg Fortaleza. Voller Naturgenuss auf Terrasse und Garten. Eine Empfehlung für Wanderer, die hier ihr Basislager auf etwa 1000 m über dem Meeresspiegel haben und direkt durchstarten können. Ein Mietwagen ist aber trotzdem empfehlenswert. Küche mit großem Kühlschrank, Eisfach, Gasherd und Backofen. Kinder-Hochstuhl vorhanden. Für die kühleren Nächte liegen Wolldecken bereit, die gut 70 m² große Wohnung ist sehr sauber und die herzliche Vermieterin Lidia liefert schon mal Obst, Eier oder Gemüse aus eigenem Anbau. Das Haus liegt zwischen den Weilern Pavón und Temocodá an einer Kehre der Straße CV-17 in der Nähe von Chipude (6 km entfernt vom Valle Gran Rey). 7 Übernachtungen für 2 Pers. 320 €, für 6 Pers. 460 €. Buchung z. B. bei www.booking.com. Los Apartaderos s/n, 38369 El Cercado.

Übernachten im Valle Gran Rey

Hotels **Hotel Gran Rey** **16** (→ Karte S. 98/99), tolle Lage an der Playa de La Puntilla, genau zwischen den Zentren von La Calera und Vueltas im Valle Gran Rey. So richtig modern ist der langgestreckte doppelstöckige Bau von 1996 zwar nicht mehr, das ändert aber nichts am gepflegten Ambiente der gesamten Anlage. Toll ist der Pool auf dem Dach, von dem man den 360-Grad-Rundblick auf Tal und Ozean genießt, hier wird auch das ob seiner Vielfalt gelobte Frühstücksbuffet serviert. Das Hotel wirbt mit seinen Bemühungen für Umweltschutz und Nachhaltigkeit, im Rahmen derer beispielsweise einmal wöchentlich eine Filmvorführung zu diesen Themen stattfindet. EZ 95 €, DZ 140 € mit Frühstück. Avenida Marítima 1, La Puntilla, 38879 Valle Gran Rey, ✆ 922-805859, https://hotelgranrey.es.

Finca Argayall **35** (→ Karte S. 98/99), Rückzugsort für Vegetarier, Yogis und Ruhesuchende, an der Playa de Argaga, nur 10 Minuten Fußweg vom belebten Zentrum Vueltas entfernt. Den „Ort des Lichts" („Argayall" in der Guanchen-Sprache) betreibt eine Gemeinschaft aus etwa 15 Menschen, die hier leben, den hauseigenen Permakultur-Garten bewirtschaften und die Gäste versorgen. Mittelpunkt der Anlage ist ein großer Gummibaum, in dessen Schatten ein Pool und Sitzgelegenheiten mit Blick aufs Meer dazu einladen, heiße Mittagsstunden sinnierend zu verbringen. Noch mehr in sich kehren kann man in der lichtdurchfluteten Meditationshalle, wo Gäste begleitet von Palmen- und Wellenrauschen am täglichen Yoga- und Meditationsprogramm teilnehmen. Auch die Unterkünfte, einfache Holzhütten mit oder ohne Bad, befinden sich mitten im Grün des Finca-Gartens. Ein Highlight des Aufenthalts ist die vegetarische Vollpension mit drei Mahlzeiten, zubereitet mit frisch geernteten (Bio-)Produkten von der Finca. Seit dem Erdrutsch 2020 nur per Bootshuttle zu erreichen, ein Fußpfad führt unter den steinschlaggefährdeten Klippen entlang. Zimmer zum Garten mit Gemeinschaftsbad 65 €, mit Meerblick und privatem Bad 79 €/Pers. Finca Argayall, 38870 Valle Gran Rey, ✆ 922-697008, www.argayall.com.

> Die Finca ist oft ausgebucht! Wer nicht früh genug reserviert hat, kann bei einer **Finca-Tour** immerhin Anlage und Garten besichtigen. Ort und Zeit variieren, Infos zur Tour sowie das wöchentliche **Meditations- und Yogaprogramm** findet man auf der Webseite und auf einem Aushang am Eingang.

Apartments/Studios **Oasis Bungalows & Studios** **1** (→ Karte S. 98/99), inmitten eines großen exotischen Gartens liegen die 8 ganz unterschiedlich gestalteten und voneinander gut abgegrenzten Bungalows. Gäste kommen in den Genuss der Papayas, Bananen, Avocados und anderer Früchte, die auf der hauseigenen Bio-Finca gedeihen. Die exklusive Anlage befindet sich etwas zurückversetzt in La Playa, am Fuße der steil über dem Valle Gran Rey aufragenden Bergkette La Merica. Zu den Stränden Playa de la Calera und Playa del Ingles ist es nur ein kurzer Weg zu Fuß und auch Restaurants, Bars und Einkaufsmöglichkeit sind nicht weit. Zuvorkommender Service der freundlichen Inhaber. Eine wirkliche Oase! Apartments (2–4 Pers.) zwischen 55 € und 91 €/Nacht. Calle la Playa, 28, 38870 Valle Gran Rey, ✆ 922 -805017, www.oasisgomera.com.

Pension Candelaria **18** (→ Karte S. 98/99), ruhig und doch zentral gelegene Apartments und Studios in Vueltas (alle mit eigenem Bad und Küche, einige mit Balkon/Meerblick). Tolle Dachterrasse mit Blick auf Vueltas und den Hafen, gutes Preis-Leistungs-Verhältnis. Die kleine Playa de Vueltas (Sandstrand!), ein Supermarkt und das Kneipenviertel beim Hafen sind nur einige Minuten Fußweg entfernt. Zimmer sauber und freundlich eingerichtet; teils neu renoviert. Carol, die Besitzerin und Managerin, engagiert sich für den nachhaltigen Tourismus auf La Gomera und weist gerne auf entsprechende Angebote hin. Kleines Zweibettzimmer ab 37 €, Studio oder Apartment ab 43 € für 2 Pers. Calle Italia, 18, 38870 Valle Gran Rey, ✆ 0670-805089, www.ensioncandelaria.com.

Apartamentos Mesa **2** (→ Karte S. 98/99), farbenfroh-freundlich eingerichtete Apartments (Schlafraum und Wohnküche mit Sofa, für bis zu 3 Pers.) und Studios (für 2 Pers.), jeweils mit komplett eingerichteter Küche und Balkon. Zum Trommelspektakel an der Playa de Valle Gran Rey ist es nur ein Katzensprung und zur Playa del Ingles spaziert man etwa fünf Minuten. Supermärkte, Geschäfte und Restaurants in direkter Nähe. Einziges Manko der guten Lage: Auch nachts ist auf den Straßen noch etwas los und gerade in den unteren Etagen hallen Gesprächsfetzen und Rufe durch das geöffnete Zimmerfenster. Reinigung der Zimmer zweimal wöchentlich. Apartment für 2 Pers. ab 53 €, Endreinigung 25 €. Lepanto, 20, 38870 Valle Gran Rey/La Playa, ✆ 0629-990643.

Residencial El Llano **31** (→ Karte S. 98/99), zentral gelegenes Apartment-Hotel im Valle Gran Rey mit schön begrüntem Garten und Salzwasserpool. Der deutsche Bäcker, Spar-

Markt und viele Restaurants liegen in direkter Nähe. Die teils nicht mehr ganz modern, aber zweckmäßig eingerichteten Apartments mit Küche haben Balkon oder Terrasse. Alle sind geräumig, sodass sich auch Familien mit Kindern hier wohlfühlen. Zum Charco del Conde oder dem Baby-Beach läuft man nur ein paar Minuten. Rezeption tagsüber geöffnet, freundlicher Service; gegen Gebühr Benutzung der Waschmaschine möglich. Übernachtung für 2 Pers. ab 75 €/Nacht, 4 Pers. (2 Schlafzimmer) ab 95 €. Calle El Pescuecito, 1, 38870 Valle Gran Rey, ✆ 922-805489, www.residencialelllano.com.

Turismo rural/Ferienhäuser **Ferienhäuser in El Guro,** 4 voll ausgestattete Häuschen für 2–4 Pers. im Künstlerdorf El Guro mit Blick über das Valle Gran Rey. Alle *casas* punkten durch ihre geschmackvolle, modern-kanarische Renovierung mit kreativen Akzenten. Offene, helle Wohnräume und erhöht ausgebaute Schlafebenen machen sie zu einem perfekten Aufenthaltsort für Paare oder Familien mit Kindern. Für Ambiente und Aussicht lohnt sich auch das Treppensteigen, das quasi immer ansteht, wenn man in El Guro das Haus verlässt. Alle Häuser verfügen über eine Trinkwasserfilteranlage, zwei auch über eine Solaranlage für Warmwasser. Ab 45 € bzw. 49 €/Nacht, Endreinigung 50 €. Weitere Infos und Buchung unter ✆ 666-836900, www.elguro-apartment.de.

Übernachten im Norden: Vallehermoso, Agulo und Hermigua

Hotels **Hotel Rural Casa Lugo** **3** (→ Karte S. 133), authentisch renoviertes, typisch kanarisches Herrenhaus im verwinkelten historischen Zentrum von Agulo mit B&B-Flair. Vor allem die Superior-Doppelzimmer im Obergeschoss sowie die Junior Suite versetzen den Gast mit ihren dunklen Holz-Böden und ebensolchem Mobiliar in die Kolonialzeit zurück. Schattiger Patio (Innenhof) und weitere Gemeischafts-Sitzecken indoor zum Entspannen. Ensuite-Bäder sauber, aber sehr klein. Überschaubares Frühstücksbuffet, freundlicher Service. EZ ab 55 €, DZ ab 73 €, DZ-Superior ab 80 € (alle inkl. Frühstück). Calle Pintor Aguiar, 33, 38830 Agulo, ✆ 922-146130, www.hotelruralcasalugo.com.

Hotel Añaterve **10** (→ Karte S. 141), ehemalige Casa del Vino aus dem Jahr 1900 mit spektakulärer Lage über Vallehermoso und rein vegetarischer Verpflegung. Die hilfsbereiten Gastgeber Amala and Herman haben das historische Haus liebevoll renoviert und eingerichtet. Entstanden sind 4 helle, geräumige Zimmer und ein Apartment mit Küche, alle Räume mit Tal- und Meerblick. Viel gelobt werden das von Amala frisch (auf Wunsch vegan) zubereitete Frühstück und Abendessen (optional, 12,50 €). Wanderwege starten direkt vor der Tür, das Ortszentrum ist ca. 200 m entfernt. Je nach Dauer des Aufenthalts DZ inkl. Frühstück 60–79 €. Calle la Rodadera s/n, 38840 Vallehermoso, ✆ 922-800330, www.anaterve.com.

Casa Lugo in Agulo

Ibo Alfaro **8** (→ Karte S. 124), 20-Zimmer-Landhotel im gleichnamigen Ortsteil Hermiguas mit unschlagbarem Blick über das Tal. In den Zimmern und großzügig dekorierten Aufenthaltsräumen des authentisch-kanarischen Landhauses dominieren Holz und Natursteine. Das Ibo Alfaro ist beliebt bei Wanderern. Für Tage, an denen man nicht direkt per pedes startet, ist aufgrund der abgelegenen Lage ein fahrbarer Untersatz empfehlenswert. DZ mit Frühstück ab 75 €. Barrio Ibo Alfaro, 38820 Hermigua, ✆ 922-880168, www.hotel-gomera.com.

Hotel Rural Tamahuche **1** (→ Karte S. 141), ein paar Minuten Fußweg von der Plaza entfernt. Ruhige, urige Innenhöfe und stimmungsvolle Zimmer mit dunklen Holzfußböden machen die entspannte Landhotel-Atmosphäre perfekt. Bei Bedarf sind die Besitzer dennoch gleich nebenan. Auf dem großen Frühstücksbuffet locken hausgemachtes Gebäck und gomerische Leckereien. Gute Unterkunft, um es sich nach langen Wanderungen bequem zu machen. EZ 60 €, DZ 87 €, Frühstück inklusive. Calle la Hoya 20, 38840 Vallehermoso, ✆ 922-801176, www.hoteltamahuche.com.

Pensionen/Hostales **Telegraph Hostel** **2** (→ Karte S. 141), in dem renovierten, liebevoll dekorierten Altbau fühlen sich nicht nur Low-Budget-Reisende und Solo-Traveller wohl. Eloy und Arthur kümmern sich gerne um das Wohl der Gäste und servieren ein kleines Frühstücks, sonntags sogar Pancakes. Ansonsten können Gäste sich in der gut ausgestatteten Gemeinschaftsküche selbst versorgen und die Aussicht über Vallehermoso auf der Dachterrasse genießen. DZ 45 € Bett im 6-Bett-Schlafsaal 20 €.Calle Mayor, 38, 38840 Vallehermoso, ✆ 922-950265.

mein Tipp **Hostal Amaya** **8** (→ Karte S. 141), freundliches (Backpacker-)Hostel mit eigenem Bio-Garten, aus dem auch geerntet werden darf. Alfredo Amaya, weitgereist und multilingual, hat das traditionsreiche Hostal Anfang 2016 von seinen Eltern übernommen und daraus die wohl hippste Adresse der Nordinsel gemacht: Reisetipps austauschen auf dem Balkon direkt über der verschlafenen Plaza oder in der kleinen Gemeinschaftsküche bei gratis Müsli und Tee; durchatmen, entspannen oder selbst Hand anlegen im nahe gelegenen Bio-Gärtchen. Das Hostal ist ein Ort der Begegnung und Alfredo gehen die Ideen noch lang nicht aus. Für Wanderer hat er Tipps, Kartenmaterial und den aktuellen Wetterbericht parat. Einfache Zimmer mit Waschbecken, Gemeinschaftsbäder, zentrale Lage. EZ ab 25 €, DZ ab 35 €, Mindestaufenthalt 2 Nächte. Plaza de La Constitución, 2, 38840 Vallehermoso, ✆ 0660-617700.

Pool für Los-Telares-Gäste

Apartments/Studios **Casa Rural Los Helechos** **2** (→ Karte S. 133), voll ausgestattete Apartments mit Küche in einem typisch kanarischen Herrenhaus im historischen Ortskern von Agulo. Die ruhige Lage in einer Nebenstraße bei der Dorfkirche und der schattige Innenhof vermitteln Ruhe und Entspannung pur. Von der Dachterrasse und einigen Zimmern (große Holzfenster mit Sitzbank) Blick auf Meer und Teide. Zimmer mit dunklen Holzfußböden und Holzmöbeln. Zimmer mit 2 Einzelbetten ab 52 €/Nacht, mit zusätzl. Schlafsofa 68 €/Nacht (3 Pers.). Frühstück im Innenhof gegen Aufpreis. Buchung z. B. bei www.booking.com. La Seda 2, 38830 Agulo, ✆ 657-192518.

Los Telares **11** (→ Karte S. 124), größere, auch bei Anbietern von Gruppenreisen beliebte Unterkunft am oberen Ortseingang Hermiguas. Apartments (bodentiefe Fenster, auch im Schlafzimmer!) und Studios (Balkon) mit weitem Blick über die Bananenplantagen im Barranco und weitgehend abgeschirmt vom Straßenlärm. Zimmer geräumig, gut ausgestattete Küchenzeile und eng geschnittenes Bad. Zuvorkommender Service und mehrsprachige, freundliche Rezeptionistin. Tolle Aufenthaltsräume, Yoga-Zimmer, außerdem ein gepflegter Garten mit Liegestühlen und kleinem Pool auf der gegenüberliegenden Straßenseite. Frühstück aufs Zimmer 6,50€/Pers. Studios 51 €/2 Pers., Apartments 59 €/2 Pers., 69 €/3 Pers. Ctra. General 10, 38820 Hermigua. ✆ 922-880781, www.apartamentosgomera.om.

mein Tipp **Los Veroles** **2** (→ Karte S. 124), 3 großzügige Ferienwohnungen mit Teide-Blick auf einer Bio-Bananenplantage. Das deutsche Ehepaar Jansen kommt aus dem Hotel-Fach und hat auf den einst aufgelassenen Terrassen im unteren Teil des Tals von Hermigua einen komfortablen Rückzugsort im Grünen geschaffen. Ferienwohnungen hervorragend ausgestattet, authentisch kanarisch eingerichtet, tadellos sauber und mit Zugang zu einer (privaten) Sonnenterrasse. Herzliche und aufmerksame Gastgeber; die immer gut gefüllte Schale mit erntefrischem, saisonalen Obst von der

Finca verleitet den Gast zu immer neuen Smoothie-Kreationen. Bei Interesse bietet Thomas Jansen eine Besichtigung der Bananen-Plantage sowie seines tropischen Gartens an. Ferienwohnung (2 Pers.) 525 €/Woche. Santa Catalina, 9, 38820 Hermigua, ✆ 922-880013, www.jansen-gomera.com.

Casa Creativa 5 (→ Karte S. 124), Unterkunft direkt unterhalb der beliebten Bar Pedro im Zentrum Hermiguas. Alle Zimmer mit Küchenzeile sowie Zugang zu den begrünten Terrassen mit Talblick, eingerichtet im kanarischen Stil. Schlichte Studios für 1 bis 2 Pers. mit möblierter Veranda. Im Nebengebäude befinden sich Einzimmerapartments (2 Pers.) und größere Ferienwohnungen für bis zu 4 Pers. Dank der angeschlossenen Bar Pedro, wo sich Einheimische, Reisende und Auswanderer aus aller Welt zu Frühstück, Tapas oder einer Erfrischung treffen, ist die Casa Creativa auch eine gute Adresse für Alleinreisende. Studio ab 43 €, Ferienwohnung/Apartment ab 60 €, Buchung z. B. über www.booking.com. Carretera General 56, 38820 Hermigua.

Turismo rural/Ferienhäuser **Casa Rural Finca La Maleza,** 90 m²-Landhaus aus dunklen Natursteinen. Mitten im Grünen wohnt man 1,5 km entfernt vom Nationalpark-Besucherzentrum Juego de Bolas im Weiler la Palmita. Das eingeschossige Haus ist mit viel Liebe zum Detail eingerichtet. Ein Teil des Hauses ist horizontal in zwei Ebenen geteilt, so entsteht zusätzlich zum Schlafzimmer mit Doppelbett eine zweite Schlafebene mit zwei Betten unter dem Dachstuhl, die man auf einer breiten Leiter erreicht. Gut geeignet für ein Paar oder eine Familie mit kleinen Kindern (auf Nachfrage wird auch ein Babybett zur Verfügung gestellt). Der große Esstisch steht in einem Anbau aus Glas und Holz. Eine automatische Heizung und der offene Kamin sorgen für wohlige Wärme an kalten Tagen. Sonnenterrasse und Grillplatz im Außenbereich. 1 Woche für 2 Pers. 519 €, für 4 Pers. 659 €. Buchung z. B. bei www.booking.com. Carretera General La Palmita-Meriga, 38890 Agulo.

Las Casas del Chorro, Turismo rural im Sinne des Erfinders! Die Ansammlung ehemaliger Bauernhäuser über dem Stausee auf halbem Weg zwischen Agulo und dem Mirador de Abrante ist nach der aufwendigen Renovierung ein ländliches Urlaubsparadies. Absolut abgeschieden, aber ebenso ruhig und friedlich ist die Lage am Stausee Presa de la Palmita. Toller Ausgangspunkt für Wanderungen, → Wanderung 15 und → Wanderung 17. In kühlen Winternächten spendet der Holzofen wohlige Wärme. Häuser für jeweils 4 Pers. (2 Schlafzimmer), eine fünfte Person kann auf einem Zustellbett schlafen. 4 Erw. 60 €/Nacht. El Chorro, Barranco de la Palmita, 38830 Agulo, ✆ 922-716921, www.casasdelchorrobeachmate.com.

Finca Montoro, die drei schnuckeligen Steinhäuser Casa Aura (4 Pers.), Casa Aloha (2 Pers.) und Casa Alma (2 Pers.) liegen inmitten eines Palmenhaines mit Meerblick in den Bergen östlich von Hermigua, wohin sich nur selten ein Tourist verirrt. Hier, am Rande des wilden Naturparks Majona, ist richtig, wer die absolute Ruhe und den Einklang mit der Natur sucht. Vermieterin Kalay und ihr Partner Txus haben die Häuschen mühevoll (wieder)aufgebaut, ideenreich renoviert und ausgestattet. Kalay bietet Ayurveda-Massagen an und organisiert Trommel- und Yoga-Workshops auf der Finca. Seit über 15 Jahren werden Kräuter und Pflanzen nach dem Mondkalender angebaut und auch die Gäste kommen in den Genuss des biologisch angebauten Obsts und Gemüses. Geheizt wird mit Holz, der Strom kommt von den eigenen Solarpanelen, das Wasser ungechlort aus einer Quelle. Die Finca erreicht man über eine Schotterstraße, die am Mirador de la Orilla (zwischen Hermigua und Playa de la Caleta) nach Süden abzweigt. Casas 60–80 €/Nacht. Finca Montoro, 38820 Hermigua, ✆ 659-113341, www.gomera-finca.com.

Campingplatz El Cedro

Gomeras einziger öffentlicher Campingplatz liegt komplett ab vom Schuss am Rande des Nationalparks im gleichnamigen Weiler. Auf mehreren Terrassen im Steilhang, die direkt neben der zum Platz gehörigen Bar „La Vista" liegen, kann man sein Zelt aufbauen. Die Freiluftdusche ist so ziemlich der einzige Komfort, dafür ist der Platz mit Sicherheit die preiswerteste offizielle Unterkunft der Insel. Sie erfreut mit absoluter Ruhe und Nähe zur Natur sowie im Wechsel mit einem fantastischen Panorama und dem einzigartigen Schauspiel der im Barranco hinaufziehenden Wolken. Anfahrt über eine Schotterpiste oder zu Fuß (z. B. über Wanderung 18). Übernachtung 4 €/Pers. El Cedro s/n, 38820 Hermigua, ✆ 922-880949.

Platte mit Meeresfrüchten und frischem Fisch im La Prisma in Alojera

Essen und Trinken

Typisch gomerische Kost ist bodenständig-schlicht und die Portionen üppig. Sie kommt aus der Zeit, als der Großteil der Bevölkerung sich als Bauer auf den Feldern abarbeitete oder als Hirte durch die Barrancos zog. Mit Ausnahme des Valle Gran Rey, wo der Einfluss der Zugezogenen aus verschiedensten Nationen und die Nachfrage nach Abwechslung deutlich spürbar ist, kommt in den Restaurants der Insel überwiegend gomerische oder kanarische Kost auf den Tisch. Hier und da findet man aber auch moderne Interpretationen der landestypischen Gerichte. Gerade in der Hauptstadt San Sebastián tun sich einige Restaurants mit kreativer Küche und einem erfreulich hohen Niveau hervor.

Restaurants, Bars, Zumerias

Die meisten Restaurants haben mittags ab etwa 13 Uhr zum *almuerzo* und abends ab 20 Uhr zur *cena* geöffnet. In den vom Tourismus geprägten Orten, wie Valle Gran Rey oder Playa Santiago, orientieren sich die Öffnungszeiten manchmal (!) an der Nachfrage, sodass in der Hauptsaison einige Lokale durchgängig geöffnet haben. In der Regel haben die meisten Restaurants aber nachmittags geschlossen. Das Frühstück *(desayuno)* fällt, ganz wie in Spanien üblich, mit einem Milchkaffee und einem süßen Teilchen nicht besonders üppig aus. Zur Mittagszeit steht oft ein *menú del día* auf der Karte, das aus zwei oder drei einfachen Gängen besteht und meist ebenso preiswert wie schmackhaft ist. Die Einheimischen nehmen am liebsten das späte Abendessen auswärts ein, das oft üppig und ausdauernd ausfällt, weshalb sich vor allem am Wochenende in den beliebteren Restaurants eine Reservierung empfiehlt. Grundsätzlich geht es in Gomeras Lokalen leger zu, eine Kleiderordnung gibt es ebenso wenig wie Sterne-Restaurants. Für das Trinkgeld gelten die gleichen Regeln wie in Deutschland: 5–10 Prozent der Gesamtrechnung sind üblich. Kreditkartenzahlung ist in Restaurants nahezu immer möglich.

Tagsüber, wenn man hungrig von einer Unternehmung kommt, viele Restaurants aber geschlossen haben, hält man Ausschau nach einer Café-Bar oder Zumeria. Gerade in den kleineren Ortschaften sind die Bars tagsüber Treffpunkt für einen Schwatz, in der Mittagspause und zum Feierabend wird gegessen, getrunken und Gitarre oder Karten gespielt, bevor es wieder ans Tageswerk geht. Zum kleinen Bier oder Wein genießt man *tapas* (auch *raciones* genannt), wie Fleischbällchen in einer würzigen Tomatensoße, Tintenfische *(chocos)*, Krabben in Knoblauchöl *(gambas al ajillo)* oder geschmorte Pilze, die in einer Glasvitrine den Hunger wecken. Nicht selten entpuppt sich das erwartete kleine Häppchen als sättigende Mahlzeit. Den kleinen Hunger stillt auch ein *bocadillo*. Das Sandwich gibt es mit gomerischem *queso, tortilla,* aber auch ganz international mit Schinken oder Käse.

In vielen Bars und natürlich in den Zumerias gibt es außerdem herrliche frisch gepresste Säfte *(zumos)* und Smoothies, die aus der Fülle an Obst hergestellt werden, die die Insel zu bieten hat.

Einheimische Spezialitäten

Vor allem in den Bergdörfern kommen deftige, fleischlastige Gerichte auf den Tisch. In Küstennähe besteht der Hauptgang oft aus gegrilltem Fisch. Zu allem passt das wohl bekannteste kanarische Gericht, *papas arrugadas* mit *mojo*. Seltener, dafür aber mit einer Prise Patriotismus, bekommt man das Traditionsgericht Gofio. Als Beilage wird ein Salat aus Tomaten, Zwiebeln, Oliven, Paprika, Mais und Avocados gereicht. Typisch für die spanische Küche sind die Tapas, die auf Gomera schon mal ein bisschen größer ausfallen und hauptsächlich in Bars serviert werden.

Knoblauch, Koriander, Salz, Essig und Öl sind die Grundzutaten der **Mojo verde,** ihr pikanteres Pendant, die **Mojo rojo,** besteht aus Chillies, Knoblauch, Essig und Öl. Die beiden Soßen sind die perfekten Begleiter zu den kleinen gesalzenen Runzelkartoffeln **Papas arrugadas,** auch als Tunke für Weißbrot oder zu gegrilltem Fisch passen die Soßen, die in keinem gomerischen Menü fehlen.

Besonders im Landesinneren haben die Restaurants oft ein offenes **Grillfeuer,** auf dem Lende *(solomillo)*, Kotelett *(chuletas)* oder Lamm *(cordero)* zubereitet wird. Vielerorts ist Zicklein *(cabrito)* oder Kaninchen *(conejo)* in einer würzigen, mit Weißwein eingedickten Marinade die Spezialität des Hauses. Das Fleisch wird häufig schon Tage zuvor eingelegt und dann gebraten, gegrillt oder gekocht.

Der auf Gomera servierte **Fisch** wird – mit Ausnahme von Meeresfrüchten, die fast immer aus dem Eisfach kommen – oft fangfrisch vom nächstgelegenen Hafen geliefert. Mit Sicherheit fangfrischen Fisch bekommt, wer den *pescado fresco* oder *pescado del día* bestellt. Viele Restaurants stellen die Fische in einer Vitrine am Eingang aus, aus der man sein Mitttag- oder Abendessen dann per Fingerzeig auswählt. Im Angebot sind häufig Sardinen *(sardinas)*, Makrelen *(caballas)*, Seehecht *(merluza)*, Goldbrasse *(dorado)* oder Zahnbrasse *(pargo)*, die schlicht gegrillt *(a la placha)* serviert werden, und Thunfisch *(atún* oder *bonito)*, der gerne in einer dicken Tomatensoße auf den Teller kommt. Empfehlenswert ist auch die oft mit Safran gewürzte Fischsuppe *(sopa/caldo de pescado)*.

Eine Spezialität, die einem Einheimische nicht ohne Stolz anbieten, ist **Gofio.** Man könnte sagen, das feine Mehl aus geröstetem Mais, Weizen oder Gerste ist eine Art Volksnahrungsmittel der Gomeros. In Zeiten, als die Bevölkerung von früh bis spät auf den Ackerterrassen arbeitete, war Gofio die perfekte Mahlzeit: nähr- und ballaststoffreich, kräftigend und dank der vorausgegangenen Röstung ohne zusätzliches Kochen bekömmlich. Mit etwas Wasser verrührt, wird aus dem Mehl eine feste Masse, von der man kleine Stücke abbrechen kann, in Ziegenmilch gerührt ist er das Frühstück der Hirten. Heute wird Gofio meist in einem separaten Schälchen bei Tisch zum Andicken von Suppen gereicht, kreative Köche verarbeiten das Mehl aber auch zu Kuchen und Keksen oder veredeln Gofio mit Palmhonig und Mandeln zu *gofio amasado.*

Gofio wird oft auch zum sämigen **Brunnenkresse-Eintopf** *potaje de berros* serviert, dessen Zutaten im Idealfall am Bachufer im Barranco nebenan wachsen. Berühmt für seine Brunnenkressesuppe im traditionellen Holznapf ist die Bar La Vista im Weiler El Cedro. Kräftiger im Geschmack ist die *potaje de verduras*, eine gehaltvolle Gemüsesuppe mit Kartoffeln, Bohnen, Karotten, Süßkartoffeln, Kürbis oder Kichererbsen.

Als kleine Mahlzeit oder Vorspeise mit Weißbrot serviert wird gerne der aus dem **Ziegenkäse** *queso blanco* hergestellte Aufstrich *almogrote*, für dessen pikante Note und rötliche Farbe das beigemischte scharfe Paprikapulver sorgt. Der *queso blanco* selbst wird – mal mehr, mal weniger stark geräuchert und je nach Reifegrad mild bis streng schmeckend – auf Märkten und in Supermärkten stückweise verkauft, einige Restaurants haben ihn auch als Vorspeise auf der Karte. Serviert wird er in Scheiben geschnitten und häufig verfeinert mit Palmhonig. So herausragend, dass er beim World Cheese Award sogar als drittbester seiner Klasse ausgezeichnet wurde, ist übrigens der mittelalte *(semicurado) queso blanco* der Käserei La Cabezada (→ San Sebastián/Einkaufen).

Zum Abschluss einer deftigen Mahlzeit darf es auch auf Gomera etwas **Süßes** sein. Beliebt ist die gebackene Ziegenmilch *leche asada*, eine Art Pannacotta, die kalt mit Miel de Palma (→ Kasten S. 230) übergossen serviert wird.

Typisch kanarisch ist auch *bienmesabe* (wörtlich „schmeckt mir gut"), eine Mandelcreme mit Honig, Eigelb und Zitronenschale, die neben Flan und verschiedenen Kuchen auf den meisten Speisekarten zu finden ist.

Ganz oben auf der Liste der kanarischen Spezialitäten rangiert bei vielen Urlaubern jedoch der **Cortado leche leche** – ob zum Dessert, zum Aufwachen oder einfach zwischendurch: ein Espresso, der mit einer Schicht dicker, zuckriger Kondensmilch und einer Schicht normaler Milch verfeinert wird. Weitere Kaffeespezialitäten sind *café solo* (starker Espresso), *cortado natural* (Espresso mit Milch), *carajillo* (Espresso mit einem Schuss Brandy), *barraquito* (Espresso mit Kondensmilch und Likör) und *café con leche* (großer Milchkaffee).

Vegetarisch und vegan

Speziell ausgewiesene vegetarische *(vegetariano)* oder vegane *(vegano)* Gerichte findet man eher selten, am besten sind die Chancen hierfür im Valle Gran Rey. Eine kleine Auswahl an fleischlosen Gerichten ist jedoch in den meisten Restaurants fast immer verfügbar. So sind beispielsweise die Nationalgerichte Gofio und *papas arrugadas* ebenso wie die dazu gereichten *mojos* im Normalfall vegan und die verschiedenen Eintöpfe *(potajes)* fast immer vegetarisch, ebenso der Käseaufstrich *almogrote* und einige Tapas. Eine Nachfrage lohnt sich bei *garbanzas*, dem deftigen Kichererbsengericht, das mal mit, mal ohne Speck- oder Wurststückchen serviert wird. Als Beilage oder kleines Gericht steht je nach Saison der köstliche Avocadosalat auf der Karte, ein ganz traditioneller und nebenbei vegetarischer bzw. veganer süßlicher Snack ist *gofio amasado* (Gofio, Wasser, Mandeln, [Palm-]Honig, Olivenöl, Salz). Kult ist das vegetarische, eigentlich aus einem Arme-Leute-Essen hervorgegangene fleisch- und fischfreie Menü von *Doña Efigenia* (→ S. 64), die hoch oben im Bergdorf Las Hayas seit Jahrzehnten ihren Gästen Salat, Gemüseeintopf mit Gofio und im Anschluss Kuchen serviert. Die alternativen Ferienanlagen *El Cabrito* und die *Finca Argayall* bieten ebenfalls vegetarische Kost, letztere nach Anmeldung auch für externe Gäste. In Valle Gran Rey haben beispielsweise die Restaurants *La Salsa* (Fusionsküche) und *Noah's Arch* (Tapasbar, Zumeria) explizit vegetarische und vegane Gerichte auf der Karte stehen. Weit abgelegener thront außerdem hoch über Vallehermoso im Inselnorden das *Hotel Añaterve*, das seine Gäste mit ausschließlich vegetarischer Kost verwöhnt.

Selbstversorger haben eine größere Auswahl. Die Märkte und Supermärkte bieten eine Fülle an Obst und Gemüse, mit etwas Glück sogar biologisch und von der Insel – irgendetwas ist immer reif. Im Valle Gran Rey gibt es zudem mehrere Naturkostläden, die viele pflanzenbasierte Produkte (häufig deutscher Hersteller) im Sortiment haben.

Wein, Bier und Schnaps

Der Weinbau auf Gomera hat trotz des nur mühevoll zu bewirtschaftenden Geländes besonders im Norden der Insel und in den höheren Lagen eine mehrere Hundert Jahre alte Tradition. Je nach der Beschaffenheit der Landschaft erhalten die Reben Rankhilfen, häufiger aber werden sie kriechend kultiviert. Bei auf dem Boden rankenden Rebstöcken handelt es sich also nicht um aufgelassene Felder, sondern um aktiven Weinanbau. Die fruchtbaren Böden und das gemäßigte Klima bringen leicht herbe Weißweine hervor. Rotwein ist seltener und wird oft vom spanischen Festland importiert, gewinnt in den letzten Jahren aber wieder an Bedeutung.

Seit 2005 leitet das Cabildo Insular de La Gomera die Inselkellerei **Bodega Insular** in Vallehermoso. Die Weinbauern, die ihren Wein nicht selbst verarbeiten wollen oder es aufgrund mangelnder Infrastruktur und Vermarktungsmöglichkeiten nicht können, liefern die Trauben zur Weinlese zwischen Mitte August und Mitte Oktober hier ab. Das Ziel der Bodega ist es, Wein zu produzieren, der sich auf dem Markt behaupten kann, und so das Fortbestehen der Weinberge auf der Insel zu sichern. Die Weißweine mit der Herkunftsbezeichnung La Gomera, Cumbres de Garajonay und Asocado werden hauptsächlich aus der Sorte Forastera Gomera hergestellt. Bancales heißt der weniger hochwertige Tafelwein. Der *Consejo regulador de la D. O. La Gomera* ist die Institution, die über die Herkunftsbezeichnung der Weine von mittlerweile 15 Weingütern *(bodegas)* und 230 Winzern wacht. Unter https://vinoslagomera.com gibt es eine Übersicht aller Bodegas auf Gomera und ihrer Weine.

Eine gute Gelegenheit, die unterschiedlichen Weine kennenzulernen, sind zum einen die von Wein- und Spezialitätengeschäften angebotenen Weinproben, zum anderen die Weinfeste, die gerade zur Weinernte im Herbst an vielen Orten der Insel veranstaltet werden.

In Sachen **Bier** gab es lange Zeit wenig Neues auf Gomera. Man bestellte *una Dorada* und bekam das helle, leichte Bier von der Nachbarinsel Teneriffa, dessen rotes Logo mit dem schneebedeckten Teide gemeinhin die Gläser ziert. Inzwischen hat jedoch ein Hype vom Festland die Insel, besser gesagt das hippe Vallehermoso erreicht: Dort wird seit 2018 das Craft-Beer *Cerveza Layla* gebraut. Verkosten kann man es zum Beispiel im kleinen Café *Lucia cosas de verdad* direkt an der Plaza (→ S. 141) oder im Restaurante *El Pescador* in der Calle Abisinia in Vueltas (Valle Gran Rey).

Für den bekanntesten **Schnaps** der Insel, den *Gomerón*, wird Miel de Palma mit Parra Gomera, einem aus Trester hergestellten Schnaps, gemischt und mit Eiswürfeln serviert.

Miel de Palma

Der süß-malzige Miel de Palma wurde schon in den Zeiten vor der Eroberung durch die Spanier aus dem Saft *guarapo* der Kanarischen Dattelpalme gewonnen. Um an diesen heranzukommen, steigen die Palmenbauern heute mithilfe von in den Stamm gehauenen Eisenstiften zur Krone der Palme hinauf. Dort hacken sie die vertikal abstehenden Wedel in der Mitte der Palmkrone mit einem kleinen Säbel ab und legen anschließend das Palmherz *(el palmito)* im Inneren des Stamms mit einem Stechbeitel frei. Dieser Vorgang wird während der Ernte täglich wiederholt, sodass das während des Tages in der Sonne vernarbte Gewebe abgetragen wird und das Herz offengelegt bleibt. Der Palmsaft, der im Stamm nach oben gepumpt wird, sammelt sich über Nacht in der kleinen Mulde, die durch das Abtragen des oberen Stamms entstanden ist, und wird durch ein Schilfrohr in einen an der Krone befestigten Eimer geleitet. Stahlringe um den Stamm sollen Ratten vom Diebstahl des kostbaren Palmsaftes abhalten. Am Morgen, vor Sonnenaufgang, holt der Palmenbauer die Ernte ein, da die Sonneneinstrahlung den Saft zersetzen würde. Dafür lässt er den Eimer an einem Seil hinunter. Maximal vier Monate wird eine Palme „gemolken", dann hat die unter Naturschutz stehende Pflanze fünf bis sechs Jahre Zeit zur Regeneration. In dieser Zeit gibt sie 12–16 l Saft pro Tag. Der gewonnene *guarapo* wird nach der Ernte unter Rühren zu Sirup eingekocht und so zum Miel de Palma. Palmhonig findet bei vielen Desserts, aber auch Cocktails Verwendung und ist ein beliebtes Souvenir, vor allem nach einem Besuch im kleinen Dörfchen Alojera im palmenreichen Nordwesten der Insel, wo dem Miel de Palma ein ganzes Museum gewidmet ist (→ S. 144). Die Gomeros trafen sich übrigens früher nicht in der Kneipe, sondern an der Dattelpalme. Der frische *guarapo* wurde mit einem Schuss mitgebrachtem Rum oder Whisky vermischt und fertig war der Longdrink.

Meerwasserschwimmbecken in Hermigua

Sport und Aktivitäten

Baden/Strände/(Meeres-)Schwimmbäder

Bei einer Gesamtküstenlänge von 98 km gibt es auf La Gomera viele schöne Felsbuchten und imposante Steilküsten, aber aufgrund der starken Strömungen und des unruhigen Meeres nur wenige geeignete Badestrände. Die meisten Badebuchten sind mit schwarzem Schotter und Kies bedeckt. Sand findet man selten und, abhängig von der Strömung, nur zu gewissen Jahreszeiten. Schön ist, dass die wenigen Badestrände trotzdem selten überlaufen sind. Strandliegen, die in langen Reihen den Strand bewachen und auf die Besetzung durch ein deutsches Handtuch warten, sucht man auf La Gomera vergebens.

Badeurlauber zieht es in den warmen Süden der Insel. Zu beiden Seiten des Hafens der Hauptstadt befinden sich die teils mit schwarzem Sand bedeckten Playas San Sebastián und de Cueva und nicht weit entfernt die einst beliebte, aber inzwischen durch Bauvorhaben verschandelte Playa de Avalo. In Playa de Santiago steckt der Strand nicht nur im Namen, sondern schließt auch fast direkt an die Plaza an, die Playas del Medio und Chinguarime liegen nordöstlich der Siedlung. Die größte Auswahl an Stränden hat man im Valle Gran Rey. Dort gibt es neben den belebten Stadtstränden entlang der Promenade und am Hafen von Vueltas auch noch die bei Freikörperkultlern beliebte Playa del Inglés.

An den Stränden der rauen Nordküste herrschen fast immer starker Wellengang und Strömungen, sodass man im Zweifelsfall lieber auf ein Bad verzichtet und das Flair bei einem Spaziergang im seichten Wasser genießt, wie zum Beispiel an der herrlichen Playa de Caleta nahe Hermigua. Einige Orte bieten Alternativen zu einem Bad im offenen Meer: Direkt oberhalb der Playa von Vallehermoso gibt es ein in den Sommermonaten geöffnetes Freibad, in Alojera bietet ein kleines Meeresbecken

Schutz vor der wilden Brandung, und Hermigua ist bekannt für sein steinernes Becken, das spektakulär eingerahmt wird von den aufragenden Klippen und den mächtigen Pfeilern des stillgelegten Kranauslegers *pescante*. Die Meeresschwimmbecken sind aufgrund der Nähe zur Steilküste allerdings immer wieder mehr oder weniger stark steinschlaggefährdet. Am besten erkundigt man sich beim Vermieter oder bei Einheimischen nach der aktuellen Lage und beachtet in jedem Fall Warnhinweise. Ein Projekt mit ungewisser Zukunft ist der Umbau des Freibades Hermigua in ein Thalasso-Zentrum und Meerwasser-Hallenbad. Das Bad war zwar nach langer Bauphase 2017 einige Zeit in Betrieb, kurz darauf aber wieder geschlossen und fristet seitdem ein Leben als Bauruine.

Bootstouren

Neben den Whalewatching-Touren (→ Wal- und Delfinbeobachtungen) ist die Ausflugsfahrt zu den Basaltsäulen **Los Órganos** (→ S. 95) an der Nordküste Gomeras eine gute Gelegenheit, Gomera an seiner Westküste zu umrunden und aus einer neuen Perspektive kennenzulernen. Bei wenig Seegang starten die vom selben Management-Team betriebenen Schiffe Tina und Speedy im Hafen von Vueltas zur Besichtigung des Naturschauspiels.

Excursiones Tina, Tour mit Tapas und Sangría 35 € (3 Std.), mit Mittagessen auf der Tina 40 € (4 Std.). Tickets direkt am Hafen in Vueltas. ✆ 922-805415, 629-990643, www.excursiones-tina.com, www.speedy-gomera.com.

Speedy Adventure, Abfahrt Mo, Di und Fr 9 Uhr, 40 €. Tickets/Infostand direkt am Hafen in Vueltas. ✆ 629-990643, 922-805885, www.speedy-gomera.com.

Golf

Golfer haben auf Gomera nicht die Qual der Wahl – die Insel hat nur einen Golfplatz, dieser liegt dafür umso spektakulärer. Die 18-Loch-Anlage hoch über dem Meer gehört zum Hotel Jardín Tecina und ist laut Eigenwerbung einer der zehn besten Golfplätze Spaniens. Anspruchsvolle Bahnen und eine grandiose Aussicht locken sogar Spieler von der Nachbarinsel Teneriffa. Die angegliederte Golfschule bietet Einzel- oder Gruppenstunden an.

▪ Greenfee abhängig von der Saison: 18 Löcher Okt.–April 100 €, Mai–Sept. 61 €; 9 Löcher Okt.–April 60 €, Mai–Sept. 45 €. 38811 Playa de Santiago, ✆ 922-245101, www.jardin-tecina.com.

Küstenexkursion

Gomera ist bekannt für Wal- und Delfinbeobachtungen. Was nicht viele wissen, ist, dass es auch vom Ufer aus viel zu entdecken gibt. Die flachen Uferbereiche der Küste wimmeln nur so vor kleinen Lebewesen, sodass es sich lohnt, bei Ebbe an einem der Wasserlöcher Platz zu nehmen und sich überraschen zu lassen, wer oder was nach einiger Zeit unter einem Stein hervorkriecht. Dabei sollte es selbstverständlich sein, die Tiere weder zu verletzen noch etwas mitzunehmen, dass eigentlich ins Meer gehört (Schneckenhäuser doppelt checken, denn oft hat sich hier ein kleiner Einsiedlerkrebs eingenistet).

Noch interessanter wird die Suche mit einem erfahrenen Guide, der spannende Details und Geschichten zu den faszinierenden Meeresbewohnern liefert und den Blick für die Eigenarten der Tiere schärft. So erfährt man, dass die Napfschnecke, deren kegelförmigen „Napf" man überall finden kann, ihr ganzes Leben auf nur einem Stein verbringt und immer wieder an derselben Stelle „parkt", die genau an ihre Körperform angepasst ist. Oder trifft auf den Seehasen, der eigentlich eine Riesenschnecke ist und zur Verteidigung Tinte abgeben kann, begegnet dem Rotfeuerwurm, der Seegurke, einem Seestern oder, oder, oder ...

Gomera Vive, Meeresbiologe Volker zeigt auf seiner Tümpelsafari großen und kleinen Entdeckern die Welt der Lebewesen, die den Uferbereich im Valle Gran Rey bewohnen. Seine Führung untermalt er mit Faktenwissen und spannenden Geschichten, die in jedem Fall Eindruck hinterlassen. Tour etwa 1:30 Std., Erw. 20 €, Kinder 10 €. Termine und Anmeldung unter www.gomeravive.com.

Mountainbiken und Radfahren

Mountainbiker brauchen für die Touren auf Gomera eine gute Grundkondition. Auch auf einfachen Touren wird schon mal, ob man will oder nicht, die 500-Höhenmeter-Marke geknackt und häufig sind 7 Prozent Steigung oder mehr zu bewältigen. Ebene Strecken und geradeaus gibt es kaum auf der Insel, entweder es geht hinauf oder hinunter, rechts oder links. Abseits der asphaltierten Straßen ist außerdem das sichere Beherrschen von Bremse, Schaltung und Lenkung Voraussetzung. Beim Ausbau der Fahrwege sind dort für den Einsatz von Löschfahrzeugen viele breite Forstwege entstanden. Auch diese sind aber schottrig, leicht verblockt oder von Wasserrinnen durchzogen. Flickzeug ist also ebenso obligatorisch!

Ein eigenes Radwegenetz als Pendant zu den gut ausgeschilderten Wanderwegen gibt es für Radfahrer nicht. Dafür bieten einige Guides und Agenturen **geführte Radtouren** an. Im Valle Gran Rey, Playa de Santiago und Hermigua gibt es mehrere Fahrrad-Läden, die geführte Touren in verschiedenen Schwierigkeitsgraden samt Ausrüstung anbieten. Gerade zum Kennenlernen der Verhältnisse auf der Insel ist das eine gute Option. Meist bringt der Shuttlebus des Anbieters Radler und Räder bis hinauf an den Rand des Nationalparks oder zur Laguna Grande, wo noch ausreichend Höhenmeter darauf warten, bezwungen zu werden. Und am Ende winkt die Abfahrt zurück ins Tal.

Ein **Stadtrad** ohne Federung oder Gangschaltung zu leihen, kommt fast nur im Valle Gran Rey infrage, wo man ohne Steigungen von Ortsteil zu Ortsteil radeln kann. Einige Vermieter stellen hier ihren Gästen Räder zur Verfügung und auch die Bike-Stationen haben „Townies" im Programm.

Reiten

La Gomera ist aufgrund des unwegsamen Geländes keine typische Pferdeinsel. Die Bauern zogen einst Esel und Maultiere als Lastenträger einem Pferd vor. Die Auswahl an Reiterhöfen ist daher übersichtlich. Ein größerer Hof ist La Rienda Cuadra in San Sebastián. Hier kann man einen geführten Ausritt oder richtige Reiterferien buchen. Eine Besonderheit ist der Eselspark El Burro Parque in den Bergen bei Las Roses, wo auf einem großen Freigelände neben den Langohren auch andere Zwei- und Vierbeiner gehalten werden.

La Rienda Cuadra, Reitstall von Jonay Jimenez Darias in San Sebastián. Avenida Jose Aguiar s/n, La Alianza (Zufahrt gegenüber Centro de Salud), 38800 San Sebastián de la Gomera, ✆ 616-973304, www.cuadralarienda.com.

Eselpark Burro Parque, Tierfreigelände und Eselreiten am Rande des Nationalparks. Cruz de Tierno, Agulo/Las Rosas (in der Nähe des Restaurants Roque Blanco), ✆ 648 -502644, www.eselpark-lagomera.de.

Seekajak und SUP

Die Küste vor dem Valle Gran Rey im Südwesten Gomeras bietet, ruhige See vorausgesetzt, gute Bedingungen für eine Kajaktour auf dem Meer. Aber auch in San Sebastián oder Playa de Santiago kann man Seekajaks mieten oder eine geführte Kajaktour buchen. So oder so erpaddelt man sich faszinierende Blicke auf die Steilküste. Im Hafen von Vueltas (Valle Gran Rey) oder vor der Playa Santiago bietet sich auch eine Ausfahrt mit dem Stand-up-Paddle-Board (SUP) an. Wellenreiter sieht man vor der rauen und felsigen Küste Gomeras übrigens kaum. Wenn, dann surft man mit dem Bodybord auf dem Weißwasser. Das Wellenreiten

Delfin voraus!

sollte man auf Gomera den wenigen Einheimischen überlassen, die die entsprechend geeigneten Orte und die Gegebenheiten sehr gut kennen.

■ Die einzelnen Anbieter finden sich im jeweiligen Ortskapitel.

Tauchen

Die marinen Lebensräume um La Gomera sind vielfältig. Vor allem die strömungsärmere West- und Südküste eignet sich für Tauchgänge und bietet mit der Fauna des subtropischen Atlantiks oder mit schwammbewachsenen Felsblöcken oder Grotten eine spektakuläre Unterwasserwelt. Bei einer Sichtweite von über 30 m schwimmt man mit Barrakudas, Zackenbarschen, Thunfischen, Rochen, Papageien- oder Trompetenfischen und anderen subtropischen Arten. Ein besonderes Erlebnis ist ein Nachttauchgang! Tauchbasen gibt es in San Sebastian und Playa de Santiago.

■ Die einzelnen Anbieter finden sich im jeweiligen Ortskapitel.

Wal- und Delfinbeobachtungen

Die Gewässer vor La Gomera bieten aufgrund ihrer Artenvielfalt beste Chancen, Meeressäugern in ihrer natürlichen Umgebung zu begegnen. Oft kann man bereits bei der Überfahrt von Teneriffa mit der Fähre Delfine sehen, die auf der Bug- oder Heckwelle der Schiffe reiten, oder die gemütlicheren Pilotwale, die ebenfalls in Gruppen, aber mit etwas Abstand zum Schiff dahinziehen. Auch wenn es dafür selbstverständlich keine Garantie gibt: Auf den organisierten Whalewatching-Touren sichtet man besonders häufig Streifendelfine, Fleckendelfine, Große Tümmler, Rauzahndelfine und Pilotwale (auch Grindwale genannt). Etwas mehr Glück braucht man, um einen Schnabel-, Bryde- oder Pottwal zu sichten. Ganz nebenbei kann man die Gelbschnabel-Sturmtaucher *(Pardelas)* bei ihrem virtuosen Flug- und Fischfangverhalten oder Meeresschildkröten beobachten. Alle drei unten genannten Anbieter haben das Zertifikat für Nachhaltigen Tourismus von der Organisation EUROPARC und bemühen sich um eine respektvolle und sanfte Art der Walbeobachtung. Ein (meist deutschsprachiger) Guide an Bord klärt über das Leben und Verhalten der Meereslebewesen auf und beantwortet Fragen. Noch mehr Wissenswertes zu Walen und Delfinen bietet eine **kleine Ausstellung** im Büro des Anbieters OCEANO, dort finden auch regelmäßig Infoveranstaltungen und Vorträge statt.

OCEANO, 3- bis 4-stündige Tour Erw. 40 €, Kinder unter 12 J. 26 €. Das umgebaute Fischerboot bietet Platz für 10 Personen. Öffnungszeiten Büro und Infocenter Mo–Fr 9.30–13 und 17–19 Uhr, Sa 9.30–13 Uhr. Mo und So um 18 Uhr Infovorträge und Themenabende zu Walen und Delfinen vor La Gomera, Erw. 4 €, Kinder 3 €. Calle Quema/Vueltas (orangefarbenes Haus in Hafennähe), 38870 Valle Gran Rey, ✆ 922-805717, 649-288852, www.oceano-gomera.com.

Excursiones Tina, 4-stündige Whalewatching-Tour mit Badestopp und üppigem Mittagessen (vom Kapitän Manuel Jesus gegrillter Thunfisch, Runzelkartoffeln, Salatbuffet) ab Valle Gran Rey oder Playa de Santiago. Ab und an wird die Pause in der Badebucht sogar mit Live-Gitarrenmusik untermalt. Erw. 40/43 €, Kind (5–10 J.) 23 €. Tickets/Infostand direkt am Hafen in Vueltas. ✆ 922-805415, 629-990643, www.excursiones-tina.com.

Speedy Adventure, wendiges Boot für bis zu 12 Personen. Dank geringem Tiefgang wird man auf dem gelben Flitzer weniger seekrank. Dreistündige Whalewatching-Tour mit Badestopp 38 €. Tickets/Infostand direkt am Hafen in Vueltas. ✆ 629-990643, 922-805885, www.speedy-gomera.com.

Wandern und Weitwandern

Die Ursprünglichkeit der Insel gepaart mit ihrem Landschaftsreichtum lockt von Jahr zu Jahr mehr Wandertouristen nach Gomera. Die Vegetationsstufen, die man auf einer Tour von der Küste hinauf in den Nationalpark Garajonay durchstreift, lassen Botanikerherzen nicht nur aufgrund der Steigungen höher schlagen. Familien mit Kindern machen Entdeckungstouren zu einsamen Buchten oder suchen Fabelwesen im mystischen Nebelwald. Trotz der wachsenden Beliebtheit La Gomeras als Wanderinsel begegnet man auf den Wegen und Pfaden – einige wenige beliebte Klassiker, wie die Wasserfallwanderung aus dem Valle Gran Rey, ausgenommen – häufig kilometerlang einzig Ziegen und Hühnern. Ein Anblick, der nur Wanderern vorbehalten ist, sind die verlassenen Dörfer und Relikte aus den Hochzeiten der Agrarwirtschaft und der Großgrundbesitzer wie der alte Flughafen bei Alajeró oder die Fischfabrik in La Rajita. Sie sind zwar ein trauriges Zeichen von Landflucht und Wirtschaftskrise, wecken aber in so manchem Abenteurerherz sofort den Forschergeist und Fantasien von den arbeitsamen Zeiten, als auf La Gomera das Geld noch mit der Landwirtschaft verdient werden konnte.

Ausrüstung: Eine gewisse Wanderlust und Ausdauer sollte bei großen und kleinen Wanderern auch bei einfacheren Touren vorhanden sein, denn ohne etwas Auf und Ab kommt man auf Gomera nicht weit. Außerdem sind aufgrund des felsigen Geländes feste, über die Knöchel reichende Bergschuhe empfehlenswert. Sonnenschutz und Kopfbedeckung sind ein Muss, ebenso wie reichlich Trinkwasser. Gerade bei Touren im Norden und im Nationalpark sollte man für jede Wetterlage ausgerüstet sein, denn das Wetter kann sehr schnell umschlagen. Lange Hosen schützen vor Dornen und Gestrüpp, die weniger frequentierte Wege schnell überwuchern.

Wanderregionen: Die sonnenverwöhnte Gegend um die Hauptstadt San Sebastián im Südosten sowie die Südküste bei Playa de Santiago zeigt sich karg, ausgetrocknet und zerklüftet. Wenn es im Norden regnet, hat man hier trotzdem gute Chancen auf eine sonnige Tour zu einer einsamen Bucht mit Erfrischung im Meer. Oder man steigt durch eines der mächtigen Barrancos auf zu den Roques und zum höchsten Gipfel der Insel, dem Garajonay. Die Bergdörfer Chipude, El Cercado und Las Hayas eignen sich für gemächlichere Touren in den verwunschenen Lorbeerwald oder als Ausgangspunkt für die Besteigung des Tafelberges La Fortaleza. Vom quirligen Valle Gran Rey im Westen, dem Ort mit der längsten touristischen Tradition,

Gomeras Wanderrouten sind sehr gut beschildert

starten Klassiker, wie die Tour zum Wasserfall von Arure oder der anstrengende, von atemberaubenden Aussichten begleitete Aufstieg auf die Hochebene von La Mérica. Der Norden Gomeras mit den Orten Vallehermoso, Agulo und Hermigua ist dank der Passatwinde und dementsprechend häufigen Niederschlägen üppig grün. Bananen, Palmen und bunte Gärten prägen das Landschaftsbild, der Nationalpark ist nicht weit. Aber auch hier gibt es felsige Bergrücken, Steilküsten und beim gläsernen Mirador de Abrante einen spektakulären Aussichtspunkt umgeben von roter Mondlandschaft, sodass der Norden wohl als die vielfältigste der Regionen bezeichnet werden kann. Grüner wirds nur noch inmitten des Nationalparks Garajonay. Die Wanderungen durch den dichten, stillen Nebelwald mit seiner unglaublich reinen Luft gehören zum Erholsamsten, was Gomera zu bieten hat.

Wegenetz und Orientierung: Der Großteil des Wegenetzes von über 600 km Länge ist markiert und wird regelmäßig gepflegt. Das Amt für Tourismus bemüht sich um die Wanderer und gibt immer neue Tourenvorschläge mit GPS-Tracks heraus. Nicht ganz vereinheitlicht sind die Wander-Markierungen. Im Nationalpark Garajonay dominieren die verschiedenfarbig durchnummerierten und am Startpunkt der Tour oft auf großen Tafeln beschriebenen „Rutas". Dies sind die Wege der Nationalparkverwaltung. Auf dem Rest der Insel wandert man auf Wegen, die mit älteren, nicht mehr gepflegten Markierungen wie „PR" und mit den weißen Wegweisern der Inselregierung gekennzeichnet sind. Manchmal geht es auch weglos durch Gebüsch oder quer über Geröllhalden und Schutt. Eine Wanderkarte ist also trotz aller Beschilderung dringend empfohlen für Touren auf La Gomera.

- **Karten:** freytag & berndt, Wanderkarte La Gomera, Maßstab 1:35000, 2018.

Goldstadt Wanderkarte La Gomera, Maßstab 1:35000, 2017.

Mein Tipp Camina La Gomera, Maßstab 1:30000, Wanderkarte des Tourismusamtes von La Gomera, erhältlich in den größeren Tourismusinformationen. Sehr gut und detailliert, regelmäßig gepflegt. Enthält alle markierten Wege des Nationalparks und der restlichen Insel, auf der Rückseite Wandervorschläge mit Zeit- und Längenangaben sowie Schwierigkeitsgrad.

App: Info La Gomera, Android-App, die zuerst als reine Wander-App für Gomera entwickelt wurde. Mittlerweile gibt es neben Tourenvorschlägen samt GPS-Track, Zeit- und Höhenmeterangaben auch weitere Infos zur Insel.

Links/GPS-Tracks: Auf https://lagomera.travel veröffentlicht das Amt für Tourismus zahlreiche GPS-Tracks und Höhenprofile.

Weitwandern: Zwei weiß-rot markierte Weitwanderwege *(senderos de gran recorrido)* durchziehen die Insel, der GR 131 und der GR 132. Der *Camino Natural Cumbres de La Gomera* oder *GR 131* von San Sebastián nach Vallehermoso quert La Gomera über den Hauptkamm (2–3 Tage, 39 km). Der *GR 132* umrundet La Gomera und bewegt sich dabei zwischen Meereshöhe und etwa 800 Höhenmetern hinauf und hinunter (5–8 Tage, 114 km). Bei beiden Wegen ist gute Planung wichtig, denn es mangelt gerade im Süden noch an Übernachtungsmöglichkeiten direkt an der Route. Die Etappen erfordern mit bis zu 1000 Höhenmetern Auf und Ab etwas Erfahrung und Kondition. Immer wieder folgen auch die in diesem Buch vorgeschlagenen Wanderungen, wie Tour 13 oder Tour 15, dem Wegverlauf beider Weitwanderwege.

▪ Informationen zum GR 132 auf der Webseite der spanischen Regierung unter www.mapama.gob.es/es/desarrollo-rural/temas/caminos-naturales/caminos-naturales/sector-canario/default.aspx oder dem Blog von Frank Ehlers unter www.rundwanderung-lagomera.de; zum GR131 auf www.lagomera.travel/2017/03/de-norte-a-sur.

Geführte Wanderungen/Wander-Anbieter: Eine geführte Wanderung bietet die Gelegenheit, die Insel, ihre Vegetation und ihre Geschichte(n) von einem (deutschsprachigen) Experten nähergebracht zu bekommen und sich mit der Umgebung vertraut zu machen. Wer nicht selbst über ein Auto verfügt, profitiert außerdem vom Shuttleservice, der immer inklusive ist. Die meisten Anbieter haben ihren Sitz im Valle Gran Rey.

Kostenlose Touren (spanisch) im Nationalpark Garajonay mit Mitarbeitern des Besucherzentrums Juego de Bolas. Fanden zuletzt freitags statt (im Sommer auch mittwochs). Anmeldung einen Tag zuvor an der Rezeption des Besucherzentrums oder unter ✆ 922-800993. Weitere Informationen unter www.reservasparquesnacionales.es.

Yoga, Meditation und mehr

Yoga ist in den letzten Jahren schwer in Mode gekommen, auf Gomera wird man die modernen Auswüchse der aus Indien stammenden Lehre – wie etwa Bier-Yoga oder Karaoke-Yoga – aber vergeblich suchen. Schon eher kann es passieren, dass man nach der Yoga-Stunde vom Alt-Hippie mit schütteren Dreadlocks in ein mehr oder weniger tiefgründiges philosophisches Gespräch verwickelt wird. Auf Gomera ist Yoga noch kein Fitness-Trend, sondern gehört zu den Merkmalen einer alternativen Lebensweise. Von daher ist es nicht verwunderlich, dass das Angebot sich auf das von alternativen Immigranten geprägte Valle Gran Rey konzentriert. Beim Studieren der öffentlichen Pinnwände und Flyerauslagen findet man aber auch Angebote für freie Meditationstreffen am Strand und gemeinsames Singen, für Tai Chi, Akupunktur, Reiki oder Shiatsu. Zu langweilig, alles schon gesehen und ausprobiert? Das Valle wäre nicht das Valle,

Auch angeln kann pure Meditation sein

böte nicht auch ein gewisser „Freigeist von Lebenskunst" selbsternannter „Höherentwickler", eine „Einweihung in Freie Spiritualität" an, bei der man „mit gottlosem Heidenspass All-Einheit, universale Liebe, ewiges Leben, Schöpferselbstbewusstsein und Daseinsfreude" erfahren könne, wie es auf www.evolutionskultur.de heißt (nähere Infos dort, von der Autorin nicht getestet!).

Es geht auf Gomera aber auch konventioneller oder mehr in Richtung Retreat: Nicht weit von der Playa de Vueltas kann man auf der Finca Argayall einen kompletten Yoga-Urlaub verbringen – die Meditationshalle umgeben von rauschenden Palmen ist traumhaft. Außerdem gibt es im Valle das Yoga-Studio Vikara unter deutscher Leitung. In einem einsamen Barranco ohne Straßenanbindung liegt die Finca El Cabrito, wo ebenfalls Yoga-Urlaube veranstaltet werden. Und die Stadt Hermigua im Norden Gomeras bietet für Einheimische und Touristen Yoga in den Gemeinderäumen an.

Salto del Pastor – im Sprung über die Insel

Der Salto del Pastor, zu Deutsch wortwörtlich Hirtensprung, ist eine uralte Art der Fortbewegung, die es in dieser Form nur auf den Kanaren gibt. Auf Gomera hat sich die Tradition, ähnlich wie die Pfeifsprache El Silbo, wegen der isolierten Lage der Insel und ihres zerklüfteten Reliefs bis über den Anfang des 20. Jh. hinaus erhalten.

Die „Saltadores" nutzen dabei eine gut 3 m lange Holzstange *(astia)* mit einer Spitze *(regatón)* aus Metall, um mithilfe traditionell überlieferter Geh- und Sprungtechniken Terrassen, Gräben und steile Abhänge zu überwinden. Wie der Name schon sagt, waren es vor allem die Hirten, die sich bei ihrer Arbeit mit dieser Methode durch das Gelände bewegten. Mit dem Rückgang der Schäferei auf Gomera und den anderen Kanareninseln geriet der Hirtensprung immer mehr in Vergessenheit. Um die Tradition wiederzubeleben, wurden ab 1994 erste Organisationen und 2001 die Federación del Salto del Pastor Canaria, der Kanarische Verband des Salto del Pastor, ins Leben gerufen. Der 2017 gegründete Ableger des Vereins auf La Gomera ist die Jurria Tamonerque. Die Saltadores heute müssen nicht mehr aus der Not heraus springen, sie haben dem Salto del Pastor eine spielerische Komponente hinzugefügt und nutzen die Art der Fortbewegung, um die unwegsamen Ecken ihrer Insel zu erreichen und dort die Natur zu genießen. Die Tradition lebt aber nicht nur als Freizeitsport weiter, sondern wird auch wieder bei Festivitäten vorgeführt.

▪ Einige Veranstalter bieten auch Salto-Kurse für Besucher an:

Gomeraactiva, zwischen Hafen und Playa in Vueltas. Saltokurs 35 €. Calle Las Vueltas 30, 38870 Valle Gran Rey, ✆ 638-239854, www.gomeraactiva.com.

dive art, geführte Wanderung mit Astias bei San Sebastián; 25 € inkl. Bustransfer. Marina Deportivo, Avd. Fred Olsen, 38800 San Sebastian de La Gomera. ✆ 660-659098, www.dive-art.com.

Inseltypische Keramik ist ein tolles Souvenir

Reisepraktisches von A bis Z

Apps und Websites

Offizielle Website der Tourismusämter: Unter http://lagomera.travel/de findet man Informationen zu touristisch relevanten Themen. Nicht alle Texte sind auf Deutsch verfügbar.

Offizielle App: Info La Gomera, App (für Android) des Tourismusamtes, die zuerst als reine Wander-App für Gomera entwickelt, mittlerweile aber um weitere Infos erweitert wurde. Diese sind allerdings ausbaufähig. Kostenlos erhältlich z. B. im Play-Store von Google.

Öffentlicher Verkehr: Eine einfache, aber hilfreiche Android-App ist Gomera by Bus mit den Abfahrtszeiten der Busse und Fähren. Auf einer Karte sind alle Haltestellen verzeichnet.

Cabildo insular de la Gomera auf Facebook und Instagram: Die Regierung von La Gomera ist sehr aktiv in den sozialen Medien und veröffentlicht fast täglich Nachrichten, Videos und Fotos zu kulturellen und politischen Ereignissen von der Insel. Und dank Übersetzungsfunktion gibt es auch (fast) keine Sprachbarriere.

Gomera noticias und GomeraVerde sind die digitalen Tageszeitungen von La Gomera und liefern tagesaktuell Neuigkeiten zu politischen Ereignissen und kulturellen Veranstaltungen auf der Insel. Erreichbar unter www.gomeranoticias.com und https://gomeaverde.es.

Ökotourismus: Auf der Website www.gomeraexperience.com präsentieren sich die Unternehmen, die die Europäische Charta für nachhaltigen Tourismus unterzeichnet haben. Informationen über den Ökotourismus auf den Kanaren und auf La Gomera im Speziellen gibt es auf den spanischsprachigen Websites www.soyecoturista.com und www.ecoturismogomera.com.

Regionale Produkte: Eine spanischsprachige Website zu regionalen Produkten auf Gomera, Produzenten und Verkaufsstellen ist www.alimentosdelagomera.com. Viele Videos und Bilder zeigen, wie *miel de palma, gofio* oder *queso blanco* hergestellt werden.

Gomera-Forum: In der Facebook-Gruppe „La Gomera Insider – Inselnachrichten" werden aktuelle Themen auf der Insel diskutiert und Reisetipps ausgetauscht.

Barrierefreiheit

La Gomera bietet angesichts der bergigen Geografie, der zumeist anspruchsvollen Wanderwege und der steinigen Strände insgesamt nur ein recht **bescheidenes Angebot** für Menschen, die in ihrer Mobilität eingeschränkt sind. Explizite Angebote sind schwer zu finden. Zwar hat die Inselregierung das Thema Barrierefreiheit in jüngerer Zeit in den Fokus gerückt, bislang ist aber nur ein Bruchteil der Wege und Zugänge durch Rampen rollstuhlgerecht und es gibt noch viel zu tun.

Die großen Hotels, allen voran das Jardín Tecina, sind da schon weiter, aber auch das Torre del Conde in San Sebastián sowie einige Apartmentanlagen und Ferienhäuser werben mittlerweile mit **barrierefreien Unterkünften.** Eine Übersicht gibt das Buchungsportal www.rolli-hotel.net. Das Transportunternehmen Autobuses Mesa verfügt über Kleinbusse mit ausbaubaren Sitzen, in denen Rollstühle transportiert werden können, und stellt ein Spezialtaxi mit behindertengerechtem Sitzplatz (✆ 922-141251, www.autobuses mesa.es).

Buchtipps

Flora der Kanarischen Inseln. Rolf Goetz. Bergverlag Rother, 1. Auflage 2017. Umfangreiche und gut bebilderte Übersicht über die auf den Kanaren heimischen Pflanzen.

Gomeras Pflanzenwelt in Reimen. Ein ungewöhnliches Pflanzenbuch zum Mit- und Nachdenken. Ernst H. Jager. Selbstverlag, 3. Auflage 2012. Über 250 Pflanzenarten werden mit mehr als 650 Fotos und noch mehr Witz in Gedichtform beschrieben. Aber auch die sachliche Komponente kommt mit den deutschen, englischen und lateinischen Namen sowie Infos zur traditionellen Nutzung der Pflanzen nicht zu kurz.

Geschichte und Mythen der Kanaren. Spuren einer längst untergegangenen Kultur. Dr. Carlos Calvet. Bohmeier Verlag, 1. Auflage 2007. Durch persönliche Eindrücke des Autors interessante Zusammenfassung der Geschichte der Altkanarier und ihrer Sagen und Traditionen.

Gastmahl auf Gomera. Janosch. Goldmann, 1. Auflage 1999. Fiktives Treffen eines polnischen Journalisten mit dem bekannten (Kinderbuch-)Autor Janosch, der auf Teneriffa lebt und viel von seinem Leben, aber auch von seiner Sicht auf Gomera erzählt.

Finger weg! Ein kriminaler Reiseführer von La Gomera. Helena Morgen. CreateSpace Independent Publishing Platform, 1. Auflage 2014. Amüsant und spannend ist die Geschichte rund um die Reiseleiterin Carola. Immer wieder haben auch die verschiedenen Sehenswürdigkeiten und die Bewohner der Insel ihren Auftritt.

Degollada: Zahltag auf Gomera. Günter Finger. CreateSpace Independent Publishing Platform, 1. Auflage 2014. Unterhaltsamer Gomera-Krimi, der nebenbei Themen wie Subventionsschwindel mit einem Augenzwinkern thematisiert.

Der Valle-Bote. Das ultimative Gomera-Magazin. „Unabhängig, überparteilich und abgedreht", so wird das Magazin beschrieben, das Gomera aus dem Blickwinkel der „schrägen Vögel" abbildet, die in den 1970er-Jahren die Bananeninsel Gomera zu ihrer neuen Heimat auserkoren haben. Die durchaus amüsante und informative Lektüre findet man im Valle Gran Rey, aber auch in der Inselhauptstadt in Buchläden und an Kiosken. Vom Herausgeber Capitano Claudio und seinen Mitautoren sind auch mehrere Bücher erschienen, die die Anfänge auf Gomera, die Geschichte des Capitano oder auch die großen Irrtümer der Menschheit zum Inhalt haben. Erhältlich unter vallebote.de.

Einkaufen/Souvenirs

Große Einkaufsmeilen sucht man auf La Gomera vergebens. Der einzig wirklich große **Supermarkt** der Insel, ein Hypertrebol, befindet sich in der Hauptstadt San Sebastián beim Busbahnhof. Allerdings sind alle größeren Orte gut mit kleineren Supermärkten ausgestattet, allen voran Vallehermoso, wo sich rund um die Plaza drei Einkaufsmöglichkeiten für den täglichen Bedarf befinden.

Lebensmittel- und Kunsthandwerksmärkte gibt es in den keinen Dörfern leider nur unregelmäßig bzw. einmal oder zweimal im Jahr, zum Beispiel in Chipude. Eine Ausnahme ist der *Mercado Municipal* in San Sebastián mit festen Marktständen, der Montag bis Samstag geöffnet ist. Dort gibt es hauptsächlich regionale Produkte wie

Inselprodukte kauft man im Mercado Municipal in San Sebastián

Palmhonig, Käse, Obst und Gemüse. Der zweite große Markt auf der Insel ist der sonntägliche *Kunsthandwerksmarkt*, der sich ebenfalls in der Nähe des Busbahnhofs befindet, allerdings im Valle Gran Rey. Er ist auch als *Hippie-Markt* bekannt, da viele Aussteiger und Zugezogene dort selbstgemachten Schmuck oder kleine Kunstwerke verkaufen. Einmal monatlich findet neben dem Kunsthandwerksmarkt auch ein *Flohmarkt* statt.

Regionale Produkte kann man außer auf Märkten auch immer wieder in den kleinen Geschäften finden, die meist entlang der Straße und außerhalb der Zentren liegen. Ob Gofio-Mühle, Verkauf von Käse, Keksen *(galletas)* oder Miel de Palma, ein Stopp lohnt sich fast immer, denn neben einer echt regionalen Spezialität erhält man oft auch die Gelegenheit zu einem Plausch mit den echt gomerischen Ladenbesitzern.

Eine Reihe von Geschäften für **Kleidung, Schmuck und Naturkosmetik** findet man im Valle Gran Rey, rund um die Straße Abisinia im Ortsteil Vueltas. Auch im Zentrum des Ortsteils La Playa gibt es einige kleine Modegeschäfte, meist mit einem Schwerpunkt auf Damenbekleidung, und in La Calera kann man maßgeschneiderte Lederschuhe kaufen. Auch San Sebastián lädt zum Schlendern durch die kleinen Straßen ein, für eine Hauptstadt ist das Angebot jedoch beschränkt.

Als **Souvenirs** eignen sich neben Lebensmitteln und (Hippie-)Schmuck auch die rustikalen Töpferwaren, die vor allem im Bergdorf El Cercado (→ S. 63) vor den Augen der Kunden hergestellt und verkauft werden. In den Hauptstraßen der größeren Orte findet man eine Reihe von klassischen Souvenirläden, die traditionelle Instrumente wie Chácaras und Trommeln und Krimskrams in oft zweifelhafter Qualität anbieten. Den Anspruch, qualitativ hochwertige und in Gomera gefertigte Produkte anzubieten, hat der Souvenirshop beim Touristenkomplex Los Telares in Hermigua (→ S. 125).

Feiertage

1. Januar: Año Nuevo, Neujahr

6. Januar: Reyes Magos, Dreikönigstag

19. März: San José, St.-Josephs-Tag

Jueves Santo, Gründonnerstag

Viernes Santo, Karfreitag

Domingo de Pascua, Ostersonntag

1. Mai: Dia del Trabajo, Tag der Arbeit

30. Mai: Día de Canarias, Tag der Kanaren (Verleihung des Autonomiestatus)

Pentecostés, Pfingstsonntag

Corpus Christi, Fronleichnam

25. Juli: Santiago Apostol, Ehrentag des Schutzpatrons Spaniens, Jakobus

15. August: Asunción, Mariae Himmelfahrt

12. Oktober: Dia de las Hispanidad, Tag der Entdeckung Amerikas

1. November: Todos los Santos, Allerheiligen

6. Dezember: Dia de la Constitución, Tag der Verfassung

8. Dezember: Immaculada Concepción, Mariae Empfängnis

25. Dezember: Navidad, Weihnachten

Filmtipps

La Gomera diente, wie auch die anderen Kanarischen Inseln, immer wieder als **Drehort** für kleinere und größere Filmproduktionen. Das ganzjährig angenehme Klima und die Vielfalt der Naturlandschaft haben dazu beigetragen. Der amerikanische Produzent Ron Howard (Apollo 13, Sakrileg) drehte die Literaturverfilmung „The Heart of the Sea" (Im Herzen der See) mit Chris Hemsworth, die 2015 in die Kinos kam, zu Teilen in Playa Santigo. 2019 wurde der rumänische Gangsterfilm „La Gomera" auf dem Cannes-Filmfestival gezeigt, in dem El Silbo, die Pfeifsprache, eine tragende Rolle spielt. **Dokumentationen** über La Gomera und seine Einwohner findet man auch immer einmal wieder v. a. auf den dritten Programmen des deutschen Fernsehens.

La Gomera (2019), hochgelobter rumänischer Krimi-Thriller über einen Polizisten, der die Pfeifsprache Silbo Gomero lernt, um gegen die Mafia vorzugehen und einen Geldwäsche-Skandal offenzulegen.

La Gomera – Lebenstraum auf der Klippe (2016), Langzeitdokumentation von Reinhold Rühl über Thomas Müller und sein Bemühen um das Castillo del Mar in Vallehermoso (102 Min.). Bestellbar im Shop von www.dokumacher.de.

Encantada Valle Gran Rey (2005), knapp 30-minütige „moderne, atmosphärische Videokomposition des Komponisten und Filmemachers Oliver Heck" über das Lebensgefühl der Aussteiger auf La Gomera. Auch auf Youtube zu finden.

Guarapo (1987), Spielfilm von Santiago und Teodoro Ríos, der die Abwanderung der armen Bauern von Gomera thematisiert. Auf la Gomera wird der Film immer mal wieder öffentlich gezeigt, ansonsten schwer erhältlich.

Geld

Wesentlich häufiger als in Deutschland kann man auf La Gomera mit der **Kreditkarte** bezahlen. Verlassen sollte man sich bei kleineren Geschäften aber trotzdem nicht darauf. In allen größeren Orten auf der Insel gibt es **Banken** oder zumindest Geldautomaten *(cajero automático)*. Die Filialen von Caixabank, BBVA oder Santander sind normalerweise Montag bis Freitag zwischen 8.30 Uhr und 14 Uhr geöffnet, am Wochenende bleiben sie geschlossen.

Trinkgeld wird auf Gomera etwa so gehandhabt wie in Deutschland. Der zufriedene Kunde im Hotel, Restaurant oder Taxi kann den Betrag um etwa 5 bis 10 Prozent erhöhen.

Karten

Regelmäßig aktualisiert und sehr detailliert ist die kostenlose (Wander-) Karte der Inselregierung **Camina la Gomera,** die in den Touristenbüros auf Nachfrage zu bekommen ist. Darauf findet man auch in vier Sprachen (einschl. Deutsch) Informationen zu Bushaltestellen, Taxi-Telefonnummern und weitere Servicehinweise. In Deutschland erhältliche Wanderkarten:

La Gomera, Kompass Karten, (KOMPASS-Wanderkarten, Band 231), 1:30000. Wander- und Radwege und touristische Informationen, erschienen 2018.

Gomera, freytag & berndt, Auto- und Freizeitkarte 1:35.000. Ausflugsziele, Cityplan San Sebastián de la Gomera, Wanderwege, Ortsregister mit GPS, erschienen 2018.

Medizinische Versorgung

Grundsätzlich ist die medizinische Versorgung auf La Gomera gut. Im Valle Gran Rey praktiziert im Ortsteil Borbalán ein deutschsprachiger Arzt (Residencial El Llano, 38870 Valle Gran Rey, ✆ 922-805629). In allen anderen größeren Orten gibt es ein Centro Salud, ein Gesundheitszentrum, an das man sich mit kleineren Verletzungen wenden kann. Das einzige große Krankenhaus auf la Gomera ist das Hospital Insular Nuestra Senora de Guadalupe etwas außerhalb der Hauptstadt San Sebastián (Calle Langrero s/n, 38801 El Molinito, ✆ 922-140200).

Die Apotheken *(farmacias)* erkennt man an dem grünen Kreuz auf weißem Grund. Sie haben in der Regel werktags von 9 bis 13 Uhr und von 16 bis 19 Uhr geöffnet. Wer nachts oder an Sonn- und Feiertagen Medikamente benötigt, findet an der Apotheke einen Hinweis auf den nächsten Notdienst.

Notrufe

Einheitlicher Notruf (EU-weit): ✆ 112

Guardia Civil: ✆ 062

Policía Local: ✆ 092

Feuerwehr: ✆ 080

Öffnungszeiten

Geschäfte sind in der Regel von 9 bis 13 Uhr und von 16 bis 20 Uhr geöffnet. Behörden, Banken und Postämter haben fast immer nachmittags geschlossen. Viele Geschäfte sind am Samstagnachmittag und am Sonntag geschlossen. Eine Ausnahme sind die Supermärkte, die oft auch am Wochenende länger bzw. auch sonntags geöffnet haben.

Postkarten und Porto

Die schönsten Urlaubsgrüße werden doch immer noch per Post übermittelt. Hochwertige Postkarten mit Gomera-Motiven kauft man zum Beispiel bei El Fotografo in Valle Gran Rey. Natürlich hat aber auch jeder Kiosk Postkarten. Etwas Besonderes sind selbstgestaltete Unikate aus Sand oder mit getrockneten Pflanzen von der Insel, die die Künstler auf den Kunsthandwerkermärkten verkaufen. Man kann sie über die öffentlichen Briefkästen verschicken, die es in allen Orten gibt. Briefmarken *(sellos)* kann man auf dem Postamt *(correos)*, in Tabakläden oder in Läden, die auch Postkarten verkaufen, erwerben. Das Porto für Postkarten nach Deutschland, Österreich und in die Schweiz beträgt aktuell 0,95 €.

Reisezeit

Grundsätzlich sind die Kanaren ganzjährig ein lohnendes Reiseziel. Was man als beste Reisezeit für Gomera definiert, hängt vom Aufenthaltsort und den geplanten Aktivitäten ab. An der Südküste kann es in den Sommermonaten sehr heiß und trocken werden. Da das Klima verglichen mit dem spanischen Festland immer noch als mild zu bezeichnen ist, trifft man im Juli und im August hauptsächlich spanische Urlauber, die vor der allzu großen Hitze zu Hause fliehen. Die deutschen Winterflüchtlinge hingegen verbringen am liebsten die Monate November bis Januar auf der Insel, das Valle Gran Rey ist dann fest in deutscher Hand.

Das Meer erreicht mit über 20° C die höchsten Temperaturen meist ab Juni bis einschließlich Dezember. Im Frühling und im Frühsommer sinkt die Wassertemperatur aber in der Regel auch nicht unter 18° C, baden kann man also das ganze Jahr über.

Besonders gute Bedingungen zum Wandern oder Mountainbiken herrschen im Frühjahr und im Herbst. Aber auch im etwas kühleren Winter kann eine Barranco-Wanderung im Süden mehr als schweißtreibend sein und im Sommer flüchtet man sich als Wanderer ganz einfach in die Kühle des Lorbeerwaldes.

Mai und Juni sind die ruhigsten Monate auf Gomera. Die Nebensaison verspricht dann günstige Preise; Strände, Straßen und Berge sind menschenleer, allerdings bleiben auch die Restaurants und Läden in dieser Zeit oft geschlossen.

Tanken

Die Kanaren gehören zur Sonderhandelszone Kanarische Inseln, aufgrund der peripheren Lage gilt für die Inseln ein reduzierter Steuersatz. Die Benzin- und Diesel-Preise liegen daher etwas unter denen in Deutschland. Auf Gomera gibt es in allen größeren Orten in Küstennähe Tankstellen. Mit der DISA in Chipude gibt es auch eine Tankstelle im Inselinneren.

Telefon und Internet

Die Vorwahl Spaniens und somit der Kanarischen Inseln lautet 0034. Alle Telefonnummern in Spanien sind neunstellig. Die Ortsvorwahl gehört zu dieser Nummer und muss immer mitgewählt werden. Auf Gomera lautet sie 922.

Auf den Kanaren wählt man für Deutschland 0049, für Österreich 0043 und für die Schweiz 0041 vor und lässt die erste 0 der deutschen Ortsvorwahl weg.

Der Empfang funktioniert im Mobilfunknetz auf Gomera nur eingeschränkt. Vor allem auf Wanderungen in den tiefen Barrancos hat man oft stundenlang kein Netz.

Der Großteil der Unterkünfte bietet einen kostenlosen Internetzugang an. In Cafés und Restaurants erhält man oft erst auf Nachfrage die Zugangsdaten zum passwortgeschützten WLAN. In San Sebastián, Playa de Santiago, Valle Gran Rey gibt es einige wenige Internetcafés, wo auch ein Drucker bereitsteht.

Zeit

Die Kanarischen Inseln liegen in der westeuropäischen Zeitzone (auch Greenwich Mean Time, kurz GMT). Deutschland und auch das spanische Festland gehören zur mitteleuropäischen Zeitzone. Auf La Gomera ist es also immer eine Stunde früher als in Deutschland, bei Ankunft auf der Insel muss man die Uhr dementsprechend – auch auf Smartphone oder Tablet – eine Stunde zurückstellen.

Auch auf den Kanaren gibt es die Unterscheidung in Sommer- und Winterzeit. Die Sommerzeit beginnt am letzten Sonntag im März, die Uhren werden dann um eine Stunde von 2 Uhr auf 3 Uhr vorgestellt. Am letzten Sonntag im Oktober endet die Sommerzeit und die Winterzeit beginnt mit der Uhrenumstellung von 3 Uhr auf 2 Uhr.

Abruzzen ■ Ägypten ■ Albanien ■ Algarve ■ Algarve ■ Allgäu ■ Altmühltal & Fränk. Seenland ■ Amsterdam ■ Andalusien ■ Andalusien ■ Apulien ■ Australien – Der Osten ■ Azoren ■ Bali & Lombok ■ Barcelona ■ Bayerischer Wald ■ Berchtesgadener Land ■ Berlin ■ Bodensee ■ Bornholm ■ Bremen mit Bremerhaven ■ Bretagne ■ Brüssel ■ Budapest ■ Chalkidiki ■ Chiemgauer Alpen ■ Chios ■ Cilento ■ Comer See ■ Cornwall & Devon ■ Costa Brava ■ Costa de la Luz ■ Costa Rica ■ Côte d'Azur ■ Cuba ■ Dänemark Nordseeküste ■ Dolomiten ■ Dolomiten ■ Dominikanische Republik ■ Dresden ■ Dublin ■ Düsseldorf ■ Ecuador ■ Eifel ■ Elba ■ Elsass ■ Elsass ■ Fehmarn ■ Florenz & Chianti ■ Föhr & Amrum ■ Franken ■ Fränkische Schweiz ■ Fränkische Schweiz ■ Friaul-Julisch Venetien ■ Fuerteventura ■ Gardasee ■ Gardasee ■ Golf von Neapel ■ Gomera ■ Gran Canaria ■ Hamburg ■ Harz ■ Haute-Provence ■ Ibiza & Formentera ■ Irland ■ Island ■ Istanbul ■ Istrien ■ Kalabrien & Basilikata ■ Kanada – der Westen ■ Karpathos ■ Kärnten ■ Katalonien ■ Kefalonia & Ithaka ■ Köln ■ Kopenhagen ■ Korfu ■ Korsika ■ Korsika Fernwanderwege ■ Korsika ■ Kos ■ Krakau ■ Kreta ■ Kreta ■ Kroatische Inseln & Küstenstädte ■ Kykladen ■ Lago Maggiore ■ Lago Maggiore ■ La Palma ■ La Palma ■ Languedoc-Roussillon ■ Lanzarote ■ Latium mit Rom ■ Lesbos ■ Ligurien ■ Ligurien ■ Limnos ■ Limousin & Auvergne ■ Liparische Inseln ■ Lissabon & Costa de Lisboa ■ Lissabon ■ London ■ Lübeck ■ Lüneburg & Lüneburger Heide ■ Madeira ■ Madeira ■ Madrid ■ Mailand ■ Mainfranken ■ Mainz ■ Mallorca ■ Mallorca ■ Malta, Gozo, Comino ■ Marken ■ Marseille ■ Mecklenburgische Seenplatte ■ Mecklenburg-Vorpommern ■ Menorca ■ Midi-Pyrénées ■ Mittel- und Süddalmatien ■ Montenegro ■ Moskau ■ München ■ Münchner Ausflugsberge ■ Münster & Münsterland ■ Naxos ■ Neuseeland ■ New York ■ Niederlande ■ Nord- u. Mittelengland ■ Nord- u. Mittelgriechenland ■ Norddalmatien ■ Norderney ■ Nordkroatien ■ Nördliche Sporaden ■ Nordportugal ■ Nordseeküste – Schleswig Holstein ■ Nordspanien ■ Normandie ■ Norwegen ■ Nürnberg, Fürth, Erlangen ■ Oberbayerische Seen ■ Oberitalien ■ Oberitalienische Seen ■ Odenwald ■ Oslo ■ Ostfriesland – Ostfriesische Inseln ■ Ostseeküste – Mecklenburg-Vorpommern ■ Ostseeküste – von Lübeck bis Kiel ■ Paris ■ Peloponnes ■ Pfalz ■ Pfälzerwald ■ Piemont & Aostatal ■ Piemont ■ Polnische Ostseeküste ■ Porto ■ Portugal ■ Potsdam ■ Prag ■ Provence & Côte d'Azur ■ Provence ■ Rhodos ■ Rom ■ Rügen, Stralsund, Hiddensee ■ Rumänien ■ Rund um Meran ■ Sächsische Schweiz ■ Salzburg & Salzkammergut ■ Samos ■ Santorini ■ Sardinien ■ Sardinien ■ Schottland ■ Schwäbische Alb ■ Schwarzwald Mitte/Nord ■ Shanghai ■ Sizilien ■ Sizilien ■ Slowakei ■ Slowenien ■ Span. Jakobsweg ■ Spreewald ■ Sri Lanka ■ St. Petersburg ■ Steiermark ■ Stockholm ■ Straßburg ■ Südböhmen – Böhmerwald ■ Südengland ■ Südfrankreich ■ Südnorwegen ■ Südschwarzwald ■ Südschweden ■ Südtirol ■ Südtoscana ■ Südwestfrankreich ■ Sylt ■ Tallinn ■ Teneriffa ■ Teneriffa ■ Tessin ■ Texel ■ Thailand – der Norden ■ Thassos & Samothraki ■ Thüringen ■ Toskana ■ Toskana ■ Tschechien ■ Türkei ■ Türkei – Lykische Küste ■ Türkei – Mittelmeerküste ■ Türkei – Südägäis ■ Türkische Riviera – Kappadokien ■ Umbrien ■ USA – Südwesten ■ Usedom ■ Varadero & Havanna ■ Venedig ■ Venetien ■ Wachau, Wald- u. Weinviertel ■ Wales ■ Warschau ■ Westböhmen & Bäderdreieck ■ Wien ■ Zakynthos ■ Zypern

MM-Travel **MM-City** **MM-Wandern**

Etwas Spanisch

Für Ihren Urlaub müssen Sie nicht unbedingt Spanisch lernen. Deutsch, Englisch und die Gebärdensprache reichen meist völlig aus, um einzukaufen, ein Auto oder Zimmer zu mieten. Wer aber näher mit den Menschen im Land in Kontakt kommen möchte, wird schnell merken, wie erfreut und geduldig die Gomeros reagieren, wenn man sich ein bisschen Mühe gibt. Der folgende kleine Spanisch-Sprachführer soll Ihnen helfen, sich in Standardsituationen besser zurechtzufinden. Vor Ort fällt es dann leicht, ein vorhandenes Grundvokabular weiter auszubauen. Scheuen Sie sich nicht, am Anfang auch einmal Sätze zu formulieren, die nicht gerade durch grammatikalischen Feinschliff glänzen – wer einfach drauflosredet, lernt am schnellsten.

Aussprache

c	vor a, o, u und Konsonanten wie k (caliente = kaliente), vor e und i wie engl. th (cero = thero)
ch	wie tsch (mucho = mutscho)
h	ist stumm (helado = elado)
j	wie ch (rojo = rocho)
ll	wie j (calle = caje), manchmal auch wie lj
ñ	wie nj (año = anjo)
qu	wie k (queso = keso)
v	wie leichtes b (vaso = baso), manchmal wie leichtes süddeutsches w (vino = wino)
y	wie j (yo = jo)
z	wie engl. th (zona = thona)

Zahlen

¼	un cuarto	13	trece	50	cincuenta
½	un medio	14	catorce	60	sesenta
0	cero	15	quince	70	setenta
1	un/una	16	dieciséis	80	ochenta
2	dos	17	diecisiete	90	noventa
3	tres	18	dieciocho	100	ciento, cien
4	cuatro	19	diecinueve	200	doscientos
5	cinco	20	veinte	300	trescientos
6	seis	21	veintiuno (-ún)	500	quinientos
7	siete	22	veintidós	1000	mil
8	ocho	23	veintitrés	2000	dos mil
9	nueve	30	treinta	5000	cinco mil
10	diez	31	treinta y uno	10.000	diez mil
11	once	32	treinta y dos	100.000	cien mil
12	doce	40	cuarenta	1.000.000	un millón

Grüße

Guten Morgen	*buenos días*
Guten Tag (bis zum Abend)	*buenas tardes*
Guten Abend/ gute Nacht	*buenas noches*
Hallo	*Hola (sehr gebräuchlich)*
Auf Wiedersehen	*adiós*
Tschüss (= bis dann)	*hasta luego*
Gute Reise	*buen viaje*

Small Talk

Wie geht's?/ sonst:	*qué tal? (bei Freunden), cómo está?*
(Sehr) gut und Dir?	*(muy) bién y tú?*
Wie heißt Du?	*cómo te llamas?*
Ich heiße ...	*mi nombre es ...*
Woher kommst du?	*de dónde vienes?*
Ich komme aus ...	*soy de ...*
... Deutschland	*Alemania*
... Österreich	*Austria*
... Schweiz	*Suiza*
Sprechen Sie deutsch?	*habla usted alemán?*
englisch/französisch/ italienisch	*inglés/francés/ italiano*
Ich spreche nicht spanisch	*yo no hablo español*
Ich verstehe (nicht)	*yo (no) comprendo/ entiendo*
Verstehst du?	*comprendes/entiendes?*
Ist das schön!	*qué bonito!*
Ein bisschen langsamer, bitte	*un poco más despacio, por favor*
In Ordnung/passt so/ o.k. (auch als Frage sehr gebräuchlich)	*vale? – vale!*

Minimal-Wortschatz

Ja	*sí*
Nein	*no*
Bitte	*por favor*
Vielen Dank	*muchas gracias*
Entschuldigung	*perdón*
Verzeihung	*disculpe/permiso*
groß/klein	*grande/pequeño*
gut/schlecht	*bueno/malo*
viel/wenig	*mucho/poco*
heiß/kalt	*caliente/frío*
oben/unten	*arriba/abajo*
Ich	*yo*
Du	*tú*
Sie	*usted*
Können Sie mir sagen, wo ...	*podría decirme dónde está ...?*
verboten	*prohibido*
Mädchen	*Chica, nena*
Junge	*chico*
Frau	*señora*
junge Frau	*señorita*
Herr	*señor*

Fragen & Antworten

Gibt es ...	*hay?*
Was kostet das?	*cuánto cuesta esto?*
Wie/wie bitte?	*cómo?*
Wissen Sie ...?	*sabe usted ...?*
Ich weiß nicht ...	*yo no sé*
Wo?	*dónde?*
Von wo?	*de dónde?*
Wo ist ...?	*dónde está ...?*
Haben Sie ...?	*tiene usted ...?*
Ich möchte ...	*quisiera ...*
Um wie viel Uhr?	*a qué hora?*
Ist es möglich/kann ich?	*está posible?*
Warum?	*por qué?*
Weil	*porque*

Zeitbegriffe

vormittag(s)	*(por la) mañana*
nachmittag(s)	*(por la) tarde*
abend(s)	*(por la) noche*
heute	*hoy*
morgen	*mañana*
übermorgen	*pasado mañana*
gestern	*ayer*
vorgestern	*anteayer*
Tag	*el día*

jeden Tag	*todos los días*
Woche	*semana*
Monat	*mes*
Jahr	*año*
stündlich	*cada hora*
Wann?	*cuándo?*

Wochentage

Montag	*lunes*
Dienstag	*martes*
Mittwoch	*miércoles*
Donnerstag	*jueves*
Freitag	*viernes*
Samstag	*sábado*
Sonntag	*domingo*

Monate

Januar	*enero*
Februar	*febrero*
März	*marzo*
April	*abril*
Mai	*mayo*
Juni	*junio*
Juli	*julio*
August	*agosto*
September	*septiembre*
Oktober	*octubre*
November	*noviembre*
Dezember	*diciembre*

Uhrzeit

Stunde	*hora*
Um wie viel Uhr?	*a qué hora?*
Wie viel Uhr ist es?	*Qué hora es?*

Orientierung

Nach ...	*a/hacia*
links	*izquierda*
rechts	*derecha*
geradeaus	*recto*
die nächste Straße	*la próxima calle*
hier	*aquí*
dort	*allí, ahí*
Adresse	*dirección*
Stadtplan	*plano de la ciudad*
Ist es weit?	*está lejos?*

Unterwegs

Wann kommt ... an?	*cuándo llega ...?*
Wie viel Kilometer sind es bis ...?	*cuántos kilómetros hay de aquí a ...?*
Ich möchte bitte aussteigen!	*quisiera salir, por favor!*
Hafen	*puerto*
Haltestelle	*parada*
Fahrkarte	*tiket/boleto*
Hin und zurück	*ida y vuelta*
Abfahrt	*salida*
Ankunft	*llegada*
Information	*información*
Kilometer	*kilómetro*
Straße	*calle*
Telefon	*teléfono*
Weg	*camino, sendero*
Autobus	*bus*
Bahnhof	*estación de tren*
Busbahnhof	*terminal terrestre*
Flughafen	*aeropuerto*

das (nächste) Flugzeug	*el (próximo) avión*
Hafen	*puerto*
Schiff/Boot	*barco*
Fährschiff	*transbordador/ferry*
Reisebüro	*agencia de viajes*
(der nächste) Bus	*(el próximo) bús*

Auto/Zweirad

Wo ist ...?	*dónde está ...?*
... die nächste Tankstelle	*... la próxima gasolinera*
Bitte prüfen Sie, ob ...	*por favor, compruébe usted si ...*
Ich möchte mieten (für 1 Tag)	*quisiera alquilar (por un día)*
(die Bremse) ist kaputt	*(los frenos) no funcionan*
Wie viel kostet es (am Tag)?	*cuánto cuesta (un día)*
Benzin	*gasolina*
bleifrei	*sin plomo*
Diesel	*diesel*
Auto	*coche/carro*
Motorrad	*moto*
Moped	*motoneta*
Reparatur	*reparación*
Werkstatt	*taller*
Baustelle	*obras*
Einbahnstraße	*dirección única*
Straße gesperrt	*carretera cortada*
Umleitung	*desvío*
parken	*parquear/estacionar*

Im Restaurant / in der Bar

Haben Sie ...?	*tiene usted ...?*
Ich möchte ...	*quisiera ...*
Speisekarte	*menú*
Wie viel kostet ...?	*cuánto cuesta ...?*
Ich möchte zahlen, bitte	*quisiera pagar, por favor*
Die Rechnung (bitte)	*la cuenta (por favor) höflicher: la cuenta, quando pueda!*
zum Mitnehmen	*para llevar*

Getränke

Glas/Flasche	*vaso/botella*
(Glas) Bier	*cerveza*
Weinglas	*copa de vino*
Mineralwasser (sprudelnd/still)	*agua con/sin gas*
Wasser	*agua*
Hauswein	*vino de la casa*
Rotwein	*vino tinto*
Weißwein	*vino blanco*
süß/herb	*dulce/seco*
Saft	*jugo*
Kaffee	*café*
Milchkaffee	*café con leche*
Zucker	*azúcar*
Tee	*té*
Milch	*leche*

Einkaufen

Was kostet ...	*cuánto cuesta ...?*
geben Sie mir bitte	*déme... por favor*
klein/groß	*pequeño/grande*
1 Pfund	*una libra*
1 Kilo/Liter	*un kilo/litro*
100 Gramm	*cien gramos*
geöffnet	*abierto*
geschlossen	*cerrado*
Geschäft	*tienda*
Supermarkt	*supermercado*
Einkaufszentrum	*centro comercial*
Bäckerei	*panadería*
Konditorei	*pastelería*
Metzgerei	*carnicería*
Friseur	*peluquería*
Buchhandlung	*librería*
Apfel	*manzana*
Brot	*pan*
Butter	*mantequilla*
Ei(er)	*huevo(s)*
Essig	*vinagre*
Gurke	*pepino*
Honig	*miél*

Joghurt	*yogurt*
Käse	*queso*
Klopapier	*papel higiénico*
Knoblauch	*ajo*
Kuchen	*pastel*
Marmelade	*mermelada*
Milch	*leche*
Öl	*aceite*
Pfeffer	*pimienta*
Salz	*sal*
Seife	*jabón*
Shampoo	*champú*
Sonnenöl	*bronceador*
Tomaten	*tomates*
Wurst	*embutido*
Zeitung	*periódico*
Zeitschrift	*revista*
Zucker	*azúcar*

Übernachten

Wie viel kostet es (das Zimmer)?	*cuánto cuesta (la habitación)?*
Ich möchte mieten (...)	*quisiera alquilar (...)*
für 5 Tage	*por cinco días*
Kann ich sehen ...?	*puedo ver ...?*
Kann ich haben ...?	*puedo tener ...?*
ein (billiges/ gutes) Hotel	*un hotel (barato/ bueno)*
Haben Sie nichts billigeres?	*no tiene algo más barato?*
Zimmer	*habitación*
ein Doppelzimmer	*habitación doble*
Einzelzimmer	*habitación individual sencilla*
Ehebettzimmer	*habitación matrimonial*
Bett	*cama*
Pension (Voll/Halb)	*pensión (completa/media)*
Haus	*casa*
Küche	*cocina*
Toilette	*servicios higiénicos, baño*
mit ...	*con ...*
ohne ...	*sin ...*
... Dusche/Bad	*... ducha/baño*
... Frühstück	*... desayuno*
Reservierung	*reservación*
Wasser (heiß/kalt)	*agua (caliente/fría)*
Hoch/Nebensaison	*temporada alta/baja*

Hilfe & Krankheit

Hilfe!	*ayuda!*
Helfen Sie mir bitte	*ayudeme por favor*
Ich habe Schmerzen (hier)	*me duele (aquí)*
Ich habe verloren ...	*he perdido ...*
Wo ist (eine Apotheke)?	*dónde hay (una farmácia)*
Um welche Uhrzeit hat der Arzt Sprechstunde?	*A qué hora es la consulta?*
Ich bin allergisch gegen ...	*yo soy alérgico a ...*
Deutsche Botschaft	*embajada alemana*
Polizei	*policía*
Arzt	*médico*
Krankenhaus	*hospital*
Unfall	*accidente*
Zahnarzt	*dentista*
Ich möchte (ein) ...	*quisiera (un/una) ...*
... Abführmittel	*laxante*
... Aspirin	*aspirina*
... die „Pille"	*la píldora*
... Kondom	*preservativo, condón*
... Penicillin	*penicilina*
... Salbe	*pomada*
... Tabletten	*pastillas*
... Watte	*algodón*
Ich habe ...	*yo tengo ...*
Ich möchte ein Medikament gegen ...	*quiero una medicina contra ...*
... Durchfall	*diarrea*
... Fieber	*fiebre*
... Grippe	*gripe*
... Halsschmerzen	*dolor de garganta*
... Kopf ...	*dolor de cabeza*
... Magen ...	*dolor de estómago*
... Zahn ...	*dolor de muelas*
... Schnupfen	*catarro, resfriado*
... Sonnenbrand	*quemadura del sol*
... Verstopfung	*estreñimiento*

Kartenverzeichnis

Zeichenerklärung für die Karten und Pläne

Fernstraße
Hauptstraße
Nebenstraße
Piste
gesperrte Straße
Fuß-/Wanderweg
Wanderungen 1–25
Wanderung mit GPS-Point
GR-131
GR-132
Barranco/Fluss
Fährverbindung
Nationalpark
Naturpark
Parkanlage
Strand
Gewässer
Bebautes Gebiet

Information
Museum
Post
Geldautomat/Bank
Supermarkt
Krankenhaus/Arzt
Apotheke
Turm
Gebäude
Gasthaus/Hotel
Ruine
Leuchtturm
Kirche
Kloster
Friedhof
Gatter
Aussicht

Berggipfel
Härtling
Höhle/Grotte
Wasserfall
Quelle
Naturattraktion
Sehenswürdigkeit
Badestrand
Golfplatz
Campingplatz
Rastplatz
Schild
besonderer Baum
(Wander-)Parkplatz
Bushaltestelle
Tankstelle
Fährhafen
Flughafen

Alles im Kasten

Fotonachweis

Alle Fotos von Lisa Kügel außer: S. 45 (Oliver Gerhard) | S. 40 (Rasso Knoller) | S. 5, 201, 211, 243 (Angela Nitsche)

Was haben Sie entdeckt?

Haben Sie ein besonderes Restaurant, ein neues Museum oder ein nettes Hotel entdeckt? Wenn Sie Ergänzungen, Verbesserungen oder Tipps zum Buch haben, lassen Sie es uns bitte wissen!

Schreiben Sie an: Lisa Kügel, Stichwort „Gomera"

c/o Michael Müller Verlag GmbH | Gerberei 19 | D – 91054 Erlangen

lisa.kuegel@michael-mueller-verlag.de

Vielen Dank!

Ich möchte mich bei allen Lesern bedanken, die die Arbeit an diesem Reiseführer durch ihre Zuschriften mit wertvollen Tipps und Hinweisen unterstützt haben.

Impressum

Text und Recherche: Lisa Kügel; Wanderungen: Oliver Gerhard und Rasso Knoller | **Lektorat:** Christine Beil; Überarbeitung: Ute Fuchs | **Redaktion:** Ute Fuchs | **Layout:** Carolin Hellwig | **Karten:** Theresa Flenger, Inger Holndonner, Hauke Hoppe-Seyler, Judit Ladik, Tobias Schneider, Annette Seraphim, Gábor Sztrecska | **Herausnehmbare Karte:** Annette Seraphim | **GIS-Consulting:** Rolf Kastner | **Fotos:** siehe Fotonachweis S. 252 | **Innentitel:** San Isidro bei Alajeró | **Covergestaltung:** Karl Serwotka | **Covermotiv:** Barranco del Cedro mit Roque Pedro, Hermigua © mauritius images / Martin Siepmann

ISBN 978-3-96685-060-5

 Druck: Westermann Druck Zwickau GmbH.

Haftungsausschluss

Register

Die in Klammern gesetzten Koordinaten verweisen auf die herausnehmbare Gomera-Karte.